ENGLISH G

LIGHTHOUSE

Handreichungen für den Unterricht

1

mit Kopiervorlagen und methodisch-didaktischem Glossar

Cornelsen

English G · Lighthouse · Band 1

Handreichungen für den Unterricht

Erarbeitet von
Annette Bondzio-Abbit, Bielefeld
Hartmut Bondzio, Bielefeld
Peer Brändel, Gütersloh
Uwe Chormann, Einselthum
Irene Rother, Karlsruhe
Martina Schroeder, Stedtlingen
Udo Wagner, Voerde

sowie
Wolfgang Biederstädt, Köln (Vorwort)

Redaktion
Klaus Unger (Projektleitung);
Cornelia Frisse, Kathrin Spiegelberg
(verantwortliche Redakteurinnen);
Britta Bensmann (Bildredaktion);
sowie Doreen Arnold, Bonnie S. Glänzer,
Dr. Eva Grabowski, Olivia Gruver,
Mara Leibowitz, Nadja Sabrina Tampfel
freie Mitarbeit: Katrin Gütermann (Glossar)

Layoutkonzept und technische Umsetzung
Yvonne Thron Grafik Design, Berlin
le-tex publishing services GmbH, Leipzig
zweiband.media, Agentur für Mediengestaltung
und -produktion GmbH, Berlin: Susann Wiedicke
(Kopiervorlagen)

Umschlaggestaltung
Cornelsen Verlag Design unter Verwendung der
Entwürfe von Klein & Halm Grafikdesign, Berlin
und kleiner & bold, Berlin

www.cornelsen.de

1. Auflage, 1. Druck 2012

Druck: Druckhaus Berlin-Mitte GmbH

ISBN 978-3-06-032376-0

Inhalt gedruckt auf säurefreiem Papier aus nachhaltiger Forstwirtschaft.

Inhalt

Vorwort

Kommentar zum Schülerbuch

VORWORT

1 Einleitung

Angesichts einer sich stets verändernden Schullandschaft in Deutschland lösen sich die Grenzen zwischen den herkömmlichen Schulformen in zunehmendem Maße auf. Veränderte schulpolitische Zielvorstellungen, demographische Veränderungen und sich veränderndes Wahlverhalten vieler Eltern stellen Schulen und vor allem die Lehrerinnen und Lehrer in Bezug auf die Weiterentwicklung des Unterrichts vor wachsende Herausforderungen. Traditionelle Schulformen werden aufgelöst, erweitert oder umbenannt, so dass es zusätzlich zu Haupt-, Real- und Gesamtschulen eine Fülle neuer mittlerer Schulformen gibt, die in den einzelnen Bundesländern unterschiedliche Namen tragen. Ob Gemeinschaftsschulen, Mittelschulen, Oberschulen, Realschulen Plus, Regelschulen, Regionale Schulen, Sekundarschulen oder Stadtteilschulen – allen ist gemein, dass sie eine größere Bandbreite an Schülerprofilen unter einem Dach versammeln und in hohem Maße die Heterogenität der Schülerschaft abbilden. Für diese Fülle von Schulformen wurde das Lehrwerk English G LIGHTHOUSE konzipiert.

2 Zielgruppe

Das Lehrwerk English G LIGHTHOUSE richtet sich an Schülerinnen und Schüler, die in all den oben erwähnten Schulformen länger gemeinsam lernen sollen. Die Zielgruppe umfasst im Wesentlichen Schülerinnen und Schüler

- mit Hauptschulprofilen,
- mit Realschulprofilen,
- an kooperativen wie integrierten Gesamtschulen,
- die auch gymnasialen Ansprüchen gerecht werden können,
- mit sonderpädagogischem Förderbedarf, die in zunehmendem Maße Regelschulen besuchen.

English G LIGHTHOUSE bietet die Möglichkeit, schwächeren Lernern genauso gerecht zu werden wie stärkeren Schülerinnen und Schülern. Im Zentrum steht die individuelle Förderung und die Wahrnehmung und Wertschätzung von Heterogenität. Individualisierung und Differenzierung, Arbeit in Projekten und an Lernaufgaben, Methodencurriculum, veränderte Leistungsbewertung sowie eine gezielte Diagnose- und Feedback-Kultur setzen ein verändertes Verständnis der Lehrerrolle voraus. Um auf diese hohen Ansprüche angemessen reagieren zu können, bietet das Lehrwerk English G LIGHTHOUSE mit seinen wesentlichen Bestandteilen ein vielfältiges, aufeinander abgestimmtes und nachhaltiges Unterstützungssystem.

3 Methodisch-didaktische Leitlinien

3.1 Kompetenzorientierung

Der Englischunterricht verändert sich seit einigen Jahren in vielerlei Hinsicht, ausgelöst durch die Überlegungen der Europäischen Kommission zum lebenslangen Lernen, durch die Ergebnisse verschiedener Bildungsuntersuchungen und nicht zuletzt durch den Gemeinsamen Europäischen Referenzrahmen und die Bildungsstandards der Kultusministerkonferenz. Der Paradigmenwechsel hat zu einer klaren Output-Orientierung und zu kompetenzorientierten Curricula geführt. Im Mittelpunkt aller Überlegungen stehen Kompetenzen, also „die bei Individuen verfügbaren oder durch sie erlernbaren kognitiven Fähigkeiten und Fertigkeiten, um bestimmte Probleme zu lösen, sowie die damit verbundenen … Bereitschaften und Fähigkeiten, um die Problemlösungen in variablen Situationen erfolgreich und verantwortungsvoll nutzen zu können." (Weinert, 2001)

Die fremdsprachliche Kompetenz bzw. Diskursfähigkeit der Schülerinnen und Schüler drückt sich darin aus,

- wie gut kommunikative Situationen bewältigt werden (Schüler-, Handlungs- und Erfahrungsorientierung),
- wie gut Texte unterschiedlicher Art verstanden werden (Verstehenskompetenz)
- wie gut sie selbst adressatengerechte Texte verfassen können,
- wie sehr ihre Fähigkeit ausgeprägt ist, grammatische Strukturen korrekt aufzubauen, anzuwenden und bei Bedarf zu korrigieren (Fähigkeit und Wissen),
- wie sehr Bereitschaft und Motivation vorhanden sind, sich offen und akzeptierend mit anderen Kulturen auseinander zu setzen.

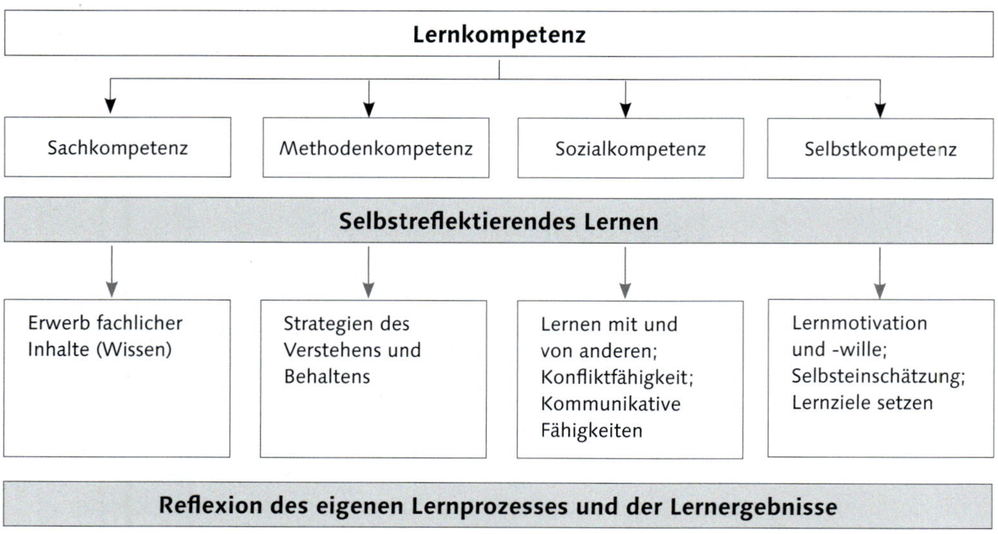

Grundlegendes Prinzip der Kompetenzschulung mit English G LIGHTHOUSE ist der kumulative und nachhaltige Aufbau aller Kompetenzen von Beginn an. Jede Unit schließt mit vier Seiten *Skills Training*, auf denen alle kommunikativen Kompetenzen gezielt entwickelt werden. Die systematische Entwicklung des Hör-/Sehverstehens ist dadurch gewährleistet, dass jede Unit mit zwei Filmclips abschließt. Ein Filmclip thematisiert die Erlebnisse und Geschichten um Sarah, Paul und Anna in Spielhandlungen, während der zweite, eher dokumentarische Filmclip unter der Überschrift *People and Places* interkulturelles Wissen vermittelt. Die dazugehörigen Übungen und Aufgaben finden sich am Ende jeder Unit auf einer ganzen Seite.

Unter den kommunikativen Kompetenzen kommt der Entwicklung der Mündlichkeit im Lehrwerk English G LIGHTHOUSE besondere Bedeutung zu. Das dialogische und monologische Sprechen werden intensiv geschult. Dadurch wird die Sprechkompetenz, die bereits in der Grundschule angelegt wurde, in der weiterführenden Schule fortentwickelt. Die Schülerinnen und Schüler erleben die Fremdsprache als Mittel, ihre sprachlichen Bedürfnisse auf Englisch auszudrücken, was zu einer deutlichen Motivationssteigerung und Lust am Lernen führt.
Soweit möglich, nutzt English G LIGHTHOUSE neurowissenschaftliche Erkenntnisse in Bezug auf das Lernen allgemein und auf das Erlernen der Fremdsprache vor dem Hintergrund der Erkenntnisse über den Erstsprachenerwerb. „Die Gehirnforschung lehrt …, dass das Allgemeine an Beispielen gelernt wird und gerade nicht durch das Auswendiglernen von Regeln." (Spitzer, 2011)

Lernen funktioniert optimal, wenn der zu lernende Stoff eine Bedeutung für die Schülerinnen und Schüler hat (Anwendungsorientierung). English G LIGHTHOUSE bietet dazu viele Lerngelegenheiten, u.a. bei zahlreichen Tasks. Die Lernenden setzen sich aktiv mit der Fremdsprache auseinander und sind emotional eingebunden. Aufgaben zum entdeckenden, selbstständigen und selbstbestimmten Lernen vermitteln das immer wiederkehrende Gefühl, etwas zu können, was vorher noch nicht gewusst oder gekonnt wurde.

Den Kerngedanken des methodisch-didaktischen Konzeptes des Lehrwerks English G LIGHTHOUSE bilden vielfältige Möglichkeiten und Angebote zur Differenzierung und Individualisierung. Nach der gemeinsamen Erarbeitung neuer Lerninhalte werden durch differenzierende Maßnahmen unterschiedliche Lernwege möglich. Dabei ist der Grundgedanke, „jedem Lerner das zukommen zu lassen, was ihn voranbringt. Das sind
1. ein hohes Maß an Zuwendung und Aufmerksamkeit,
2. erfreuliche und beflügelnde soziale Beziehungen,
3. die Lernhilfen und -anregungen, die ihn bei seinem jeweils aktuellen Lernstand voranbringen und nicht blockieren." (Bönsch, 2011)

3.2 Englisch als Kontinuum

Mittlerweile wird seit vielen Jahren Englisch in der Grundschule unterrichtet, wobei es immer noch recht unterschiedliche Ausgangsvoraussetzungen gibt. Während in einigen Bundesländern in den Grundschulen konsequent kompetenzorientierter Englischunterricht angestrebt wird, lernen Kinder in anderen Ländern die englische Sprache nach den Prinzipien der Begegnungssprache. English G LIGHTHOUSE bietet allen Kindern die Gelegenheit, in der Unit *Nice to meet you!* an ihre Erfahrungen aus der Grundschule anzuknüpfen.

Für diejenigen Schülerinnen und Schüler, die Englisch als Begegnungssprache ohne besondere Berücksichtigung des Schreibens erfahren haben, wird an bekannte Inhalte und Themenfelder *(colours, sports and hobbies, animals, things)* ebenso angeknüpft wie an Elemente des *storytelling*. Offene Arbeitsformen, spielerische Übungen, die Weiterentwicklung der Mündlichkeit und des Hörverstehens werden aufgegriffen. Die Entwicklung schriftlicher Kompetenzen wird bedächtig, aber gezielt im Schülerbuch wie im Workbook aufgebaut. Der Umgang mit der englischen Sprache ist zunächst durch Entdecken und Experimentieren gekennzeichnet, bevor eine behutsame Systematisierung in der Unit 1 beginnt.

Diejenigen Schülerinnen und Schüler, die in der Grundschule nach einem kompetenzorientierten Lehrplan unterrichtet worden sind, konzentrieren sich in der Unit *Nice to meet you* vor allem darauf, die Lehrbuchprotagonisten kennenzulernen. Sie können diesen Einstieg rasch bewältigen und sich dann den Inhalten der folgenden Units widmen. In den Folgeunits wird durch konsequentes Einbeziehen von einfachen sprachlichen Mitteln, Illustrationen, Fotos, aber auch von Themen und Arbeitsformen immer wieder an die Vorkenntnisse aus der Grundschule angeknüpft. Die ersten Wochen Englischunterricht in der weiterführenden Schule sollen das Selbstvertrauen der Kinder angesichts heterogener Kenntnisse und Kompetenzen durch geeignete Differenzierungsmaßnahmen erhalten und ausbauen. Gleichzeitig wird von den Lehrkräften eine hohe diagnostische Kompetenz verlangt, um die unterschiedlichen Wissens- und Kenntnisstände der Kinder angemessen aufzunehmen und den Fremdsprachenerwerb angemessen voranzutreiben. Entscheidend für die Fortsetzung der Vermittlung der englischen Sprache von der Grundschule zur weiterführenden Schule ist ein behutsamer Umgang mit Fehlern mit dem langfristigen Ziel, Geläufigkeit und sprachliche Korrektheit zu erlangen.

Um Kinder, die keinen Englischunterricht an Grundschulen hatten, an die Arbeit mit English G LIGHTHOUSE heranzuführen, gibt es den Einführungskurs mit Lösungen und Handreichungen (ISBN 978-3-06-033222-9) für Schülerinnen und Schüler im 15er Paket und für Lehrerinnen und Lehrer als Beileger in der Lehrerfassung des *Workbook* (978-3-06-032684-6).

3.3 Vermittlung grammatischer Strukturen

Ob eine Sache gelingt, erfährt man nicht, wenn man darüber nachdenkt, sondern wenn man sie ausprobiert. Der Hirnforscher Manfred Spitzer sagt, „Gehirne sind Regelextraktionsmaschinen" (Spitzer, 2002). Sie sind nicht darauf ausgelegt, einzelne Wissenselemente wie Ereignisse oder Fakten zu speichern. Das menschliche Gehirn als Informationsverarbeitungssystem merkt sich nur wichtige oder bedeutsame Einzelheiten. Allgemeines, Regeln, Muster und Zusammenhänge, die immer wieder vorkommen, werden gelernt. Kinder lernen dadurch sprechen, dass sie viele Beispiele verarbeiten und aus diesen Beispielen die Grammatikregeln selbst produzieren. Dazu sind viele Lernerfahrungen notwendig, die langsam die Synapsenstärken verändern. Dabei können Regeln, die auf unterschiedliche Art und Weise vermittelt werden, den Lernprozess unterstützen und reflektierend verfestigen, jedoch nicht ersetzen.

Es gibt zahlreiche Theorien und Untersuchungen zum Fremdsprachenerwerb, jedoch keine eindeutigen Ergebnisse. Als Zwischenergebnis kann festgehalten werden, dass Grammatikunterricht den Schülerinnen und Schülern in einem gewissen Umfang beim Spracherwerb helfen kann. Als ein wichtiges Prinzip des kommunikativen Spracherwerbs gilt *message before accuracy* (Keßler/Plesser, 2011). Bleyhl weist darauf hin, dass alle Lerner zwangsläufig Phasen von Entwicklungsfehlern durchlaufen. „Gelernte grammatische Konstruktionen, wie intensiv sie auch geübt worden sind, werden nur dann produktiv, wenn sie der augenblicklich anstehenden Stufe entsprechen. Andernfalls wird das Gelernte relativ schnell wieder vergessen." (Bleyhl, 2009)
Diese Erkenntnisse der Hirnforschung sowie der Spracherwerbsforschung spielen im Lehrwerk English G LIGHTHOUSE eine große Rolle.

Jeremy Harmer (2007) hat ein Modell von drei Phasen für die Vermittlung von Sprache im Fremdsprachenunterricht entwickelt. Die erste Phase, *engage*, weckt das Interesse der Lernenden mithilfe von Bildern, Gesprächen, Geschichten, Spielen, Musik, *activities*, einfachen *tasks* etc. Die dafür notwendige Sprache wird situations- und textangemessen präsentiert und reproduktiv gebraucht, ohne dass neue grammatische Strukturen den Lernenden bewusst gemacht werden. Die Inhalte dominieren, die Schülerinnen und Schüler sollen in die Sprache eintauchen. Diese Phase findet sich in den Units von English G LIGHTHOUSE auf den Auftaktseiten, dem *Lead-in*, sowie auf den Seiten *Theme 1* und *Theme 2*. Der integrative Grammatikansatz des Lehrwerkes auf diesen sechs Seiten einer Unit entspricht nicht nur neueren neurobiologischen Erkenntnissen, sondern kommt vor allem Schülerinnen und Schülern mit geringerem Abstraktionsvermögen zugute.

In der zweiten Phase, *study*, geht es um das System der englischen Sprache, um das Erkennen von Gesetzmäßigkeiten und das Bewusstmachen von Regeln. Auf den Seiten *Focus on Language* erkennen die Schülerinnen und Schüler im Rahmen des entdeckenden Lernens einfache Regeln, formulieren sie nach Möglichkeit selbstständig und überprüfen sie mithilfe des *Language File*. Die Phase der gelenkten Übungen und selbstständigen Anwendung, die Harmer als *activate* bezeichnet, schließt sich an, wird auf den Seiten *Stop! Check! Go!* ausgeweitet.

Im Lehrwerk English G LIGHTHOUSE stehen sogenannte Hauptstrukturen *(main structures)* aufgrund ihrer Bedeutung bei der Vermittlung grammatischer Strukturen im Mittelpunkt einer Unit. Daneben gibt es weniger zentrale Strukturen *(minor structures)* sowie Aspekte, die nur lexikalisch behandelt werden. Bei der Vermittlung wichtiger Strukturen wird darauf geachtet, dass es nicht zu einer Häufung von Schwierigkeiten kommt. So spannt sich die Einführung des *simple present* über die Units 3 und 4, um die Lernenden behutsam, aber gleichwohl nachhaltig an diese Struktur heranzuführen: in Unit 3 geht es um positive Aussagen, in Unit 4 um Verneinungen und Fragen. Entsprechend seiner Bedeutung in der Alltagskommunikation wird das *present progressive* erst in Unit 5 thematisiert, wobei allerdings auf eine Kontrastierung mit dem *simple present* verzichtet wird. Die optionale Unit 6 enthält keine neuen grammatischen Strukturen.

3.4 Differenzierung in English G LIGHTHOUSE

Ausführliche Hinweise zu differenzierenden Lehr- und Lernszenarien finden sich in Kapitel 7 (siehe S. 20ff).

3.5 English G LIGHTHOUSE im inklusiven Unterricht

Inklusiver Englischunterricht – das gemeinsame Lernen von Schülerinnen und Schülern mit und ohne sonderpädagogischem Förderbedarf – ist nicht nur für die Lehrkraft eine Herausforderung, sondern erfordert auch die Einbeziehung aller Schülerinnen und Schüler. Die Stärkung der sozialen Kompetenz ist eine wichtige Voraussetzung für das gemeinsame Lernen von Menschen mit und ohne Behinderung und gelungener inklusiver Unterricht wirkt sich positiv auf die soziale Kompetenz der Schülerinnen und Schüler aus. So basiert inklusiver Unterricht gleichzeitig auf sozialer Kompetenz und verstärkt diese.

Differenzierung innerhalb des inklusiven Unterrichts kann bedeuten, dass unterschiedliche Ziele angestrebt werden (zieldifferentes Unterrichten und Bewerten) oder dass Lernende mit sonderpädagogischem Förderbedarf bei zielgleichem Unterrichten und Bewerten einen Nachteilsausgleich erhalten (z. B. in Form von Arbeitszeitverlängerung oder von optischen Hilfen). Differenzierung innerhalb des inklusiven Unterrichts kann auch bedeuten, dass die Lerngruppe gemeinsam unterrichtet wird, wobei die Lernenden unterschiedliche, ihren Begabungen entsprechende Hilfen oder Anregungen erhalten (innere Differenzierung oder Binnendifferenzierung). Andererseits kann die Lerngruppe vorübergehend in kleinere (auch heterogene) Gruppen geteilt werden, um eine individuelle Förderung zu ermöglichen (äußere Differenzierung). Alle unter der Überschrift „Zehn Tipps zur Differenzierung im Klassenzimmer" (siehe S. 21) genannten Punkte gelten in besonderem Maße für den inklusiven Unterricht.

English G LIGHTHOUSE ist so konzipiert, dass es die Lehrkraft im inklusiven Englischunterricht optimal unterstützt:

- Konsequente Kompetenzorientierung: die sprachlichen oder methodischen Kompetenzen können auf verschiedenen Anforderungsniveaus erworben werden (z. B. in Bezug auf Wortschatzumfang und Komplexität der Inhalte). Die Stärkung der methodischen Kompetenzen (z. B. Vokabeln lernen) hat hierbei eine besondere Bedeutung.
- Breit gefächertes Differenzierungsangebot: die große Vielfalt an Aufgaben und Sozialformen berücksichtigt unterschiedliche Lernniveaus, Begabungen, Interessen; Lerntypen und soziale Hintergründe, sodass die Bedürfnisse möglichst aller Schülerinnen und Schüler berücksichtigt werden.

- Ergebnisoffene Lernaufgaben: Besonders die *Now You*-Aufgaben, Projekte und die für das Dossier geeigneten Aufgaben ermöglichen eine individuelle Herangehensweise. Sie erlauben je nach Können selbstständiges Arbeiten oder Arbeiten mit Unterstützung durch die Lehrkraft bzw. Mitschüler (z. B. im Helfersystem).
- Klarer, linearer Aufbau der Units: sich wiederholende Strukturen und Rituale vermitteln Sicherheit und Zuverlässigkeit, was insbesondere für lernschwächere Schülerinnen und Schüler eine wichtige Lernvoraussetzung ist.
- Kooperative Lernformen sowie andere Formen der Partner- oder Gruppenarbeit: der Unterricht in stark heterogenen Gruppen erfordert einen sinnvollen Wechsel unterschiedlicher Sozialformen (z. B. Wechsel zwischen frontaler Präsentationsphase und individueller Übungsphase). Je mehr die Formen selbstständigen Arbeitens in der Lerngruppe etabliert sind, desto besser können diese Phasen genutzt werden, um die Schülerinnen und Schüler individuell zu fördern.

4 Übersicht über das Lehrwerk English G LIGHTHOUSE und Begleitmedien

Schülerbuch in der komfortablen Lehrerfassung

Schülerbuch

Workbook in der Lehrerfassung

Handpuppe „Cyril"

Workbook + Audio-CD

Ordner zum Differenzieren | Fördern | Fordern

Workbook + Audio-CD + e-Workbook

Handreichungen für den Unterricht

Klassenarbeitstrainer

Vorschläge zur Leistungsmessung

Elektronischer Vokabeltrainer

Website www.cornelsen.de/lighthouse

Wordmaster

Digitale Diagnose

Lektüre: Adventure on the Hoe

Materialien für Lernende mit erhöhtem Förderbedarf im inklusiven Unterricht

Folien für den Unterricht

Vokabeltest-Wizard

Interaktive Tafelbilder

Vokabelkartei interaktiv

Audio-CDs

Video-DVD

5 Das Schülerbuch

Die Schülerinnen und Schüler lernen die Bestandteile des Schülerbuchs English G LIGHTHOUSE am besten durch eine *book rally* kennen.

- ***Nice to meet you!***

Diese Unit dient in erster Linie der Fortführung des Englischunterrichts aus der Grundschule. Im Vordergrund stehen methodisch-didaktische Prinzipien, die aus der Grundschule bekannt sind.

- Sechs **Units**

Fünf Pflichtunits und eine optionale Unit. Unit 6 stellt ein Angebot dar, das zur äußeren Differenzierung verwendet werden kann.

- ***Stop! Check! Go!***

Diese Seiten am Ende jeder Pflichtunit dienen dem selbstständigen Überprüfen der Kenntnisse sowie dem Wiederholen und Festigen. Das *learner log* am Ende dieser Abschnitte kann als Vorlage für ein eigenes Lerntagebuch dienen.

- ***Diff Bank***

Auf diesen Seiten befindet sich ein umfangreiches Angebot an differenzierenden Übungen und Aufgaben.

- ***Text file***

Auf diesen optionalen Seiten finden sich Texte und Aufgaben, die sowohl für die gesamte Lerngruppe als auch für *fast finishers* als Fundgrube zum Lesen verwendet werden können.

- ***Skills file***

Zur Förderung der Methodenkompetenz eignen sich die Seiten des *Skills File*, die den jeweiligen methodischen Schwerpunkten in den Units zugeordnet sind.

- ***Language file***

Der grammatische Anhang dient als Nachschlagewerk und bietet Schülerinnen und Schülern die Gelegenheit, selbstständig bestimmte sprachliche Phänomene und Regelhaftigkeiten zu erkennen.

- ***Wordbanks***

Um produktive Aufgaben zum Sprechen und Schreiben bewältigen zu können, nutzen die Lernenden die Sach- bzw. Wortfelder in den *Wordbanks*.

- ***Vocabulary***

Das Vokabular bildet nicht nur den Lernwortschatz chronologisch ab, sondern gibt eine Vielzahl von Lernhilfen zur Aussprache, zu grammatischen Fragen und zu sprachlichen Besonderheiten.

- ***Dictionaries***

Die Schülerinnen und Schüler werden in der Unit 4 systematisch in die Handhabung der zweisprachigen Wortschatzlisten eingeführt, was sicherlich bei Bedarf auch schon früher erfolgen kann.

- ***Lists of names and numbers***

Diese Listen dienen in erster Linie zum Nachschlagen der Schreibweise von Namen und insbesondere Zahlen.

- ***Classroom English***

Um im Klassenunterricht sowie auch in Phasen von Partner- und Gruppenarbeit auf Englisch kommunizieren zu können, sollten die Redemittel dieser beiden Seiten planvoll und systematisch erarbeitet und nach Möglichkeit im Klassenzimmer jederzeit sichtbar gemacht werden.

5.1 Handlungsort

Die Hafenstadt Plymouth bildet den Schauplatz für das Lehrwerk English G LIGHTHOUSE. Seit dem 16. Jh. starteten hier Expeditionen nach Übersee, von hier segelten 1620 die Pilgrim Fathers mit der *Mayflower* nach Amerika. Heute zieht Plymouth viele Touristen an. Eines der Wahrzeichen von Plymouth ist der Leuchtturm *Smeaton's Tower*, der auch auf dem Cover von Band 1 abgebildet ist.

5.2 Die Hauptpersonen in English G LIGHTHOUSE

Berry Donovan (11) lebt mit ihren Eltern auf der Merryweather Farm in Woolwell, einem Dorf nahe Plymouth. Obwohl sie auf einen Rollstuhl angewiesen ist, liebt sie Sport: sie reitet und spielt *wheelchair basketball*. Sie liebt Tiere und unterstützt ihre Eltern bei der Betreuung der Besucher der auf Tourismus ausgerichteten Farm. Sie hat ein Pony, Harry.

Ellie Cole (12) lebt mit ihrer Mutter und deren neuem Partner Pete in einem kleinen Haus in der Hill Road in Plymouth. Zu ihrer Patchwork-Familie gehören auch Petes Kinder Conor und Zoe, mit der sie ein Zimmer teilt. Ellies Vater lebt mit seiner neuen Partnerin Alisha und Baby Finn ebenfalls in Plymouth. Ellie hat zwei Katzen und ihr Hobby ist Taekwondo.

Luca Boateng (10) wohnt mit seiner Familie in der Windsor Street in Plymouth. Sein Vater ist Feuerwehrmann; seine Großmutter lebt in Ghana. Luca hat einen älteren Bruder, Jack (14), der auch auf das Eggbuckland Community College geht und eine jüngere Schwester, Grace (6). Sein Hobby ist BMX-Rad fahren. Er hat keine Haustiere.

Adam Osmanovic (11) und seine Familie wohnen in der Hoe Lane in Plymouth. Adam hat einen kleinen Bruder, Zack (4). Sein Vater stammt aus Bosnien und hat gerade einen neuen Job auf einer Fähre angetreten. Adams Mutter hat ein Café, in dem Adam häufig nach der Schule aushilft. Adams Hobbys sind Fußball und Musik; er hat keine Haustiere.

Ms Lee ist die Englischlehrerin der Klasse 7Y am Eggbuckland Community College (siehe Info-Box, S. 48), die Ellie, Berry, Luca und Adam besuchen.

Cyril und **Sandy** sind die Maskottchen von LIGHTHOUSE: eine Krabbe und eine Möwe, die am Strand von Kingsand leben.

5.3 Aufbau einer Unit

Um den besonderen Anforderungen der Schülerinnen und Schüler, für die das Lehrwerk English G LIGHTHOUSE konzipiert worden ist, gerecht zu werden, folgen die einzelnen Units einem linearen Aufbau.

- ***Lead-in***
  Jede Unit führt mit einer Doppelseite in das Thema der Unit ein. Die Seiten sollen die Lernenden neugierig machen und sie mit wichtigen Facetten des Unit-Themas vertraut machen. Die Seiten beinhalten jeweils Hörtexte, viele Abbildungen und schülerorientierte Aufgaben.
- ***Theme 1*** und ***Theme 2***
  Auf diesen jeweils zwei Seiten werden die Subthemen einer Unit entwickelt, die Storyline aufgebaut sowie Übungen und Aufgaben vielfältigster Art angeboten.
- ***Focus on Language***
  Den Prinzipien entdeckenden Lernens folgend wird hier ein erstes Bewusstsein für die jeweils zentrale grammatische Struktur geschaffen, so dass sie in einer immer komplexer werdenden Kette von Aufgaben geübt und angewendet wird.
- ***Story***
  Die Protagonisten des Lehrwerkes stehen jeweils im Mittelpunkt einer zweiseitigen Geschichte, die durch vielfältige und motivierende Aufgaben ausgewertet wird.
- ***Skills Training***
  Auf vier Seiten werden sowohl kommunikative Kompetenzen als auch Lern- und Arbeitstechniken wie z. B. der Gebrauch der Wortschatzlisten kumulativ entwickelt. Es werden nicht in jeder Unit alle Kompetenzen gleichermaßen angesprochen, sondern sie werden auf das gesamte Schülerbuch verteilt mit einer Ausnahme. Am Ende jeder Unit steht die Kompetenz ***Viewing*** im Mittelpunkt.
- ***Stop! Check! Go!***
  Zwischen den Units werden auf vier Seiten Übungen und Aufgaben präsentiert, die dem Üben und Wiederholen, aber auch dem selbstständigen Lernen dienen. Auf diesen Seiten finden sich Aufgaben zu den sprachlichen Mitteln, zu allen kommunikativen Kompetenzen, *revision exercises* und komplexere Lernaufgaben bzw. *tasks*. Zum Abschluss dient das *learner log* dazu, eigene Lernfortschritte zu dokumentieren.

6 Die Begleitmedien

6.1 Die Lehrerfassung des Schülerbuchs

Zum SB von LIGHTHOUSE gibt es eine Lehrerfassung, in der der neue Wortschatz sowie die neuen Strukturen markiert sind. Die Lehrerfassung ist identisch mit dem SB und enthält neben den Markierungen weitere Hinweise (z. B. zu den Kompetenzbereichen, zur Aussprache oder zu den blauen Boxen im *Vocabulary*) sowie Verweise auf Begleitmedien wie z. B. die Kopiervorlagen in den HRU, Folien, Differenzieren | Fördern | Fordern, interaktive Präsentationen für Whiteboard und Beamer und Materialien für Lerner mit erhöhtem Förderbedarf im inklusiven Unterricht (INKL).

6.2 Die Handreichungen für den Unterricht

In den HRU wird das didaktisch-methodische Vorgehen bei der Arbeit mit dem SB beschrieben. Dieser Kommentar hat Vorschlagscharakter: Bei der Fülle des Angebots muss die Lehrkraft selbst eine Auswahl treffen, die auf die eigene Unterrichtssituation zugeschnitten ist.

Concept Map
Zu Beginn der methodisch-didaktischen Erläuterungen jeder Unit vermittelt eine *Concept Map* einen Überblick über die Zielsetzungen bezüglich der
- kommunikativen Kompetenzen
- methodischen Kompetenzen
- interkulturellen Kompetenzen
- sprachlichen Mittel (Grammatik, Wortschatz)

Auf diese Weise sind nicht nur die einzelnen Schwerpunkte einer Unit auf einen Blick erkennbar, sondern durch das Beziehungsgeflecht wird deutlich, auf welche Weise die einzelnen Kompetenzbereiche in Verbindung mit den sprachlichen Mitteln zur Umsetzung der jeweiligen Unterrichtsvorhaben beitragen.

Unterrichtskommentar
Zu Beginn jeder kommentierten SB-Seite gibt es einen Überblick zu den Lerninhalten (Inhalt, kommunikative und methodische Kompetenzen). Zu Beginn jeder einzelnen Übung wird der neue Wortschatz aufgelistet. Des Weiteren wird auf Materialien hingewiesen, die für den Unterricht vorzubereiten bzw. mitzubringen sind. Der Kommentar stellt die Arbeit mit dem SB in den Mittelpunkt, bietet aber eine Vielzahl zusätzlicher Ideen für einen abwechslungsreichen Unterricht. Diese Alternativen sind durch blaue Schrift gekennzeichnet.
Im Verlauf der Units finden sich sogenannte Info-Boxen zu verschiedenen Themen wie z. B. Hintergrundinformationen und landeskundliche Hinweise und sprachliche Besonderheiten.
Im Kommentarteil gibt es neben den Hörtexten und den Lösungen aller Übungen häufig auch Vorschläge für eine weiterführende Festigung der Kompetenzen, Strukturen und Redemittel. Verweise auf die Audio-CD-Tracks und weitere Materialien, die L begleitend einsetzen kann, finden sich in der rechten Verweisspalte jeweils direkt neben dem betreffenden Erarbeitungsschritt. Hier werden neben Workbook (WB) und Folien besonders auch differenzierende Materialien wie der Ordner zum Differenzieren | Fördern | Fordern und die INKL-Materialien eingebunden.

Kopiervorlagen
Im Anhang der HRU befinden sich Kopiervorlagen (KV), deren Einsatz eine Abwechslung zur Arbeit mit dem SB darstellt. Die KV begleiten die Spracharbeit auf motivierende und spielerisch-handlungsorientierte Weise. Viele KV können unmittelbar in den Unterricht integriert werden, da sie z. B. Tabellen und *Info-gap Activity*-Vorlagen aus dem SB enthalten, die die S direkt ausfüllen können. Andere KV bieten ergänzende Übungen zu den im SB geschulten kommunikativen und methodischen Kompetenzen. Erläuterungen zu Vorbereitung, Einsatz und Lösungen der KV sind im Unit-Kommentar integriert. Verweise auf die KV sind im Unitkommentar durch Pfeile und Unterstreichung (z. B. ▸ KV 8: Lessons at school) gekennzeichnet; zudem werden am möglichen Einsatzort jeweils Miniaturen der KVs abgedruckt.

Glossar
Im Anhang findet sich ein Glossar mit didaktisch-methodischen Hinweisen wie z. B. Erläuterungen zu kooperativen Lernformen. Auch die Glossarverweise sind im Unitkommentar gekennzeichnet (z. B. ▸ Double circle).

6.3 Die Materialien für Lernende mit erhöhtem Förderbedarf im inklusiven Unterricht (INKL)

English G LIGHTHOUSE bietet zusätzliches Material für den inklusiven Englischunterricht an. Diese Materialien sind auf die Bedürfnisse von Schülerinnen und Schülern mit dem Förderschwerpunkt „Lernen", „emotional-soziale Entwicklung" und „Sprache" ausgerichtet. Die Materialien können aber gezielt auch für alle anderen lernschwächeren Schülerinnen und Schülern eingesetzt werden, die in einzelnen Bereichen zusätzlicher Unterstützung bedürfen. Die Materialien sind eng mit dem Schülerbuch verzahnt, um den gemeinsamen Unterricht zu unterstützen. Dort, wo Lernende mit sonderpädagogischem Förderbedarf alternative Angebote erhalten, dienen diese stets dazu, die Schülerinnen und Schüler zur Teilhabe am gemeinsamen Unterricht zu befähigen. Im Hinblick auf die besonderen Bedürfnisse von Lernenden mit den oben genannten Förderschwerpunkten liegen den Materialien folgende didaktisch-methodische Prinzipien zugrunde:

- Reduzierter Wortschatz
- Lernen von Wortschatz und Redemitteln in *chunks*
- Anwendung von grammatischen Strukturen ausschließlich in rezeptiven Übungen
- Üben der produktiven sprachlichen Kompetenzen *(Speaking, Writing)* mit sprachlichen und strukturellen Hilfen
- Ritualisierte Lernschritte und Aufgabenformate
- Umfangreiches Zusatzmaterial, das speziell auf die Bedürfnisse von Lernenden mit sonderpädagogischem Förderbedarf abgestimmt ist.

Die Materialien bestehen aus einem gedruckten Heft und einer CD-ROM. Das Heft enthält:

- ein Vorwort, in dem das Konzept der Materialien erläutert wird sowie Methoden, Sozialformen und Spiele vorgestellt werden, die sich in der Praxis des inklusiven Unterrichts bewährt haben. Es enthält ein Glossar und eine Kopiervorlage zur Einschätzung der Lernentwicklung.
- 12 Kopiervorlagen pro Unit bzw. 8 Kopiervorlagen für *Nice to meet you* und für das Methodentraining, das an die Stelle der fakultativen Unit 6 des Schülerbuchs tritt.

Die beigefügte CD-ROM enthält:

- das Vorwort des Print-Heftes
- einen Lehrerkompass mit Erläuterungen zum Einsatz des Schülerbuchs, der Materialien (s.u.) und des Workbook im Rahmen des inklusiven Unterrichts. Dieser Leitfaden ist übersichtlich aufgebaut: für jede Doppelseite im Schülerbuch werden diese Erläuterungen auf einer Seite zusammengefasst.
- editierbare Kopiervorlagen (inhaltlich identisch mit den Kopiervorlagen des Print-Heftes, inkl. Lösungen)
- farbige Bild- und Wortkarten zur Einführung, Festigung und Wiederholung von Wortschatz sowie zur Bewältigung von Zuordnungsaufgaben des Schülerbuchs
- farbige Spielkarten im Memory-Format zur spielerischen Festigung des Wortschatzes
- inhaltlich reduzierte und langsam gesprochene Hörtexte (inkl. Transkripten).

6.4 Interaktive Tafelbilder

Die Interaktiven Präsentationen für Whiteboard und Beamer sind direkt einsetzbare, multimedial aufbereitete Materialien für den Einsatz im Unterrichtsraum. Sie bieten die Möglichkeit, Teile des SB (wie z. B. die *Lead-in*-Doppelseiten am Anfang jeder Unit) in alternativer, medial angereicherter Form zu erarbeiten. Die Inhalte und Aufgaben des SB werden nach wie vor transportiert und der Spannungsbogen bleibt erhalten, da die Aufgaben aufeinander aufbauen. Zur Unterrichtsvorbereitung genügt ein Blick in die Unterrichtskommentare für jede einzelne Folie einer Präsentation. Für den sofortigen Einsatz steht L eine zusätzliche Übungshilfe auf jeder Folie zur Verfügung.

6.5 Das Workbook

Das Workbook ergänzt und unterstützt die Arbeit mit dem SB, an dessen Inhalten sich auch sein Aufbau orientiert. Die Übungen zu jeder Unit werden in drei Schwierigkeitsstufen angeboten, haben überwiegend kommunikativen Charakter und beziehen sich auf alle sprachlichen Fertigkeiten. *More help*-Angebote unterstützen Lernschwächere bei der Bewältigung anspruchsvoller Aufgaben. Neben einer Vielzahl von klassischen Übungen, die sich für das selbstständige und häusliche Arbeiten eignen, gibt es auch Partner- und Gruppenangebote wie z. B. Dialoge, Spiele oder kleine Projekte. In zwei *Revision*-Blocks (nach den Units 2 und 5) haben die Schülerinnen und Schüler Gelegenheit, weiter zurück liegende Themen im Zusammenhang zu wiederholen. Nach den verpflichtenden Units 1 bis 5 bietet das Workbook jeweils einen *Stop and Practise*-Teil an, der eine Art Scharnierstelle zwischen dem *Stop! Check! Go!*-Teil des SB und dem Ordner Differenzieren | Fördern | Fordern" darstellt. Hier können die Lernenden einerseits individuell ihre Lernfortschritte am Ende einer Unit einschätzen, andererseits erhalten sie weiterführende Übungsangebote (mit Lösungen) – auch über das Workbook hinaus. Den einzelnen Übungen zugeordnete Ampeln, die der Selbsteinschätzung des Schwierigkeitsgrades dienen, können bei dieser Form des eigenverantwortlichen Lernens unterstützen. Ein spezielles Angebot für *fast finishers* vervollständigt den *Stop and Practise*-Teil im Workbook. In einem *Grammar file* kompakt finden die Schülerinnen und Schüler eine Zusammenfassung der wichtigsten Regeln.
Die dem Workbook beiliegende Audio-CD enthält alle zur Bearbeitung der Aufgaben nötigen Hörtexte sowie zusätzlich die *Listenings* der *Stop! Check! Go!*-Seiten aus dem Schülerbuch und des Einführungskurses.)

6.6 e-Workbook

Das e-Workbook bietet eine Fülle an Aufgaben auf drei Lernniveaus, die nicht nur die sprachlichen Mittel in den Blick nehmen, sondern auch allen kommunikativen Kompetenzen gerecht werden. Gedrucktes und elektronisches WB sind inhaltlich eng verzahnt: Die Übungen im WB korrespondieren über einen abgedruckten Zahlencode direkt mit weiteren, genau passenden Übungen im *e-Workbook*. Dabei unterstützt das *e-Workbook* das System der Differenzierung in English G LIGHTHOUSE, indem es Übungen auf drei verschiedenen Niveaus anbietet. Kompetenzbereiche wie *Listening* und *Speaking* sind ebenfalls mit multimedialen Übungen vertreten, außerdem gibt es einen Zugriff auf Hilfswerkzeuge wie *Grammar File, Skills File* und Wörterbuch. Eine Funktion zum Abfragen und Testen von Vokabeln ist gleichfalls enthalten. Da der Schwierigkeitsgrad der elektronischen Übungen auf drei Stufen einstellbar ist, können die Schülerinnen und Schüler mit dem *e-Workbook* den eigenen Lernprozess selbst steuern und eigenverantwortlich arbeiten. Sie übernehmen außerdem die Auswertung der Übungen per Musterlösung und können am Ende jeder Unit eine Selbstevaluation durchführen.

6.7 Differenzieren | Fördern | Fordern

Der Ordner Differenzieren | Fördern | Fordern (DFF) erleichtert Lehrkräften die Binnendifferenzierung und das gezielte Fördern und Fordern, indem es zu allen wichtigen Themen der Klasse 5 eine Fülle an Kopiervorlagen auf drei Niveaustufen (symbolisiert durch drei Würfel) bereitstellt. Der Kern des DFF-Ordners besteht aus 165 Kopiervorlagen, die passend zu den wichtigsten Kompetenzen, die in einer Unit

vermittelt werden, abwechslungsreiches und differenziertes Übungsmaterial bieten. Die Kompetenzen in der jeweiligen Überschriftenzeile sind dabei bewusst aus Schülersicht formuliert („Ich kann wichtige Schulsachen und Teile der Schuluniform benennen."). Die Rückseite der Kopiervorlagen ist jeweils mit den Lösungen versehen, so dass die S sich selbst überprüfen können.
Durch den DFF-Ordner ist eine Differenzierung nach Förderschwerpunkten möglich. Für jede Lehrwerksunit werden 8–9 Schwerpunkte unterschiedlicher Art ausgewiesen, die sich auf kommunikative und interkulturelle Kompetenzen, auf sprachliche Mittel wie auf methodische Kompetenzen beziehen. Diese Schwerpunkte sind in einer Lernlandkarte aufgeführt und verweisen auf Kopiervorlagen, die das Üben und Wiederholen grundsätzlich auf drei Kompetenzniveaus ermöglichen. Die Lernlandkarte gibt einen motivierenden Überblick über die zentralen Kompetenzen und Lernbereiche einer Unit. Im Sinne des selbstgesteuerten Lernens können die S die Lernlandkarte nutzen, um zu dokumentieren, wie sie ihre Fähigkeiten in den jeweiligen Kompetenzbereichen einschätzen und woran sie anschließend arbeiten.
Daneben enthält der Ordner eine Digitale Diagnose, die unitbezogen oder halbjahresbezogen eingesetzt werden kann und die sich an der jeweiligen Unit im Schülerbuch orientiert.
Zum Order gehört ebenfalls eine Audio-CD, mit der Kompetenzen im Bereich des Hörverstehens trainiert werden. Damit die S individuell an diesen Fertigkeiten arbeiten können, enthält die CD alle Hörtracks auch im MP3-Format.

6.8 Digitale Diagnose / Differenzieren | Fördern | Fordern digital

Eine genaue Diagnose ist die Grundlage für Differenzierung und individuelles Fördern und Fordern. Die Digitale Diagnose ist ein leistungsstarkes Werkzeug, das diesen wichtigen Arbeitsschritt im Schulalltag jeder Lehrkraft erleichtert und zudem mit dem Material Differenzieren | Fördern | Fordern verknüpft ist. Mit der Digitalen Diagnose ermittelt die Lehrkraft schnell und umkompliziert individuelle Lernstände und erkennt für jeden Einzelnen den genauen Förderbedarf und Chancen zum Fordern.
Innerhalb der Digitalen Diagnose stehen der Lehrkraft sowohl Tests zu den einzelnen Units aus dem SB als auch zusammengestellte Halbjahrestests zur Auswahl. Sämtliche Inhalte haben Lehrwerksbezug und sind auf die Kompetenzen, die in einer Unit vermittelt werden, abgestimmt. Die Tests werden mit den Schülerinnen und Schülern im Computerraum durchgeführt und die Ergebnisse werden von der Digitalen Diagnose automatisch ausgewertet.
Durch die enge Verzahnung mit Differenzieren | Fördern | Fordern werden der Lehrkraft für jeden Einzelnen passgenaue Materialien empfohlen. Die zahlreichen Arbeitsblätter auf drei unterschiedlichen Niveaustufen, die im Programm in digitaler Form vorliegen, unterstützen die Lehrkraft bei der gezielten Differenzierung in heterogenen Lerngruppen.

6.9 Audio-CD (Lehrerfassung)

Die Lehrerfassung der Audio-CD zum SB enthält über drei Stunden Hörmaterial verteilt auf 3 CDs. Darunter finden sich die Dialoge und Haupttexte aus den verschiedenen Bereichen der Unit *(Lead-in, Themes, Focus on language, Story, Skills training* und ggf auch *Stop! Check! Go!*), sowie Lieder (mit Playback-Aufnahmen) und Gedichte, Ausspracheübungen und reine *Listening*-Texte. Das gesamte Material wird von geschulten Muttersprachlern gesprochen bzw. gesungen. Die CDs sind in digitaler Stereoqualität aufgenommen.
Für die Schülerinnen und Schüler wird mit dem Workbook eine Kurzfassung auf einer CD gratis angeboten, die ausgewählte Unittexte und einige weitere, Workbook-spezifische *Listening*- und Ausspracheübungen enthält.

6.10 Video-DVD

Die DVD zu English G LIGHTHOUSE dient der Förderung des Hör-/Sehverstehens. Die Filmclips greifen zentrale Themen und sprachliche Mittel der SB-Unit auf. Zu jeder Unit werden zwei verschiedene Filme unterschiedlicher Genres angeboten:

- ***The kids from Harbour Road*** ist eine Art *soap opera* mit sechs unabhängig voneinander einsetzbaren Folgen. Die Hauptfiguren, Anna, Paul und Sarah besuchen auch das Eggbuckland Community College. In den einzelnen Folgen erlebt man die Kids in der Schule, zu Hause und unterwegs in Plymouth. Die drei Freunde sind unterschiedliche Charaktertypen, mit denen sich die Schülerinnen und Schüler identifizieren können: Anna ist vernünftig und eher etwas „brav", Sarah dagegen ist temperamentvoll und frech und Paul ist pfiffig und humorvoll.
- ***People and places*** enthält verschiedene Filmclip-Formate, die es ermöglichen, Plymouth aus verschiedenen Blickwinkeln zu erfahren.

Den Schwerpunkt bilden realitätsnahe Situationen, die Sprechanlässe bieten und es den Schülerinnen und Schülern ermöglichen, Parallelen zum eigenen Alltag zu ziehen. Die Dialogsequenzen orientieren sich am natürlichen, authentischen Sprachgebrauch und die Handlung wird visuell unterstützt durch aussagekräftige Bilder. Gleichzeitig erfahren die Schülerinnen und Schüler viel über den typischen Schulalltag an einem englischen College und über das Freizeitverhalten englischer Jugendlicher (immanente Landeskunde). Konkrete methodische Hinweisen zum Einsatz der DVD im Unterricht sind in die Handreichungen zum SB integriert.

Das *Viewing* ist bei English G LIGHTHOUSE ein integrierter Bestandteil des *Skills training* im SB. Entsprechend sind die methodisch-didaktischen Hinweise zum Einsatz der DVD im Unterricht und zur Bearbeitung der *Viewing*-Seiten in die HRU integriert. Der Einsatz der DVD bietet sich zum Ende jeder Unit an. Die Episoden sind zeitlich so kompakt, dass beide Filme in einer Schulstunde gezeigt und mithilfe der für alle machbaren Globalverständnisaufgaben auf der *Viewing*-Seite im SB ausgewertet werden können. Vertiefende Aufgaben und differenzierende KVs zu den *Viewings* gibt es in den HRU. Diese ermöglichen eine Progression vom rezeptiven zum produktiven Hör-/Sehverstehen. Zur Differenzierung bietet die DVD zuschaltbare Untertitel auf Deutsch und Englisch. Mithilfe der einfachen Navigation können über das Menü einzelne Sequenzen gezielt ausgewählt werden.

6.11 Wordmaster

Mit dem *Wordmaster* wird der neue Wortschatz einer Unit geübt. Im Mittelpunkt steht der Abschnitt *New words*, in dem die neuen Vokabeln (in der Reihenfolge ihres Vorkommens im SB) in einen Lückentext mit bereits bekannter Lexik eingebettet sind. Neue Wörter werden nicht isoliert ins Vokabelheft getragen, sondern gleich im Kontext geübt, indem die Schülerinnen und Schüler Sätze vervollständigen. Hinzu kommen Übungen, in denen der Wortschatz auch spielerisch umgewälzt wird. Für die (Selbst-)Kontrolle der Lösungen gibt es ein herausnehmbares Lösungsheft.

6.12 Vorschläge zur Leistungsmessung

Die Vorschläge zur Leistungsmessung, die in elektronischer Form mit editierbaren Word-Dokumenten angeboten werden, enthalten eine Vielzahl von Aufgaben zu den Bereichen Hör- und Leseverstehen, Sprechen, Schreiben, Sprachmittlung, *Study Skills*, Wortschatz und sprachliche Strukturen. Eine besondere Neuerung sind die zahlreichen Vorschläge zur Differenzierung; hierzu finden sich Aufgaben auf unterschiedlichen Niveaustufen, die durch entsprechende Symbole ausgewiesen sind. Es werden keine vollständigen Klassenarbeiten präsentiert; vielmehr sollte die Lehrkraft der jeweiligen Klassensituation gemäß ein „Testpaket" zusammenstellen, wobei einzelne Aufgaben auch erweitert oder variiert werden können. Alle Aufgaben enthalten Bewertungs- und Lösungsvorschläge. In Unit 6 werden zusätzlich Wiederholungsaufgaben der vorangegangenen Units angeboten. Die Hörskripte der *Listening*-Texte sind den Lösungen hinzugefügt, in gesprochener Form sind sie direkt auf der CD-ROM anklickbar. Eine Übersicht auf der CD-ROM, die eine Kurzbeschreibung der Aufgaben, Differenzierungsmöglichkeiten und Hinweise zur Bepunktung umfasst, erleichtert die Navigation. Die für jede Unit entwickelten Rückmeldebögen erleichtern eine persönliche Rückmeldung der Lehrkraft an die Schülerinnen und Schüler und können individuell angepasst werden.

6.13 Klassenarbeitstrainer

Der Klassenarbeitstrainer dient der Vorbereitung auf Klassenarbeiten und mündliche Überprüfungen. Er enthält zu jeder Unit des SB zwei Klassenarbeiten, in denen die Schülerinnen und Schüler anhand typischer Aufgabenformate die Kompetenzen *Listening, Speaking, Reading, Writing, Mediation, Study Skills, Language* sowie *Words* selbstständig trainieren können. An ausgewählten Stellen werden auch differenzierende Vorschläge gemacht. Das Lösungsheft hilft den Schülerinnen und Schülern, ihre Klassenarbeiten zu überprüfen. Dort finden sie auch zusätzliche Lerntipps und die abgedruckten Hörverstehenstexte. Mithilfe eines Bewertungsschlüssels können sie ihre Leistung einschätzen und zu ihrer Gesamtpunktzahl die entsprechende Note finden.

6.14 Folien

Die Folien zu LIGHTHOUSE werden auf einer CD-Extra angeboten – wahlweise für den Tageslichtprojektor (zum Ausdrucken), den Beamer oder das Whiteboard. Die Folien-CD begleitet die Arbeit mit dem SB. Das vielfältige Bildmaterial dient zur Präsentation, Wiederholung, Festigung und zum Transfer. Es gibt Vorlagen zu allen wichtigen Strukturen des SB, zu Lexik, Redemitteln und Lerntechniken. Besonders im Bereich der Lexik ermöglichen es die detailreich gestalteten Folien, Inhalte bildgestützt aufzugreifen, zu integrieren und zu festigen. Weiterhin bieten die Folien alternative Einstiegsimpulse zu den Unitthemen, monologische und dialogische Sprechanlässe sowie Anregungen zur Arbeit mit den Haupttexten und zur schriftlichen Textproduktion.
Die Handreichungen zu den Folien machen konkrete Angaben zum Einsatzort sowie zu den Funktionen einer Folie. Außerdem enthalten sie detaillierte Vorschläge für kommunikative und interaktive Weiterführungen und viele geeignete Differenzierungsmöglichkeiten. Zusätzlich bieten diverse Kopiervorlagen weitere gezielte Übungsanlässe zur Arbeit mit den Folien. Sowohl die Handreichungen wie auch die Kopiervorlagen sind editierbar und geben so die Möglichkeit der individuellen Unterrichtsvorbereitung.

6.15 www.cornelsen.de/lighthouse

Die Website ist die zentrale Adresse für LIGHTHOUSE. Sie umfasst das Online-Angebot für Schüler: Internetprojekte können direkt (mit dem Webcode aus dem SB) aufgerufen sowie Informationen zu den Lehrwerkskindern und landeskundliche Aspekte nachgeschlagen werden. Der Internetauftritt zum Projekt *Interesting animals* (Unit 4, S. 89) orientiert sich dabei an authentischen Websites, ist jedoch didaktisiert und klar auf die Schülerbedürfnisse ausgerichtet. Lehrkräfte gelangen über einen direkten Link zum Lehrer-Portal, wo alle Bestandteile der Lehrwerksreihe sowie sämtliche nach Band und Materialart (z. B. Arbeitsblätter) sortierten Online-Materialien zu finden sind.

6.16 Handpuppe Cyril

Die Lehrwerksfigur Cyril gibt es nicht nur als Zeichnung im SB, sondern auch als witzige Handpuppe. Cyril kann beim Unterrichten im Klassenzimmer vielseitig und motivierend eingesetzt werden: als Dialogpartner, zum Semantisieren von Vokabeln oder um den Schülerinnen und Schülern die Scheu vorm Sprechen zu nehmen.

6.17 Reader: Adventure on the Hoe

Lektüre zu English G LIGHTHOUSE Band 1 mit Aufgaben. Berry, Adam, Luca und Ellie treffen sich an einem Sonntag für ein Picknick im Hoe Park. Aus dem gemütlichen Ausflug entwickelt sich jedoch ein unerwartetes Abenteuer.

6.18 Vokabelkartei interaktiv

Die Vokabelkartei interaktiv zu English G LIGHTHOUSE ist eine Software speziell zum Vokabellernen – genau abgestimmt auf English G LIGHTHOUSE. Die Vokabelkartei interaktiv begleitet die Schülerinnen und Schüler das ganze Schuljahr hindurch beim Üben, Einprägen und Testen der Vokabeln aus dem Lehrwerk. Mit der Vokabelkartei werden die Vokabeln basierend auf dem bewährten Karteikastenprinzip in insgesamt sechs Phasen geübt, bis die Vokabel „sitzt". Alle Vokabeln sind vertont und, sofern dies sinnvoll ist, bebildert. Die Abfragerichtung (Deutsch/Englisch) kann beim Üben gewechselt werden. Im Testmodus lässt sich der Lernfortschritt jederzeit überprüfen. Es besteht außerdem die Möglichkeit, eigene Vokabelkarten hinzuzufügen.
Der Übungsteil bietet zusätzlich abwechslungsreiche Übungsformen zum Einprägen der Vokabeln. Dabei werden die Wörter und Sätze aus dem Lehrwerk ganz nebenbei in verschiedenen Zusammenhängen eingesetzt. So macht Vokabellernen Spaß!

6.19 Vokabeltest Wizard

Der Vokabeltest Wizard ist eine Software zum einfachen Erstellen, Korrigieren und Auswerten von Vokabeltests. Das Programm ist auf den Wortschatz des jeweiligen Bandes von English G LIGHTHOUSE zugeschnitten. Es bietet die Möglichkeit, Vokabeln abgestimmt auf den Leistungsstand der entsprechenden Lerngruppe zusammenzustellen, automatische Korrekturen einzusetzen (diese können händisch nachbearbeitet werden) und Bewertungskriterien festzulegen.
Motivationsfördernd für die S und ohne zusätzlichen Aufwand für L, sind alle Vokabeln mit einem englischen Kontextsatz versehen, in dem die geforderte Vokabel fehlt. Zusätzlich kann L entscheiden, ob bestimmte abzufragende Vokabeln gar nicht auf Deutsch angezeigt werden sollen, sondern mithilfe eines Kontextsatzes und einer Reihe alternativer Stimuli (Bild, Synonym, Antonym, etc.) erschlossen werden sollen. Die Vorbereitung eines Vokabeltests lässt sich gut zu Hause erledigen und die Testdatei z. B. auf einem USB-Stick mitnehmen. Der Test kann dann im Netzwerk der Schule für den Einsatz im Computerraum gespeichert werden. Alternativ lässt sich der Test natürlich auch ausdrucken und herkömmlich auf Papier durchführen.

7 Systemische Differenzierung und individuelle Förderung im Lehrwerk English G LIGHTHOUSE

Das gemeinsame Lernen von Schülerinnen und Schülern mit unterschiedlichen Lernvoraussetzungen und Begabungsprofilen in heterogenen Klassen oder Lerngruppen stellt eine große Herausforderung dar. Differenzierende Lern- und Übungsangebote, die sich an unterschiedlichen Leistungsvermögen orientieren, sollen Erfolgserlebnisse und Lernfortschritte erzielen, die sich positiv auf Motivation,

Persönlichkeit und Lernverhalten der Lernenden auswirken. Die Schülerinnen und Schüler müssen miteinander, aber auch voneinander lernen und sich mit ihren unterschiedlichen Stärken gegenseitig anregen und helfen. Durch unterschiedliche Lehr- und Lernarrangements gelangen sie auf unterschiedlichen Wegen zu gleichen, aber in Bezug auf Komplexität und Kompetenzniveau auch zu unterschiedlichen Ergebnissen. Eine innere Differenzierung im Unterricht ist daher unumgänglich.

Wodurch unterscheiden sich Lerner?
- Alter und Reife
- sozialer Hintergrund
- (inter)kultureller Hintergrund
- muttersprachliche Kompetenz
- intellektuelles Leistungsvermögen
- Lerntempo, Arbeitsstil und Festigungsbedarf
- Interessen und Bedürfnisse
- Vorerfahrungen und Vorkenntnisse
- Arbeitshaltung und Selbstkonzept
- Bereitschaft und Fähigkeit zur Reflexion und Selbstständigkeit
- soziale Kompetenz

Das Lehrwerk English G LIGHTHOUSE mit seinen zentralen Bestandteilen – dem Schülerbuch, dem Workbook, dem *e-Workbook*, den differenzierenden Vorschlägen zur Leistungsmessung samt Rückmeldebögen sowie dem Material zum Differenzieren | Fördern | Fordern – bietet ein umfangreiches und aufeinander abgestimmtes Gesamtsystem, das einer großen Spanne an Leistungsprofilen auf Seiten der Schülerinnen und Schüler gerecht wird. Neben unterschiedlich anspruchsvollen Aufgaben wird eine soziale, methodische, qualitative, quantitative und interessengeleitete Differenzierung ermöglicht. Zusätzlich zu diesen Vorschlägen finden sich immer wieder konkrete Tipps zu weiteren Differenzierungsmaßnahmen in den Handreichungen für den Unterricht. Es werden methodische, sprachliche und inhaltliche Hinweise für schwächere wie für stärkere Schülerinnen und Schüler gegeben. Die Differenzierung spielt in einem Schülerbuch für heterogene Lerngruppen eine zentrale Rolle. Das Ziel ist es, allen Lernniveaus mit diesem einen Schülerbuch gerecht zu werden, Aufgaben anzubieten, die die leistungsschwächeren Schülerinnen und Schüler fördern und die leistungsstärkeren Schülerinnen und Schüler fordern.

Insgesamt bieten Schülerbuch, Workbook, Förder- und Fordermaterialien sowie die differenzierenden Vorschläge zur Leistungsmessung Übungen und Aufgaben auf drei unterschiedlichen Niveaus an (leicht, mittel, schwer), wobei es eine gesonderte Kennzeichnung von leichteren und schwierigeren Übungen und Aufgaben gibt. Leichtere Übungen sind mit einem offenen Kreis gekennzeichnet, schwierige mit einem geschlossenen Kreis. Übungen und Aufgaben ohne besondere Kennzeichnung werden als normal eingestuft.

Zehn Tipps zur Differenzierung im Klassenzimmer

English G LIGHTHOUSE bietet eine gute Materiallage, um den Aufwand zum angemessenen und vielfältigen Differenzieren für Lehrkräfte möglichst gering zu halten. Wichtig ist, dass die Lernenden möglichst selbstständig ihren Voraussetzungen und Bedürfnissen entsprechend arbeiten können. Soziales und fachliches Lernen ergänzen sich dabei sinnvoll. So wird erreicht, dass alle im Gespräch bleiben, es stets ein Ergebnis für jeden gibt und sich keiner blamiert. Von zielgleichen und zieldifferenten Aufgaben, die zur Wahl stehen, profitieren alle Schülerinnen und Schüler.

Im differenzierenden Unterricht sollten Lehrkräfte diese Hinweise beachten:
- schwächere und stärkere Schülerinnen und Schüler arbeiten für eine bestimmte Zeit zusammen

- Schülerinnen und Schüler werden gezielt in Helfersysteme eingebunden
- insbesondere schwächere Schülerinnen und Schüler brauchen Routinen
- alle Schülerinnen und Schüler werden angesprochen, alle sollen sich beteiligen können
- Lehrkräfte sollen Geduld üben und Antworten in Ruhe abwarten
- Übungssequenzen, die vom Einfachen zum Schwierigeren führen, werden bevorzugt
- Schülerinnen und Schüler brauchen Wahlmöglichkeiten
- Schülerinnen und Schüler bekommen unterschiedlich viel Zeit zur Bearbeitung von Aufgaben
- Komplexere Lernaufgaben lassen alle auf ihrem Niveau mitarbeiten
- *Activity Corners* bieten Möglichkeiten für schnellere Lerner *(fast finishers)*

7.1 Differenzierung in English G LIGHTHOUSE

English G LIGHTHOUSE bietet eine Fülle unterschiedlicher Möglichkeiten zur Differenzierung und zum individuellen Fördern, die hier genauer dargestellt werden.

7.1.1 Parallelaufgaben

Parallelaufgaben ermöglichen eine zeitgleiche Arbeit an unterschiedlich schwierigen Übungen, die zur gleichen Lösung führen. Die leichtere Aufgabe befindet sich vorn im SB in der Unit selbst und die schwierigere in der *Diff Bank* (S. 121–147). Parallelaufgaben sind geschlossene Übungen. Dieses Differenzierungsprinzip bietet im Unterricht ein großes Maß an Flexibilität. Die Schülerinnen und Schüler entscheiden selbst, auf welchem Niveau sie eine Aufgabe lösen möchten. Benötigen sie konkrete Hilfen und eine stärkere Lenkung für ihren Lösungsweg, bieten sich die Aufgaben vorn im Buch an. Es ist denkbar, dass die leichteren oder anspruchsvolleren Aufgaben, die sich hinten im Buch befinden, den Lernern zugewiesen werden. Es erscheint ebenso vorstellbar, dass zunächst alle Schülerinnen und Schüler mit der schwierigeren Aufgabe hinten im Buch beginnen. Sollte sich eine Aufgabe als zu anspruchsvoll erweisen, stehen die Hilfen vorn im Buch zur Verfügung. Insbesondere im Anfangsunterricht und in der Phase der Routinebildung bei diesem Übungstyp erscheint eine Zuweisung durch die Lehrkraft durchaus sinnvoll.

7.1.2 Aufgaben mit *More help*

Für offene, kommunikative Aufgabenformen, die von den Schülerinnen und Schülern eine komplexere Sprech- oder Schreibleistung verlangen, gibt es das Aufgabenformat *More help*, das sprachliche, aber auch inhaltliche Hilfen bei der Lösung dieser Aufgaben bietet. Alle können zunächst versuchen, vorn in der Unit die schwierigere Aufgabe zu lösen. Wenn sich ihnen Probleme stellen, können die Schülerinnen und Schüler in die *Diff Bank* gehen, wo sie vielfältige Anregungen finden, die ein selbstständiges Weiterarbeiten ermöglichen.

7.1.3 *More practice*-Aufgaben

Zur Vertiefung und quantitativen Differenzierung gibt es unter der Überschrift *More practice* in der *Diff Bank* ein weiteres Übungsangebot. Sollten Schülerinnen und Schüler weiteren Übungsbedarf haben, wird auf der Unit-Seite vorn auf das Angebot in der *Diff Bank* verwiesen, wo ähnliche Übungen versammelt sind, die hinreichend Gelegenheit bieten, eine bestimmte Struktur oder ein bestimmtes sprachliches Phänomen vertiefend zu üben.

7.1.4 Aufgaben mit der Aufforderung *'as many as you can'*

Mit dem Appell *as many as you can* werden leistungsstärkere Schülerinnen und Schüler motiviert, bei bestimmten Aufgaben soviel wie möglich zu sagen oder zu schreiben. Entscheidend ist, dass alle vor derselben Aufgabe stehen. Ein gewisser Wettbewerbscharakter kann bei diesen Augaben motivierende Wirkung zeigen.

7.1.5 *Info-gap activities*

Bei *Info-gap activities* arbeiten die Schülerinnen und Schüler in PA an zwei unterschiedlichen Stellen im SB und verfügen über unterschiedliche Informationen, sodass eine reale Austauschsituation entsteht. Es kann dabei auch eine Leistungsdifferenzierung geben. In diesen Fällen sollte der Partner anfangen, der hinten im Buch auf die anspruchsvollere Variante trifft. Durch diese klare Zuordnung wissen beide Lerner Bescheid, wer zu beginnen hat. Unabhängig davon dient die sprachliche Äußerung des stärkeren Partners als Modell für den schwächeren.

7.1.6 Wordbanks

Die Wordbanks (S. 173–177) bieten zusätzlichen Wortschatz für freiere Aufgaben, die besonders von den leistungsstärkeren Schülerinnen und Schülern zur Erweiterung ihres Wortschatzes genutzt werden könnten. Außerdem enthalten sie Wortmaterial, das spezifischen Charakter hat, um typisch deutsche Sachverhalte auch angemessen auf Englisch ausdrücken zu können. Wenn die Schülerinnen und Schüler beispielsweise ihren eigenen Stundenplan auf Englisch formulieren sollen, finden sie in der Wordbank den Begriff *special needs training* für Förderunterricht.

7.1.7 Differenzierung durch kooperatives Lernen

Durch kooperatives Lernen können sich alle Schülerinnen und Schüler Wissen, Kenntnisse und Fertigkeiten selbst erarbeiten und im wechselseitigen Austausch mit anderen vertiefen. Der grundlegende Dreischritt *Think–Pair–Share* ist allen kooperativen Lernformen eigen. Am Anfang steht die Einzelarbeit, in der sich jeder Lerner nach seinen individuellen Möglichkeiten mit einem Lerngegenstand auseinandersetzt, bevor er sich in der Phase des Austauschs entweder über dieselben oder unterschiedliche Inhalte mit einem Partner auf ein gemeinsames Ergebnis einigen kann. Die beiden können Lösungen vergleichen, ergänzen, verwerfen und so wechselseitig voneinander lernen. Im letzten Schritt werden die Ergebnisse in der Klasse präsentiert bzw. besprochen. Das SB English G LIGHTHOUSE beinhaltet im Band 1 im Wesentlichen die kooperativen Formen *Walk around, Appointment, Double circle* und *Reading circle*. Sie werden immer wieder aufgegriffen, sodass sich im Laufe des ersten Lernjahres die notwendigen Routinen entwickeln können. Dazu bietet sich zur Überprüfung insbesondere geschlossener Aufgaben im Anfangsunterricht das kooperative Verfahren des Lerntempoduetts an. Der Vorteil dieser Arbeitsform besteht darin, dass jeweils zwei gleich schnell arbeitende Schülerinnen und Schüler zusammen arbeiten können.

7.1.8 Differenzierung durch Lernaufgaben *(tasks)*

Komplexere Lernaufgaben *(tasks)* stellen eine gute Möglichkeit zur Differenzierung dar. „A task is generally described as an activity in which people engage to attain an objective and which involves the meaningful use of language. The principal focus of tasks is not on displaying learners' ability to produce pre-specified language forms. It is on communicating their own meanings. On a general level this distinguishes tasks from exercises which focus on practising individual elements of the language, i.e. words or grammar." (Müller-Hartmann/Schocker-Ditfurth).

Lernaufgaben sind in aller Regel
- inhaltsorientiert und formorientiert
- authentisch: anwendungsorientiert
- hierarchisch nach Schwierigkeiten geordnete Aufgaben
- lernerzentriert
- lernprozessorientiert
- produktorientiert

Das Projekt *Interesting animals* (S. 89) stellt eine komplexe Lernaufgabe dar, die sich ausgezeichnet zur vielschichtigen Differenzierung eignet. Sie erlaubt eine persönliche Schwerpunktsetzung nach Interessenlage, je nach Können selbstständiges Arbeiten sowie kooperative Problembearbeitung. Am Ende steht ein Poster, das ein ausgewähltes Tier unterschiedlich komplex darstellt. Insofern bieten Lernaufgaben fruchtbare Lerngelegenheiten, bei denen alle Lerner individuell nach ihren Kompetenzen arbeiten und am Ende ein Ergebnis präsentieren können, das der Aufgabenstellung entspricht, aber dennoch unterschiedlich ausgeprägt ist.

7.1.9 Differenzierung auf den Seiten *Stop! Check! Go!*

Die Seiten *Stop! Check! Go!* dienen in erster Linie der Übung, Festigung und Wiederholung sowohl sprachlicher Mittel als auch einzelner Kompetenzbereiche. Grundsätzlich müssen nicht alle Schülerinnen und Schüler alle Aufgaben, die hier versammelt sind, erledigen. Sie können im Sinne individueller Förderung genutzt werden. Die jeweils ersten 1–9 geschlossenen Aufgaben können je nach Entwicklungsstand der Lerner auch selbstständig gelöst und auf Richtigkeit überprüft werden. Besonders gut im Sinne einer Differenzierung nach Förderschwerpunkten und Interessen eignen sich komplexere Aufgaben, die auf diesen Seiten auftauchen.

7.1.10 Quantitative Differenzierung durch die fakultative Unit 6

Die letzte Unit im Lehrbuch hat fakultativen Charakter und kann in den Fällen eingesetzt werden, in denen sich schneller lernende Schülerinnen und Schüler zum Teil auch selbstständig mit den Themen und Inhalten auseinandersetzen. Auch wenn diese Unit die *storyline* weiter entwickelt, gehen die Kernaussagen der gesamten Lerngruppe nicht verloren, weil die wesentlichen Fakten zu Beginn des zweiten Bandes von English G LIGHTHOUSE wieder auftauchen.

7.1.11 Differenzieren mit Lektüren, Hörmaterialien, praktischem Lernen

Einen guten Weg zur Differenzierung bieten unterschiedliche Lesetexte und vor allem Lektüren. Es empfiehlt sich, für *fast finishers* Lesetexte aller Art bereitzuhalten. Das können Texte aus dem *Text File*, lehrbuchunabhängige Lesematerialien oder einfache Lektüren sein, die motivierend sind und vor allem ohne fremde Hilfe gelesen werden können.
Darüber hinaus können in einer *Activity Corner* im Klassen- bzw. Fachraum einfache Hörmaterialien verfügbar gemacht werden unter der Voraussetzung, dass notwendige Abspielgeräte und Kopfhörer vorhanden sind. Für schwächere Schülerinnen und Schüler eignen sich Materialien zum Basteln, zum Ausschneiden und Aufkleben, Lernspielsysteme, Spielkarten etc. Grundsätzlich sollte darauf geachtet werden, dass nicht nur schnellere Lerner die Gelegenheit erhalten, in einer *Activity Corner* Aufgaben jenseits des Lehrbuches zu bearbeiten.
Im Einzelfall ist es ebenfalls denkbar, dass sich in einem Klassenzimmer Medienecken befinden, in denen Schülerinnen und Schüler Zugang zu einem Computer haben. In solchen Fällen bietet es sich an, dass sie auch Aufgaben aus dem e-Workbook lösen oder einfache Recherchen auf www.cornelsen.de/lighthouse durchführen.

8 Zeit- und Verlaufsplanung

Aufgrund der recht unterschiedlichen Rahmenbedingungen in den Schulen kann die Zeit- und Verlaufsplanung für die Arbeit mit dem Lehrwerk English G LIGHTHOUSE nur Vorschlagscharakter haben. Sie wird u.a. dadurch beeinflusst, nach welchem Zeitraster, beispielsweise 45 oder 60 Minuten, der Stundenplan organisiert ist. Bei den Vorschlägen wird davon ausgegangen, dass für den Englischunterricht in der Klasse 5 vier Wochenstunden zur Verfügung stehen.
Ein Schuljahr umfasst in der Regel 39 Schulwochen, das entspricht 156 Wochenstunden. Zieht man etwa 10% für Ausfälle ab, verbleiben etwa 140 Stunden für den Unterricht.

8.1 Beispiel für eine Grobplanung des Schülerbuchstoffs

	4 Wochenstunden
Nice to meet you!	8 Stunden
Unit 1–Unit 5	75 Stunden
Unit 6 (optional)	10 Stunden
Stop! Check! Go!	20 Stunden
Text files (optional)	15 Stunden
ergeben	**103–128 Stunden**
6 Klassenarbeiten	12 Stunden
ergeben	**115–140 Stunden**

8.2 Beispiel für eine Grobplanung einer Unit mit dem dazugehörigen Stop! Check! Go!

Unit 3	
Lead-in	2 Stunden
Theme 1	2 Stunden
Theme 2	2 Stunden
Focus on Language	3 Stunden
Story	2 Stunden
Skills training: Listening	1 Stunde
Skills training: Speaking	1 Stunde
Skills training: Reading	1 Stunde
Skills training: Viewing	1 Stunde
ergeben	**15 Stunden**
Stop! Check! Go!	4 Stunden

Literaturhinweise

Bach, G./Timm, J.-P. (Hrsg.): *Englischunterricht*, UTB, Francke Verlag, Tübingen und Basel 2003

Blaz, D.: *Differentiated Instruction. A Guide for Foreign Language Teachers. Eye on Education*, Larchmont, New York 2006

Bönsch, M.: „Was ist guter Unterricht? – Oder besser: wie kann man Lernen erfolgreich initiieren?", in: *Realschule in Deutschland*, Heft 3/2010, S. 14ff.

Ders.: „Individualisierende Lernwege", in: *Schulmagazin 5–10*, Heft 5/2011, S. 7ff.

Bleyhl, W.: „Sündhafte" Verstöße. Über den Umgang mit Fehlern", in: *Praxis Englisch*, Heft 3/2009, S. 44f.

Ders.: „Die Defizite des traditionellen Fremdsprachenunterrichts – oder weshalb – endlich – ein Paradigmenwechsel, eine Umkehr, im Fremdsprachenunterricht erfolgen muss", in: http://creativedialogues.lernnetz.de/docs/1.4Expertenstimmen.pdf (25.03.2012)

Börner, O./Edelhoff, Ch./Lohmann, Ch. (Hrsg.): *Individualisierung und Differenzierung im kommunikativen Englischunterricht*, Diesterweg, Braunschweig 2010

Brüning, L./Saum, T.: "Individualisierung und Differenzierung – aber wie? Kooperatives Lernen erschließt neue Zugänge", in: *Pädagogik*, Heft 11/2010, S. 12ff.

De Florio Hansen, I./Klewitz, B.: „Angst vor Kompetenzorientierung? Zur Planung von kompetenzförderndem Fremdsprachenunterricht", in: *Praxis Fremdsprachenunterricht*, Heft 6/2012, S. 11ff.

Eckstein, R.: „Kompetenzorientiertes Lernen", in: *Schulmanagement*, Heft 3/2011, S. 15ff.

Engel, A./Wiedenhorn, Th.: *Stärken fördern – Lernwege individualisieren*, Beltz, Weinheim und Basel 2010

Hallet, W.: *Lernen fördern. Englisch*, Klett, Kallmeyer, Seelze 2011

Harmer, J.: *The Practice of English Language Teaching*, Pearson Education, Harlow 2007

Harting, A.: „Eigenverantwortliches Lernen", in: *Schulmanagement*, Heft 3/2011, S. 8ff.

Heacox, D.: *Differentiating instruction in the regular classroom*, Free Spirit Publishing, Minneapolis 2002

Heymann, H. W.: „Binnendifferenzierung – eine Utopie?", in: *Pädagogik*, Heft 11/2010, S. 6ff.

Hinz, R.: „Heterogenität – eine pädagogische Herausforderung", in: *Schulverwaltung*, Heft 5/2011, S. 137f.

Keßler, J.: „Englisch ab Klasse 1. Zu früh? Zu wenig erforscht? Wirkungslos? – Zu wichtig!", in: *Schule NRW*, Heft 04/2009, S. 158ff.

Keßler, J./Plesser, A.: *Teaching Grammar*, UTB, Schöningh Verlag, Paderborn 2011

Kuty, M.: „Binnendifferenzierung in Aktion", in: *Praxis Fremdsprachenunterricht*, Heft 3/2009, S. 16ff.

Lau, R./Boller, S.: „Innere Differenzierung konsequent anwenden", in: *Pädagogik*, Heft 11/2010, S. 28ff.

Metzger, K./Erich W. (Hrsg.): *Inklusion – eine Schule für alle*, Cornelsen Scriptor, Berlin, 2010

Mittendrin e.V. (Hrsg.): *Eine Schule für alle. Inklusion umsetzen in der Sekundarstufe*, Verlag an der Ruhr, Mühlheim an der Ruhr, 2012

Müller-Hartmann, A./Schocker-Ditfurth, M.: *Teaching English: Task supported language learning*, UTB, Schöningh Verlag, Paderborn 2011

Dies.: „Mit Lernaufgaben Kompetenzen entwickeln", in: *Der fremdsprachliche Unterricht.* Englisch. Heft 109/2011, S. 2ff.

Paradies, L./Linser, H. J.: *Differenzieren im Unterricht*, Cornelsen Scriptor, Berlin 2010

Paradies, L./Wester, F./Greving, J.: *Individualisieren im Unterricht,* Cornelsen Scriptor, Berlin 2010

Pienemann, M./Keßler, J./Roos, E. (Hrsg.): *Englischerwerb in der Grundschule*. UTB, Schöningh Verlag, Paderborn 2006

Prodromou, L./Clanfield, L.: *Dealing with Difficulties*, Delta Publishing, Peaslake 2007

Raya, M. J./Lamb, T.: *Differentiation in the Modern Languages Classroom*, Peter Lang, Frankfurt 2003

Spitzer, M.: *Lernen. Gehirnforschung und die Schule des Lebens*, Spektrum Akademischer Verlag, Heidelberg, Berlin 2002

Ders.: „Medizin für die Schule. Neurowissenschaftliche Erkenntnisse nutzen", in: *Schule NRW*, Heft 04/2011, S. 158ff.

Staatsinstitut für Schulqualität und Bildungsforschung: *Sprachen leben. Kompetenzorientierte Aufgaben in den modernen Fremdsprachen. Band 1,* Cornelsen, München 2011

Ders.: *Sprachen leben. Kompetenzorientierte Aufgaben in den modernen Fremdsprachen. Band 2,* Cornelsen, München 2011

Tomlinson, C. A.: *How to differentiate instruction in mixed-ability classrooms,* Pearson/ Merrill Prentice Hall, Upper Saddle River, New Jersey 2006

Tomlinson, C. A./Cunningham Eidson, C.: *Differentiation in Practice. Association for Supervision and Curriculum Development*, Alexandria, Virginia 2003

Tschekan, K.: *Kompetenzorientiert unterrichten*, Cornelsen Scriptor, Berlin 2011

Weinert, F. E.: *Leistungsmessungen in Schulen*, Beltz, Weinheim und Basel 2001

Wolff, M.: „Individualisierung und Differenzierung. Ihre Bedeutung für schwächere Lerner", in: *Praxis Fremdsprachenunterricht*, Heft 3/2009, S. 4ff.

Symbole für Kompetenzen

Kommunikative Kompetenzen:

(Symbol)	Listening
(Symbol)	Viewing
(Symbol)	Reading
(Symbol)	Writing
(Symbol)	Speaking
(Symbol)	Mediation

Methodische Kompetenzen:

(Symbol)	Lern- und Arbeitstechniken (Skills)
(Symbol) / (Symbol)	Kooperative Lernformen
(Symbol)	Interkulturelle Kompetenzen

Symbole für Übungen

(Symbol)	Partnerarbeit
(Symbol)	Gruppenarbeit
(Symbol)	Hörtext nur auf CD
(Symbol)	Hörtext auf CD und im Schülerbuch
(Symbol)	Filme auf der DVD
○	leichtere Übungen
●	schwierigere Übungen
//○	leichtere Parallelübung
//●	schwierigere Parallelübung
//○ p. XX	leichtere Parallelübung mit Seitenzahl
//● p. XX	schwierigere Parallelübung mit Seitenzahl
More help p. XX	Hilfen zu einer Aufgabe in der Diff Bank
More practice 1 p. XX	weitere Übungen in der Diff Bank
blaue Schrift:	fakultative Angebote

Verweise

► KV 1	Verweis auf Kopiervorlagen in den HRU
► DFF 1.1	Verweis auf Ordner zum Differenzieren, Fördern und Fordern
► IAT 1.1	Verweis auf Interaktive Tafelbilder
► Folie 1	Verweis auf Folien
► INKL 1.1	Verweis auf Kopiervorlagen aus den Materialien für Lernende mit erhöhtem Förderbedarf im inklusiven Unterricht
► WB 1, p. 2	Verweis auf Workbook-Übungen

Abkürzungen

L	Lehrer / Lehrerin	EA	Einzelarbeit	HRU	Handreichungen für den Unterricht
S	Schüler / Schülerin	PA	Partnerarbeit	SB	Schülerbuch
KV	Kopiervorlage	GA	Gruppenarbeit	GSE	Grundschulenglisch

Nice to meet you!

Nice to meet you!

Die S lernen die Lehrwerkscharaktere Ellie, Adam, Berry und Luca in Freizeitsituationen mit ihren Vorlieben (Farben, Sport/Hobbys, Tiere) bzw. ihrem Lieblingsgegenstand kennen. In der Geschichte geht es um das Ferienende und darum, was die verschiedenen Lehrwerksfiguren – einschließlich der Maskottchen Cyril und Sandy – am letzten Ferientag am Strand tun …

Kommunikative Kompetenzen

Listening

- Meet Cyril (p. 8, 1a–c)*
- Cyril's song (p. 9, 4)
- Colours (p. 10, 1b/c)
- Luca's favourite thing (p. 13, 1a/b)
- A story (p. 14/15, 1a–c)
- Chant (p. 15, 2)

Speaking

- Meet Cyril (p. 8, 1b/c)
- Meet your class (p. 8, 2)
- GAME I can see … (p. 9, 3a/b)
- Cyril's song (p. 9, 4)
- Your favourite colour (p. 10, 2a/c)
- What about you? (p. 11, 2a/b)
- Luca's favourite thing (p. 13, 1b)
- Your favourite thing (p. 13, 2a/c)
- Chant (p. 15, 2)

Writing

- Colours (p. 10, 1a)
- Your favourite colour (p. 10, 2b)
- What are the sports and hobbies? (p. 11, 1)
- A sports and hobbies poster (p. 11, 3)
- Can you remember? (p. 12, 1b)
- GAME Animal pairs (p. 12, 2)
- Your favourite thing (p. 13, 2b)

Sprachliche Mittel

Wortfelder

- Strand (p. 8/9, 1–4; p. 14/15, 1/2)
- Farben (p. 10, 1/2)
- Sport und Hobby (p. 11, 1–3)
- Tiere (p. 12, 1/2)
- Lieblingssachen (p. 13, 1/2)

Strukturen

- I'm … (p. 8, 1/2)
- I can see … (p. 8, 3)
- What's your favourite …? – My favourite … is … (p. 10, 1c; p. 11, 2b; p. 12, 1)
- I like/don't like … (p. 11, 2; p. 13, 1/2

Methodische Kompetenzen

Lern- und Arbeitstechniken

- (Hör-)Texten wesentliche Informationen entnehmen (p. 14/15, 1b/c)
- Wortschatz in Tabellenform notieren, gruppieren (p. 10, 2b; p. 11, 3; p. 12, 1b)
- Lexikalische Vorkenntnisse aus dem GSE in Laut- und Schriftbild sammeln und sichern (p. 8, 3; p. 11, 1; p. 12, 1a/b; p. 13, 2)
- Mündliche und schriftliche Sprachmuster als Vorlage für die eigene Sprachproduktion nutzen (p. 8, 1/2; p. 10, 2a/c; p. 11, 2b; p. 13, 2b/c)
- Notizen anfertigen (p. 10, 2b)

/ Kooperative Lernformen

- Milling around (p. 8, 2; p. 10, 2a; p. 11, 2b)
- Weitere Formen der PA und GA (p. 9, 11, 12)

Interkulturelle Kompetenzen

- Den Handlungsort Plymouth kennenlernen (p. 8/9, 3; p. 10, 1b)
- Alltag, Ferien- und Freizeitaktivitäten gleichaltriger Jugendlicher in GB (p. 11, 1; p. 14/15, 1; p. 10, 1; p. 12, 1; p. 13, 1)

*p. 8, 1a–c = SB-Seite, Übungsnummer

LEAD-IN

Inhalt

Dargestellt in einer Szene am Strand erhalten die S einen ersten Einblick in den Handlungsort, die Hafenstadt Plymouth im Südwesten Englands. Sie treffen dabei auch das SB-Maskottchen Cyril, einen Krebs. Cyril stellt sich vor und regt die S durch Fragen an, sich ebenfalls vorzustellen.

Kommunikative Kompetenzen

Listening: Kurze Sequenzen aus Vorstellungsdialogen erfassen, nachsprechen und darauf reagieren • ein Lied (Cyril's Song) hören und den Refrain mitsingen

Speaking: Sich begrüßen und vorstellen • sagen, was man auf einem Bild sieht

Methodische Kompetenzen

Lern- und Arbeitstechniken: Lexikalische Vorkenntnisse (aus dem GSE) einbringen (ausgehend von Bildern, Hörtexten, …) • Sprachmuster hören und nachahmen

Kooperative Lernformen; *Milling-around activity*

S. 8

1 Meet Cyril

Wortschatz

Nice to meet you! • nice • meet • you • Hi. • I'm Cyril.• **I • the crab • Box 'the'** (SB-Seite 180) • **What's your name? • what • your • name • ten • Box 'numbers 1–14'** (SB-Seite 180) • **What about you? • Box 'you/your'** (SB-Seite 180) • **I'm from** Plymouth. • **in England • in Germany**

Einstieg

SB geschlossen. L stellt sich kurz vor: *My name is Mrs/Mr … I'm from … in Germany.* Anknüpfend an Vorkenntnisse aus dem GSE kann L an dieser Stelle auch bereits einige S befragen: *What's your name?*

Überleitung

L: *Now let's meet our mascot. It goes with you through your English book. It's a crab. Its name is Cyril.* Unterstützend kann L ein Bild von Cyril (Folie) oder die Cyril-Handpuppe präsentieren.

► Folie 2
► IAT 0.1

Alternative

Wenn Cyril-Handpuppe vorhanden, kann eine erste Vorstellungsrunde mit den S auch „durch" Cyril erfolgen.
L: *My name is Mrs/Mr.… I'm from … in Germany. And this is our mascot – Cyril the crab.* (mit verstellter Stimme) *Hi, I'm Cyril. What's your name? …*

Erarbeitung

a) **SB geschlossen. 1. Hören** gemäß SB.

► 1.02

Zusatz

Beim **2. Hören** erfassen die S Alter und Wohnort Cyrils. Dazu notiert L Hörauftrag an der Tafel und ergänzt im Anschluss die Lösungsvorschläge der S (siehe Angaben in Klammern).

Listen and find out more about Cyril:
– (how) old? (four)
– from? (Plymouth in England)

Hörtext

Voices: Hey, let's go for a swim … the water's cold … who wants to play football? … I'd like an ice-cream … Jenny, put on your sun cream …
Cyril: Hi, nice to meet you! I'm Cyril the crab. What's your name?
I'm four. What about you?
I'm from Plymouth in England. What about you?

Erarbeitung

b) **SB geschlossen.** Hören und Nachsprechen der Einzelsätze im Chor gemäß SB. Nach jedem Satz gibt es eine kurze Pause zum Nachsprechen. Die Nachsprechübung dient der ► Lautschulung (Glossar) in Vorbereitung auf die eigenen Dialoge in **2**. Um Dialogteile mehrfach wiederholen zu lassen, kann L die CD ggf. nach jedem Satz stoppen.

► 1.03

O Differenzierung

SB geöffnet. Lernschwächere S lesen beim Nachsprechen die Sätze in Cyrils Sprechblasen mit.

Hörtext

Hi, nice to meet you!
I'm Cyril the crab.
What's your name?
I'm four.
What about you?
I'm from Plymouth in England.
What about you?

Erarbeitung

c) **SB geöffnet.** S hören und beantworten Cyrils Fragen mithilfe der Sprachmuster in den Sprechblasen. Nach jeder Frage gibt es eine kurze Pause zum Antworten.

► 1.04

Differenzierung

Lernstärkere S werden ermutigt, das SB zu schließen und ohne Sprachmuster zu antworten.

Hörtext

Hi, nice to meet you! I'm Cyril the crab. What's your name?
I'm four. What about you?
I'm from Plymouth in England. What about you?

Zusatz

SB geöffnet. ► Partner talk (Glossar). Ein S übernimmt Cyrils Rolle und stellt die Fragen aus den Sprechblasen im SB, der zweite S spricht über sich. Rollen sollten anschließend gewechselt werden. Zur Unterstreichung der Sprecherrolle kann ggf. bereits hier die *Cyril puppet* aus dem *Text file* (TF 1, SB-Seite 148) gebastelt und eingesetzt werden.

2 Meet your class

Wortschatz

class

Erarbeitung

SB geöffnet. ► Klären der Arbeitsanweisung (Glossar). Es handelt sich um eine ► Milling-around activity (Glossar). L demonstriert ggf. die Vorgehensweise mit lernstärkeren S und legt eine Mindestanzahl an zu befragenden Partnern fest. Als Gedächtnisstütze können die S ihre SB mitnehmen und die Fragen mithilfe der ► Read-and-look-up technique (Glossar) vortragen.

Zusatz

S verwenden ► KV 1: Nice to meet you! (Part 1). Sie enthält die Redemittel aus dem SB, eine Tabelle für Notizen über den Partner und eine Aufgabe zur Auswertung.

Alternative

SB geöffnet. Alternativ können in großen Klassen Gruppen mit fünf bis sechs S aus verschiedenen Grundschulen gebildet werden. S befragen dann alle Gruppenmitglieder.

Auswertung

Einzelne S-Paare präsentieren einen Mini-Dialog vor der Klasse. Auf Freiwilligkeit achten, um keine Ängste aufzubauen.

► WB 1, p. 2
► DFF N1, N7
► INKL 0.1, 0.2

S. 9

3 GAME I can see …

Wortschatz
I can see Cyril. • **can** • **and a beach** • **Box 'a'** (SB-Seite 180)

Material
Wandkarte von GB (bzw. Karte im SB, Umschlagseite 2)

Einstieg
SB geschlossen. L: *Cyril is from Plymouth. Look at the map. Where is Plymouth?* L (oder S) zeigt Plymouth auf der Karte. L: *Plymouth is by the sea. There's a beach (sand, water, …) and in the summer there are lots of people/boys/girls/…*

► Folie 1

INFO-BOX **Plymouth**

Die Hafenstadt Plymouth (Grafschaft Devon) liegt am Plymouth Sound. Sie ist mit ihren etwa 256.700 Einwohnern (2009) die drittgrößte Stadt Südenglands. Plymouth wurde 1211 erstmals urkundlich erwähnt und erhielt 1245 Stadtrecht. Von hier fuhren 1620 die Pilgerväter auf der Mayflower in die „Neue Welt". Die Mayflower Steps künden noch heute davon. In der Zeit der Industrialisierung wurde Plymouth zu einem wichtigen Importumschlagplatz. Im Zweiten Weltkrieg wurde das Stadtzentrum stark beschädigt und anschließend im Stil der 50er Jahre wieder aufgebaut. Plymouth hat mit Devonport den größten Marinehafen Westeuropas und ist Standort der königlich-britischen Marinewerft. Durch Fähren ist Plymouth mit Frankreich und Spanien verbunden. Mit 30.000 Studierenden beherbergt Plymouth die neuntgrößte Universität Englands. Plymouth, seine Altstadt – der Old Barbican – und die angrenzende Region sind ein beliebtes Touristenziel. Attraktionen sind das National Marine Aquarium ebenso wie der direkt am Plymouth Hoe gelegene Tinside Lido, ein halbkreisförmiges Meerwasserschwimmbad, und der Leuchtturm Smeaton's Tower.

Überleitung
L: *Open your books at page 8 and look at the picture. Where is Cyril? (on the beach, by the sea)*

Erarbeitung
a) SB geöffnet. Bildbetrachtung gemäß SB. S erhalten kurze Bedenkzeit, bevor frontal gesammelt wird. Vor- und Nachsprechen zur Sicherung der richtigen Aussprache sowie des sicher unterschiedlich verfügbaren Wortschatzes ist empfehlenswert, ► Lautschulung (Glossar).

Differenzierung
Lernstärkere S nennen weitere Begriffe. So kann L sich einen ersten Überblick über Vorkenntnisse aus GSE verschaffen.
L: *Find as many things as you can. (Who knows more than 5/10/15 words?)*

Lösungsbeispiel
apples • a ball • bananas • a beach • boys • chocolate • a dad/father • a door • a family • fruit • (kids playing) football • girls • a hamburger • a hat • a hot dog • houses • ice cream • kids • a kite • lunch • a mum/mother • oranges • orange juice • paper • people • plates • sand • a sandcastle • sandwiches • sausages • shops • a surfboard • toast • tomatoes • a T-shirt • toys • water • …

Erarbeitung
b) SB geöffnet. Gemäß SB in Gruppen von drei bis sechs S. ► Klären der Arbeitsanweisung (Glossar). L demonstriert mit einer S-Gruppe die Vorgehensweise des Spiels „Koffer packen". S spielen in ihrer Gruppe so lange wie möglich. Es darf kein Nomen wiederholt werden und die Denkpause sollte kurz gehalten werden. Ein S pro Gruppe kann beauftragt werden, die aneinandergefügten Nomen zu zählen und die ordnungsgemäße Durchführung zu beobachten, um die Gruppe mit dem längsten Satz zu ermitteln.

► DFF N2

4 Cyril's song

Wortschatz

Cyril's song • °like • °sea • °love • °water • °all around me • °chorus • °run • °hide • °dive • °sand • °don't pick me up • °or • °I'll pinch • °hand

Einstieg

SB geschlossen. L: *Cyril the crab is our mascot. He has a song. He sings about what he likes. What do you think: What things do crabs like? (water, the sea, sand, the beach,…)* L notiert Ideen der S an Tafel.

Überleitung

SB geschlossen. L: *Let's listen to Cyril's song and find out.* Beim **1. Hören** der ersten Strophe und des Refrains überprüfen die S ihre Ideen aus dem Einstieg.

▶ 1.05

Erarbeitung

SB geöffnet. L: *Let's sing along with Cyril. Look at the chorus first.* (Unterstützend ggf. im hochgehaltenen SB auf Refrain zeigen.)
2. Hören und Mitsingen des Refrains. Im weiteren Verlauf wird auch die erste Strophe eingeübt und mitgesungen. Um Abwechslung zu schaffen, kann die Strophe nach Zeilen aufgeteilt werden (z. B. Mädchen/Jungen).
Wenn die S sich mit dem Text vertraut gemacht haben, kann der Song auch (auswendig) zur Instrumentalversion gesungen werden.

Zusatz

Der Refrain ist gut geeignet, die S im Sinne der ▶ Total Physical Response (Glossar) zu passenden Bewegungen aufzufordern: L spricht oder singt die Zeilen vor und führt zum Text passende Bewegungen aus – S sprechen mit und ahmen die Bewegungen nach. Abhängig von der Klassensituation kann L eine Auswahl aus folgenden Bewegungen treffen:

- *run* – Laufen auf der Stelle
- *hide* – Hände vor das Gesicht
- *dive* – Tauchbewegung
- *Don't pick (me) up* – etwas mit der (linken) Hand hochnehmen, dabei aber den Kopf schütteln, erhobener (rechter) Zeigefinger
- *pinch (your) hand* – mit Daumen und Zeigefinger der einen (rechten) Hand in die andere (linke) Hand zwicken.

◐/● Differenzierung

Je nach Leistungsstärke, Motivation und Interesse der S entscheidet L, ob und wann er die nächsten drei Strophen einführt. Dazu kann (eventuell in Folgestunde) ▶ KV 1: Nice to meet you (Part 2) eingesetzt werden.
Hinweis: Strophe 1 und Chorus stehen im SB; Strophe 2, 3 und 4 nur auf der KV.

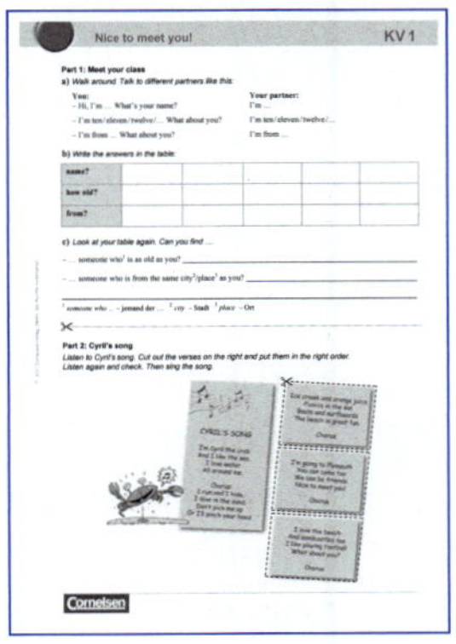

I'm Cyril the crab
And I like the sea.
I love water
All around me.

Chorus
I run and I hide,
I dive in the sand.
Don't pick me up
Or I'll pinch your hand.

I love the beach
And sandcastles too.
I like playing football
What about you?

Chorus

Ice cream and orange juice
Picnics in the sun
Boats and surfboards
The beach is great fun.

Chorus

I'm going to Plymouth
You can come too
We can be friends
Nice to meet you!

Chorus

My favourite colours

Inhalt

Die S lernen in diesem Abschnitt mit Ellie die erste Lehrwerksschülerin kennen. Sie treffen Ellie an ihren vier Lieblingsorten in Plymouth (Einkaufszentrum, Süßwarenladen im Hafen, Hoe Park, Aquarium). Ellie beschreibt diese Orte und spricht darüber, welche Farben sie mag bzw. nicht mag.

Kommunikative Kompetenzen

Listening: Kurze Sequenzen zu Ellies Lieblingsorten und Farben erfassen

Speaking: Über (Lieblings-)Farben sprechen

Writing: Farbkarten beschriften • in einer Tabelle Notizen zu Lieblingsfarben von Mit-S machen

Methodische Kompetenzen

Lern- und Arbeitstechniken: Einen kurzen Musterdialog individuell ausgestalten • Notizen anfertigen • Lieblingsfarben in einer Tabelle erfassen

Kooperative Lernformen: *Milling-around activity*

S. 10

1 Colours

Wortschatz

my • **favourite** colour • **colour** • **Welcome to** Plymouth. • **green** • **Box 'colours'** (SB-Seite 181) • **I like** red. • **like** • **I don't like** blue. • My favourite colour **is** ...

Material

weiße (oder farbige) (Kartei-)Karten oder farbigen Zeichenkarton zum Basteln, Farbstifte

Einstieg

SB geöffnet. Gesteuerte Bildbeschreibung. L: *Look at the photos. You can see a girl. What's her name? (Ellie Cole) Where is Ellie from? (from Plymouth) What colours can you see in the photos? (blue, green, red, white, ...)* Überprüfungsmöglichkeit: S zeigen in den Bildern auf entsprechende Farbflächen.

Differenzierung

Lernstärkere S benennen Farben mit zugehöriger Bildnummer: *I can see red/... in picture 1/...*

Alternative

SB geschlossen. L zeigt Realia, z. B. farbige Stifte oder Papierkärtchen.
L: *Look, here are pencils/cards in different colours. Do you know these colours? What colour is this?*
S: *It's ...(red/...)*

Überleitung

L: *What colours do you like?* (Einige S nennen ihre Lieblingsfarben.)
L: *OK. Now, let's meet Ellie and find out what colours she likes.*

Erarbeitung

a) **SB geöffnet.** S erstellen in Vorbereitung auf das Hören in **b)** Farbkarten, indem sie weiße (Kartei-)Karten mit Farbstiften in der jeweiligen Farbe gestalten und beschriften. L sollte sicherheitshalber Farbstifte in allen im SB genannten Farben bereithalten, falls nicht alle S das komplette Spektrum zur Verfügung haben. Alternativ stellt L Zeichenkarton in den verschiedenen Farben zur Verfügung; S schneiden daraus Farbkarten aus und beschriften diese. Damit wird gleichzeitig das Schriftbild gesichert.

▶ INKL 0.3

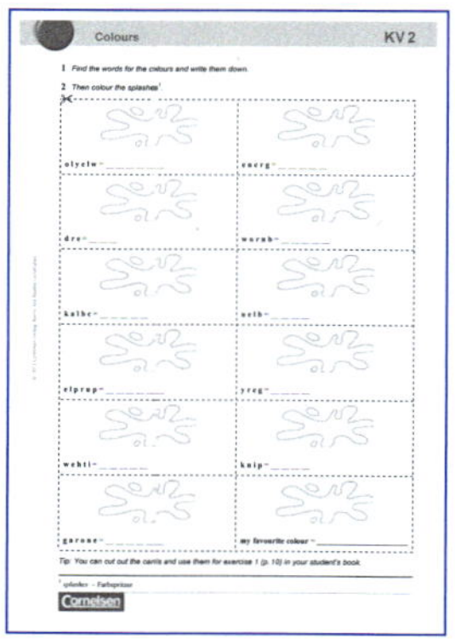
Colours KV 2

Alternative

S entschlüsseln die durcheinander geratenen Farbwörter auf ▶ KV 2: Colours und kolorieren die Farbspritzer in der vorgegebenen Farbe. Auch als Hausaufgabe geeignet.

Erarbeitung

b) **SB geöffnet. 1. Hören**. S zeigen bei jeder herausgehörten Farbe die entsprechende Farbkarte hoch.

► 1.07

Auswertung

Zum besseren Vergleich bereitet L eine Liste mit allen Farbwörtern an der Tafel vor; lernstärkere S haken die jeweils genannten Farben ab.

Lösung

(photo 1) red • pink
(photo 2) black • green • red • pink
(photo 3) orange • red • white
(photo 4) orange • white • yellow • purple • blue • red

Hörtext

I'm Ellie Cole. Welcome to Plymouth. Here are my favourite places – and colours. I love shopping, so I love the Drake Circus shopping centre. The shops are great. Look at this photo. Do you like my red T-shirt? I like red … I don't like pink. Pink is terrible.
Now look at this photo. It's my favourite shop. It's a sweet shop. It's in old Plymouth, in the harbour. Look at all the sweets. Mmm, I like the black sweets. And I love the green sweets. But the red sweets are my favourite sweets.
But I don't like the pink sweets! They're horrible! And your mouth is pink … yuck!
And now look at this photo. It's at the Hoe – a great park in Plymouth. It's near the sea. That's me and my frisbee – an orange frisbee. And look at the lighthouse – it's red and white.
I love the aquarium in Plymouth, and I love fish. Look, there are lots of colours – orange and white fish, and yellow and purple fish. And the water is blue. Look, a red fish!
My favourite colour is red. What's your favourite colour?

Erarbeitung

c) **SB geöffnet. 2. Hören** (Detailverstehen) gemäß SB. Zur schriftlichen Ergebnissicherung übertragen die S vor dem Hören die Satzanfänge in ihr Heft und vervollständigen die Sätze während des Hörens mit den fehlenden Farbwörtern.

► INKL 0.3

O Differenzierung

Lernschwächere S legen während des Hörens die entsprechenden Farbkarten oder Farbstifte zu den Sätzen und ergänzen die Sätze im Anschluss.

Lösung

I like ***red****.*
I don't like ***pink****.*
My favourite colour is ***red****.*

2 Your favourite colour

Wortschatz

student • Box 'student/students' (SB-Seite 181)

Erarbeitung

a) **SB geöffnet.** ► Klären der Arbeitsanweisung (Glossar). Es handelt sich um eine ► Milling-around activity (Glossar). L demonstriert ggf. die Vorgehensweise mit einigen lernstärkeren S und legt eine Mindestanzahl an zu befragenden Partnern fest.

► INKL 0.4

O Differenzierung

In lernschwächeren Lerngruppen notiert L die Frage als Gedächtnisstütze an Tafel: *What's your favourite colour?*

Erarbeitung

b) **SB geöffnet.** S tragen in eine vorbereitete Liste an der Tafel oder auf Folie die Lieblingsfarben der Klassenkameraden ein.
Hinweis: Aufgaben **a)** und **b)** können gleichzeitig erledigt werden. Zur besseren Übersicht empfiehlt es sich, die Namen vorab in der Klassenliste einzutragen, damit wirklich alle S im Tafelanschrieb berücksichtigt werden.

Alternative

In großen Klassen können Gruppen mit fünf bis sechs S gebildet werden, ▸ Gruppenbildung (Glossar). S befragen alle Gruppenmitglieder und tragen deren Lieblingsfarben in eine vorbereitete Liste ein. Anschließend können die Gruppenergebnisse für die Klasse zusammengefasst werden.

Auswertung

c) **SB geöffnet.** Gemäß SB mithilfe der Redemittel in den Sprechblasen. Auf Freiwilligkeit achten, um keine Ängste aufzubauen.

▸ WB 2, p. 3
▸ DFF N3
▸ Folie 3
▸ INKL 0.4

Zusatz

L: *Find someone with your favourite colour.*
L gibt Redemittel an der Tafel vor (und führt dabei ggf. bereits *too* von SB-Seite 11 ein):
I like blue/… and Anna/… likes blue/… (too).

My favourite sports and hobbies

Inhalt
Die S lernen mit Adam den zweiten Lehrwerksschüler kennen. Adam stellt sich kurz mit seinen Hobbys und Lieblingssportarten vor.

Kommunikative Kompetenzen
Speaking: Sagen, welche Sportarten und Hobbys man mag und nicht mag
Writing: Bilder zu Hobbys und Sportarten beschriften

Methodische Kompetenzen
Lern- und Arbeitstechniken: Einen kurzen Musterdialog zu Sport und Hobbys individuell ergänzen und mit verschiedenen Partnern führen • ein Plakat zur Wortschatzsicherung und Präsentation der Umfrageergebnisse anfertigen • lexikalische Vorkenntnisse sammeln

S. 11

1 What are the sports and hobbies?

Wortschatz
sport • hobby, hobbies • football • music • I like watching TV. • watch TV • TV • too • dance • play • game • read • book • ride • skateboard • swim • What are ...? • Box 'What's/What are ...?' (SB-Seite 181)

Einstieg
SB geöffnet. L: *Look at picture 1 and find out: What's the boy's name? (Adam) What are his hobbies? (football, music, watching TV)*

Alternative
SB geschlossen. L: *My favourite hobby is skiing and I like swimming too. What about you?* S nennen ihre Hobbys im Satz oder als Einzelwörter: *My favourite hobby is .../ I like ... football/riding/...*
SB geöffnet. L: *Look at Adam. What are his hobbies?*

Erarbeitung
SB geöffnet. Bildbetrachtung. Gemäß SB notieren die S die abgebildeten Freizeitaktivitäten in einer Liste. Die Aussprache der neuen Wörter kann durch mündliche Zuordnung und Nachsprechen gesichert werden.

► INKL 0.5

Auswertung
S vergleichen ihre Ergebnisse zunächst im ► Partner check (Glossar), dann Auswertung im Plenum.

Lösung
1 *football* • ***2*** *swimming* • ***3*** *watching TV* • ***4*** *dancing* • ***5*** *reading books* • ***6*** *riding* • ***7*** *skateboarding* • ***8*** *playing games*

Zusatz
Spielerische Sicherung der Schreibweise und Sammlung weiterer (aus dem GSE bekannter) Sportarten und Hobbys mithilfe von ► KV 3: Sports and hobbies – Crossword puzzle.

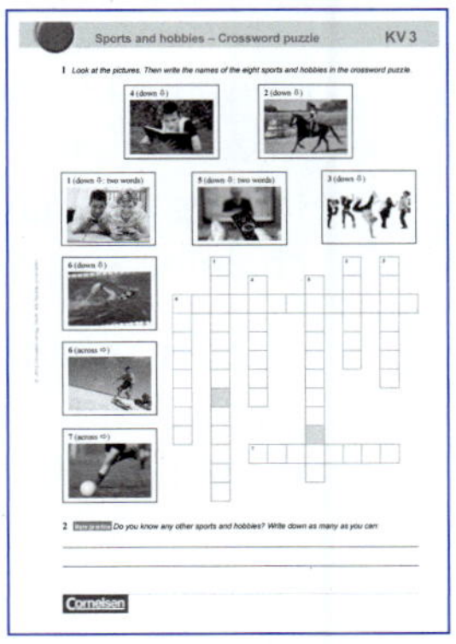
Sports and hobbies – Crossword puzzle KV 3

Lösung
1 *playing games* • ***2*** *riding* • ***3*** *dancing* • ***4*** *reading* • ***5*** *watching TV* • ***6*** *(down) swimming* • ***6*** *(across) skateboarding* • ***7*** *football*

2 What about you?

Erarbeitung
a) SB geöffnet. Gemäß SB notieren sich alle S in Vorbereitung auf **b)** ggf. mithilfe der *Wordbank 1* (SB-Seite 173) die englischen Begriffe für ihre eigenen Lieblingsaktivitäten.

Erarbeitung
b) SB geöffnet. ► Klären der Arbeitsanweisung (Glossar). Die Befragung kann im Rahmen einer ► Milling-around activity (Glossar) oder im ► Double circle (Glossar) erfolgen. L demonstriert mit einem oder mehreren S die Vorgehensweise und führt exemplarisch den Minidialog vor. Um die Redemittel einzuschleifen sollten mehrere Übungsrunden

► WB 3–4, pp. 3–4
► DFF N4
► Folie 4

durchlaufen und eine Mindestanzahl an zu befragenden Partnern festgelegt werden.

○ Differenzierung Für lernschwächere S kann L die Satzmuster an der Tafel Folie oder auf ▸ Flashcards (Glossar) festhalten.

● Differenzierung Lernstärkere S legen eine Tabelle an und notieren darin die Hobbys der befragten Mit-S.

Name	Favourite hobby/sport

3 A sports and hobbies poster

Wortschatz **our**

Material großes leeres Blatt Papier oder Zeichenkarton (mindestens DIN-A2) für Poster; Papierstreifen für Labels zum Beschriften, Fotos/Abbildungen verschiedener Hobbys, Schere, Kleber

Erarbeitung **SB geöffnet.** Gemäß SB. Als vorbereitende Hausaufgabe kann L die S auffordern, ein eigenes Foto bzw. ein gezeichnetes oder ausgeschnittenes Bild von ihrem liebsten Hobby mitzubringen. Im Unterricht schreibt jeder S auf einem Extra-Blatt zu seinem Bild eine Bildunterschrift.

● Differenzierung S mit guten GSE-Vorkenntnissen können weitere Sätze zu ihren Hobbys formulieren, z. B.
I'm good at …
I like/love …
I often play … with my friends/brother/sister/…
I like reading/…
My favourite book/film is …
It's fun/cool/…

Auswertung Wenn alle Vorbereitungen abgeschlossen sind, heften die S ihre Bilder und Bildunterschriften auf ein von L vorbereitetes Poster. Einige S können beauftragt werden, für ein schönes Layout zu sorgen. In großen Klassen können alternativ auch Kleingruppenposter entstehen.

Alternative S gestalten jeweils für sich (als Hausaufgabe oder in der Stunde) eine ganze Seite mit Fotos und Bildunterschriften bzw. Texten zu ihren Hobbys und hängen diese einzeln nebeneinander z. B. an einer Wäscheleine aus. Später können sie die Seite ins Portfolio/Dossier heften.

Zusatz S zählen anhand des Klassenposters (oder der Einzelseiten) die Hobbys und Lieblingssportarten in der Klasse aus (Strichliste) und erstellen eine Übersicht, die sie entsprechend kommentieren.
S: *Eight/… students in our class like football/…*

football	8
watching TV	15
…	

My favourite animals

Inhalt

Die S lernen die Lehrwerksfigur Berry kennen. Berry ist Tierfreundin und die S sehen sie auf ihrem Pony Harry.

Kommunikative Kompetenzen

Speaking: Über (Lieblings-)Tiere sprechen
Writing: Bildkarten zu Tieren beschriften

Methodische Kompetenzen

Lern- und Arbeitstechniken: Mnemotechniken: Einmal gesehene Bilder (mit zugehörigen Begriffen) erinnern und versprachlichen • Tiere sortiert nach Haustieren und Wildtieren in eine Tabelle eintragen

Kooperative Lernformen: *Milling-around activity*

S. 12

1 Can you remember?

Wortschatz

animal • have • pony, ponies • love • cat • bear • rat • monkey • bird • snake • dog • crocodile • rabbit • hamster • fish • tiger • an elephant • Box 'a/an' (SB-Seite 182) **• Can you remember** the animals**? • remember • pet • wild**

Einstieg

SB geöffnet. S betrachten das Foto von Berry auf ihrem Pony und lesen den Sprechblasentext still. Möglicher L-Impuls: *Look at the photo and the speech bubble on the top left.* (im hochgehaltenen Buch zeigen) *You can see a girl. What's her name? (Berry) Where is Berry? (on a horse/pony) What's the name of the pony? (Harry)*

Überleitung

L liest Sprechblase, S beantworten Berrys Frage. L kann ggf. zusammenfassen/nachsteuern: *So, Berry loves animals. Do you like animals too?/What's your favourite animal?*

Erarbeitung

a) SB geöffnet. Gemäß SB (Verknüpfung Bild – Begriff/Schriftbild), ▸ Mnemotechniken (Glossar). Dann schließen S ihre Bücher auf Signal von L.
SB geschlossen. Die S nennen im ▸ Partner talk (Glossar) so viele Tiere wie möglich; die Partner ergänzen einander und zählen mit.

Auswertung

L: *How many animals can you remember? More than 5/8/12?* S nennen die englischen Tierbezeichnungen im Plenum. L sammelt an Tafel; dann Vergleich mit SB, ob alle gefunden wurden.

Erarbeitung

b) SB geöffnet. Gemäß SB. Einige Tiere (z. B. *rat, rabbit, fish, snake, …*) können in beide Kategorien eingeordnet werden (ggf. Diskussionsanlass). S mit mehr GSE-Vorkenntnissen ergänzen weitere Tiere (im Lösungsbeispiel in Klammern)

Auswertung

▸ Partner check (Glossar) möglich; ansonsten Auswertung im Plenum (L/S ergänzt Tabelle an der Tafel).

▸ INKL 0.6

Lösungsmöglichkeit

Pets	*Wild animals*
pony	*bear*
cat	*monkey*
rat	*bird*
dog	*elephant*
fish	*snake*
rabbit	*crocodile*
hamster	*tiger*
(horse, budgie, mouse, tortoise, parrot, …)	*(lion, fox, spider, frog, butterfly, …)*

Zusatz Je nach GSE-Vorkenntnissen und Lernziel kann L an dieser Stelle bereits die ► KV 4A: How many animals do you know? – Word grid einsetzen (sonst erst in Unit 4). Anhand der Abbildungen tauschen sich die S über Tiere aus und finden die Tierbegriffe in einem Wortgitter. Möglichkeit zur Selbstüberprüfung auf ► KV 4B: More animals. Anschließend sammeln sie weitere (aus dem GSE bekannte) Tiere und schreiben sie in eine an der SB-Einteilung orientierte Tabelle, geordnet nach *pets, wild animals (zoo animals)* und *farm animals*.

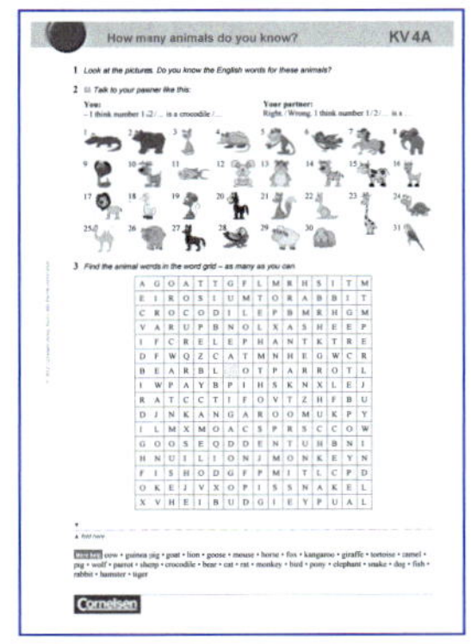

2 GAME Animal pairs

Wortschatz **pair**

Material (Kartei-)Karten, Tierbilder

Erarbeitung **SB geöffnet.** S basteln sich innerhalb der Gruppen die Karten für ein (vierfarbiges) Memo-Spiel selbst. Dazu sammeln sie als vorbereitende Hausaufgabe Tierbilder, kleben diese auf (Kartei-)Karten und schreiben die Namen auf weitere (Kartei-)Karten. Unterstützend kann L Bildmaterial sowie (Kartei-)Karten zur Verfügung stellen. Alternativ kann L an jede Gruppen eine (möglichst auf DIN A3 vergrößerte) Kopie der ► KV 5: Animal pairs verteilen. Die S beschriften die leeren Karten mit den zu den Bildern passenden Tiernamen, schneiden alle Wort- und Bildkarten aus und spielen das Tier-Memo-Spiel in Gruppen von drei bis vier S nach den bekannten Memo-Spielregeln.

► WB 5, p. 4
► DFF N5
► Folie 5

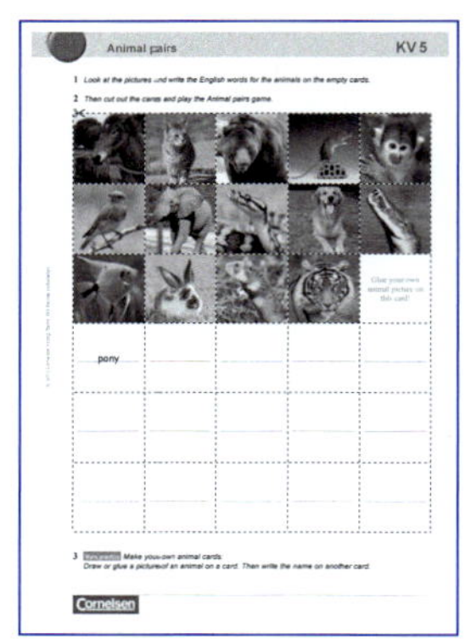

Zusatz Die S ergänzen auf weiteren Karten noch mehr ihnen bekannte Tiere in Wort und Bild.

My favourite thing

Inhalt

Der Lehrwerksschüler Luca stellt sich vor und spricht über seinen Lieblingsgegenstand: sein Fahrrad.

Kommunikative Kompetenzen

Listening: Einen Text zu Lucas Fahrrad erfassen und Aussagen in die richtige Reihenfolge bringen

Speaking: Sätze nachsprechen • seinen liebsten Gegenstand beschreiben (monologisch)

Writing: Einen Text über seinen Lieblingsgegenstand schreiben

Methodische Kompetenzen

Lern- und Arbeitstechniken: Nach dem Muster eines gehörten Textes eine Mini-Präsentation vorbereiten und geben • lexikalische Vorkenntnisse sammeln

S. 13

1 Luca's favourite thing

Wortschatz

thing • it's (= it is) • go • to • park • on • bike • great • it's fun • small • old

Erarbeitung

a) **SB geöffnet. 1. Hören** des Textes und Ordnen der Sätze gemäß SB. Vorab ggf. ▸ Klären der Arbeitsanweisung (Glossar) anhand eines Beispiels. L: *Look at the example: C is sentence one, so please write down C in your exercise book. What is sentence two/three/...? Write down the letters in the right order.*

▸ 1.08

Differenzierung

Lernschwächere S erhalten Buchstabenkarten oder die Sätze auf Papierstreifen zum Ordnen während des Hörens.

Auswertung

Vergleich und ggf. **2. Hören** zur Überprüfung der Satzreihenfolge im Plenum.

Lösung

C • F • A • E • B • D • G

Hörtext

I'm Luca Boateng.
My favourite thing is my bike.
It's old.
It's blue and black.
And it's small.
I can go to the park on it.
It's great and it's fun.
I like my bike.

Erarbeitung

b) Chorsprechen gemäß SB in den dafür vorgesehenen Sprechpausen auf der CD. Die Nachsprechübung dient der ▸ Lautschulung (Glossar) und der Vorbereitung auf den eigenen Vortrag in **2c)**. Falls gewünscht kann L die CD zusätzlich nach jedem Satz stoppen, um diesen mehrfach wiederholen zu lassen.

▸ 1.09

Hörtext

My favourite thing is my bike.
It's old. It's blue and black. And it's small.
I can go to the park on it.
It's great and it's fun.
I like my bike.

Alternative

SB geschlossen. Sätze stehen an der Tafel und nach und nach werden Wörter gelöscht, sodass S zunehmend frei nachsprechen und sich die Sätze einprägen.

2 Your favourite thing

Wortschatz

new • big • cool

Einstieg

SB geöffnet. Bildbetrachtung. L: *Look at the pictures. What things can you see?* Mithilfe der *Wordbank 2* (SB-Seite 174) benennen die S die abgebildeten Gegenstände. Die Aussprache der neuen Wörter wird durch Nachsprechen im Plenum gesichert. (*bag, guitar, book, DVD player, game console, laptop, remote-control car, watch, scooter, TV, football, mobile phone*)

Alternative

SB geöffnet. S betrachten die Bilder und benennen die abgebildeten Gegenstände, soweit sie ihnen bekannt sind. L: *Look at the pictures. How many things do you know? More than 5/8/10? Say the names of the things.*

Überleitung

L: *Luca's favourite thing is his bike. What's your favourite thing?*

Erarbeitung

a) SB geöffnet. Gemäß SB wählen die S ihren Lieblingsgegenstand.

b) S schreiben mithilfe der angebotenen Satzanfänge und Redemittel einen Text über ihren Lieblingsgegenstand.

O Differenzierung

Die Satzanfänge werden zunächst im Plenum vorgelesen und gemeinsam exemplarisch vervollständigt. Dabei können auch weitere Redemittel und Auswahlmöglichkeiten gesammelt werden.

Auswertung

c) **SB geschlossen.** S nutzen ihren Text aus **b)** und stellen ihren Lieblingsgegenstand mithilfe der ► Read-and-look-up technique (Glossar) vor.

► WB 6–7, p. 5
► INKL 0.7

Alternative

SB geöffnet. Ratespiel: S tragen ihren Rätsel-Text mithilfe der ► Read-and-look-up technique (Glossar) vor, ohne den Gegenstand zu nennen. Die Mit-S erraten den Gegenstand. Dafür kann L ein Sprachmuster (Tafel/Folie) vorgeben, z. B.:
My favourite thing is blue/…
It's old/…
And it's …
I can …
I like it. – What is it?

Zusatz

S erstellen einen persönlichen Steckbrief mit allen bis dahin geübten Aspekten. L kann anregen, dass die S diese Seite mit Fotos und Zeichnungen ausgestalten und als Titelseite ihres Portfolio-Ordners nutzen. Mögliche Strukturvorgabe:

Name:
How old:
From:
My favourite colours:
My favourite sports and hobbies:
My favourite animals:
My favourite thing:
(photo)

► WB 6, p. 5
► Folie 6

The last day of the holidays

Inhalt

Eine Bildergeschichte präsentiert die vier Lehrwerksfiguren Ellie, Berry, Adam und Luca an ihrem letzten Ferientag am Strand. Krebs Cyril mag die Menschenmassen am Strand überhaupt nicht und muss ständig flüchten. Das zweite Maskottchen, die Möwe Sandy, beobachtet das Geschehen aus der Luft.

Kommunikative Kompetenzen

Listening: Eine gehörte Geschichte bildgestützt verstehen • Bilder zum Handlungsverlauf in die richtige Reihenfolge bringen • einen Chant hören

Speaking: Einen Chant rhythmisch nachsprechen

Methodische Kompetenzen

Lern- und Arbeitstechniken: Einem Hörtext wesentliche Informationen zum Handlungsverlauf entnehmen

S. 14

1 A story

Wortschatz

the last day • **holidays** • the last day **of** the holidays • **Box 'of'** (SB-Seite 183) • **story** • **Hello.** • **It's me**, Sandy. • **Box 'me'** (SB-Seite 183) • **no** • **away** • **stupid** • **seagull** • **This is …** • **Help!** • **help** • **Goodbye.**

Material

Schere, Klebstoff

Einstieg

SB geschlossen. L: *What can you do in your holidays? (go swimming, play football, watch TV, read books, go skateboarding, go riding, …)*

Überleitung

L: *Let's see what the kids in Plymouth do.*

Erarbeitung

a) SB geöffnet. S betrachten die Bilder und finden heraus, welche der Lehrwerkscharaktere sie darauf erkennen können. Bei Bedarf stellt L Redemittel bereit (Tafel, Folie): *I can see … in picture …*

Differenzierung

S mit viel Vorkenntnissen aus GSE beschreiben, wo sich die Charaktere befinden (vgl. blaue Lösungen in Klammern).
L: *Look at picture A/B/… again. Where is Sandy/Cyril/Ellie/Adam/…?*

Lösung

A: *Cyril, Sandy (in the water/on the beach)* • ***B:*** *Ellie, her friends (in the street)* • ***C:*** *Adam, woman, little boy (on a bike)* • ***D:*** *Berry, man (in a car)* • ***E:*** *Luca, his family (in the street/near the beach)* • ***F:*** *Sandy, Cyril (on the beach)*

Zusatz

L: *What else can you see in the pictures? (a bus (B) • a car (D) • bikes (C) • a frisbee (B) • a surfboard (D, F) • boats (A, F) • a swim ring (D) • lots of people/kids (A, B, F), …)*

Erarbeitung

b) **SB geöffnet. 1. Hören** und Sicherung des Globalverstehens gemäß SB. S notieren die Buchstaben der Bilder in der richtigen Reihenfolge im Heft. ▶ 1.10

Alternative

S erhalten vor dem Hören ▶ KV 6A: Picture story – Part 1, schneiden die Bilder aus und ordnen sie während des Hörens entsprechend der Abfolge im Hörtext.

Auswertung

Überprüfen beim **2. Hören** durch ▶ Partner check (Glossar); abschließend Vergleich im Plenum.

Lösung

A • E • B • C • D • F

Hörtext

Narrator: It's a nice sunny day. Cyril is at the beach.
He's happy. The weather is great. The water is warm.
It's very quiet. There's nobody at the beach.
Cyril: Aaaah! I like the beach like this. It's quiet. No children, no dogs, just me … It's perfect.
Sandy: Hello, Cyril. It's me, Sandy!
Cyril: Oh no! Go away, Sandy, you stupid seagull!
Sandy: Ha, ha, ha!

Narrator: Oh look, there's Luca. He's with his family. They have lots of things – they have chairs, they have an umbrella, they have a big picnic, they have bags, they have surfboards … Where are they going?
Luca: Come on, everybody. It's hot. Hurry up! I want to get to the beach. I want to go swimming.
Grace: Yeah!
Jack: Yes, I want to go surfing.
Luca: And I'm hungry. I want to eat.
Mum: Oh Luca!

Narrator: Now I can see Ellie. She's with her big sister and some friends. They have rucksacks and beach mats. Ellie has a big orange frisbee too.
Ruby: Is the beach near here, Ellie?
Ellie: Yes, just two minutes away. So hurry up. I want to get to the beach.
Charlie: Yes, I love the beach.
Ruby: It's so hot. I'm thirsty. Do you have some water?
Ellie: Yes, here you are.

Narrator: And look – there's Adam. He's on his bike. His mum and his brother are on a bike too. Where are they going?
Adam: Hurry up, Mum. I want to get to the beach.
Mum: OK, Adam. I'm coming. The beach is near here.
Adam: Look there's a sign – 'The beach.'
Mum: Oh good.

Narrator: Who's this in the car? Oh, it's Berry and her dad. Now where are they going? Well, they have a surfboard and a big swim ring, and Berry has her music player.
Berry: Oh Dad this is great. I love the sea. I love swimming. I love surfing too. Hurry up! I want to get to the beach!
Dad: Me too, Berry. It's a beautiful day for the beach.

Narrator: Back at the beach, Cyril doesn't look very happy!
Sandy: Oh look, Cyril. I can see lots of people … This is great!
Cyril: Oh no, people! Help! … Children! Help!
Sandy: Ha ha ha, I like people! They have food.
Cyril: I'm going to hide. Goodbye!

Zusatz

SB geöffnet. 3. Hören. S kreuzen in einer vorbereiteten Tabelle an, wer die SB-Charaktere begleitet. L: *Who is with Ellie, Adam, …?*

	Luca	*Ellie*	*Adam*	*Berry*
mum				
dad				
sister/s				
brother/s				
friend/s				

S. 15

Einstieg **SB geöffnet.** Vor dem Abspielen des Hörtextes zum zweiten Teil der Geschichte betrachten die S zunächst die Bilder und beschreiben, was sie darauf sehen. L: *Who can you see?/Where are they?/What else can you see?*

Erarbeitung **c)** **SB geöffnet. 1. Hören** und Sicherung des Globalverstehens durch Ordnen der Bilder gemäß SB. S notieren die Buchstaben der Bilder in der richtigen Reihenfolge im Heft.

► 1.11
► INKL 0.8

Alternative S erhalten vor dem Hören ► KV 6B: Picture story – Part 2, schneiden die Bilder aus und ordnen sie während des Hörens entsprechend der Abfolge im Hörtext.

Auswertung Überprüfen beim **2. Hören** durch ► Partner check (Glossar); abschließend Vergleich im Plenum.

► WB 7–9, pp. 5–6
► DFF N6

Lösung ***A • D • B • C • E***

Zusatz S betrachten die Bilder und ordnen den folgenden Aussagen (Tafel/Folie) die passenden Sprecher zu. Überprüfung durch nochmaliges Hören (vgl. Lösungen in Klammern).

Who says it?
- *I hate ice cream. (Cyril)*
- *... a crab in my sandcastle. (Ellie)*
- *Stupid crab. (Sandy)*
- *A great song. (Berry)*
- *I like music. (Sandy)*
- *It's a goal. (Adam)*
- *It's better here. (Cyril)*

Hörtext

Narrator: Look, Luca has an ice cream.
Luca: Mmm! I love ice cream.
Narrator: Oh, poor Cyril. There's ice cream on his head!
Cyril: Aaaaaah! I hate ice cream. It's cold. Help! I'm going to hide. Goodbye.
Sandy: Mmm, I love ice cream. Yum yum.

Narrator: Ellie is making a sandcastle.
Ellie: Look – look at my sandcastle!
Ruby: It's great. Oh, what's that, Ellie?
Ellie: Oh – there's a crab in my sandcastle. Let's catch it!
Cyril: Oh no. Help! I hate people! I'm going to hide. Goodbye.
Sandy: Stupid crab. Ha ha ha.

Narrator: Berry is listening to music. It's great music. But poor Cyril doesn't like music.
Berry: This is a great song.
Cyril: Oh no. I hate music. Help! I'm going to hide. Goodbye.
Sandy: Stupid crab. I like music. Ha ha ha.

Narrator: Adam loves football. He's playing with his mum and brother.
Adam: And here comes Rooney for England. He kicks the ball – it's a goal!
Cyril: Ouch! Oh no, I hate football. Help! I'm going to hide. Goodbye.
Sandy: Stupid Cyril. Ha ha ha.

Narrator: Poor Cyril. He's hiding in the rocks.
Cyril: It's better here. No ice cream, no music, no sandcastles, no football – no children!! The last day of the holidays – yippee!

Zusatz Nochmaliges Hören beider Teile des Hörtexts im Zusammenhang und Ergebnissicherung mithilfe von ► KV 6A/B: Picture story. S kleben die Bilder nach dem Abgleich ins Heft und ordnen ihnen dabei die Bildunterschriften (Aufgabe 5) zu.

2 Chant

Wortschatz

chant • °no more work • °or • °school • °for me • °just • °sit(ting) • °sun • °over • °done • °summer

Einstieg

SB geöffnet. Bildbetrachtung im Unterrichtsgespräch. L: *Look at Cyril the crab in the pictures. In what picture is Cyril happy? (in picture E) Why is he happy?*

L kann dazu mehrere Antworten zur Auswahl an der Tafel vorgeben:

Cyril is happy because ...

a) it's a nice day in the holidays.
b) it's the last day of the holidays. (✓)
c) he sees/hears Sandy.
d) he sees/hears (lots of) children.

Überleitung

L: *So it's the last day of the holidays and Cyril is happy. What about you? Are you happy on the last day of the holidays?*
L lässt die S per Handzeichen abstimmen.

Erarbeitung

SB geschlossen. 1. Hören. S nehmen den Rhythmus auf und erfassen den Inhalt des *chant*. L stellt ggf. Frage zum Globalverstehen: *What is great about holidays? (fun, no school, no work, sun, beach)* ► 1.12

SB geöffnet. 2. Hören/Mitlesen gemäß SB. S üben Text, Rhythmus und Aussprache des *chants* durch Nachsprechen, ► Lautschulung (Glossar).

Anschließend können sie den *chant* auch zur Instrumentalversion umsetzen, ggf. unterstützt durch Lautuntermalung, wie z. B. rhythmisches Klatschen, Schnipsen der Finger, oder ► Total Physical Response (Glossar), z. B. durch Bewegungen wie Kopfschütteln, gemütliches Hinsetzen, "Sonnenbaden", Aufstehen etc.). Um mehr Abwechslung zu erreichen, können Strophen oder auch Zeilen zwischen Jungen und Mädchen oder Bankreihen aufgeteilt werden.

Welcome to our school

Unit 1

Kommunikative Kompetenzen

Listening
- School sounds (p. 16, 1)*
- The first morning (p. 16, 2a/b)
- Good morning, class 7Y (p. 18, 1c/d)
- A tour of the school (p. 20, 1a/b)
- School rap (p. 21, 2b)
- Talking to friends at school (p. 28, 1a/b)

Viewing
- Meet the kids! (p. 29, 1)
- Eggbuckland Community College (p. 29, 2)

Reading
- Good morning, class 7Y (p. 18, 1a/b)
- The new timetable (p. 21, 3)
- The unit quiz (p. 22, 1)
- Story: The uniform is important (p. 24/25)
- People in the story (p. 25,2)
- A brochure (p. 26, 1)
- School things at Martins (p. 26, 2)

Speaking
- The first morning (p. 16, 2c)
- NOW YOU (p. 19, 2b/c)
- School rap (p. 21, 2a)
- Before you read (p. 24, 1)
- Uniforms: What do you think? (p. 25, 3)
- THEATRE TIME (p. 25, 5)
- Talking to friends at school (p. 28, 1c)
- Interviews (p. 28, 3b/c)
- Eggbuckland Community College (p. 29, 2a)

Mediation
- Help children in Africa (p. 26, 4)

Writing
- About me and my class (p. 19, 3)
- Make a quiz for the class (p. 23, 7)
- Pets and friends (p. 23, 5b)
- Your school things (p. 26, 3b)
- NOW YOU (p. 28, 2)

Welcome to our school

Für Ellie, Berry, Luca und Adam ist es der erste Schultag an ihrer neuen Schule. Sie lernen ihre neue Klassenlehrerin, Ms Lee, das Schulgebäude und ihre Klassenkameraden kennen. In der Story geht es um die Bedeutung der Schuluniform in Großbritannien.

Sprachliche Mittel

Wortfelder
- Schule: Schulsachen, Fächer, Räume, Menschen (p. 20/21, 1–3; p. 24/25, 1/4; p. 26, 1–3; p. 27, 1b)
- Ich und meine Klasse (p. 18/19, 1–3)
- Wochentage (p. 27, 1a)

Strukturen
- Das Verb *be* (sein) in der Gegenwart (p. 22/23, 1–6; p. 166, LF 2)
- Personalpronomen (p. 22, 3; p. 166, LF 1; p. 121, More Practice 2)

Methodische Kompetenzen

Lern- und Arbeitstechniken
- Formen der Wortschatzarbeit (p. 25, 4; p. 26, 2; p. 27, 1/2; p. 160–161, SF 1)
- In einer Tabelle Notizen anfertigen (p. 18, 1b/d; p. 19, 2; p. 28, 3)
- Right/wrong statements zutreffend bearbeiten (p. 21, 3a/b)
- Sprachliche Regelmäßigkeiten entdecken (p. 22, 2/3)

Selbsteinschätzung (Stop! Check! Go!)
- WORDS School things (p. 30, 1)
- WORDS More school things (p. 30, 2)
- READING Remember Cyril? (p. 30, 3)
- LANGUAGE Remember Sandy? (p. 31, 4)
- LANGUAGE Remember Ellie? (p. 31, 5)
- LANGUAGE That's wrong, Sandy! (p. 31, 6)
- LISTENING Adam and Luca (p. 32, 7)
- WORDS Talking to friends (p. 32, 8)
- WRITING A dialogue with a new student (p. 32, 9)
- SPEAKING A timetable (p. 33, 10)
- My learner log (p. 33, 11)

Kooperative Lernformen
- Milling around (p. 28, 3c)
- Info-gap activity (p. 33/118, 10)
- Weitere Formen der PA und GA (p. 17, 23, 25, 27, 28, 29, 32)

Interkulturelle Kompetenzen
- Den englischen Schulalltag kennenlernen
- Bedeutung der Schuluniform in Großbritannien

*p. 16, 1 = SB-Seite, Übungsnummer

LEAD-IN

Inhalt

Nach den Sommerferien beginnt für Berry, Ellie, Luca und Adam das neue Schuljahr an ihrer neuen Schule, dem *Eggbuckland Community College* (kurz: *Eggy*) in Plymouth. Sie treffen auf bekannte, aber auch neue Gesichter. Die Möwe Sandy betrachtet und kommentiert das Geschehen auf dem Schulhof von oben.

Kommunikative Kompetenzen

Listening: Gehörtes (Geräusche und kurze Dialoge) verstehen und Bilder zuordnen

Speaking: Sich begrüßen, vorstellen und verabschieden

S. 16

1 School sounds

Wortschatz

school • sound • boy • girl • teacher • car • mobile (phone)

Material

Flashcards (Kopie der SB-Bilder auf OH-Folie)

Einstieg

SB geschlossen. Vorentlastung des neuen Wortschatzes mithilfe von ▶ Flashcards (Glossar) und Nachsprechen zur ▶ Lautschulung (Glossar).
L: *Sandy the seagull can see lots of things at a school in Plymouth. Look!*

Alternative

SB geöffnet. ▶ Partner talk (Glossar): S betrachten die Fotos von Eggy und beschreiben, je nach Vorkenntnissen aus GSE, was sie darauf sehen. Möglicher L-Impuls: *Berry, Ellie, Luca and Adam are at a new school, Eggbuckland Community College or 'Eggy'. Look at the photos. What can you see? Talk to your partner about the photos.*

O Differenzierung

L gibt Hilfen für S mit wenig GSE, z. B.: *I can see boys and girls / a car / a bike / a teacher / a school / a man / a woman / … in picture A/B/…*

INFO-BOX — Eggbuckland Community College

Das *Eggbuckland Community College*, liebevoll *Eggy* genannt, wurde im September 1979 als *Comprehensive School* eröffnet. Zurzeit (Stand Feb 2010) werden 1426 Jungen und Mädchen im Alter von elf bis 19 Jahren dort unterrichtet. Die Fächerschwerpunkte liegen auf *Science, Maths, Technology* und *Information and Communication Technology (ICT)*. Das Motto der Schule lautet: *Learning – Caring – Achieving*. Weitere Informationen zu dieser Schule unter www.eggbuckland.com.

Erarbeitung

SB geöffnet. ▶ Klären der Arbeitsanweisung (Glossar); L demonstriert ggf. Vorgehensweise *(point at)*. Dann **1. Hören** (Globalverstehen): Die S zeigen auf das jeweilige Bild.

▶ 1.14
▶ IAT 1.1

Alternative

Zur besseren Kontrolle der Lernergebnisse erhalten S ▶ KV 7: Welcome to our school (Part 1), schneiden die Bilder aus (ggf. durch L vorbereiten) und legen sie in der richtigen Reihenfolge vor sich ab.

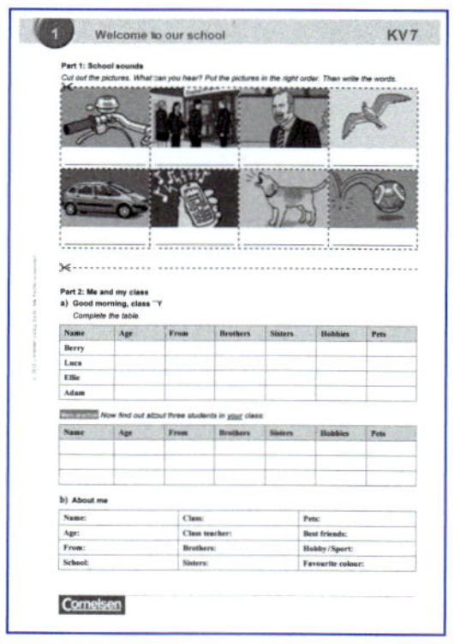

Auswertung

Zur Überprüfung kann L einen Satz Bilder auf Folie ziehen und (während des **2. Hörens**) von S am OH-Projektor ordnen lassen.

Lösung

a bird • a dog • a car • boys and girls • a football • a teacher • a mobile phone • a bike

Hörtext

(Zusammenstellung verschiedener Geräusche, die morgens auf einem Schulhof zu hören sind; Auswahl siehe Lösungszeile.)

S. 17

2 The first morning

Wortschatz
the first morning • How are you? • I'm fine, thanks. • I'm OK, thanks. • Bye. • Have a good day. • good • See you. / See you later.

Material
Namensschilder

Einstieg
SB geöffnet. L: *For Ellie, Berry, Luca and Adam it's the first morning at a new school. It's day one at Eggy. Who's in picture A/B/C/D?*
Anhand von folgenden Redemitteln an der Tafel nennen die S im ► Partner talk (Glossar) die Protagonisten, die auf den Bildern zu sehen sind: *In picture A/… I can see Berry/…*

► INKL 1.1

Erarbeitung
a) **1. Hören** des Textes gemäß SB. S notieren die Buchstaben der Fotos in der richtigen Reihenfolge im Heft.

► 1.15

Alternative
Vorgehen nach der Methode ► Total Physical Response (Glossar). Die S arbeiten in Gruppen von je vier S. Jedes Gruppenmitglied erhält ein Namensschild (Berry, Ellie, Luca, Adam) und alle stellen sich während des Hörens in der richtigen Reihenfolge auf.

Auswertung
2. Hören des Textes zur Kontrolle.

Lösung
Fotoreihenfolge: ***A*** *(Berry)* • ***C*** *(Ellie)* • ***D*** *(Luca)* • ***B*** *(Adam)*

Hörtext

Sandy: Hello and welcome to Eggbuckland Community College – or just 'Eggy'. The holidays are over and it's the first day at school. Look, there's Berry. She's with her dad. They're talking to Ms Young. She's going to help Berry.
Ms Young: Hello. I'm Ms Young. What's your name?
Berry: Hi. I'm Berry.
Ms Young: Nice to meet you, Berry. Welcome to our school.
Berry: Thanks. Nice to meet you too.
Dad: Hello. I'm Tom Donovan. I'm Berry's dad.
Ms Young: Hi, Mr Donovan. Nice to meet you. OK, let's go to your classroom, Berry.
Berry: Great, thanks. Bye, Dad.
Dad: Bye, love! Bye, Ms Young.
Ms Young: Bye. Now let's go this way …

Sandy: And what about Ellie? Now where is she? Oh, she's over there. She's with her friends.
Ellie: Hi, Charlie.
Charlie: Hi, Ellie. How are you?
Ellie: I'm fine, thanks. How are you?
Charlie: Oh, I'm OK, thanks.
Ellie: Just OK?
Charlie: Well, it is the first day at school! No more holidays!
Ellie: Yeah, the holidays are over!
Ruby: Hey, Ellie! I like your bag!
Ellie: Thanks.

Sandy: I can see Luca. He's at school with his big brother, Jack. They're near the door.
Jack: See you later, Luca.
Luca: OK, see you!
Jack: Wait here for me after school – OK?
Luca: Here, near the door?
Jack: Yeah, near the door.
Luca: OK. Bye.

Sandy: Oh, I can't see Adam! Where is he? There he is – with his mum.
Oh dear! He isn't so happy.
Mum: Goodbye, Adam.
Adam: Bye, Mum.
Mum: Have a good day.
Adam: You too. See you later.
Mum: OK, see you.

Erarbeitung

b) SB geschlossen. Die Nachsprechübung dient der ▸ Lautschulung (Glossar) in Vorbereitung auf die eigenen Dialoge in **c)**. Hören und Chorsprechen gemäß SB. L stoppt die CD ggf. nach jedem Satz, um Dialogteile mehrfach wiederholen zu lassen. ▸ 1.16

Alternative

Alternativ können pro Dialog die Rollen auf je eine Hälfte der Klasse (z. B. Jungen/Mädchen) verteilt werden, wobei diese gewechselt werden sollten, damit alle S alle Sätze nachsprechen.

Hörtext

Ms Young: Hello. I'm Ms Young.
What's your name?
Berry: Hi. I'm Berry.
Ms Young: Nice to meet you, Berry.
Berry: Nice to meet you too.

Ellie: Hi Charlie.
Charlie Hi Ellie. How are you?
Ellie: I'm fine, thanks. How are you?
Charlie: I'm OK, thanks.

Mum: Goodbye Adam.
Adam: Bye, Mum.
Mum: Have a good day.
Adam: You too. See you later.
Mum: OK, see you.

Erarbeitung

c) ▸ Klären der Aufgabenstellung (Glossar): Es handelt sich um eine ▸ Milling-around activity (Glossar). L demonstriert ggf. mit (lernstärkeren) S die Vorgehensweise *(new partner – new card)*. Anschließend bewegen sich die S mit ihren Büchern durch den Klassenraum und führen anhand der abgedruckten Karten Dialoge mit verschiedenen Partnern. Um die Redemittel einzuschleifen, sollten mehrere Übungsrunden durchlaufen werden.

Differenzierung

Lernstärkere S-Paare verbinden die Einzeldialoge und üben in größeren Einheiten. L kann zudem die Anwendung der ▸ Read-and-look-up technique (Glossar) anregen.

Auswertung

Einzelne S-Paare präsentieren einen Mini-Dialog vor der Klasse. Auf Freiwilligkeit achten, um keine Ängste aufzubauen. ▸ WB 1–2, p. 7

Differenzierung

Lernstärkere S-Paare demonstrieren zwei oder alle drei Mini-Dialoge, jedoch als getrennte Situationen.

THEME 1 Me and my class

Inhalt

Berry, Ellie, Luca und Adam werden von ihrer neuen Englischlehrerin, Ms Lee, in der Klasse 7Y begrüßt. Die vier Lehrwerkskinder stellen sich vor und geben verschiedene Informationen über sich und ihre Familie. Auf dieser Grundlage entwerfen die S kurze Steckbriefe über sich selbst.

Kommunikative Kompetenzen

Listening: Einen Hörausschnitt global und im Detail erfassen
Speaking: Sich und andere vorstellen • von sich, der Schule und der Klasse berichten
Reading: Texten gezielt Informationen entnehmen
Writing: Anhand von Notizen einen kurzen Text über sich selbst schreiben

Methodische Kompetenzen

Lern- und Arbeitstechniken: Notizen in einer Tabelle anfertigen

S. 18

1 Good morning, class 7Y

Wortschatz

Good morning. • Ms Lee **• English • Who are you? • Box 'what/who/how'** (SB-Seite 184) **• brother • sister • we're (= we are) •** my **best** friends **• friend • they're (= they are) • Box ''re (are)'** (SB-Seite 184) **• at this school • they aren't • I'm not ... • he's (= he is) • she's (= she is) • Box ''s (is)'** (SB-Seite 184) **• he/she/it isn't ... • Box 'n't'** (SB-Seite 184) **• ride a bike • BMX • village • near • no • age**

Einstieg

SB geschlossen. L führt in die Situation ein: *For the kids at Eggy it's the first day in their new class. Let's see how they're doing.*

Erarbeitung

a) SB geöffnet. 1. Lesen/Hören gemäß SB, ggf. im ► Mitleseverfahren (Glossar). S beantworten die Fragen mit visueller Unterstützung durch das Foto. ► 1.17

Alternative

SB geschlossen. Reines Hörverstehen: L formuliert Hörauftrag gemäß SB (ggf. auch als Tafelanschrieb). Dann **1. Hören** des Dialogs. S notieren die gesuchten Namen im Heft.

Auswertung

S nennen gesuchte Namen im Plenum.

Lösung

Who's in class 7Y? – Berry, Ellie, Luca, Adam (Hinweis: Adam ist hier nur über das Foto, nicht über den Text erschließbar.)
Who's the English teacher? – Ms Lee

Erarbeitung

b) SB geöffnet. S schreiben Tabelle ab oder erhalten ► KV 7: Welcome to our school (Part 2). Anschließend **2. Lesen**/Hören (Detailverstehen). S finden und tragen die gesuchten Informationen in Tabelle/KV ein, siehe auch ► Note making (Glossar). ► INKL 1.2

Auswertung

S vergleichen Ergebnisse mittels ► Partner check (Glossar). Zur Ergebnissicherung lässt L die S die Angaben zu Berry, Luca und Ellie im Plenum nennen und in eine Tabelle (Tafel, Folienkopie der KV) eintragen.

Lösung

Name	*Age*	*From*	*Brothers*	*Sisters*	*Hobbies*	*Pets*
Berry	*eleven*	*Woolwell*	*no brothers*	*no sisters*	*riding*	*pony*
Luca	*ten*	*Plymouth*	*one brother (Jack)*	*one sister (Grace)*	*riding a BMX*	*no pets*
Ellie	*twelve*	*Plymouth*	*two brothers*	*one sister*	*tae kwon do*	*two cats*

Überleitung — L: *There's another student in class 7Y. Let's find out more about him.*

Erarbeitung — **c)** ◎ **SB geöffnet. 1. Hören** und Sicherung des Globalverstehens gemäß SB: S betrachten die beiden Familienporträts und identifizieren die richtige Abbildung (Plenum). ► 1.18

Lösung — 2 *(is the right picture)*

Erarbeitung — **d)** **2. Hören** (Detailverstehen). S tragen die Informationen in ihre Tabelle (Zeile für Adam ergänzen) oder auf der KV ein, siehe auch ► Note taking (Glossar).

Auswertung — S vergleichen Ergebnisse mittels ► Partner check (Glossar). Zur Ergebnissicherung im Plenum lässt L die S die Angaben zu Adam in der Tabelle (s.o.) eintragen. ► Folie 7

Lösung

Adam	eleven	Plymouth	one brother	no sisters	football	no pet

Hörtext

Adam: Hi, I'm Adam. I'm eleven, and I'm from Plymouth. My mum is from England, but my dad isn't from England, he's from Bosnia.
I have one brother, Zack, but no sisters. Zack is four. Er, erm, … My best friend is Daniel. But he isn't at this school.
Oh, and my hobbies are … erm, … my hobbies are football, computers and music. And I like dogs. But we have no pets.
And I'm in class 7Y here at Eggy!
Ms Lee: Yes, we know you're in class 7Y, Adam. But thank you.

S. 19

2 NOW YOU

Wortschatz — Hendrik **has** • **Box 'have/has'** (SB-Seite 184)

Einstieg — **SB geöffnet.** ► Klären der Arbeitsanweisung (Glossar). Zur Orientierung präsentiert L eine für sich selbst ausgefüllte Tabelle (Tafel, Folie) als Muster.

Überleitung — L: *What can you tell the others about you? Copy and complete the table.*

Erarbeitung — **a)** Gemäß SB in EA. ► INKL 1.3

Alternative — S tragen Stichworte in vorbereitetes Raster auf ► KV 7: Welcome to our school (Part 2) ein.

Erarbeitung — **b)** L erläutert Vorgehensweise (ggf. anhand eines Beispielvortrags) und gibt den S im Sinne des ► Binnendifferenzierten Arbeitens (Glossar) einen Erwartungshorizont gemäß der Auszeichnung im SB, z. B.:
◎ Mindestanforderung, von allen S zu leisten (L: *You can all talk about the points on the left.*)
◉ Optionale Ergänzungen für leistungsstärkere S (L: *Look at the ideas on the right to say more.*)

Auswertung — S tauschen sich in Kleingruppen mit verschiedenen Partnern aus. Sie berichten zusammenhängend über sich und hören ihren Mit-S zu.

Alternative — Präsentation im Plenum: Einzelne S halten anhand ihrer Notizen einen zusammenhängenden Vortrag über sich.

Differenzierung Um die Aufmerksamkeit aller S während der Vorträge zu steigern, kann L in lernstärkeren Gruppen einen an **c)** orientierten Hörauftrag stellen. L: *Listen to the students in your group. Who's like you?*

Lösung Individuelle Lösungen

Erarbeitung **c)** Gemeinsames Lesen der Beispielsätze im Plenum und ► Klären der Arbeitsanweisung (Glossar) anhand eines Beispiels aus der eigenen Lerngruppe. L: *I'm at ... school. ... is at ... school too.*
Anschließend äußern S Gemeinsamkeiten, die sie mit ihren Mit-S haben.

Alternative Vorgehen nach der Methode ► Total Physical Response (Glossar): Ein S sagt einen Satz über sich. Alle S, auf die dieser Satz auch zutrifft, stehen auf.

3 About me and my class

Wortschatz **about** me/you/... • **me** • **Box 'me'** (SB-Seite 185) • **Mrs** Schmidt • **Mr** Jahn

Material Familienfotos

Einstieg **SB geöffnet.** Gemeinsames Lesen der Mustertexte im Plenum (oder stilles Lesen). L: *Before you start to write about yourself, let's read the texts in your student's book.*

Differenzierung In lernstärkeren Klassen äußern sich die S nach dem Lesen der beiden Mustertexte darüber, welcher ihnen besser gefällt, und geben Gründe für ihre Wahl an (auch auf Deutsch möglich).

Erarbeitung S schreiben anhand der Mustertexte und ggf. ihrer Tabellen aus **2a)** einen kurzen Text über sich selbst.

Auswertung Einzelne S lesen ihre Texte vor, die Mit-S hören zu und machen ggf. Verbesserungsvorschläge. Im Anschluss können die S ihre Texte in ihr Dossier heften oder im Klassenzimmer ausstellen. ► WB 4–5, p. 8

Alternative Ratespiel: Die S verwenden beim Schreiben einen Platzhalter für den eigenen Namen (z. B. *woggle*). L sammelt Texte ein und verteilt sie an andere S in der Klasse. Einzelne S lesen die Texte vor und lassen den Verfasser von den Mit-S erraten. Der S, der den Verfasser erraten hat, liest den nächsten Text vor.

THEME 2 The first day at school

Inhalt

Bei einem Rundgang durch verschiedene Schulräume lernen Berry, Ellie, Adam und Luca ihre neue Schule kennen. Außerdem erhalten sie ihren neuen Stundenplan. In einem Rap werden die Schulfächer musikalisch erfasst.

Kommunikative Kompetenzen

Listening: Gehörtes (kurze Dialoge) verstehen und Aussagen zuordnen • einen Rap Song hören

Speaking: Einen Rap Song mitsingen

Reading: Einem Stundenplan gezielt Informationen entnehmen

Methodische Kompetenzen

Lern- und Arbeitstechniken: Aussagen zu Lese- und Hörtexten als richtig oder falsch einstufen

S. 20

1 A tour of the school

Wortschatz

at school • **tour of** the school • **room** • **art** • **canteen** • **sports hall** • **science** • **lab** • **PE** • **lesson** • **now** • **where?** • **Box 'who/where'** (SB-Seite 185) • **here** • **ICT** • **I'm not lost.**

Material

Satzkärtchen (Sprechblasentexte)

Einstieg

SB geschlossen. L: *The students in class 7Y have music on Tuesday, but where's the music room? They go on a tour of the school with Ms Lee. Let's go on the tour too.*

Erarbeitung

a) **SB geöffnet.** Vor dem **1. Hören** ggf. ► Klären der Arbeitsanweisung (Glossar) und Semantisierung der Bildunterschriften *(science lab, canteen)* sowie ► Lautschulung. Während des 1. Hörens zeigen S gemäß Tourverlauf auf die jeweiligen Bilder im SB (Globalverstehen).

► 1.19

► INKL 1.4

Auswertung

Um besser überprüfen zu können, ob wirklich alle S in der richtigen Reihenfolge auf die Räume zeigen, vergleichen je zwei Banknachbarn während des Hörens gegenseitig durch ► Partner check (Glossar), ob sie sich bei jeder Station der Tour für dasselbe Bild entschieden haben.

Differenzierung

Lernstärkere S notieren während des 1. Hörens die Bildunterschriften bzw. Namen der Räume in der richtigen Reihenfolge.

Lösung

in the science lab • in the art room • in the sports hall • in the computer room • in the canteen

Erarbeitung

b) Zur Vorentlastung der Höraufgabe liest L die Sprechblasentexte vor und lässt S wiederholen. Dann **2. Hören** und Zuordnung der Sprechblasen gemäß SB (Detailverstehen). Nach Vergleich im Plenum notieren S die Ergebnisse im Heft.

Differenzierung

L teilt lernschwächeren S die fünf Sprechblasentexte als Satzkärtchen aus. S legen diese während des 2. Hörens auf die jeweiligen Bilder.

Differenzierung

Lernstärkere S finden zusätzlich die Namen der Sprecher heraus (vgl. Lösungen in blauen Klammern).

Lösung

1 *in the sports hall (Ms Lee)* ***2*** *in the art room (Mrs Ford/art teacher)* ***3*** *in the science lab (Ms Lee)* ***4*** *in the computer room (Mr Brown/ICT teacher)* ***5*** *in the canteen (Adam)*

Hörtext

Ms Lee: OK, boys and girls. Listen please. This is a tour of the school. Please stay together.
Ellie, are you listening?

Ms Lee:	OK, OK, listen. Now we're in the science lab. You have your science lessons here.
Berry:	It's great! I love science. What's this thing?
Ms Lee:	Berry, don't touch anything!
Berry:	Sorry, Ms Lee!
Ms Lee:	Where's Ellie? She isn't here!
Berry:	She's in the toilet, Ms Lee.
Ms Lee:	OK, let's go … stay together … Don't get lost, this is a big school!

Ms Lee:	And this is the art room. What lesson do you have here, Luca?
Luca:	I don't know!
Ellie:	Art, Ms Lee!
Ms Lee:	Right, Ellie! Pay attention, Luca! This is Mrs Ford, your art teacher.
Kids:	Hello, Mrs Ford!
Mrs Ford:	Hello! Welcome to Eggy!
Kids:	Thank you!
Ms Lee:	Ok, let's keep going …

Ms Lee:	OK, this is the sports hall. Er, this is where you have PE …
Ellie:	What sports can we do?
Ms Lee:	Oh, basketball, netball, er …
Luca:	What about football, Ms Lee?
Ms Lee:	Yes, football too.
Ellie:	Can we play football now, Ms Lee?
Luca:	Come on, Ellie. Pass the ball!
Ms Lee:	No, Ellie! No football! We aren't in a PE lesson now!
Ellie:	Sorry, Ms Lee.

Ms Lee:	Now we're in the computer room. This is where you have ICT.
Berry:	What's ICT, Miss?
Ms Lee:	It's Information and Communication Technology.
Luca:	What's that?
Adam:	Computers!
Ms Lee:	Right, Adam. And this is Mr Brown.
Mr Brown:	Hello. I'm your ICT teacher.
Kids:	Hello, Mr Brown.

Ms Lee:	And this is the canteen … where you can have lunch.
Kids:	Good! We're hungry!
Ms Lee:	Yes, it's lunch time. And the tour is over. You can have your lunch.
Kids:	OK, thanks Ms Lee.
Ms Lee:	Hey, where's Adam?
Berry:	He isn't here, Ms Lee. He's lost!
Ms Lee:	Oh, no!!!
Adam:	I'm not lost! I'm here! Sorry, Ms Lee.

Zusatz

Intensivere Bildbetrachtung zur Lernstandserfassung (GSE) und zum Erkennen landeskundlicher Besonderheiten. L: *What can you see in the pictures?* Dazu kann L ggf. Redemittel an der Tafel anbieten und Vorschläge der S notieren.

Lösungsbeispiel

In the canteen/art room/… I can see …

canteen	fruit (oranges, apples, pears), sweets, a woman with a blue cap, boys, girls, a teacher, …
computer room	computers, a desk/table, a board, boys, girls, a teacher, …
art room	a desk, tables, a board, shelves, a cupboard, pencils, books, a bag, boys, girls, a teacher, …
science lab	a desk, shelves, a cupboard, boys, girls, a teacher, …
sports hall	boys, girls, a (foot)ball, …

S. 21

2 School rap

Wortschatz °rap • °do • °lots of • °learn(ing) • °all • °say • °work • °hard

Einstieg **SB geschlossen.** L stellt vor dem Hören folgenden Hörauftrag und notiert Multiple-Choice-Auswahl (Tafel, Folie). L: *Let's listen to a rap song. It's a school rap. Listen and find out:*

> *Is it a song about ...*
> *(A) school rooms (art room, science lab, computer room, ...)?*
> *(B) lessons at school (English, maths, music, ...)?*
> *(C) teachers (English teacher, class teacher, sports teacher, ...)?*

Erarbeitung **a)** **SB geöffnet. 1. Hören** (Globalverstehen) des Rap und Auflösung des Hörauftrags (*B is correct*). S lesen ggf. den Text leise murmelnd mit, siehe auch ▸ Buzz reading (Glossar). **2. Hören:** S singen laut mit. ▸ 1.20

Zusatz Sobald sie sich mit dem Text vertraut gemacht haben, können die S den Rap auch zur Instrumentalversion singen und ggf. individuell ausgestalten. ▸ 1.21

Erarbeitung **b)** Gemäß SB nennen die S diejenigen Schulfächer aus dem Rap, die sie bereits kennen, auf Deutsch. Anschließend zur Vorentlastung von **3** Semantisierung der neuen bzw. nicht erschlossenen Wörter, z. B. mithilfe von ▸ Flashcards (Glossar) oder anderer geeigneter ▸ Semantisierungstechniken (Glossar).

Differenzierung In lernstärkeren Lerngruppen tauschen sich die S zunächst kurz im ▸ Partner talk (Glossar) über die englischen Fächernamen und deren deutsche Entsprechungen aus, danach Sammeln im Plenum. Zur Bearbeitung kann L folgende Satzstruktur an die Tafel schreiben: *... is the English word for ...*

Zusatz Zur Festigung des Wortschatzes tragen die S zu den Grafiken auf ▸ KV 8: Lessons at school die passenden Fächernamen ein.

Die Wörter unter *More Help* auf der KV dienen als ▸ Optional help (Glossar) für S mit wenig Vorkenntnissen aus GSE. Alle anderen S falten die KV an der gestrichelten Linie nach hinten, sodass sie die Wörter nicht sehen. Nach der eigenständigen Erarbeitung können sie die dort angebotenen Wörter zur (Selbst-)Kontrolle heranziehen.

3 The new timetable

Wortschatz **timetable** • **time** • **Box 'Monday–Friday'** (SB-Seite 185) • **assembly** • **technology** • **geography** • **maths** • **history** • **French** • **break** • **lunch** • **drama** • **every** day/room/... • **on** Monday/Tuesday/... • **right** • **wrong** • °registration

Material Stundenplan der S, leeres Blatt Papier (mindestens DIN A2) für Plakat

Einstieg **SB geschlossen.** L zeigt auf Stundenplan im Klassenzimmer: *This is your timetable. Lesson one on Monday is German/... What's lesson two on Monday/Tuesday/...?*

Reaktivierung von Vorwissen aus dem GSE *(days of the week)*.

Alternative

SB geöffnet. Wiederholung und ► Lautschulung (Glossar) schwieriger Begriffe *(assembly, science, technology, geography, maths)* anhand des Stundenplans der SB-Charaktere. L: *Now look at class 7Y's new timetable. What's lesson one/two/… on Monday/Tuesday/…?* S: *It's English/…*
Zur Übung befragen sich die S im ► Partner talk (Glossar) gegenseitig. L stellt dazu ggf. entsprechende Redemittel an der Tafel bereit.

INFO-BOX – Assembly und Registration

Einmal in der Woche findet an den meisten englischen Schulen eine *Assembly* statt, bei der Informationen über das Schulleben gegeben, Vorträge gehalten und Lieder gesungen werden. Dies variiert von Schule zu Schule und auch entsprechend der Altersgruppen. Die *Assembly* wird in der Regel von Lehrern oder Gastrednern gestaltet, kann aber auch von S vorbereitet werden. Am Ende eines Semesters werden bei dieser Gelegenheit Auszeichnungen und Preise an S übergeben.
Bei der *Registration* überprüft L am Morgen und nach der Mittagspause, ob alle S anwesend sind.

Erarbeitung

a) **SB geöffnet.** Semantisierung von *right/wrong* und ► Klären der Arbeitsanweisung (Glossar) anhand eines Beispiels im Plenum. Anschließend liest L jeweils eine Aussage zum *Eggy*-Stundenplan vor, S lesen mit, melden sich und sagen, ob sie richtig oder falsch ist.

► INKL 1.5

Alternative

Um alle S an der Auswertung im Plenum zu beteiligen, kann L in die Arbeit mit ► Right/wrong cards (Glossar) einführen. Dazu liest L die Sätze nacheinander vor; S halten auf Kommando (L: *One, two, three – cards up!*) die grüne Karte für *right* oder die rote Karte für *wrong* hoch.

○ Differenzierung

In lernschwächeren Klassen tauschen sich die S zunächst im ► Partner talk (Glossar) über die Richtigkeit der einzelnen Aussagen aus.

● Differenzierung

Lernstärkere S berichtigen die falschen Sätze (vgl. blaue Lösungen in Klammern).

Lösung

1 *Right.* • ***2*** *Wrong. (Class 7Y has five lessons every day.)* • ***3*** *Wrong. (It's English.)* • ***4*** *Wrong. (Lesson one on Tuesday is music. / Lesson two on Tuesday is English.)* • ***5*** *Right.* • ***6*** *Right.*

Erarbeitung

b) **1. Hören** der Aussagen zum Stundenplan. In den Sprechpausen rufen die S ihre Lösung in die Klasse.

► 1.22

Alternative

Verständnisüberprüfung im Plenum mithilfe von ► Right/wrong cards (Glossar): L stoppt CD beim **1. Hören** nach jeder Aussage; S halten auf Kommando die entsprechende (grüne oder rote) Karte hoch.

● Differenzierung

Lernstärkere S verbessern in den Sprechpausen auch bereits die falschen Aussagen (vgl. blaue Lösungen in Klammern).

Auswertung

Danach ggf. **2. Hören** der Aussagen im Zusammenhang und Kontrolle anhand der Auflösungen auf CD.

Lösung

Monday: *Lesson 1: Right!* • *Lesson 2: Wrong! (It's maths!)* • *Lesson 3: Right!* • *Lesson 4: Right.* • *Lesson 5: Wrong! (It's French!)*

Tuesday: *Lesson 1: Wrong! (It's music!)* • *Lesson 2: Wrong! (It's English!)* • *Lesson 3: Wrong! (It's history!)* • *Lesson 4: Wrong! (It's maths!)* • *Lesson 5: Right.*

► WB 6–7, pp. 9–10
► Folie 8

Hörtext

Narrator: What's right? - 'RIGHT' What's wrong? - 'WRONG'
Ellie: I like Mondays. Lesson 1 on Monday is English.
Kids: Right!
Ellie: Lesson 2 is French.
Kids: Wrong!
Ellie: Lesson 3 is art. Art is good.
Kids: Right!
Ellie: Lesson 4 is art too – that's OK.
Kids: Right.
Ellie: Lesson 5 is maths. Maths is OK too.
Kids: Wrong!

Narrator: Now listen to Adam. What's right? What's wrong?
Adam: I don't like Tuesdays. Lesson 1 is PE!
Kids: Wrong! It's music!
Adam: And lesson 2 is maths.
Kids: Wrong! It's English!
Adam: OK. But lesson 3 is PE.
Kids: Wrong! It's history!
Adam: All right. Lesson 4 is ICT.
Kids: Wrong! It's science!
Adam: Oh, OK. Er ... lesson 5 is drama.
Kids: Right.

More practice 1 p. 121

The new timetable

Erarbeitung

a) In EA verfassen die S mithilfe der vorgegebenen Redemittel eigene Aussagen zum Stundenplan auf SB-Seite 21. Dafür kann L ggf. einen Zeitrahmen vorgeben, da sonst sehr viel Schreibarbeit anfällt: *Write as many sentences as you can in ten/... minutes.*

Auswertung

b) Gemäß SB tragen die S einander ihre Aussagen zum *Eggy*-Stundenplan im ▸ Partner talk (Glossar) vor. Die jeweiligen Partner beurteilen, ob sie richtig oder falsch sind.

Lösungsbeispiel

Lesson one on Friday is PE. (Right.)
Lesson two on Thursday is science. (Wrong.)

FOCUS ON LANGUAGE

Inhalt

Anhand eines Quiz über das *Eggbuckland Community College* erarbeiten die S die Personalpronomen sowie die positiven und negativen Formen von *be*.

Kommunikative Kompetenzen

Reading: Quizfragen verstehen und beantworten
Writing: Quizfragen verfassen • über einen Freund oder ein Haustier schreiben

Methodische Kompetenzen

Lern- und Arbeitstechniken: Sprachliche Regelmäßigkeiten entdecken

S. 22

1 The unit quiz

Struktur

Vorbewusste Verwendung der Personalpronomina und der Kurzformen von *be*.

Wortschatz

city • it starts • start • with • classroom

Einstieg

SB geschlossen. Information über Stundenthema und Vorentlastung des neuen Wortschatzes, siehe auch ► Didaktische Folge (Glossar).
L: *What can you remember about the kids and teachers from Eggy? Let's do a quiz to find out. But before we start let's look at some new words. Can you guess what they mean? Maybe you know some of them because we use them in German.*
L nennt neue Wörter, lässt diese nachsprechen und schreibt sie anschließend an die Tafel. S erschließen die Bedeutung so vieler Wörter wie möglich mittels geeigneter ► Worterschließungstechniken (Glossar); die restlichen werden von L semantisiert, siehe auch ► Semantisierungstechniken (Glossar).

► INKL 1.6

Alternative

SB geschlossen. L stellt zwei Quizfragen, die die S beantworten:
He's from Plymouth. He's a crab. Who is he? (Cyril)
She's a seagull. She's Cyril's friend. Who is she? (Sandy)

Erarbeitung

SB geöffnet. ► Klären der Arbeitsanweisung (Glossar). S bearbeiten Quiz in EA oder PA, schreiben ihre Lösungen ins Heft und überprüfen sie selbstständig im Lösungsteil auf SB-Seite 147.

Alternative

S vergleichen ihre Ergebnisse durch ► Partner check (Glossar).

Auswertung

S tragen Antworten im Plenum vor. L erfragt Anzahl richtig gelöster Fragen. L: *Who has twelve right answers? (That's very good.)*
Who has more than ten/six/... right answers? (That's good/OK/...)

Lösung

1 *Plymouth* • ***2*** *Ellie and Berry* • ***3*** *Luca* • ***4*** *Luca and Jack* • ***5*** *Harry (Berry's pet)* • ***6*** *Ms Lee* • ***7*** *Berry* • ***8*** *Ellie, Berry, Luca, Adam* • ***9*** *Grace (Luca's sister)* • ***10*** *Ellie* • ***11*** *PE* • ***12*** *(student's name)*

2 'm – 's – 're = Yes

Struktur

Bewusstmachung der positiven Kurzformen von *be*.

Wortschatz

yes

Material

OH-Projektor, Leerfolie, Farbstifte

Einstieg

a) SB geöffnet. Gemäß SB. Vorab ggf. gemeinsame Bearbeitung eines Beispiels im Plenum. Dazu schreibt L den ersten Lückensatz an die Tafel. S ermitteln die entsprechende Lösung mithilfe von Quizkarte 6, L hält Lösung farbig fest.

► INKL 1.7

Erarbeitung

S schreiben die Lückensätze aus dem SB in ihr Heft und setzen dabei mithilfe der Quizkarten die fehlenden Formen (ggf. farbig) in die Lücken ein.

Alternative

Für lernschwächere S bzw. als Zeitersparnis kann L die Lückensätze aus dem SB als Arbeitsblatt und auf Folie zum Einsetzen anbieten.

○/● Differenzierung

► Lerntempoduett (Glossar): S, die die Aufgabe fertig bearbeitet haben, stehen auf. S, die Schwierigkeiten beim Lösen der Aufgabe haben, melden sich und werden durch bereits stehende S unterstützt. Auch eine erste Auswertung kann durch die S selbst erfolgen: Sobald zwei S stehen, kommen sie zusammen, vergleichen ihre Ergebnisse und formulieren ggf. in Vorbereitung auf **b)** bereits eine Regel.

Auswertung

Zum Vergleich der Ergebnisse im Plenum schreiben einzelne S die vervollständigten Sätze an die Tafel bzw. tragen die fehlenden Formen von *be* auf der von L vorbereiteten Folie ein. Anschließend vergleichen und verbessern alle S ihre Ergebnisse im Heft.

Lösung

1 *I'**m** at Eggy too.* • ***2*** *You'**re** a student.* • ***3*** *He'**s** ten.* • ***4*** *She'**s** from Woolwell.* • ***5*** *It'**s** in England.* • ***6*** *We'**re** two girls in Class 7Y.* • ***7*** *They'**re** brothers.*

Erarbeitung

b) SB geöffnet. Induktive Regelfindung gemäß SB: S formulieren ausgehend von ihren Lösungen in **a)** und den vorgegebenen Personalpronomen eine Regel zur Verwendung von *'m – 's – 're* in positiven Aussagen.

Auswertung

Einzelne S tragen ihre selbst formulierten Regeln vor. Ergänzend liest L gemeinsam mit S den entsprechenden Absatz im *Language file* (SB-Seiten 166/167).

Lösung

I + ***'m***
he/she/it + ***'s***
we/you/they + ***'re***

3 'm not – isn't – aren't = No

Struktur

Bewusstmachung der negativen Kurzformen von *be.*

Einstieg

a) SB geöffnet. L schreibt ersten Lückensatz an, S ermitteln die entsprechende Lösung mithilfe von Quizkarte 10. L hält Lösung farbig an Tafel oder auf Folie fest.

► INKL 1.7

Erarbeitung

S schreiben die Lückensätze aus dem SB in ihr Heft und setzen dabei mithilfe der Quizkarten die fehlenden negativen Kurzformen von *be* (ggf. farbig) in die Lücken ein.

Alternative

Für lernschwächere S bzw. als Zeitersparnis kann L die Lückensätze aus dem SB als Arbeitsblatt und auf Folie zum Einsetzen anbieten.

Differenzierung

► Lerntempoduett (Glossar): vgl. Differenzierung zu Aufgabe **2a)**.

Auswertung

Zum Vergleich der Ergebnisse im Plenum schreiben einzelne S die vervollständigten Sätze an die Tafel bzw. tragen die fehlenden Formen von *be* auf der von L vorbereiteten Folie ein. Anschließend vergleichen und verbessern alle S ihre Ergebnisse im Heft.

Lösung

1 *I'**m not** eleven – I'm twelve.* • ***2*** *You **aren't** at Eggy.* • ***3*** *He **isn't** a student.* • ***4*** *She **isn't** from Plymouth.* • ***5*** *It **isn't** in a classroom.* • ***6*** *We **aren't** sisters.* • ***7*** *They **aren't** Adam and Zack.*

Erarbeitung **b)** **SB geöffnet.** S formulieren ausgehend von ihren Lösungen in **a)** und den vorgegebenen Personalpronomen eine Regel zur Verwendung von *'m not – isn't – aren't* in negativen Aussagen.

Auswertung Einzelne S tragen ihre selbst formulierten Regeln vor. Ergänzend liest L gemeinsam mit S den entsprechenden Absatz im *Language file* (SB-Seiten 166/167).

Lösung
I + ***'m not***
he/she/it + ***isn't***
we/you/they + ***aren't***

► WB 8, p. 11

Zusatz Die S halten Regeln zur Bildung von bejahten und verneinten Aussagen im *simple present* schriftlich im Heft oder auf ► KV 9: About Ellie, Luca and me fest und tragen darunter zum selbstständigen Nachschlagen Seite und Nummer des betreffenden Eintrags im *Language file* ein. Zur Festigung und weiteren Übung der positiven und negativen Kurzformen von *be* bearbeiten die S die Lückentexte in den Sprechblasen (ggf. als Hausaufgabe).

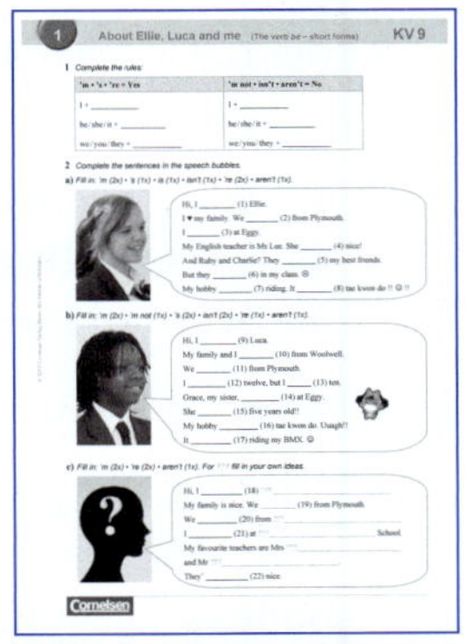

S. 23

4 ◎ At Eggy

Struktur Übung zum Einsetzen der Personalpronomen. Es handelt sich um eine Parallelübung auf zwei Niveaus.

//● p. 121 Lernstärkere S setzen auf SB-Seite 121 auch die Kurzformen von *be* ein. Das Nomen als Bezugswort ist dort nicht unterstrichen.

Wortschatz **Look at** our new books.

Einstieg **SB geschlossen**. L schreibt verschiedene Nomen ungeordnet auf eine Tafelseite (z. B. *Mr Miller, Suzie, school, Tom and Lisa, two books, …)* und auf die andere Seite die Pronomen *(he, she, it, they)*. Die S ordnen den Nomen zunächst mündlich im Plenum die passenden Personalpronomen zu.

Erarbeitung **SB geöffnet.** Gemäß SB.

Auswertung Vergleich der Lösungen zunächst durch ► Partner check (Glossar), anschließend Vorlesen der komplettierten Sätze im Plenum.

Lösung
◎ ***1*** *It* • ***2*** *She* • ***3*** *He* • ***4*** *She* • ***5*** *They* • ***6*** *They*
//● ***1*** *It's* • ***2*** *She's* • ***3*** *He's* • ***4*** *She's* • ***5*** *They're* • ***6*** *They're*

More practice 2 p. 121 Photos from Eggy

Struktur Zusatzübung zur Zuordnung von Personalpronomina zu Personen und Dingen.

Erarbeitung **SB geöffnet.** Gemäß SB.

Auswertung Jeweils ein S nennt das Nomen für die abgebildeten Dinge bzw. Personen (Begriffe in blauen Klammern im Lösungsvorschlag), Partner nennt das passende Pronomen.

Lösung

1 *(a car:) it* • ***2*** *(Luca:) he* • ***3*** *(a skateboard:) it* • ***4*** *(Ellie and Berry:) they* • ***5*** *(Ms Lee:) she* • ***6*** *(a timetable:) it* • ***7*** *(a school/sign:) it* • ***8*** *(two books:) they* • ***9*** *(a bird:) it* • ***10*** *(a ball:) it*

5 Pets and friends

Struktur

Übung zum Einsetzen der positiven Kurzformen von *be.*

Wortschatz

seventeen • **Box 'numbers 14–32'** (SB-Seite 186) • **but** • **all (the)**

Erarbeitung

a) SB geöffnet. S lesen den Lückentext zunächst einmal still im Zusammenhang. Dann übertragen sie die Sätze ins Heft und fügen dabei die passenden Kurzformen von *be* in die Lücken ein. Auch mündlich möglich.

Auswertung

Vorlesen der vervollständigten Texte im Plenum (je ein Satz pro S). Bei schriftlicher Erarbeitung vorab ggf. Vergleich der Ergebnisse im ▸ Partner check (Glossar).

Lösung

1 *'m* • ***2*** *'s* • ***3*** *'re* • ***4*** *'s* • ***5*** *'s* • ***6*** *'s* • ***7*** *'s* • ***8*** *'re*

Überleitung

L fragt S im Unterrichtsgespräch, ob und welche Tiere sie zu Hause haben: *Who has a pet at home? What is it?* Anschließend zeigt L eine Abbildung (s)eines (fiktiven) Haustiers, berichtet zusammenhängend darüber (Art, Alter, Größe, Farbe, Charakter, ...) und liefert den S so ein weiteres Muster für **b)**.

Erarbeitung

b) **SB geöffnet**. Bearbeitung gemäß SB anhand von Berrys Mustertext aus **a)**. Die S entscheiden selbst über Thema (Freund oder Haustier) und Ausführlichkeit ihrer Texte.

More help p. 122 S, die Schwierigkeiten beim Verfassen der Texte haben, nutzen die im Anhang angebotenen Redemittel und Satzanfänge.

Auswertung

S lesen ihre Texte im Plenum vor.

Alternative

▸ Gallery walk (Glossar): Die Beschreibungen werden mit Fotos oder Zeichnungen der beschriebenen Freunde oder Tiere ausgestaltet, ausgehängt und in Form eines Museumsgangs von den S gewürdigt. Im Anschluss lesen einzelne S aus ihrer Sicht besonders gelungene Texte ihrer Mit-S vor.

Lösung

Individuelle Lösungen

Differenzierung

S schreiben einen Quiz-Text über ihr Haustier oder einen Freund. Dazu ersetzen sie den Namen im ersten Satz durch einen Platzhalter (z. B. *Woggle*) oder das entsprechende Pronomen und ergänzen am Ende die Quizfrage: *Who is he/she?*

Anschließend werden die Texte eingesammelt und gemischt an die S verteilt. Einzelne S lesen vor; die restlichen S erraten die beschriebenen Haustiere oder Freunde.

6 People and places in Plymouth

Struktur

Übung zur Verwendung der negativen Kurzformen von *be.*

Wortschatz

people • place

Erarbeitung

a) SB geöffnet. Zum ► Klären der Arbeitsanweisung (Glossar) gibt L/S mithilfe der Vorgaben in der Tabelle *(substitution table)* mündlich einige Musterbeispiele für die Satzbildung. Dann schreiben die S in Stillarbeit so viele negative Aussagesätze wie möglich auf.

Auswertung

Die S lesen ihre Sätze im Plenum vor und vergleichen.

Lösungsbeispiel

- *Plymouth isn't in Germany.*
- *Eggy isn't in London / in Germany.*
- *Cyril isn't a seagull / a maths teacher.*
- *Sandy isn't a crab / a maths teacher.*
- *Mr Brown isn't a maths teacher / a crab / a seagull.*
- *Ellie and Berry aren't teachers / in London / in Germany.*
- *Luca and Adam aren't girls / teachers / in London / in Germany.*
- *Ms Lee and Mr Brown aren't students / in London / in Germany.*

Erarbeitung

b) SB geöffnet. Gemeinsames Lesen des Beispiels und ggf. mündliche Bildung weiterer Satzpaare, bestehend aus je einer negativen und einer positiven Aussage (Korrektur) durch S. Anschließend schreiben die S ihre eigenen Satzpaare.

More help p. 122 Lernschwächere S bekommen die positiven Sätze vorgegeben und ordnen sie den passenden negativen Aussagesätzen zu.

Auswertung

Die S lesen ihre Sätze paarweise im Plenum vor: S1 liest *negative statement* – S2 (z. B. Tischnachbar) liest zugehörige Korrektur.

Lösung

Individuelle Lösungen

More help ***1*** *F* • ***2*** *C* • ***3*** *A* • ***4*** *G* • ***5*** *I* • ***6*** *E* • ***7*** *H* • ***8*** *D* • ***9*** *B*

7 Make a quiz for the class

Struktur

Verwendung der positiven und negativen Formen von *be* im Kontext.

Wortschatz

make • for

Material

Karteikarten

Einstieg

L gibt ein Beispiel für eine *quiz card* vor. Dazu schreibt L ein Nomen (z. B. *mouse*) an die verdeckte Tafel und bildet mündlich drei bis vier Sätze, die es näher beschreiben. L: *It's an animal. It's grey. It isn't big. What is it?* S erraten das beschriebene Nomen (Tier): *A mouse?* Kontrolle durch Tafelanschrieb.

Erarbeitung

a) SB geöffnet. Sichtung/Lesen der Muster-Quizkarten im Plenum.

Anschließend fertigen die S in PA auf Basis der Muster so viele eigene Quizkarten (auf Karteikarten) wie möglich an. Während des Erstellens der Karten unterstützen und überprüfen sich die Partner gegenseitig. Mögliche Themen: Schulfächer, Klassenkameraden, Lehrer, Hobbys, Tiere, Schulsachen, …

More help p. 122 Lernschwächere S erhalten auf SB-Seite 122 eine Auswahl von Quizkarten mit Satzanfängen sowie Ideen zu deren Vervollständigung.

Lösung

Individuelle Lösungen

Auswertung

b) S lesen abwechselnd ihre Karten vor. Wer eine Karte errät, trägt die nächste *quiz card* vor.

► WB 9–13, pp. 11–12
► Folie 9

Alternative

Je vier S sitzen zusammen und lesen/erraten abwechselnd ihre Quizkarten.

Differenzierung

Lernstärkere S antworten statt mit den einzelnen Begriffen in kurzen Sätzen. Dazu gibt L sprachliche Hilfen an der Tafel.

What is it?	→	*It's ...*
Who is he/she?	→	*He's/She's ...*
Who are they?	→	*They're ...*

STORY The uniform is important!

Inhalt

Ellie hat ihre Krawatte vergessen. Darauf wird sie nicht nur von der Schulleiterin, Miss Borowski, sondern auch von ihren neuen Freunden mehrmals hingewiesen, da die Schuluniform in *Eggy* – wie fast überall in England – sehr wichtig ist. In der Kunststunde hat Luca die Idee, eine Krawatte für den Tag zu basteln. Mittags in der Kantine bemerkt Miss Borowski die gebastelte Krawatte, nimmt den Einfall der Kinder aber mit Humor.

Kommunikative Kompetenzen

Reading: Eine Schulgeschichte (bildgestützt) verstehen • Fragen zu Figuren und Inhalten der Geschichte beantworten

Speaking: Kleidungsstücke benennen • anhand von gelenkten Aussagen die eigene Meinung zu Schuluniformen äußern • einen dialogischen Text szenisch vortragen

Methodische Kompetenzen

Lern- und Arbeitstechniken: Wörter gruppieren: eine Wortschatzliste anlegen

S. 24

1 Before you read

Wortschatz

before • blazer • pullover • shirt • shoe • skirt • sock • tie • tights • trousers • Box 'tights/trousers' (SB-Seite 187)

Einstieg

SB geschlossen. Zur Vorentlastung der Geschichte sollte speziell in Lerngruppen mit wenig Vorkenntnissen aus dem GSE der notwendige Wortschatz aus dem Wortfeld *clothes* mithilfe von ► Flashcards (Glossar) oder Realgegenständen semantisiert werden. Anschließend ► Lautschulung (Glossar) durch Chor- bzw. Teilchorsprechen.

Erarbeitung

SB geöffnet. Reaktivierung und Sicherung der Wortfelder *clothes* und *colours* anhand der Abbildung. L: *Look at the shop window. What can you see?* Falls gewünscht, kann L hier ggf. zusätzlich den Oberbegriff *clothes* einführen: *What clothes can you see?*

Danach Versprachlichung der Abbildung in PA nach Muster im SB. Auch schriftliche Bearbeitung möglich.

Auswertung

► Meldekette (Glossar) im Plenum: Jeder S sagt einen Satz.

Lösungsbeispiel

I can see a green blazer / black shoes / grey trousers / a red pullover / white socks / …

Zusatz

Zur Festigung der Begriffe und des Schriftbilds (Orthografie) kann L die ► KV 10: School uniforms einsetzen. Diese fordert im ersten Schritt das Beschriften der Kleidungsstücke (mit optionaler Hilfe unter *More help*). Im zweiten Schritt werden auch die Farben aktiv in PA geübt.

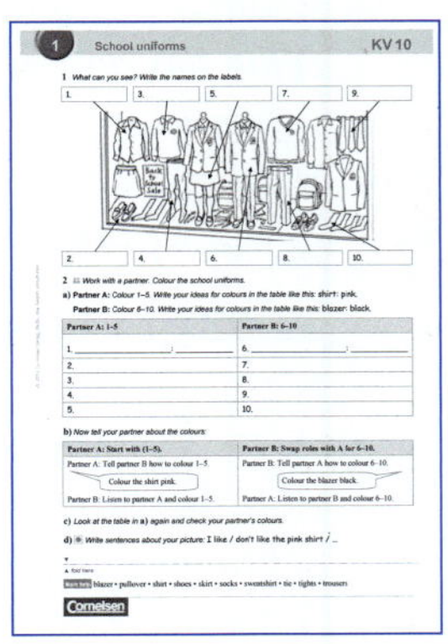

Alternative

Zur spielerischen Festigung und Wiederholung der Kleidungsstücke und Farben kann L hier auch das Spiel „Farbensalat" anregen: Alle S bis auf einen oder L sitzen im Stuhlkreis, ein Stuhl fehlt. L bzw. ein S steht in der Mitte des Kreises und gibt eine Anweisung, z. B.: *Everybody with a red/… pullover/… please get up and find a new place.* Dann müssen sich alle Angesprochenen (in diesem Falle also alle, die einen roten Pullover tragen) einen neuen Platz suchen, ebenso die Person, die in der Mitte steht. Wer keinen Platz findet, gibt die nächste Anweisung.

Überleitung

SB geschlossen. L: *Students at English schools have school uniforms. The uniform is important – the students must wear it at school all day. Every school has a special uniform – in special colours. What colour is the uniform at Eggy?* S: *It's red and black.*

INFO-BOX – School uniforms in Great Britain

In Großbritannien ist das Tragen von Schuluniformen fast überall Pflicht. Dies gilt für alle schulpflichtigen Kinder, in der Regel sind lediglich S der *6th form* von dieser Pflicht befreit. Jede Schule legt die Farbe ihrer Schuluniform selbst fest. Zur Ausstattung gehören Blazer in der jeweiligen Farbe, weißes Hemd oder Polohemd, Hose bzw. Rock und meistens auch eine Krawatte. Sweatshirts mit dem Schulemblem sind eine beliebte Alternative. Die Kleidungsvorschrift soll soziale Unterschiede entschärfen. Allerdings ist der Kauf neuer Schuluniformen besonders für einkommensschwächere Elternhäuser eine große finanzielle Belastung. Deshalb hat sich der Kauf und Verkauf von Secondhand-Bekleidung für den Schulbereich etabliert. Die Uniform des *Eggbuckland Community College* besteht aus einem bordeauxroten Blazer mit Schullogo, einem weißen Hemd, einer Hose bzw. einem Rock in schwarz oder grau sowie einem farblich passenden Schlips.

The uniform is important!

Wortschatz

S. 24: uniform • important • Miss • principal • hope • happy • please • Please remember … • be over • Sorry./I'm sorry. • at home • home • That isn't good. **• homework • Box 'homework'** (SB-Seite 187) **• write • know**

S. 25: Look, … • bad • idea • need • paper • scissors • Box 'scissors' (SB-Seite 187) **• guys • very**

Einstieg

SB geöffnet. S beschreiben die Bilder. Dabei semantisiert L ggf. unbekannten Wortschatz, der für das Verständnis wesentlich ist, mithilfe geeigneter ► Semantisierungstechniken (Glossar). Mögliche L-Impulse/Hilfen (ggf. als Tafelbild): *Who can you see in photo 1/2/…? Where are they?* S: *In photo 1/2/… I can see … They're …*

Erarbeitung

SB geöffnet. L formuliert vor dem 1. Lesen folgenden Leseauftrag: *Ellie has a problem. Read the text and find out: What is her problem?*
1. Lesen/Hören des Textes, ggf. im ► Mitleseverfahren (Glossar). Danach Beantwortung des Leseauftrags zur Überprüfung des Globalverstehens *(Ellie has no tie, but she needs a tie. / Ellie's tie is at home. The uniform is important.)*
Hinweis: Vor Bearbeitung der Leseverstehensaufgaben auf SB-Seite 25 ggf. **2. Lesen** mit verteilten Rollen im Plenum.

► 1.23
► INKL 1.8

Alternative

SB geschlossen. Reines Hörverstehen: Die S arbeiten in PA. Jedes Paar erhält eine Kopie der ► KV 11: The uniform is important mit den Bildern zur Story in vermischter Reihenfolge und schneidet diese aus. Beim **1. Hören** ordnen die S die Bilder in der richtigen Reihenfolge an. Anschließend Überprüfung der Reihenfolge beim **2. Hören** und/oder anhand der Story im Buch. Anschließend können die S die Bilder in der richtigen Reihenfolge ins Heft kleben und Bildunterschriften finden bzw. zuordnen.

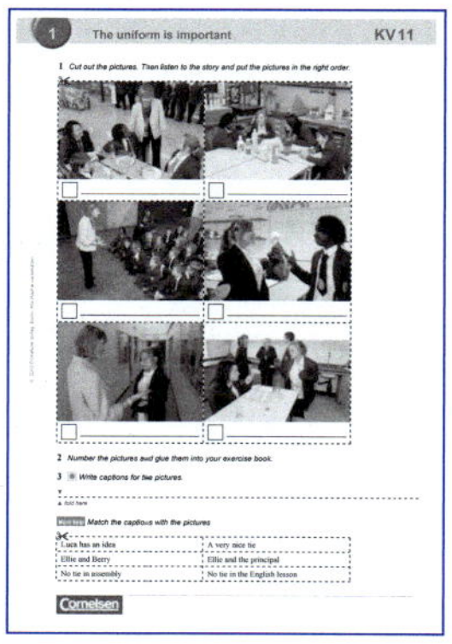

Zusatz

SB geöffnet. Zur Überprüfung des Detailverstehens gibt L verschiedene Überschriften in ungeordneter Reihenfolge vor (z. B. Bildunterschriften von KV 11). Die S lesen die Geschichte still und ordnen den einzelnen Abschnitten der Geschichte in EA oder PA die passende Überschrift zu. Lernstarke S finden eigene Überschriften.

Auswertung

L erfragt richtige Antworten und lässt S im Plenum erklären, wie sie auf die Lösung gekommen sind. Die S ergänzen ggf. die Bildunterschriften zu den KV-Bildern im Heft.

Lösungsbeispiel

1 In assembly with no tie / The principal is there / …
2 Ellie and the principal / Hello Ms Borowski / …
3 No tie in the English lesson / Ellie and Luca / …
4 Ellie and Berry / Berry's question / In science with no tie / …
5 Luca has an idea / The friends in the art lesson / …
6 A very nice tie / In the canteen / …

S. 25

2 People in the story

Wortschatz

say

Erarbeitung

SB geöffnet. Sicherung des Globalverstehens gemäß SB im Heft.

► INKL 1.8

Alternative

Bearbeitung der Fragen zum Text auch mündlich in PA möglich.

Auswertung

Ergebnissicherung durch ► Meldekette (Glossar) im Plenum: S1 stellt die erste Frage, S2 antwortet und stellt nächste Frage etc.

Lösung

1 *Ellie* • ***2*** *Luca* • ***3*** *Ellie* • ***4*** *Miss Borowski, Luca, Berry* • ***5*** *Miss Borowski (scene 1+2), Luca (scene 3), Berry and Ellie (scene 4), all students (scene 6)*

More practice 3 p. 123 The story

Erarbeitung

SB geöffnet. Vorstufe zur *summary*: S bringen jeweils die Sätze aus den Boxen in die richtige Reihenfolge und schreiben sie auf.

Alternative

Die Übung kann methodisch auch als ► Lerntempoduett (Glossar) bearbeitet werden. Dabei tauschen die S sich mit einem Mit-S jeweils nach *Part 1* und *Part 2* über ihre Ergebnisse aus.

Auswertung

S tragen ihre Zusammenfassungen im Plenum vor.

Lösung

Part 1: ***3 • 1 • 4 • 5 • 2***
Part 2: ***2 • 5 • 3 • 1 • 4***

3 Uniforms: What do you think?

Wortschatz

What do you think? • think

Einstieg

L: *The uniform is important at Eggy. What do you think about school uniforms?*

Erarbeitung

SB geöffnet. Die S lesen die fünf Aussagen zum Thema Schuluniform still in EA und prüfen dabei die beiden angegebenen Auswahlmöglichkeiten. Dann vervollständigen sie die Aussagen entsprechend ihrer persönlichen Einstellung. Auch als schriftliche Hausaufgabe geeignet.

Differenzierung Lernstärkere S diskutieren ihre Ansichten mündlich im ▸ Partner talk (Glossar). Dazu kann L einen Beispieldialog und ggf. Redemittel vorgeben:
I think uniforms are a good/bad idea. What do you think?
I think so too. / I don't think so.
I like / don't like … What about you?
I like / don't like … too.

Auswertung In Form einer ▸ Meldekette (Glossar) im Plenum beziehen zu jeder Aussage zwei bis drei S nacheinander Stellung. Dadurch wird auch ein gewisses Meinungsbild zum Thema Schuluniformen sichtbar.

4 Eggy uniform words

Erarbeitung Bearbeitung in EA gemäß SB. L weist darauf hin, dass die S die Abbildung und Wortschatzbox aus **1** (SB-Seite 24) als Hilfestellung verwenden können. Anschließend Vergleich in PA möglich. Auch als schriftliche Hausaufgabe geeignet.

Uniforms

for boys and girls	for girls
pullover	skirt
blazer	tights
shirt	
shoes	
socks	
sweatshirt	
tie	
trousers	

5 THEATRE TIME

Wortschatz **theatre**

Material Requisiten, Poster, Klebepunkte

Einstieg L informiert S über Stundenziel: *It's theatre time: Let's act the scenes of the story for the class.*

Um zu zeigen, dass die S den Dialog gestaltend lesen sollen, gibt L zunächst ein Beispiel und trägt eine Szene mit übertrieben deutlicher Betonung und ggf. passender Mimik und Gestik vor.

Zusatz L bespricht mithilfe der Kriterien auf ▸ KV 12: Theatre time mit der Klasse, worauf es bei der szenischen Umsetzung von Dialogen besonders ankommt. L: *What's important when you act a scene?*

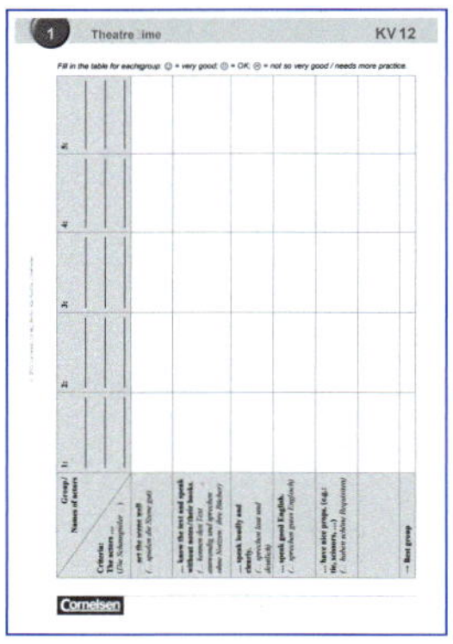

Erarbeitung **a)** **SB geöffnet.** Zur ▸ Gruppenbildung (Glossar) teilt L Klasse nach dem Zufallsprinzip in Sechsergruppen ein. Innerhalb ihrer Gruppen lesen die S die Szenen mit verteilten Rollen und passender Betonung. Anschließend üben sie die Szenen ein, wobei sie die ▸ Read-and-look-up technique (Glossar) einsetzen.

Differenzierung Nach erfolgter Rollenverteilung liest L im Plenum jeweils eine Sprecherrolle vor. Diejenigen S, die die Rolle übernommen haben, lesen jeweils im Chor nach und üben somit Aussprache und Betonung.

Differenzierung

In lernstärkeren Klassen spielt L die Tonaufnahme der Story zusammenhängend von CD vor. Die S sollen dabei besonders auf Aussprache und Betonung achten (Wer betont was in welcher Situation?) und sich später bei der Umsetzung daran orientieren.

Erarbeitung

b) Aufführung in der Klasse gemäß SB; siehe auch ▸ Scenic play (Glossar).

Zusatz

Die S nutzen ▸ KV 12: Theatre time für ihre Einschätzung der Leistung der jeweiligen Gruppe nach den zuvor besprochenen Kriterien.

Auswertung

Einzelne S aus dem Plenum benennen die ihrer Meinung nach beste Gruppe.

▸ WB 14–16, p. 13
▸ Folie 10

Alternative

Alternativ erhält jeder S einen Klebepunkt, den er auf einem entsprechenden Plakat für die beste Gruppe (nicht die eigene!) vergeben darf.

More practice 4 p. 123 ACTIVITY Make a school tie

Erarbeitung

Als Requisite *(prop)* für die Aufführung der Szenen basteln die S eine Papierkrawatte, indem sie entsprechend der Bastelanleitung die Umrisse auf Papier zeichnen, ausschneiden und farbig gestalten. Auch als vorbereitende Hausaufgabe in EA geeignet.

Auswertung

In der Gruppe entscheiden sich die S für die schönste Krawatte, die dann bei der Aufführung eingesetzt wird. Die Papierkrawatte kann mit einer Wäscheklammer an der Kleidung befestigt oder mit einem auf der Rückseite mit Klebeband angeklebten Bindfaden umgebunden werden.

SKILLS TRAINING Reading

Inhalt
Die S setzen sich mit den Angeboten in einer Werbebroschüre eines Schreibwarengeschäfts auseinander, das gebrauchte Federmäppchen für Kinder in Afrika sammelt

Kommunikative Kompetenzen
Reading: Einer Broschüre Informationen entnehmen
Mediation: Zentrale Informationen einer Broschüre auf Deutsch wiedergeben
Writing: Eine Einkaufsliste für Schulsachen schreiben

Methodische Kompetenzen
Lern- und Arbeitstechniken: Wörter zum Wortfeld *school things* in Listen sammeln

S. 26

1 A brochure

Wortschatz
brochure

Material
Werbeprospekte

Einstieg
SB geschlossen. Semantisierung von *brochure* (Ähnlichkeit zum Deutschen).

Alternative
Semantisierung anhand von L mitgebrachter (deutschsprachiger) Werbeprospekte aus dem Einzelhandel; Auswahl der Prospekte möglichst so, dass S die Inhalte/Oberbegriffe auf Englisch versprachlichen können, z.B. zu den Themen *animals, bikes, books, computers, school things, sports things.* Je nach individuellen Vorkenntnissen aus GSE können S aber vermutlich noch weitere Dinge benennen, z. B. *clothes, toys, food, CDs, DVDs, ...*
L zeigt Prospekte einzeln nacheinander hoch: *Look at this brochure. What is it for? What can you buy in this shop?*

Differenzierung
Lernstärkere S erklären, wie sie herausgefunden haben, welche Arten von Geschäften sich hinter den Broschüren verbergen bzw. was man dort kaufen kann. Das Reflektieren über die Lösungsstrategie ist wichtig beim Anbahnen von ▸ Lesetechniken (Glossar). Dadurch erhalten vor allem lernschwächere S wichtige Tipps und Hilfen zu einem zielgerichteten Vorgehen. Da die S zu diesem Zeitpunkt vermutlich noch nicht über die notwendigen sprachlichen Mittel in Englisch verfügen, kann L sie ermutigen, auf Deutsch zu antworten.
L: *How can you find out what you can buy in this shop? You can say it in German.* S: Bilder, Überschrift, Name des Geschäfts etc.

Überleitung
L: *Let's read an English brochure.*

Erarbeitung
SB geöffnet. S betrachten Broschüre und wählen richtige Antwort aus (Globalverstehen).

Differenzierung
Lernstärkere S nennen Merkmale des Textes, die zur Lösungsfindung beigetragen haben (vgl. blaue Lösungen in Klammern).

Auswertung
S nennt richtige Lösung im Plenum.

Lösung
***C** a shop* (z. B. Preise/Bilder von Schulsachen, die zu kaufen sind • Überschrift: *Back to school.* • Sonderangebote)

2 School things at Martins

Wortschatz

back • pound (£) • pencil sharpener • rubber • ruler • pen • pencil • pencil case • calculator • exercise book • exercise • diary • hole punch • buy • at Martins **• child, children • Africa •** °half price • °special offer • °only • °help • °give • °we will send • °send ... to • °when

Erarbeitung

SB geöffnet. 1. Lesen: S notieren anhand der Angaben in der Broschüre, was sie zu bestimmten Anlässen (für den Mathematikunterricht) oder Bedingungen (zum halben Preis; für £1) kaufen können (selektives Verstehen).

Auswertung

L erfragt richtige Antworten im Plenum und lässt S erklären, wie sie auf die Lösung gekommen sind, siehe auch ▸ Lesetechniken (Glossar).

Lösungsbeispiel

1 a pencil / pencils, a pencil sharpener, a rubber, a ruler, an exercise book, a calculator
2 ten pens, ten pencils, a pencil case, a calculator
3 two pencil sharpeners, two rubbers, two rulers

3 Your school things

Einstieg

SB geschlossen. L hält geschlossenes Federmäppchen hoch und fordert S auf, über dessen Inhalt zu spekulieren: *What's in my pencil case?* S nennen mögliche *school things*. L oder (lernstärkerer) S hält Vermutungen an Tafel fest. Abschließend öffnet L das Federmäppchen, zeigt und benennt jeden einzelnen Gegenstand. S hakt an der Tafel die richtig geratenen Gegenstände ab.

Erarbeitung

a) SB geöffnet. S listen in EA alle ihnen bekannten Gegenstände aus ihren eigenen Federmäppchen schriftlich auf.

Auswertung

Einzelne (freiwillige) S lesen ihre Listen im Plenum vor. Dabei ggf. auch Wettbewerb möglich. L: *Who has the longest list?/Who has more than five/... different school things?*

Alternative

Jeweils zwei S vergleichen ihre Listen im ▸ Partner talk (Glossar). Dazu ggf. Vorgabe der Verneinung an der Tafel:
S1: *I have a ruler/...*
S2: *I have a ruler/... too. / I don't have a ruler/...*

Zusatz

Nochmalige Sammlung aller bekannten Begriffe für *school things* im Plenum: S nennen nacheinander je einen Gegenstand von ihrer Liste; ein S schreibt an Tafel mit (die anderen ggf. im Heft). Jeder Gegenstand darf nur einmal genannt werden. Dazu haken S bereits genannte Gegenstände in der eigenen Liste ab.

Lösung

Individuelle Lösungen

Erarbeitung

b) SB geöffnet. S schreiben in EA eine individuelle Einkaufsliste.

Auswertung

S lesen ihre Einkaufslisten im Plenum vor.

Alternative

Je zwei S, die die Aufgabe fertig bearbeitet haben, lesen sich ihre Einkaufslisten gegenseitig vor. S1 beginnt und nennt nacheinander die Dinge, die er gerne kaufen möchte. S2 nennt jeweils den dazugehörigen Preis, rechnet mit und sagt Stopp, wenn £10 erreicht sind. Dann Rollentausch.

4 MEDIATION Help children in Africa

Erarbeitung

SB geöffnet. S sichten die Broschüre im Hinblick auf die benötigte Information und wählen die richtige Antwort aus. Möglicher L-Impuls: *Look at the brochure – where can you find the information you need?*

Auswertung

L erfragt richtige Antwort und lässt S im Plenum auf Deutsch erklären, wie/wo sie nach der Lösung gesucht haben, siehe auch ▸ Lesetechniken und ▸ Mediation (Glossar). S: Bild von Afrika-Federmäppchen, Überschrift *New for old*, einzelne Wörter *(Africa, help, children ...)*.

Lösung

C (Martins schickt dein altes Federmäppchen an eine Schule in Afrika.)

▸ DFF 1.7
▸ Folie 11

SKILLS TRAINING Learning words

Inhalt

Die S lernen anhand der Wortfelder *days* und *school* unterschiedliche Formen der Wortschatzarbeit kennen und anwenden.

Methodische Kompetenzen

Lern- und Arbeitstechniken: Unterschiedliche Formen der Wortschatzarbeit kennenlernen und anwenden: *networks* und Vokabelkarten anlegen • sich mit einem Partner gegenseitig Vokabeln abfragen

S. 27

1 Make networks

Wortschatz

network • Saturday • Sunday • weekend • school bag

Einstieg

a) ◻ **SB geschlossen.** L fragt S (auf Deutsch), wie sie bisher Vokabeln gelernt haben, siehe auch ▸ Metakognition (Glossar). S beschreiben ihr Vorgehen.

Überleitung

L führt Begriff und Form des *network* als Hilfestellung beim Vokabellernen ein: *You can collect new words in a network.*

Erarbeitung

SB geöffnet. S übertragen Gerüst des *network* aus dem SB in ihr Heft und ergänzen es mit Vorschlägen aus der grünen Box.

Auswertung

L schreibt Gerüst des *network* an die Tafel oder auf Folie. S nennen im Plenum jeweils einen Begriff, den sie zuordnen möchten, und schreiben diesen hinzu.

◼ Differenzierung

Lernstärkere S machen zusätzlich mündlich Angaben über die entsprechende Stelle (ggf. Satzmuster an Tafel vorgeben): *I think 'weekend'/... goes with Saturday and Sunday/...*

Überleitung

SB geschlossen. L schreibt Gerüst des *school network* aus **b)** an die Tafel oder legt entsprechend vorbereitete Folie auf. S nennen zunächst im Plenum einige Beispiele und schreiben sie an passende Stellen des *network*.

Erarbeitung

b) ◼ **SB geöffnet.** S übernehmen das *school network* in ihr Heft und vervollständigen es in EA entsprechend ihrer individuellen Vorkenntnisse. Auch als schriftliche Hausaufgabe geeignet. ▸ INKL 1.9

More help p. 124 Lernschwächere S erhalten auf SB-Seite 124 in einer Box Vokabeln zum Einsetzen in das *network*.

Alternative

L verteilt ▸ KV 13: A school network (mit *Network*-Gerüst und Wortauswahl als Hilfe).

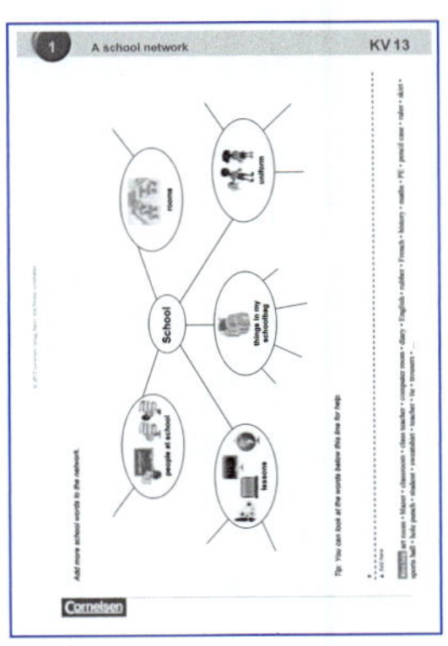

Auswertung

Im Anschluss vergleichen jeweils zwei S ihre *networks* im ▸ Partner check (Glossar) miteinander und ergänzen ggf. weitere Begriffe. Dabei sollte L darauf achten, dass die S die notierten Begriffe nicht voneinander abschreiben, sondern sich gegenseitig vorlesen (Aussprachetraining). Zur ▸ Lautschulung (Glossar) kann L ggf. korrigierend eingreifen.

Zusatz

Zur weiteren kreativen Wortschatzfestigung erstellen S (z. B. als Hausaufgabe) ein *alphabet of school words.* Für die Buchstaben J, X und Z sind im SB bis zu diesem Zeitpunkt noch keine Wörter eingeführt. Darauf sollte L vor Beginn hinweisen, damit S nicht unnötig lange suchen. L kann entweder Begriffe vorgeben oder ein motivierendes Suchspiel (z. B. als Hausaufgabe) anregen: Wer schafft es, passende Wörter für die selteneren Buchstaben zu finden? *(J: June/July (holidays!) • X: xylophone • Z: zoo trip.)*

Lösungsbeispiel

A: art room	*N: network/nice to meet you/...*
B: biology	*O: over*
C: calculator	*P: pencil*
D: diary	*Q: quiz*
E: English	*R: ruler/rubber/...*
F: French	*S: skirt*
G: German/great/Good morning!	*T: tie*
H: history	*U: uniform*
I: ICT/important	*V: village/very good*
J: ---	*W: Wednesday/write/...*
K: know	*X: ---*
L: lesson	*Y: yes/you/yellow/...*
M: maths	*Z: ---*

Alternative

S können alternativ zum schreibintensiveren Alphabet auch ein ▸ Akrostichon (Glossar) zum Thema Schule schreiben. L gibt geeignete Wörter vor und schreibt sie an die Tafel:

Lösungsbeispiel

Assembly	*Classroom*
Tie	*Art*
_	*Lesson*
Student	*Class teacher*
Classroom	*Uniform*
History	*Learn*
On Monday	*Assembly*
Over	*Timetable*
Lesson	*Over*
	Ruler

2 Make word and phrase cards

Wortschatz **phrase • card • box • in English**

Material Leere Karteikarten, (Schuh-)Karton

Einstieg **SB geschlossen.** L bringt Musterkasten mit entsprechend vorbereiteten Vokabel-Karteikarten zur Ansicht mit und lässt S raten, worum es sich handelt. Zusätzlich kann L die S ggf. über Erfahrungen mit Vokabel-Karteikästen aus der GS berichten lassen. Dann demonstriert L mit einzelnen S die Verwendung und lässt S Vorteile des Verfahrens (auf Deutsch) benennen.

Erarbeitung **a)/b)** 🔧 **SB geöffnet.** S lesen Arbeitsanweisung still und betrachten die Abbildungen. Unterstützend kann S/L die verschiedenen Arbeitsschritte zur Beschriftung der Vorder- und Rückseite einer Vokabelkarte musterhaft vorführen. Danach wählen die S in EA gemäß SB einzelne Wendungen aus der grünen Box aus, übertragen diese auf Karteikarten/Zettel und ergänzen die deutsche Entsprechung auf der Rückseite. Je nach Lernstärke kann L eine Mindestanzahl anzufertigender Karten pro S vorgeben.

▸ INKL 1.10

Alternative

Schritte **a)** und **b)** zur Erstellung der Karten können auch arbeitsteilig in PA durchgeführt werden. Dazu fängt S1 an, die Wendungen von der Liste in der grünen Box von oben auf Karten zu kopieren, S2 von unten, d. h., jeder Partner schreibt ca. neun Karten – bzw. so viele er/sie schafft, bevor sich beide „treffen". Vorteil: Jeder Zweiergruppe stehen mit relativ geringem Zeitaufwand zur Abfrage in **d)** alle Wendungen zur Verfügung.

Erarbeitung

c) Die fertigen Vokabelkarten werden in einer Box gesammelt. Hierzu eignet sich z. B. ein entsprechend vorbereiteter und beschrifteter Schuhkarton.

Auswertung

d) **SB geöffnet.** ▸ Klären der Arbeitsanweisung (Glossar). Anschließend geben zwei S ein Beispiel und fragen einander vor dem Plenum mithilfe der Redemittel in den Sprechblasen und der angefertigten Vokabelkarten mündlich ab.

▸ WB 17–18, p. 14
▸ DFF 1.8

Differenzierung

Um zusätzlich die Rechtschreibung zu überprüfen, kann L die S auffordern, jeden abgefragten Begriff nach der mündlichen Nennung ins Heft zu schreiben.

Zusatz

Bewusstmachung: L verweist auf Lerntipp-Box. Die Ineffektivität des langen Vokabellernens am Stück lässt sich durch ▸ Metakognition (Glossar) folgendermaßen verdeutlichen: L lässt Wasser auf den Tafelschwamm laufen. Nach einiger Zeit nimmt der Schwamm kein Wasser mehr auf; es läuft am Schwamm herunter. Für weitere Hinweise zum Wörterlernen kann L gemeinsam mit den S den entsprechenden Abschnitt im *Skills file* (SB-Seite 160/161) bearbeiten.

SKILLS TRAINING Speaking

Inhalt
Die S ordnen in einem Alltagsdialog zwischen Schulfreunden die Antworten und verwenden diesen als Sprachmuster für einen eigenen Dialog mit einem Mit-S.

Kommunikative Kompetenzen
Listening: Einen Alltagsdialog inhaltlich erfassen und Dialogteile gemäß deren Abfolge ordnen
Speaking: Über den Schulalltag sprechen (dialogisch) • ein Interview durchführen
Writing: Einen Dialog mithilfe von Redemitteln verfassen

Methodische Kompetenzen
Lern- und Arbeitstechniken: Notizen in einer Tabelle anfertigen
Kooperative Lernformen: Milling-around activity

S. 28

1 Talking to friends at school

Wortschatz
talk (to) • borrow • next • Box 'last/this/next' (SB-Seite 189) **• sure • Here you are.**

Einstieg
SB geschlossen. L: *Ellie talks to Berry at school. It's their break. What can they talk about?* L hält Ideen der S stichwortartig an der Tafel fest, z. B.: *families, friends, teachers, lessons, homework, school uniforms, hobbies, school things, …*

Zur Vorentlastung des Hörtextes semantisiert L *borrow* und *Here you are.* durch Demonstration (L-S-Dialog) mit Realgegenständen, siehe auch ► Sematisierungstechniken (► Glossar).

Erarbeitung
a) SB geöffnet. 1. Hören (Globalverstehen): S nennen inhaltliche Aspekte, die im Dialog vorkommen; L hakt zutreffende Ideen aus dem Einstieg ab. Dann Überprüfung des Detailverstehens (Dialogstruktur): S bringen Berrys Antworten in die richtige Reihenfolge und notieren die Buchstabenfolge im Heft.

► 1.24

Alternative
S ordnen die Antworten den Fragen zu und notieren die entsprechende Zahlen-Buchstaben-Kombination.

Lösung
1 *B* • ***2*** *D* • ***3*** *E* • ***4*** *C* • ***5*** *A*

Erarbeitung
b) 2. Hören und Ergebnissicherung gemäß SB: Die S überprüfen ihre Reihenfolge und schreiben dann den kompletten Dialog ins Heft.

Auswertung
Zwei S tragen den Dialog im Plenum in der richtigen Reihenfolge vor.

Hörtext
Ellie: Hi Berry. How are you?
Berry: Hi Ellie. I'm fine, thanks. What about you?
Ellie: I'm fine too, thanks. Can I borrow a pen, please?
Berry: Sure, here you are.
Ellie: Thanks. What's the next lesson?
Berry: It's PE. I like PE. What's your favourite lesson?
Ellie: It's science. And who's your favourite teacher?
Berry: Mr Brown. He's nice! And who's your favourite boy in our class?
Ellie: I like Luca.
Berry: I like Luca too.

Erarbeitung
c) S üben den Dialog ein und verwenden dabei die ► Read-and-look-up technique (Glossar), um das freie Sprechen zu schulen. Anschließend tragen sie mit einem Partner den Dialog im Plenum vor.

Alternative

L kann die Klasse zur Rollenverteilung zunächst in zwei gleiche Hälften einteilen (*A: Ellie; B: Berry*). Dadurch kommen neue Partnerkonstellationen zustande, die sich positiv auf das Klassenklima auswirken können.

2 NOW YOU

Wortschatz

German

Erarbeitung

SB geöffnet. Die S ergänzen das Dialoggerüst nach dem Muster von **1** und mithilfe der Vorgaben in den grünen Boxen schriftlich in PA und üben den Dialog ein.

//● p. 124 Es handelt sich um eine Parallelübung auf zwei Niveaus. Lernstärkere S setzen die deutschen Vorgaben aus dem *flow chart* in einen freieren englischen Dialog um.

Auswertung

Zwei bis drei S-Paare spielen ihren Dialog im Plenum vor. L liefert vorab Redemittel zur Kurzauswertung: *I think the dialogue was great/good/ OK/not so (very) good/…*

Lösungsbeispiel

○

A: *Hi, **Tim**. How **are** you?*
B: *Hello, **Carina**. I'm OK (thanks). What about **you**?*
A: ***I'm** fine, thanks. Can I borrow a **hole punch**, please?*
B: *Sure, here **you are**.*
A: *Thanks. **What**'s the next lesson?*
B: *It's **science**.*
A: *Oh, good. I like **science**.*

//●

A: *Hi, Sandra. How are you?*
B: *Hello, Mark. I'm fine, thanks. What about you?*
A: *I'm OK. What's your favourite lesson?*
B: *It's English. Can I borrow your ruler, please?*
A: *Sure, here you are.*
B: *Thanks. Who's your best friend in our class?*
A: *It's Rebecca. I like Rebecca. And you?*
B: *Oh, I like Rebecca too.*

3 Interviews

Wortschatz

interview

Einstieg

L: *Now talk to the students in your class. Here are some ideas for questions.* L liefert im Dialog mit einzelnen S Beispiele für mögliche Fragen und gibt folgende Strukturen an Tafel vor:

Who's your favourite/best …?
What's your favourite/…?

Erarbeitung

a) SB geöffnet. Die S übernehmen die Tabelle ins Heft und füllen zunächst die *Me*-Spalte für sich selbst aus.

► INKL 1.11

Alternative
Um Zeit zu sparen, kann L den S das Tabellengerüst auf ▸ KV 14: Interviews austeilen.

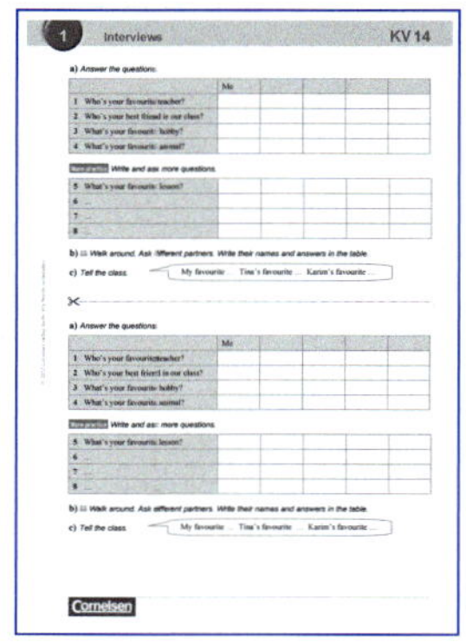
1 Interviews KV 14

Cornelsen

Erarbeitung
b) Die S wandern durch den Klassenraum und befragen verschiedene Mit-S im Rahmen einer ▸ Milling-around activity (Glossar). S halten Antworten stichwortartig in der Tabelle fest.

○ Differenzierung
Lernschwächere S befragen nur zwei Mit-S.

● Differenzierung
Lernstärkere S ergänzen die Tabelle um weitere Fragen und befragen zusätzliche Mit-S.

Auswertung
c) Gemäß SB, ggf. als ▸ Meldekette (Glossar) im Plenum. Jeder S trägt – je nach Leistungsfähigkeit – ein bis drei Sätze vor. Als Hausaufgabe ist eine Verschriftlichung der Ergebnisse denkbar: *Write six sentences about you and your classmates.*

▸ WB 19–23, p. 15–16

SKILLS TRAINING Viewing

Inhalt

1 The kids from Harbour Road: Meet the kids!
In dieser Episode lernen die S die Hauptpersonen der kommenden – im Stil einer *soap opera* aufeinander aufbauenden – Filmclips kennen: Sarah, Anna und Paul. Diese drei altersgleichen Kinder gehen ebenfalls auf das *Eggbuckland Community College*. Sie haben ähnliche Interessen und Probleme wie die deutschen S und ermöglichen somit eine schnelle Identifikation. Zusätzlich erhalten die S tiefere Einblicke in den Lebensalltag englischer Teenager.
Sowohl die sprachlichen Strukturen als auch die Inhalte der Unit 1 werden in der Filmepisode nochmals aufgegriffen, und die S erleben einen typischen englischen Schultag: *Assembly*, Kontrolle der Schuluniform, eine moderne Mathestunde, Sportunterricht sowie *lunch break*. Der Wortschatz orientiert sich an der Unit, und die ausdrucksstarke Mimik sowie eindeutige Situation erleichtern den S das Verständnis.

2 People and places: Eggbuckland Community College
Die Dokumentation *Welcome to our school* zeigt Momentaufnahmen des Schulalltags am *Eggbuckland Community College* und ist mit dynamischer Musik unterlegt. Darin stellen S der kunstbetonten Schule das Schulprofil sowie die vielseitigen Angebote unter vier Oberthemen vor: *we learn, we work, we play and we have fun*.

Kommunikative Kompetenzen

Viewing: Filmszenen verstehen • Standfotos in die richtige Reihenfolge bringen • Aussagen den richtigen Sprechern zuordnen • einer Videopräsentation Details zum englischen Schulleben entnehmen und diese in Listen nach Oberthemen ordnen

Speaking: Die eigene Meinung zum Film äußern

S. 29

1 The kids from Harbour Road: Meet the kids!

Einstieg

Auf der DVD findet sich in Unit 1 unter *Play all parts* ein kurzer Vorspann, in dem die drei *kids from Harbour Road* in kurzen Filmausschnitten und Porträts mit Namen vorgestellt werden. L kann diesen Vorspann als *teaser* für die DVD und zur Einführung der Protagonisten vor dem Einstieg in die eigentliche erste Episode vorspielen. Es bietet sich an, danach die DVD zu stoppen und die Namen der Protagonisten sowie ggf. erste Eindrücke der S von den Personen und Handlungsorten an der Tafel festzuhalten. L: *Watch the film clip and find out: Who are the kids from Harbour Road? Where are they?*
Die drei Charaktere sind zudem rechts oben auf jeder Viewing-Seite mit Fotos sowie Namen abgebildet. Dies erleichtert den Einstieg und frischt bei den S in kommenden Units die Erinnerung auf.

Zusatz

Die S erhalten auf ► KV 15: Meet the kids from Harbour Road: Profiles einen Steckbrief mit Fotos der drei Protagonisten, in den sie die Namen eintragen und den sie im Laufe der einzelnen Episoden mit weiteren Informationen ergänzen können.

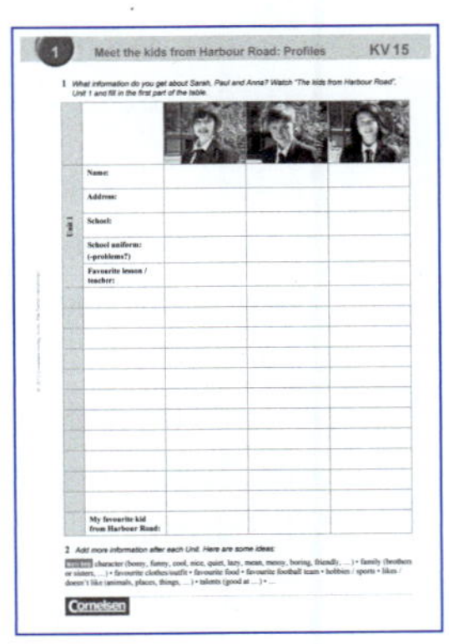

Erarbeitung

► IAT 1.1

Die sechsminütige Episode soll schrittweise erschlossen werden, und somit schauen die S den Filmclip gemäß SB mehrmals unter unterschiedlicher Aufgabenstellung an.

a) **SB geöffnet.** Beim **1. Sehen** bringen die S zunächst die Ortsangaben auf den Standfotos in ihre chronologische Reihenfolge. Der zentrale Wortschatz ist den S bereits aus *Theme 2* (SB-Seite 20) bekannt. Da die S jedoch nicht gleichzeitig Wörter schreiben und den Film anschauen können, empfiehlt es sich, dass die S vorab die fünf Bildunterschriften untereinander ins Heft abschreiben. Beim 1. Sehen gilt es somit lediglich hinter jeder Ortsangabe eine Zahl (1–5) zu notieren.

Auswertung Die Ergebnisse werden im Klassengespräch oder durch ▶ Partner check (Glossar) überprüft und gegebenenfalls korrigiert. Erst danach formulieren die S mit den im SB vorgegebenen Satzanfängen ganze Sätze und lesen sie im Plenum vor.

Alternative **SB geschlossen.** Die S erhalten vor dem Sehen die ▶ KV 16: Where are the kids from Harbour Road? mit den Standfotos aus dem Film. Sie schneiden die Fotos aus, beschriften sie mit den Ortsangaben und legen sie beim **1. Sehen** in die richtige Reihenfolge. Nach Kontrolle im Plenum (z. B. durch Ordnen von Folienkopien der Bilder am OH-Projektor) kleben die S die Fotos in das Raster auf der KV und ergänzen die Bildunterschriften.

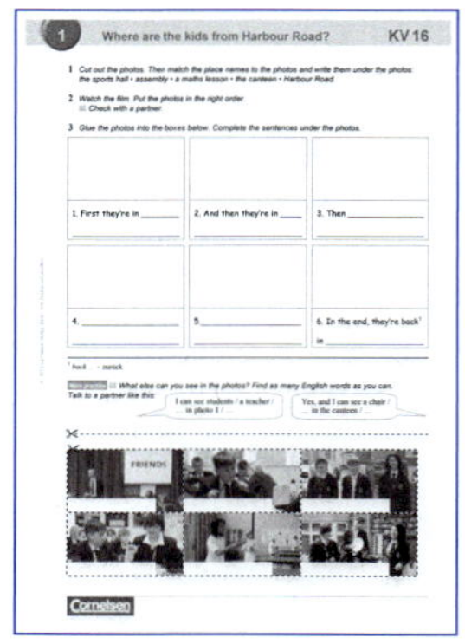

Lösung *First they're in Harbour Road. • And then they're in Assembly. • Then they're in a maths lesson. • Then they're in the canteen. • And then they're in the sports hall.*

Zusatz Anschließend erhalten die S den Auftrag, zu jedem Foto möglichst viele weitere bereits (aus dem GSE) bekannte englische Begriffe zu sammeln. Diese Aufgabe geht über die *Viewing Skills* hinaus und dient der Wortschatzaktivierung. Auf diese Sammlung kann in **2** zurückgegriffen werden. Sprachlich können die Vokabeln in den aus Unit 1 bekannten Satz *I can see (a) …* eingebettet werden.

Lösungsbeispiel

- ***assembly:*** *teacher • students • chair • table • listen • watch • people • principal*
- ***the canteen:*** *chair • table • boy • girl • lunch break*
- ***a maths lesson:*** *book • room • chair • poster • paper • classroom • homework • exercise book • pencil • pencil case • write • talk to*
- ***the sports hall:*** *game • play*
- ***Harbour Road:*** *city • car • schoolbag*

Erarbeitung **b)** **SB geöffnet.** Gemäß SB stellen die S aus der Erinnerung bzw. als *speculating exercise* Vermutungen zu den Sprechern an und überprüfen diese dann beim **2. Sehen** der Episode.

O Differenzierung In lernschwächeren Lerngruppen liest L vor dem **2. Sehen** Aufgabenstellung und Sprechblasen mit den S gemeinsam durch, damit die S darauf vorbereitet sind, welche Sätze sie heraushören sollen. S schreiben die drei vorgegebenen Satzanfänge in ihr Heft; dann zeigt L den Filmclip. Während des **2. Sehens** notieren sie dahinter zunächst nur die Nummer der Sprechblase.

Anna says … 2, 5
Paul says … 1, 3
Sarah says … 4

Auswertung Vergleich im Plenum. Bei Zuordnungsproblemen ggf. 3. Sehen. Anschließend schreiben die S die vollständigen Aussagen zu den jeweiligen Sprechern ins Heft.

Lösung *Anna says: The uniform is important. • I love sport.*
Paul says: It's assembly now. • Maths is my favourite lesson.
Sarah says: I like lunch.

Erarbeitung

c) **SB geöffnet.** Hier geben die S im ▸ Partner talk (Glossar) ihren persönlichen ersten Eindruck von den drei Kindern wieder. Es empfiehlt sich, gemeinsam mit den S an der Tafel zunächst möglichst viele bereits bekannte Adjektive zur Personenbeschreibung zu sammeln, z.B. *small, big, old, stupid, happy, ok.* Diese Aufgabe ermöglicht es den S auch, zusätzliche Adjektive aus dem GSE oder dem eigenen, individuellen Spracherwerb einzubringen.

Differenzierung

Lernstärkere S sagen, welche der Filmfiguren sie spontan am liebsten mögen, ggf. sogar mit entsprechender Begründung: *My favourite kid is … because he/she is …*

Auswertung

Die S tragen ihre Einschätzung vor. Es kann zu einer Abstimmung (durch Melden und Auszählen) kommen, wer in der Klasse Anna, Paul oder Sarah am sympathischsten findet.

Lösung

Individuelle Lösungen

Zusatz

Die S überlegen, was sie gerne noch über die Filmfiguren wissen wollen, und formulieren Fragen, z. B.: *What's Sarah's/… favourite hobby/…?*

2 People and places: Eggbuckland Community College

Erarbeitung

a) **SB geöffnet. 1. Sehen.** Nachdem die S einen ersten Eindruck vom großen Angebot der Schule bekommen haben, tauschen sie sich anhand der Vorgaben im SB über ihre persönliche Einschätzung der Schule, des Videoclips sowie der Begleitmusik aus.

Auswertung

Einzelne Ergebnisse werden im Plenum abgerufen.

Lösung

Individuelle Lösungen

Zusatz

L fordert die S auf, das im Filmclip eingeblendete „Motto" von *Eggy* herauszufinden. Dazu nennen S aus ihrer Erinnerung entsprechende Begriffe bzw. Satzteile.
L: *Can you remember some of the words or phrases between the different parts or at the end of the film?* S: *Welcome to our school. / We work / we play / we learn / we have fun.*

Erarbeitung

b) **2. Sehen** gemäß SB. Da die S im Filmclip vielfältige Eindrücke in rasantem Tempo erhalten, können sie während des Sehens zunächst sämtliche gefundenen Begriffe in einer ungeordneten Liste notieren. Dabei ist das Tempo ein motivierender Faktor und erhöht die Aufmerksamkeit sowie den Wettbewerbscharakter. Da vermutlich sehr unterschiedliche Listen entstehen, kann L die S auffordern, ihre gefundenen Begriffe im Anschluss unter den vorgegebenen Oberbegriffen *(things, people, places, lessons, sports)* zu sortieren.

Differenzierung

In lernstärkeren Klassen können die S bereits vor dem **2. Sehen** eine Tabelle mit den Oberbegriffen im Heft anlegen und sie beim Sehen ausfüllen.

Differenzierung

Arbeitsteilige Gruppenarbeit. Vor dem **2. Sehen** Aufteilung in Kleingruppen à fünf S. S ziehen eine Karte mit einem der fünf Oberbegriffe und konzentrieren sich beim Sehen und Sammeln entsprechend auf den Wortschatz zu diesem Begriff.

Auswertung

Zusammenführung der gefundenen Wörter im Plenum in einer Tabelle. Dabei ergänzen die S ihre eigenen Listen oder Tabellen im Heft mit fehlenden Begriffen.

Lösungsbeispiel

things	*people*	*places*	*lessons*	*sports*
books	teacher	science lab	science	football
tables	student	school	English	dancing
pencil	boys/girls	classroom	maths	playing games
pencil case	principal	arts room	technology	swimming
calculator		sports hall	French	skiing
exercise book		computer	drama	
uniform		room	music	
football		theatre	PE	
school bags			ICT	
(clothes)				

Zusatz

Vermutlich werden einige S vor allem in der Spalte *sports* nach weiteren englischen Begriffen fragen. Folgende im SB bisher nicht eingeführte Sportarten sind im Videoclip zu sehen und können bei Bedarf von L genannt werden: *athletics, jazz dance, hurling, kayaking, canoeing, cliff jumping, scuba diving, rafting (tubes), trampoline jumping, hiking, orienteering.*

Alternative

L teilt die Klasse nach den „Zwischentiteln" der verschiedenen Filmabschnitte *(we learn, we work, we play, we have fun)* in vier Gruppen ein. Die S sammeln Wörter aus ihrem jeweiligen Filmabschnitt. Die Sammlung der Ergebnisse im Plenum kann in Form eines *networks* erfolgen.

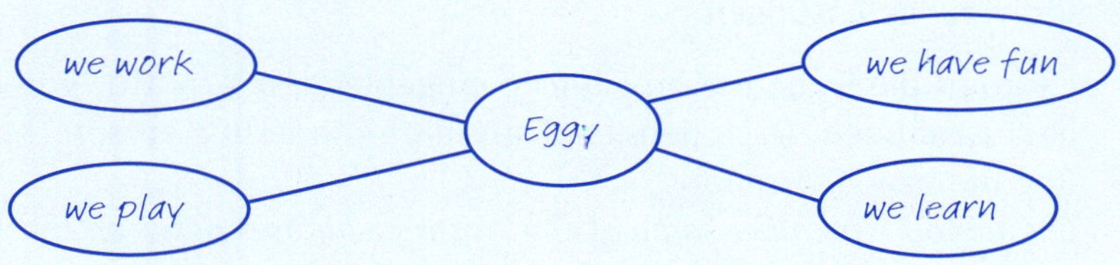

Zusatz

Je nach Schwerpunktsetzung des Unterrichts, technischen Gegebenheiten und Leistungsstärke der Lerngruppe gibt es folgende Möglichkeiten der Weiterführung:

- Die S vergleichen das Angebot des *Eggbuckland Community College* mit dem ihrer eigenen Schule.
- Die S listen unter den vier Oberbegriffen (*we work / we play / we learn / we have fun*) die Aktivitäten ihrer eigenen Schule auf (sprachliche Grenzen).
- Projekt/Medienkompetenz: Die S erstellen einen vergleichbaren Videoclip über ihre eigene Schule.

STOP! CHECK! GO!

▶ INKL 1.12

Hinweis

Übungsaufgaben zu wichtigen Themen und Kompetenzbereichen aus Unit 1. Bei geschlossenen Aufgabenformaten können die S ihre Ergebnisse selbstständig mithilfe des Lösungsschlüssels auf ▶ KV 18: Answers to STOP! CHECK! GO! (Unit 1) überprüfen (auch als Partnerkontrolle). Die KV bietet eine Auswertung nach Punkten, die in drei verschiedene Smileys (☺/😐/☹) übersetzt werden. Diese Smileys können auch für die Selbsteinschätzung im *Workbook* (STOP AND PRACTISE, p. 17) und in *Differenzieren – Fördern – Fordern* herangezogen werden. Weitere grundsätzliche Hinweise zur Konzeption und Durchführung von STOP! CHECK! GO! finden sich im Vorwort.
Die Hörtexte zu STOP! CHECK! GO! sind für die S auch auf der Audio-CD im *Workbook* zugänglich.

Inhaltsübersicht

S. 30

1 WORDS School things
a) Abbildungen verschiedener Kleidungsstücke beschriften
b) Abbildungen verschiedener Schulsachen beschriften

2 WORDS More school things
a) In Wortreihen zum Wortfeld *school* das falsche Wort finden
b) Wortreihen mit passenden Wörtern ergänzen
c) Lückensätze mit passenden Wörtern vervollständigen

3 READING Remember Cyril?
a) Bilder zu einem Lesetext in die richtige Reihenfolge bringen
b) Überprüfung des Leseverstehens anhand von *right/wrong statements*

S. 31

4 LANGUAGE Remember Sandy?
Formen von *be* in Lückensätze einsetzen

5 LANGUAGE Remember Ellie?
Passende Formen von *be* auswählen, um Sätze zu ergänzen
// Formen von *be* in Lückensätze einsetzen

6 LANGUAGE That's wrong, Sandy!
Positive und negative Sätze mit Formen von *be* bilden

S. 32

7 LISTENING Adam and Luca
a) Einen Hörtext global erfassen und passende Bilder auswählen
b) Fragen und Antworten zuordnen

8 WORDS Talking to friends
Mini-Dialoge ergänzen

9 WRITING A dialogue with a new student
Einen unvollständigen Vorstellungsdialog ergänzen

S. 33

10 SPEAKING A timetable
a) Fehlende Informationen zum Stundenplan in PA erfragen und notieren
b) Den eigenen Stundenplan in Englisch aufschreiben

11 My learner log
Den eigenen Lernprozess evaluieren und eigene Fähigkeiten einschätzen

S. 30

1 School things

Wortschatz: °stop • °check • °example

Erarbeitung: **SB geöffnet.** Zur Wortschatzüberprüfung notieren die S für **A** die Zahlen 1–8 in ihrem Heft und fügen anhand der Abbildung die passenden Begriffe für Teile der Schuluniform hinzu.
Für die Schulgegenstände 1–12 in **B** analoges Vorgehen.

Lösung: ► KV 18: Answers to STOP! CHECK! GO! (Unit 1)

2 WORDS More school things

Wortschatz: °more • °badminton

Erarbeitung: **a) SB geöffnet.** S prüfen die vorgegebenen Wortreihen und notieren die „falschen" Wörter in ihrem Heft.

Erarbeitung: **b) SB geöffnet.** S finden für jede Wortreihe mindestens einen weiteren passenden Begriff aus dem Wortfeld Schule und schreiben diesen in ihr Heft.

Erarbeitung: **c) SB geöffnet.** S vervollständigen die Sätze, indem sie individuell auf ihre Situation passende Begriffe hinzufügen.

Lösung: ► KV 18: Answers to STOP! CHECK! GO! (Unit 1)

► DFF 1.1

3 READING Remember Cyril?

Wortschatz: °like: He likes …

Erarbeitung: **a) SB geöffnet.** Die S lesen den Text im rosa Kasten und ordnen zur Sicherung des Globalverstehens die Bilder A-D (rechts) entsprechend der Themenabfolge.

Erarbeitung: **b) SB geöffnet.** Die S überprüfen die Aussagen zum Lesetext und notieren ihre Einschätzung *(right (R)* bzw. *wrong (W))* im Heft.

Lösung: ► KV 18: Answers to STOP! CHECK! GO! (Unit 1)

► DFF 1.2

S. 31

4 LANGUAGE Remember Sandy?

Erarbeitung: **SB geöffnet.** Gemäß SB vervollständigen die S die Lückensätze, indem sie die passenden Formen von *be* auswählen.

Lösung: ► KV 18: Answers to STOP! CHECK! GO! (Unit 1)

5 LANGUAGE Remember Ellie?

Erarbeitung: **SB geöffnet.** Zur Vervollständigung der Sätze wählen die S aus jeweils zwei angebotenen Formen von *be* die passende aus.

//● p. 124 Lernstärkere S bilden selbstständig die passende (positive oder negative) Form von *be* und fügen sie in den Lückentext ein.

Lösung: ► KV 18: Answers to STOP! CHECK! GO! (Unit 1)

6 LANGUAGE That's wrong, Sandy!

Erarbeitung

SB geöffnet. S berichtigen Sandys Aussagen, indem sie Cyrils Satzanfänge unter Verwendung positiver und negativer Formen von *be* vervollständigen.

Lösung

► KV 18: Answers to STOP! CHECK! GO! (Unit 1) ► DFF 1.3

S. 32

7 LISTENING Adam and Luca

Wortschatz

°listening

Einstieg

SB geöffnet. S benennen vor dem 1. Hören zunächst im Plenum die abgebildeten Gegenstände. L gibt Beispiel und Redemittel vor: *Number 1/2/... is a ....*

Erarbeitung

a) **SB geöffnet. 1. Hören** des Textes. S notieren die Nummern der Dinge, über die sich Adam und Luca unterhalten ► 1.25

Erarbeitung

b) SB geöffnet. S ordnen den Fragen 1–6 (links) die passende Antwort A–F (rechts) zu und schreiben die Frage-Antwort-Paare zur Ergebnissicherung in ihr Heft. Überprüfung durch **2. Hören**.

Alternative

Um beim Zuordnen nach dem 1. Hören Abschreibarbeit zu sparen, notieren die S die Frage-Antwort-Paare in Kurzform (Kombination aus Zahl und Buchstabe) im Heft. Verschriftlichung der kompletten Sätze dann nach Überprüfung (als Hausaufgabe) möglich.

Lösung

► KV 18: Answers to STOP! CHECK! GO! (Unit 1) ► DFF 1.4

Zusatz

Abschließend mündliches Üben der Fragen und Antworten in PA; ggf. auch mit individuellen Antworten, angepasst an Situation der S.

Hörtext

Adam: Hi Luca. How are you?
Luca: Oh, hi Adam. I'm fine thanks. What about you?
Adam: Oh, OK. Hey, cool phone!
Luca: Yeah, it's new. I've got lots of songs on it. I like the Kaiser Chiefs. What about you?
Adam: Ah, they're OK.
Luca: Music is my hobby. What's your hobby?
Adam: Oh, I like football. My favourite lesson is PE. What's your favourite lesson?
Luca: I like maths.
Adam: Me too. Who's your favourite teacher?
Luca: Er ... Ms Lee. She's great.
Adam: Yes, she is. ... What's the next lesson?
Luca: French – yuck!
Adam: Oh, er ... can I borrow your calculator, please?
Luca: Sorry, it's at home.
Adam: Oh, OK. I can ask Berry.

8 WORDS Talking to friends

Erarbeitung

SB geöffnet. S schreiben die vervollständigten Lückensätze ins Heft. Überprüfung durch ► Partner check (Glossar) möglich.

Lösung

► KV 18: Answers to STOP! CHECK! GO! (Unit 1)

9 WRITING A dialogue with a new student

Wortschatz °writing • °dialogue

Erarbeitung **SB geöffnet.** Bearbeitung schriftlich gemäß SB in PA. Für die Auswertung macht es Sinn, dass beide Partner den kompletten Dialog aufschreiben.

Alternative Optional ist das Ordnen der Dialogbestandteile für beide Sprecher (Tamara und Berry) auch in EA möglich, z. B. wenn die S die S-C-G-Aufgaben allein zu Hause erledigen.

Lösung ► KV 18: Answers to STOP! CHECK! GO! (Unit 1)

► DFF 1.5

Zusatz Abschließend können einzelne S-Paare ihren Dialog vor dem Plenum vortragen.

S. 33

10 SPEAKING A timetable

Wortschatz °speaking

Erarbeitung **a) SB geöffnet.** Es handelt sich um eine ► Info-gap activity (Glossar). Partner B arbeitet auf der Partner-B-Seite (SB-Seite 118) und beantwortet mithilfe des dortigen Stundenplans zunächst die Fragen von Partner A. Dann übernimmt Partner B die Rolle des Fragenden zur Vervollständigung der Lücken im eigenen Stundenplan.

Alternative L verteilt ► KV 17: Info-gap activity: A timetable mit Vorlage der Stundenpläne (Partner A/B) zum Einfüllen der erfragten Informationen.

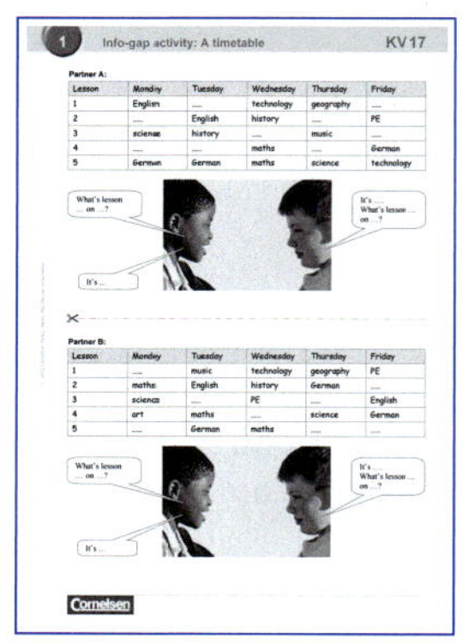

Erarbeitung **b)** Die S erstellen – ggf. mithilfe der *Wordbank* im Anhang (SB-Seite 174) – schriftlich ihren eigenen Stundenplan im Heft (oder auf Vordruck).

Lösung Individuelle Lösungen

► DFF 1.6

11 My learner log

Wortschatz °learner log • °character • °good: be good at • °OK: be OK at

► INKL 1.12

Erarbeitung **SB geöffnet.** Schriftlich gemäß Muster im SB. Die S können ihr *learner log* mit entsprechenden Symbolen versehen.

► WB pp. 17–20

Lösung Individuelle Lösungen

At home with Ellie

Kommunikative Kompetenzen

Listening

- Homes (p. 34, 1b/c)*
- A new flat (p. 35, 2)
- Ellie's dream room (p. 39, 4 a/b)
- Classroom phrases (p. 45, 1b)
- The alphabet chant (p. 46, 1)
- Addresses and phone numbers (p. 46, 2)

Viewing

- Homework time (p. 47, 1)
- A tour of my room (p. 47, 2)

Reading

- Meet the family (p. 36, 1)
- Ellie's family tree (p. 37, 2a)
- What's your problem? (p. 38, 1)
- Ellie's problems (p. 38, 2)
- Are you OK? (p. 40, 1)
- Story: The best of both worlds (p. 42/43, 2/3)

Speaking

- Homes (p. 34, 1a)
- ACTIVITY My dream house (p. 35, 3b)
- ACTIVITY Your family tree (p. 37, 3b)
- Zoe is bossy! (p. 38, 3b)
- What's different? (p. 39/118, 5)
- Who am I? (p. 41, 4)
- Quiz questions (p. 41, 5)
- An interview: What do you think? (p. 41, 6)
- Before you read Ellie's diary(p. 42, 1)
- Addresses and phone numbers (p. 46, 2c)
- What's your address? (p. 46, 3)
- A tour of my room (p. 47, 2a/b)

Writing

- ACTIVITY Your family tree (p. 37, 3a/c)
- Zoe is bossy! (p. 38, 3a)
- A week later (p. 43, 4)
- NOW YOU (p. 44, 2)

At home with Ellie

Die S lernen Ellies Zuhause kennen. Ellie lebt mit ihrer Mutter, deren neuem Partner Pete und dessen Kindern – Zoe und Conor – in einem kleinen Haus. Sie teilt mit ihrer Stiefschwester ein Zimmer. Darüber ist sie nicht besonders glücklich. Sie träumt von ihrem eigenen Zimmer. Ihr Vater, der mit neuer Partnerin und Baby gerade in eine neue Wohnung gezogen ist, bietet ihr ein eigenes Zimmer an.

Sprachliche Mittel

Wortfelder

- Wohnverhältnisse (Haus, Wohnung) (p. 34/35)
- Zimmer, Einrichtungsgegenstände (p. 38/39; p. 44)
- Familie/Stammbaum (p. 36/37)
- Alphabet (p. 46, 1)

Strukturen

- Das Verb *be* (sein) in Fragen und Kurzantworten (p. 40/41, 1–6; p. 167, LF 3)
- *There's … / There are …* (p. 39, 4c; p. 168, LF 4)

Methodische Kompetenzen

Lern- und Arbeitstechniken

- Wörter gruppieren (p. 37, 2b; p. 39, 4c)
- Sprachliche Regelmäßigkeiten entdecken (p. 40, 2)
- Mindmaps erstellen (p. 44, 1; p. 162, SF 2)
- Englisch als Unterrichtssprache verwenden (p. 45, 1/2)
- Strategien zum Sehverstehen anwenden (p. 47, 1/2)

Selbsteinschätzung (Stop! Check! Go!)

- WORDS Can you remember Ellie's family? (p. 48, 1)
- WORDS Sandy's house (p. 48, 2)
- REVISION Sandy's family (p. 49, 3)
- Questions for Sandy (p. 49, 4)
- LISTENING Numbers and addresses (p. 49, 5)
- WRITING An e-mail to a new e-pal (p. 50, 6)
- SPEAKING Good shops (p. 50, 7)
- READING A new hobby (p. 51, 8)
- My learner log (p. 51, 9)

Kooperative Lernformen

- Milling around (p. 35, 3b; p. 41, 6)
- Info-gap activity (p. 39/118, 5; p. 50/119, 7)
- Double circle (p. 46, 3b)
- Weitere Formen von PA und GA (p. 34, 37, 38, 41, 42, 45, 47)

Interkulturelle Kompetenzen

- Ein englisches Haus kennenlernen (p. 34/35; p. 39, 4; p. 47, 2)
- Familien- und Wohnformen in GB und D vergleichen (p. 34/35; p. 36, 1; p. 37, 2; p. 38, 1; p. 39, 4; p. 42/43)

*p. 34, 1b/c = SB-Seite, Übungsnummer

LEAD-IN

Inhalt

Die S erfahren aus einem Gespräch zwischen Ellie und Berry etwas über Ellies häusliche Situation. Ellie lebt mit ihrer Mutter, deren Partner sowie ihrem Stiefbruder und ihrer Stiefschwester in einem kleinen Haus. Sie ist nicht sehr glücklich, da das Haus recht klein ist und sie sich ein Zimmer mit ihrer Stiefschwester teilen muss. Eine Lösung bahnt sich an, als ihr Vater anruft und ihr mitteilt, dass er jetzt eine neue, größere Wohnung im Stadtzentrum hat.

Kommunikative Kompetenzen

Listening: Wesentliche Informationen eines Gesprächs zwischen Ellie und Berry zu Ellies Zuhause erfassen • einem Telefongespräch zwischen Ellie und ihrem Vater Informationen zu dessen Wohnung entnehmen

Speaking: Wohnungen und Häuser beschreiben • ein eigenes Traumhaus mithilfe einer selbst gestalteten und beschrifteten Zeichnung in der Gruppe vorstellen

Methodische Kompetenzen

Kooperative Lernformen: Milling-around activity

S. 34

1 Homes

Wortschatz

with • road • Box 'in Hill Road' (SB-Seite 189) • street • in the photo • house • flat • kitchen • bedroom • garden • living room • mum • mother • dad • father • live • her dad

Material

ggf. Fotos eines Einfamilien- und eines Mietshauses

Einstieg

SB geschlossen. Unterrichtsgespräch zur Wohnsituation der S zur Erfassung der GSE-Vorkenntnisse. Dabei kann Lernwortschatz (z. B. mithilfe von Flashcards) eingeführt und die Aussprache gesichert werden: *Where do you live? In a house or in a flat? Is it a big or a small house/flat? Do you have a big or a small bedroom? What rooms are there in your house/flat? Do you have a garden? Who lives in the house/flat with you?*

Alternative

L präsentiert Foto (aus Katalog, Zeitschrift) oder Zeichnung eines Hauses als Bildimpuls oder verwendet ▶ KV 19: Rooms in a house, die L zu diesem Zweck auf Folie kopieren kann.
L: *Look at this house. Is it a big or a small house? How many rooms can you see? What rooms are there in the house?*

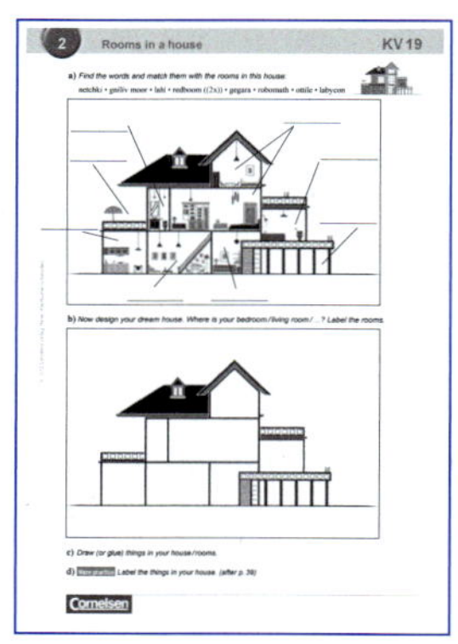

Überleitung

L: *Let's find out where Ellie lives.*

Erarbeitung

a) **SB geöffnet.** PA gemäß SB. Anschließend können ein bis zwei S-Paare ihre Ergebnisse im Plenum vortragen. ▶ IAT 2.1

Lösungsbeispiel

1 *… nice house •* ***2*** *… big house with (lots of) flats •* ***3*** *… big living room (and kitchen) •* ***4*** *… small garden •* ***5*** *… kitchen •* ***6*** *… big pink room •* ***7*** *… small bedroom •* ***8*** *… small living room*

Erarbeitung

b) **1. Hören** (Globalverstehen) gemäß SB. ▶ 1.26

Lösung

1 • 4 • 5 • 7 • 8

Erarbeitung

c) **SB geöffnet. 2. Hören** (Detailverstehen) gemäß SB. Zur Vorbereitung schreiben S die Satznummern in ihr Heft, sodass sie während des Hörens nur Häkchen bzw. R (für *right*) oder Kreuze bzw. W (für *wrong*) zu notieren brauchen.

Auswertung Erstkontrolle durch ▶ Partner Check (Glossar) möglich. Abschließend Vorlesen der sechs Aussagen einzeln nacheinander im Plenum (durch L/S). S melden sich und nennen die Lösung.

Alternative Um alle S zu beteiligen, kann die Auswertung auch mithilfe von ▶ Right/wrong cards (Glossar) erfolgen: S halten nach jeder Aussage auf Kommando farbige Karten/Stifte hoch (grün für *right*, rot für *wrong*).

Differenzierung Lernstärkere S korrigieren die falschen Sätze (siehe blaue Klammern im Lösungsvorschlag).

Lösung

1 *Right.*
2 *Wrong. (Hill Road)*
3 *Right.*
4 *Wrong. (with her mum, her partner and her brother and sister)*
5 *Right.*
6 *Wrong. (Ellie is not happy. The bedroom is too small for Ellie and Zoe. / Ellie wants her own bedroom.)*

Hörtext

Narrator:	Ellie and Berry are at school. It's lunch break.
Ellie:	You're from a village, Berry. Is it nice?
Berry:	Yes, it is. Well, it's OK. But you're from the city. That's cool!
Ellie:	Yeah. I like the city.
Berry:	Where is your house?
Ellie:	Our house is in Hill Road. I live there with my mum.
Berry:	And your dad?
Ellie:	No. My dad isn't with us. I live with my mum, her partner and my brother and sister.
Berry:	You're lucky! You have brothers and sisters. I have no brothers and sisters – only me, my mum and my dad!
Ellie:	Lucky!? No! Our house is small ... very small for 5 people. Our kitchen is small ... our living room is small ...
Berry:	Do you have a garden?
Ellie:	Yes. A very small garden. But it's OK.
Berry:	And your bedroom? What's that like?
Ellie:	My sister and I have one bedroom.
Berry:	A bedroom with your sister. That's nice.
Ellie:	No, it isn't. It's terrible. Our bedroom is small – very small! It's too small for me and Zoe. I want my own bedroom. I bet you have your own bedroom.
Berry:	Well, yes ... but ... Oh it's English now. Let's go.

INFO-BOX **Wohnen in GB**

Die meisten Briten leben entweder in eigenen Häusern oder aber haben ein Haus oder eine Wohnung bei einem privaten *landlord*, dem *local council* oder einer *housing association* gemietet. Im Straßenbild typisch sind die vielen aneinandergereihten, oftmals baugleichen mehrstöckigen Häuser, die *terraced houses*. In den ländlichen Gegenden gibt es oft noch reetgedeckte Häuser. Die Wohnungsgröße wird im angelsächsischen Raum durch die Anzahl der Schlafräume angegeben, unabhängig davon, ob die Räume tatsächlich auch als Schlafräume genutzt werden. Demnach entspricht eine deutsche Drei-Zimmer-Wohnung mit Wohnzimmer, zwei Schlafzimmern, Küche und Bad einer *two-bedroom flat*.

S. 35

2 A new flat

Wortschatz **hall** • °balcony • **toilet** • **bathroom** • **garage** • **dream**

Einstieg **SB geschlossen.** Unterrichtsgespräch zu Ellies Wohnsituation: *Can you remember where Ellie lives? (in a house in Hill Road) Who lives in the house in Hill Road, too? (her mum and her partner, her brother, her sister) Is she happy in the house in Hill Road? Why (not)? (No, she isn't (happy). The house is too small for five people. / She has a bedroom with her sister, that's terrible. She wants her own bedroom.)*

Überleitung L: *Ellie's dad doesn't live with her. Let's find out where he lives.*

Erarbeitung **a)** **SB geöffnet.** Während des **1. Hörens** erkennen und zeigen die S auf die Fotos, die benannt werden (Globalverstehen). ► 1.27

Alternative S notieren die Ziffern der genannten Räume in der richtigen Reihenfolge.

Differenzierung Lernstärkere S finden auch die Bezeichnungen für die Fotos 2, 3 und 6 (vgl. blaue Lösungen in Klammern).
L: *Find words or phrases for photos 2, 3 and 6.*

Lösung ***2*** *(Ellie's dad's flat / a flat in Greatfield Street)* • ***3*** *(a big kitchen and living room – in one room)* • ***6*** *(a pink bedroom for Ellie)*

Erarbeitung **b)** **SB geöffnet. 2. Hören** (Detailverstehen): Gemäß SB.

Lösung ***A*** *toilet* • ***B*** *balcony* • ***C*** *bathroom*

Hörtext

Ellie: Hello. Dad?
Dad: Yeah, hi Ellie ... are you OK?
Ellie: Yeah ... I'm fine thanks. This is a surprise.
Dad: Yes ... well ... I have some good news.
Ellie: Really? What?
Dad: Well ... we have a new flat.
Ellie: A new flat? That's great. Where is it?
Dad: It's in Greatfield Street.
Ellie: In Greatfield Street? Where's that?
Dad: It's in the town centre. It's only five minutes from the shops.
Ellie: Wow ... er ... what's it like?
Dad: It's nice, yeah. Er, we have a big kitchen and living room – it's one room, you know.
Ellie: Wow ... nice ...
Dad: ... and we have a big yellow bathroom!
Ellie: Yellow? Oooh!
Dad: Yeah ... and we have two toilets, you know, there's a toilet in the bathroom and there's an extra room.
Ellie: An extra toilet? – That's cool!
Dad: And a big bedroom with a balcony for Alisha and me.
Ellie: Only one bedroom?
Dad: Well, er, no! We have a bedroom for you too.
Ellie: Oh!
Dad: Yeah! Er it's pink ...
Ellie: Pink?
Dad: Yeah – I know you don't like pink – but it's nice, and now you can visit us.
Ellie: Yeah Dad, that's great ... when you have time ... and I have to ask Mum.

3 ACTIVITY My dream house

Material Zeichenpapier, Buntstifte

Einstieg **SB geschlossen.** L: *Ellie lives with her mum, her brother and her sister in a small house. Her dad has a new flat where Ellie can go at the weekend.*
Let's see what your dream house looks like. How many rooms are there? What rooms do you want to have? …

Erarbeitung **a) SB geöffnet.** Gemäß SB zeichnen S in EA ihr Traumhaus auf ein weißes Blatt (Format kann den S freigestellt werden), beschriften die einzelnen Zimmer und zeichnen ggf. typische Einrichtungsgegenstände oder kleben Möbel aus Prospekten hinein.

▶ INKL 2.1

Hinweis: Suche nach geeigneten Prospekten, Katalogen etc. und Auswahl der Möbel als vorbereitende Hausaufgabe geeignet.

More help p. 125 S, die mehr Anregung benötigen, erhalten eine Beispielskizze.

Alternative Für weniger künstlerisch begabte S oder um Zeit zu sparen kann L ▶ KV 19: Rooms in a house (ggf. auf DIN A3 vergrößert) verteilen. In Aufgabe **a)** entschlüsseln und beschriften die S die Räume des vorgegebenen Hauses und nutzen anschließend den Hausumriss in **b)** als Vorlage für ihre eigene Ausgestaltung.

Auswertung **b)** **SB geöffnet.** Entsprechend der Vorlage in der Sprechblase stellen die S ihr Traumhaus im Rahmen einer ▶ Milling-around activity (Glossar) verschiedenen S vor. Anschließend präsentieren einige (freiwillige) S ihr Traumhaus im Plenum in Form eines Kurzvortrags (monologisches Sprechen).

More help p. 125 Lernschwächere S erhalten weitere Redemittel, um ihr Haus vorzustellen.

▶ WB 1–3, p. 21
▶ DFF 2.2

Alternative In großen Klassen und/oder um den Austausch stärker zu organisieren, kann L Gruppen von ca. vier S bilden lassen. Auf dem Gruppentisch legt jedes Gruppenmitglied sein Traumhaus aus und stellt es vor. Abschließend wird gemeinsam das schönste Haus ausgewählt und entschieden, welches Gruppenmitglied es im Plenum vorstellt.

Zusatz Aushängen aller Bilder und Wahl des schönsten Hauses durch Vergabe von Klebepunkten (z. B.: jeder S erhält drei Klebepunkte, die er verteilen darf; das Haus mit den meisten Punkten gewinnt).

THEME 1 Ellie's family

Inhalt

Ellie lebt in einer Patchworkfamilie, da ihre Eltern getrennt sind. Ihre Mutter hat einen neuen Partner mit zwei Kindern, sodass Ellie einen großen Stiefbruder (Conor) und eine Stiefschwester (Zoe) hat. Ihr Vater hat eine neue Partnerin und mit ihr gemeinsam ein Baby, Ellies kleinen Bruder Finn. Berry findet das cool, aber Ellie ist nicht besonders glücklich und vermisst ihren leiblichen Vater.

Kommunikative Kompetenzen

Reading: Ellies Familienmitglieder mithilfe von Angaben im Text identifizieren • einen Familienstammbaum erfassen und Familienverhältnisse erkennen und benennen

Speaking: Über die Familie erzählen (mithilfe eines selbstgezeichneten Stammbaums)

Writing: Über die eigene Familie schreiben

Methodische Kompetenzen

Lern- und Arbeitstechniken: Wörter gruppieren und in Listen schreiben

S. 36

1 Meet the family

Wortschatz

family • **upstairs** • **downstairs** • **always** • **there's** • **there are** • **space** • °madhouse • **into** the living room • **stepdad** • **Box 'step-'** (SB-Seite 190) • **miss** • **real** • **his** partner • **Box 'my, your, his, her'** (SB-Seite 190) • **cute** • **you're lucky** • **at Ellie's house**

Überleitung

SB geöffnet. Unterrichtsgespräch zu dem Haus, in dem Ellie wohnt, und Vorentlastung von Wortschatz. L zeigt Außenaufnahme des Hauses auf Bild 1 von SB-Seite 34 und lässt S über dessen Größe und Ausstattung spekulieren. Um die Größe des Hauses (welches an sich nicht so klein aussieht) besser in Relation zur Anzahl der Bewohner zu setzen, kann L gezielt auf Ellies Aussagen über das Haus zurückverweisen: *Look at the house where Ellie and her family live. What do you think:*

► IAT 2.1

- *How many rooms are there? (five/six/...)*
- *What rooms are downstairs/upstairs?* (Semantisierung durch Gestik) *(I think the kitchen/living room/... is downstairs. / Ellie's room/the bathroom/... is upstairs.)*
- *What does Ellie say about the house and its rooms? Do you remember? (It's small for five people. / The kitchen is small. / The living room is small. / The bedroom is (too) small for Zoe and her.)*

Einstieg

SB geöffnet. L: *Let's meet Ellie's family. Look at the two pictures on page 36. Where are the people in the picture on the right? (in the kitchen / at Ellie's (mum's) house) What can you see in the picture on the left? (a mobile phone with a photo of three people / a family) Let's find out more about the people in the pictures.*

Erarbeitung

a) **SB geöffnet.** Gemäß der *Pre-reading*-Frage im SB zeigen S ihre Vermutungen zu Ellies Mutter und Vater in den Bildern und überprüfen diese beim **1. Lesen**/Hören (Globalverstehen).

► 1.28

○ Differenzierung

Lernschwächere S lesen den Text in zwei Abschnitten (obere/untere Seitenhälfte) und finden zunächst im ersten Abschnitt heraus, wer Ellies Mutter ist, und dann im zweiten, wer Ellies Vater ist.

● Differenzierung

Lernstärkere S versprachlichen ihre Vermutungen der *Pre-Reading*-Phase (vgl. Lösung).

Auswertung

Ergebnissicherung durch ► Partner check (Glossar) und im Plenum.

Lösung

Ellie's mum is in the kitchen, near Berry.
Ellie's dad is in the photo on the mobile phone.

Zusatz

S benennen alle Personen in den Bildern.
L: *Who are the other people in the pictures?*
Als Hilfestellung kann L (an Tafel) gezieltere Fragen formulieren:

- *Who are the two girls at the kitchen table? (Berry, Ellie)*
- *Who is at the kitchen door? (Conor, Zoe)*
- *Who is in the photo on Ellie's mobile phone? (Alisha / Dad's new partner, Ellie's baby brother)*

● Differenzierung

Um lernstärkere Lerngruppen zur intensiveren inhaltlich-emotionalen Auseinandersetzung mit dem Text anzuregen, kann L folgende Frage im Plenum zur Diskussion stellen: *Is Ellie happy in the house in Hill Road? Why (not)? (Ellie isn't happy. The house is too small. There's no space for her and her friends. / She misses her real dad.)*

Erarbeitung

b) **SB geöffnet. 2. Lesen** (Detailverstehen): Gemäß SB verbinden die S die Satzhälften.

Lösung

1 *Berry is at Ellie's house.*
2 *Jackie is Ellie's mum.*
3 *Conor is Ellie's big brother.*
4 *Ellie's dad has a new family.*
5 *Ellie lives with her mum and stepdad.*
6 *Berry lives with her mum and dad.*

Zusatz

Zur weiteren Sicherung des Leseverstehens präsentiert L *right/wrong statements* zum Text (Tafel/Folie):

1 Ellie's mum is upstairs. (Wrong. Ellie's mum is downstairs – in the kitchen.)
2 Ellie's big brother Conor is at Eggbuckland too. (Wrong. – Conor isn't at Eggy, he's at Plymouth High School.)
3 Ellie and Berry can go into the living room. (Right.)
4 Ellie is happy with her big family. (Wrong. – Ellie isn't very happy, she misses her real dad.)
5 Her dad has a new partner. (Right.)
6 Ellie has two brothers and one sister. (Right.)
7 Berry likes Ellie's big family. (Right.)

Auswertung

Durch ▸ Partner check (Glossar) und/oder im Plenum.

Zusatz

SB geöffnet. Abschließend szenisches Lesen der beiden Dialoge. Zur Vorbereitung kann L die Tonaufnahme des Textes vorspielen. S hören und lesen Text im ▸ Mitleseverfahren (Glossar) und erhalten so ein Aussprache- und Intonationsmuster.

Überleitung

Ausgehend von *stepdad* kann L an dieser Stelle ggf. mithilfe der Box im *Vocabulary* (SB-Seite 190) weitere Begriffe aus dem Wortfeld *family* einführen und damit für **2** (SB-Seite 37) vorentlasten. L: *Ellie lives with her mum and her new partner – he's her stepdad. His daughter, Zoe, is Ellie's stepsister, and Conor is Ellie's stepbrother.*

S. 37

2 Ellie's family tree

Wortschatz

family tree • tree • together • cousin • aunt • parents • grandparents • Box 'grand-' (SB-Seite 190) **• uncle**

Einstieg

SB geschlossen. Unterrichtsgespräch zu Ellies Familie und Übertragung auf Situation der S. L: *What do you know about Ellie's family? Does she have brothers and sisters? (Yes, three: one (step)sister Zoe, a big (step)brother Conor, a baby brother) What about you? Do you have a brother/sister? / ...*
Sammeln von Wortschatz-Vorkenntnissen aus GSE an der Tafel.
L: *Who else belongs to your family? Do you know other family words?* Je nach Leistungsstärke der Lerngruppe kann L die von den S genannten *family words* entweder ungeordnet anschreiben oder gleich in einen schematischen Stammbaum an der Tafel oder auf Folienkopie der ► KV 20: My (dream) family tree einordnen.

Alternative

L lässt (aus dem GSE) bekannte *family words* von S auf Wortkarten schreiben und später (an der Tafel) sortieren.

Überleitung

L: *Let's look at Ellie's big family in a family tree.*

Erarbeitung

a) **SB geöffnet.** Gemäß SB.

//● p. 126 Differenzierende Übung auf zwei Niveaus. Lernstärkere S bearbeiten die *right/wrong statements* zum Stammbaum und korrigieren die falschen Aussagen in ganzen Sätzen.

Auswertung

Bei leistungsgleichen S-Paaren Kontrolle im ► Partner check (Glossar) möglich. Abschließend Vorlesen der komplettierten Aussagen im Plenum.

Lösung

//○

1 *aren't* • ***2*** *mum* • ***3*** *stepdad* • ***4*** *two* • ***5*** *stepsister* • ***6*** *stepbrother* • ***7*** *Alisha* • ***8*** *baby brother*

//●

1 *Wrong. My mum and dad* ***aren't*** *together.*
2 *Wrong. I live with my* ***mum.***
3 *Right.*
4 *Wrong. Pete has* ***two*** *children.*
5 *Right.*
6 *Wrong. Conor is my (big)* ***stepbrother.***
7 *Wrong. Her name is* ***Alisha.***
8 *Wrong. This is Finn, my* ***baby brother.***

Zusatz

SB geöffnet. Zur Vertiefung der Arbeit mit Ellies Stammbaum formuliert L Fragen (Tafel/Folie), die die S lösen.

Who is he or she? Find the names.
1. He's Ellie's real dad. (Steve)
2. He's Ellie's baby brother. (Finn)
3. She's Conor's (real) sister. (Zoe)
4. She's Ellie's mum. (Jackie)
5. He's Zoe's dad. (Pete)
6. He's Zoe's brother. (Conor)
7. She's Finn's mum. (Alisha)
8. He's Finn's dad. (Steve)

Erarbeitung

b) **SB geöffnet.** Zur Festigung von Wortschatz und Schriftbild schreiben die S die *family words* in die entsprechende Spalte (weiblich, männlich oder „neutral"). Auch als Hausaufgabe geeignet.

Differenzierung Zur Vorentlastung des Wortschatzes kann L vor Bearbeitung der Übung gemeinsam mit den S die grüne Box durchgehen und unbekannte Begriffe einführen. Viele Wörter sind den S jedoch aus GSE bereits bekannt oder aus dem Schriftbild (Deutsch-Englisch) ableitbar.

Lösung

♀	♂	♀♂
mum	brother	cousin
aunt	dad	baby
grandmother	father	children
mother	grandfather	grandparents
sister	stepbrother	parents
	uncle	partner

Zusatz Zur Festigung des Wortschatzes kann L Verwandtschaftsbegriffe umschreiben und von S erraten lassen. L: *What's the word for …*

1 *… your mother's (or father's) father? (grandfather)*
2 *… your mother's (or father's) mother? (grandmother)*
3 *… **1** and **2** together? (grandparents)*
4 *… your mother's (or father's) brother? (uncle)*
5 *… your mother's (or father's) sister? (aunt)*

3 ACTIVITY Your family tree

Erarbeitung **a) SB geöffnet.** Gemäß SB zeichnen die S ihren wirklichen oder erträumten Familienstammbaum und beschriften diesen.

Differenzierung Als Vorlage kann L den schematischen Stammbaum auf ► KV 20: My (dream) family tree austeilen und von S individuell ergänzen lassen.

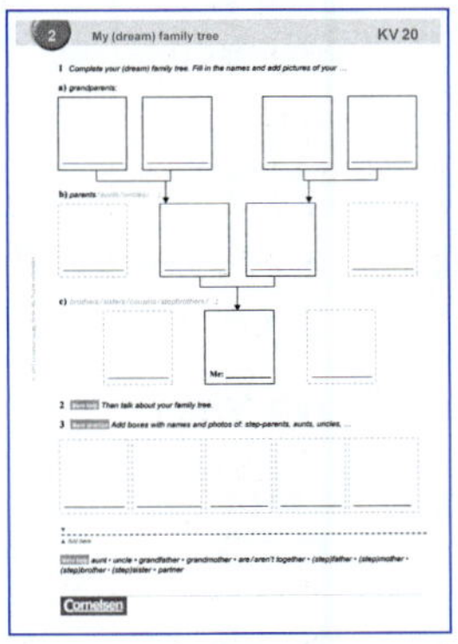

Erarbeitung **b) SB geöffnet.** S erzählen einem Partner mithilfe ihres Stammbaums und der Redemittel im SB etwas über die dargestellte Familie. ► INKL 2.2

Differenzierung Lernstärkere S erhalten Hörauftrag zu den Stammbaum-Präsentationen: *Listen to your partner. Find one thing that is different and one thing that is the same about your families.*

Lösungsbeispiel *Filiz has a big brother/… and I have a big brother/… too. She doesn't have a sister/… but I have a stepsister/…*

Erarbeitung **c) SB geöffnet.** Gemäß SB schreiben S Sätze (bzw. einen kurzen zusammenhängenden Text) über ihre Familie. Nach der Korrektur können die S ihre Schreibprodukte zusammen mit dem Stammbaum im Dossier ablegen. Auch als schriftliche Hausaufgabe geeignet.

► Folie 12
► WB 4, p. 22
► DFF 2.1

THEME 2 Problems at home

Inhalt

Ellie und Zoe sind beide nicht glücklich in ihrem gemeinsamen Zimmer. Zoe ärgert sich, dass Ellie so unordentlich ist. Ellie beklagt sich bei ihrer Mutter, dass Zoe so herrisch ist und dass sie nicht weiß, wo sie ihre Hausaufgaben machen kann. In einer Schulpause erzählt Ellie ihren Freunden von ihren Problemen und wie sie sich ihr Traumzimmer vorstellt.

Kommunikative Kompetenzen

Listening: Einem Gespräch zwischen Ellie und ihren Freunden Details zur Einrichtung ihres Traumzimmers entnehmen

Reading: In kurzen Dialogen die Stimmung der handelnden Personen erfassen und Gründe dafür finden

Speaking: Darüber reden, wem etwas gehört • ein Zimmer beschreiben und im Austausch mit dem Partner Unterschiede herausfinden

Writing: Ein Dialogskript für ein Streitgespräch zwischen Zoe und Ellie vervollständigen

Methodische Kompetenzen

Lern- und Arbeitstechniken: Wortschatz zu Einrichtungsgegenständen in Listen erfassen

S. 38

1 What's your problem?

Wortschatz

problem • **share** a room with • **yours** • **messy** • **bossy** • **I can't** do my homework. • **Box 'can – can't'** (SB-Seite 190) • **do** • **too** old/big/... • The kitchen is too **busy**. • **noisy**

Einstieg

SB geöffnet. Bildbetrachtung zur Erfassung der Vorkenntnisse aus dem GSE und Wortschatzsemantisierung im Unterrichtsgespräch.
L: *What can you see in the picture on the right? (a bedroom) Who can you see there? (Ellie and Zoe) It's Ellie and Zoe's bedroom. They have a room together. They share a room. What can you see in the room? (two beds, books, shoes, socks, a pullover, ...) Look, the shoes and socks are everywhere on the floor* (Gestik): *the room is messy.*

Erarbeitung

a) **SB geöffnet. 1. Lesen**/Hören des Dialogs zwischen Zoe und Ellie in EA. Überprüfung des Globalverstehens gemäß Leseauftrag im SB. ► 1.29

Lösung

No, she isn't.

Differenzierung

Lernstärkere S geben eine Begründung. L: *Zoe isn't happy. Why not?*
S: *The room is messy. / Ellie's pullover/T-shirt/... is on the bed/...*

Erarbeitung

b) **SB geöffnet. 1. Lesen**/Hören des Dialogs zwischen Ellie und ihrer Mutter in EA. Überprüfung des Globalverstehens gemäß Leseauftrag im SB. ► 1.30

Lösung

No, she isn't.

Differenzierung

Lernstärkere S geben eine Begründung. L: *Ellie isn't happy. Why not?*
S: *Zoe is bossy. / There's no space for Ellie in the room. / She can't do her homework.*

Zusatz

SB geöffnet. Szenisches Lesen der beiden Dialoge. Vorbereitend kann L die Tonaufnahmen vorspielen. S hören und lesen den Text im ► Mitleseverfahren (Glossar) und erhalten so ein Aussprache- und Intonationsmuster.
Der Dialog in **1a)** eignet sich gleichzeitig auch als Vorlage für die darstellerische Umsetzung des Streitgesprächs in **3b)**.

2 Ellie's problems

Erarbeitung

SB geöffnet. 2. Lesen/Hören (Detailverstehen) der Dialoge gemäß SB. Bevor die S die Sätze vervollständigen, lesen sie zunächst die Satzanfänge (1–5) und die jeweils zugehörigen Multiple-Choice-Antworten (A–C) einmal still oder gemeinsam laut im Plenum. Anschließend wählen sie in EA die passenden Satzenden aus.

Auswertung

Vorlesen der vervollständigten Sätze im Plenum zum Vergleich.

Lösung

1 C • ***2*** B • ***3*** A • ***4*** A • ***5*** C

3 Zoe is bossy!

Erarbeitung

a) **SB geöffnet.** In Vorbereitung auf die PA in **b)** schreiben S die Fragen und Antworten auf. Anhand der Vorgaben in den Sprechblasen trainieren S somit Entscheidungsfragen und positive Kurzantworten, bevor diese im *Focus on language* bewusstgemacht werden.

▶ INKL 2.3

Zoe:	*Ellie:*
What about the tie? Is it yours?	*– Yes, it is.*
What about the football? Is it yours?	*– Yes, it is.*
What about the pullover? Is it yours?	*– Yes, it is.*
What about the T-shirts? Are they yours?	*– Yes, they are.*
What about the shoes? Are they yours?	*– Yes, they are.*
What about the books? Are they yours?	*– Yes, they are.*

Auswertung

b) **SB geöffnet.** S üben das Gespräch mithilfe der ▶ Read-and-look-up technique (Glossar) ein. Nach drei Fragen sollten die Rollen getauscht und es sollte auch zunehmend frei gesprochen werden. Ein bis zwei S-Paare präsentieren das Gespräch im Plenum.

Zusatz

SB geschlossen. S machen auf ihrem Tisch Unordnung mit ihren Schulsachen und führen mit ihren Sitznachbarn ähnliche Dialoge wie in **b)** durch. Mögliche bekannte Gegenstände/Substantive (im Singular oder Plural verwendbar): *pen, pencil, rubber, ruler, book, mobile phone, hole punch, calculator, pencil case, pencil sharpener, exercise book, school bag, paper, scissors, …*

Falls gewünscht, kann L in einem Musterdialog auch bereits die verneinten Kurzantworten (von SB-Seite 40) als lexikalische Struktur vorgeben und als Hilfe an der Tafel festhalten. Dazu leiht sich L von S einige Utensilien, legt diese zu den eigenen und lässt sich von lernstärkeren S befragen.

S: *What about the … Is it / Are they yours?*

L: *No it isn't. / No they aren't.*

S. 39

4 Ellie's dream room

Wortschatz

rug • chair • desk • shelf, shelves • lamp • table • bed • cushion • mirror • wardrobe

Einstieg

SB geschlossen. Reaktivierung des Vorwissens. L: *Ellie isn't happy. Can you remember why?* S: *Zoe is bossy. / She has no space in the bedroom. / She shares a room with Zoe. / …*
L: *(So) Ellie is dreaming of her own bedroom. Let's listen to a dialogue and find out what Ellie's dream room is.*

Erarbeitung

a) **SB geöffnet. 1. Hören** (Globalverstehen): S identifizieren die richtige Abbildung von Ellies Traumzimmer. ► 1.31

Differenzierung

Lernstärkere S geben eine Begründung für ihre Entscheidung, indem sie spezifische Einrichtungsdetails aus dem Hörtext nennen (vgl. blaue Klammer in Lösungszeile).

Lösung

Room 2 is Ellie's dream room.
(The room is big and it has a red rug / a desk with a lamp / a chair / a tae kwon do poster on the wall. I can see a wardrobe / a mirror / a nice bed / lots of green cushions too.)

Erarbeitung

b) **SB geöffnet. 2. Hören** (Detailverstehen) gemäß SB.

Lösung

1 *(rug)* • ***2*** *(desk)* • ***3*** *(chair)* • ***4*** *(lamp)* • ***7*** *(bed)* • ***8*** *(cushions)* • ***9*** *(mirror)* • ***10*** *(wardrobe)* • ***11*** *(posters)* • ***12*** *(shelves)*

Hörtext

Luca: Ellie, are you OK?
Ellie: No, I'm not. Things aren't good at home.
Adam: Why? What's the problem?
Ellie: Oh, it's my sister, Zoe. She's so bossy. We share a bedroom. And our room is so small! There's no space, there's no desk …
Berry: Oh dear!
Ellie: I want my own room – my dream room.
Luca: Ah yes, a dream room. What's your dream room like, Ellie?
Ellie: My dream room is BIG!
Berry: Is it red? Or pink?
Ellie: No! But it has a red rug – a big red rug.
Adam: That's nice. And a desk?
Ellie: Yes – there's a desk with a chair and a lamp – so I can do my homework. There's a nice bed. And there are lots of cushions.
Luca: Are they green?
Ellie: Yes, green cushions.
Berry: Hmm … cool.
Ellie: There's a mirror – a big mirror. And there's a wardrobe – for my clothes.
Adam: No posters?
Ellie: Oh yes, there are lots of posters on the walls. And there are shelves.
Adam: Shelves? Why shelves?
Ellie: Because you always need shelves – for lots of things.
Luca: Hey, Ellie. That's a nice dream room. Now my dream room is different.

Erarbeitung/Lösung

c) **SB geöffnet.** Gemäß SB schreiben die S zur Festigung von *there's / there are* in Verbindung mit Singular- und Pluralformen von Substantiven und zur Sicherung des Schriftbildes Ellies Einrichtungsgegenstände in zwei Listen bzw. eine Tabelle.

There's	*There are*
a rug	*books*
a desk	*cushions*
a chair	*posters*
a lamp	*shelves*
a table	
a bed	
a mirror	
a wardrobe	

Auswertung

Gemeinsames Sammeln und Zuordnen der Begriffe; zwei S schreiben an der Tafel mit. Anschließend kann L zur Bewusstmachung der Verwendung von *there's / there are* gemeinsam mit den S den Eintrag im *Language file* (LF 4, SB-Seite 168) lesen.

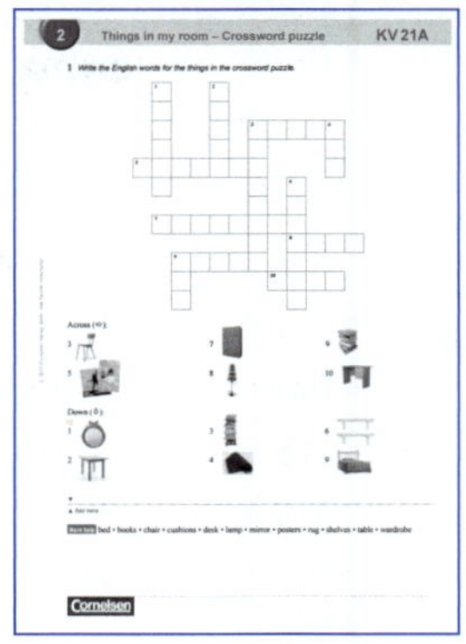

Differenzierung

SB geöffnet. S formulieren auf Basis der Listen ganze Sätze zu Ellies Traumzimmer (mündlich oder schriftlich möglich). L gibt ggf. Satzanfänge an der Tafel vor:

Ellie's dream room is …
There's a … / There are …
I like her … / I don't like the …

Zusatz

Zur spielerischen Festigung des Wortfelds Möbel bearbeiten die S das Kreuzworträtsel auf ▸ KV 21A: Things in my room – Crossword puzzle. Eine Erweiterung des Wortfelds (unter Einbeziehung evtl. GSE-Vorkenntnisse) und Übertragung auf die Situation der S kann mithilfe von ▸ KV 21B: More things in my room erfolgen.

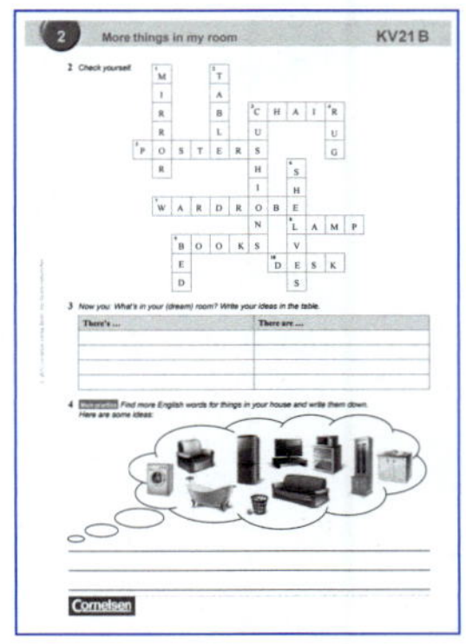

More practice 1 p. 126

Katie's room

Einstieg

SB geöffnet. In Vorbereitung auf die Beschreibung des Zimmers sammeln die S in EA die Einrichtungsgegenstände in zwei Listen bzw. einer Tabelle zu *There's / There are*.

Anschließend Vergleich durch ▸ Partner check (Glossar) und – besonders in lernschwächeren Lerngruppen – Sammeln an der Tafel.

There's	There are
a purple rug	books
a lamp	cushions
a desk	posters
a mirror	two beds
a wardrobe	two chairs
a football	two school bags
a red pullover	shoes
a white shirt	socks
a basketball	

Erarbeitung

Je nach Leistungsstärke formuliert jeder S in EA so viele Sätze wie möglich zu Katies Zimmer.

Lösungsbeispiel

The room is messy. There's a purple rug. There's a desk with a lamp. There are books on the desk. There are two chairs. There are two beds, three posters and a wardrobe. There are three cushions and two schoolbags and there's a football. There are shoes and socks on the rug. I like the desk and the green chair. I don't like the purple rug.

5 What's different?

Wortschatz

different

Einstieg

SB geöffnet. S einigen sich über die Rollenverteilung und darüber, wer die Liste mit den Unterschieden führt. Es kann auch vereinbart werden, dass beide Partner eine Liste anlegen.

Es handelt sich um eine Partnerübung auf unterschiedlichen Niveaus. Die Rollenverteilung innerhalb der Paare kann im Sinne gelungener Differenzierung durch L gesteuert werden:
◙ Partner B arbeitet auf SB-Seite 118 und steuert aktiv den Dialog.
◘ Partner A arbeitet auf SB-Seite 39 und reagiert auf die Vorgaben von Partner B.

Erarbeitung

S tauschen sich in PA über ihre Räume aus. Gemäß SB beginnt Partner B und beschreibt mithilfe der grünen Auswahlbox die Gegenstände in Raum B auf SB-Seite 118. Partner A betrachtet Raum A auf SB-Seite 39, hört den Beschreibungen von Partner B zu, gleicht die genannten Gegenstände mit seinem Bild ab und weist auf Unterschiede hin.

► WB 5–8, pp. 23–24
► Folie 13
► DFF 2.3

Lösung

Room A	***Room B***
no cushions	*three cushions*
three posters (pony, tae kwon do, football)	*two posters (pony, tae kwon do)*
one wardrobe	*no wardrobe*
two lamps	*one lamp*
one rug	*two rugs*
no mirror	*one mirror*
no TV	*one TV*
two chairs	*one chair*
no table	*one (small) table*

FOCUS ON LANGUAGE

Inhalt Ellie telefoniert mit ihrem Vater Steve. Nachdem sie sich nach seiner Familie und der neuen Wohnung erkundigt hat, berichtet sie ihm, dass ihr Stiefvater und ihre Stiefgeschwister zwar OK sind, sie aber in dem kleinen Haus trotzdem nicht glücklich ist.

Kommunikative Kompetenzen
Reading: In einem Telefongespräch zwischen Ellie und ihrem Vater die Hauptgedanken erfassen
Speaking: Fragen stellen und kurz beantworten

Methodische Kompetenzen
Lern- und Arbeitstechniken: Sprachliche Regelmäßigkeiten entdecken
Kooperative Lernformen: Milling-around activity

S. 40

1 Are you OK?

Wortschatz **surprise • tired • really • strict • mean • listen • Box 'listen'** (SB-Seite 191)

Einstieg **SB geöffnet.** Gemeinsame Bildbeschreibung im Plenum. Mögliche L-Impulse für Unterrichtsgespräch:
- *Who or what can you see in the photos? (Ellie with her mobile phone. / Ellie's dad with his mobile.)*
- *What are Ellie and her dad talking about? Guess. – Tip: You can look at the title for help. (About Ellie's problems / Ellie's weekend / the new flat / ...) Let's find out whether you're right.*

Erarbeitung **SB geöffnet. 1. Lesen**/Hören im ▸ Mitleseverfahren (Glossar). Zur Sicherung des Globalverstehens bearbeiten die S die *right/wrong statements* gemäß Leseauftrag im SB. ▸ 1.32

Alternative **SB geschlossen.** Reines Hörverstehen (gemäß Textsorte Telefongespräch). Vorab schreibt L die *right/wrong statements* aus dem SB an die Tafel oder auf Folie.

Lösung ***1** Right.* • ***2** Wrong.*

Differenzierung Lernstärkere S begründen ihre Antworten anhand des Textes.
L: *Look at the dialogue again. What do they say?*
***1** I think Ellie's dad is happy in the new flat. He says: 'It's really nice.' / 'We love it.'*
***2** I think Ellie isn't happy in her mum's house. She says: 'I share a room with Zoe and she's really bossy. And Conor is really noisy.' / 'There's no space for me.'*

Zusatz S spekulieren über die Idee von Ellies Vater. L: *Read the last sentence. What is (Ellie's) dad's idea? What do you think?*
Abhängig vom Niveau der Lerngruppe kann L den S hierzu Ideen in Form von Multiple-Choice-Sätzen an der Tafel zur Verfügung stellen. (Auflösung auf SB-Seite 42 in Ellies Tagebucheintrag zu *Monday*.)

a) Ellie's dad talks to her mum about the problem.
b) Ellie can live with her dad. (✓)
c) Ellie can do her homework in her dad's flat.

2 Questions and answers

Wortschatz — **question • answer**

Erarbeitung — **a) SB geöffnet.** S lesen die Fragen und vervollständigen die Kurzantworten schriftlich im Heft. Den Text zu Aufgabe **1** decken sie dabei zunächst ab und nutzen ihn nur zur Überprüfung ihrer komplettierten Antworten.

[O] Differenzierung — Lernschwächere S suchen die Sätze mit den fehlenden Formen im Text zu Aufgabe **1** und schreiben sie direkt ins Heft.

Lösung — ***1** Yes, he is. • **2** Yes, it is. • **3** Yes, we are. • **4** Yes, I am. • **5** No, I'm not. • **6** No, he isn't. • **7** No, they aren't.*

Erarbeitung — **b) SB geöffnet.** Vervollständigung der Beispiele gemäß SB. Je nach Leistungsstärke der Lerngruppe entweder zunächst in EA oder gleich im Unterrichtsgespräch im Plenum möglich.

Auswertung — L hält komplettierte Fragen an der Tafel fest.

Erarbeitung — **c) SB geöffnet.** Gemäß SB. Tafelbild aus **b)** wird fortgesetzt. Anschließend Vergleich mit der Regelformulierung im *Language file* (SB-Seite 167).

Questions and short answers

Am I OK?	– Yes, I am. – No, I'm not.
Is he/she/it OK?	– Yes, he/she/it is. – No, he/she/it isn't.
Are you/we/they OK?	– Yes, you/we/they are. – No, you/we/they aren't.

S. 41

3 [O] NOW YOU

//● p. 127 Differenzierende Übung auf zwei Niveaus. Lernstärkere S bearbeiten die schwerere Parallelübung auf SB-Seite 127 und wählen die passende Kurzantwort aus verschiedenen Möglichkeiten in der Box, wobei sie die Pronomen selbst erkennen müssen.

Erarbeitung — **a) SB geöffnet.** S wählen zu jeder Frage die für sie passende Antwort aus und notieren sie im Heft. ► INKL 2.4

Alternative — Die S tragen ihre Antworten in den Tabellenvordruck auf ► KV 22: Questions and answers (Part 1) ein oder fertigen selbst eine dreispaltige Tabelle im Heft an. In dieser Tabelle können sie neben den Fragen aus dem SB (1. Spalte) und ihren Antworten (2. Spalte) in der 3. Spalte auch die Antworten des Partners aus **b)** schriftlich festhalten und ggf. mit den eigenen vergleichen.

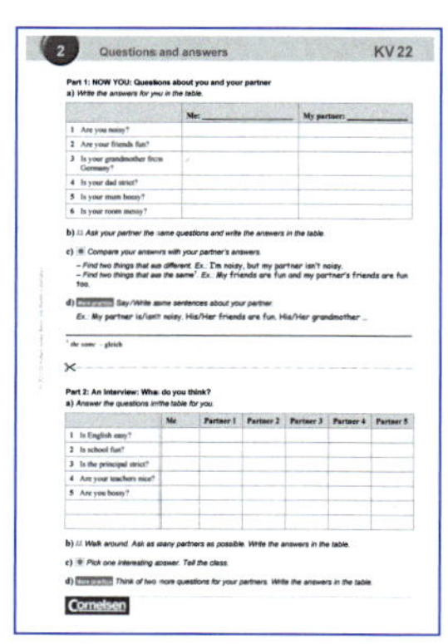
Questions and answers KV 22

Lösung — Individuelle Antworten.

Erarbeitung

b) 👥 **SB geöffnet.** Gemäß SB befragen die Partner einander gegenseitig und notieren die Antworten oder ergänzen ihre Tabelle aus **a)**.

Auswertung

Es gibt verschiedene Möglichkeiten zur Auswertung der Antworten im Plenum, die auch auf ▸ KV 22: Questions and answers in Aufgabe **c)** und **d)** angeregt und mit Beispielen und Redemitteln gestützt werden, z. B.:
• S wählen zwei bis vier interessante Aspekte aus, die sie (ggf. vergleichend) ausformulieren.
• S schreiben einen kurzen Text über ihren Partner. Diese Aufgabe kann auch mündlich erfolgen.

4 👥 [O] Who am I?

Einstieg

SB geöffnet. Zunächst gemeinsame Beschreibung des Hauses im Plenum, um reibungslosen Ablauf des Ratespiels zu gewährleisten.
L: *Let's look at this house. How many rooms are there? (four) What rooms are downstairs? (living room, kitchen) ... and upstairs? (two bedrooms)*

[O] Differenzierung

In lernschwächeren Lerngruppen kann als weitere Vorbereitung gemeinsam formuliert werden, wo sich die verschiedenen Personenpaare befinden. L: *Where are Ben and Tom / Lynn and Jack / ...? (upstairs/downstairs, in the blue/green/... bedroom / living room / ...)*

Erarbeitung

👥 Anschließend spielen je zwei S das Spiel, wobei lernstärkere S in der Rolle des Fragenden beginnen sollten. Rollenwechsel kann jeweils erfolgen, wenn der Name erraten wurde.

5 Quiz questions

Erarbeitung

SB geöffnet. Gemäß SB. Beantwortung der Fragen mündlich, z. B. in Form einer ▸ Meldekette (Glossar). Auch als schriftliche Hausaufgabe geeignet.

Alternative

👥👥 Da es sich um ein Quiz handelt, kann diese Übung auch spielerisch im Plenum oder in Gruppen von vier bis sechs S durchgeführt werden. S1 beginnt mit Frage 1 und wählt ein Gruppenmitglied (S2) aus. Ist die Antwort richtig (inhaltlich und grammatisch), stellt S2 die nächste Frage. Wenn die Antwort falsch ist, scheidet S2 aus, und S1 stellt die Frage erneut an S3 ... usw.

Lösung

1 *Yes, he is. / No, he isn't.* • ***2*** *Yes, she is.* • ***3*** *No, it isn't.* • ***4*** *No, they aren't.* • ***5*** *Yes, they are.* • ***6*** *No, she isn't.* • ***7*** *Yes, she is.* • ***8*** *Yes, he is.* • ***9*** *No, it isn't.* • ***10*** *No, we aren't. / Yes, we are.*

More practice 2 p. 127 **More questions**

Erarbeitung

SB geöffnet. Zur weiteren Übung der Entscheidungsfragen mit Kurzantworten bilden S aus den *jumbled sentences* Fragen, die sie für sich in EA beantworten. Auch als schriftliche Hausaufgabe geeignet.

Alternative

Aufgabe kann auch mit Partner durchgeführt werden. Jeder S formuliert drei Fragen aus, die dann der Partner beantwortet.

Lösung

1 *Are you from Germany? (Yes, I am. / No, I'm not.)*
2 *Are your mum and dad from Germany? (Yes, they are. / No, they aren't.)*
3 *Is your father a teacher? (Yes, he is. / No, he isn't.)*
4 *Is your English book in your school bag? (Yes, it is. / No, it isn't.)*
5 *Is your best friend in your class? (Yes, he / she is. / No, he / she isn't.)*
6 *Are your teachers strict? (Yes, they are. / No, they aren't.)*

6 An interview: What do you think?

Wortschatz

easy • difficult

Erarbeitung

a) SB geöffnet. Gemäß SB übertragen S die Tabelle in ihr Heft und beantworten die Fragen zunächst für sich, indem sie Häkchen (*Yes, …*) bzw. Kreuze (*No, …*) setzen. ► INKL 2.5

Alternative

S erhalten von L den Tabellenvordruck auf ► KV 22: Questions and answers (Part 2) und tragen die entsprechenden Symbole für ihre Antworten ein.

Differenzierung

Lernstärkere S können in der Tabelle weitere Fragen ergänzen.

Erarbeitung

b) Im Rahmen einer ► Milling-around activity (Glossar) suchen die S sich möglichst viele Mit-S (Differenzierung nach Lerntempo), die sie befragen. Die Antworten notieren sie in der Tabelle. Zur besseren Organisation kann L die S durch Glockensignal zum Partnerwechsel auffordern.

Alternative

L teilt die Klasse in Gruppen von vier bis sechs S ein, siehe ► Gruppenbildung (Glossar). Innerhalb der Gruppen befragen die S einander und notieren die Antworten aller Gruppenmitglieder.

Auswertung

c) Nach dem Muster der Sprechblasen im SB geben die S im Plenum interessante Aussagen, die sich aus dem Interview ergeben haben, bekannt. ► WB 9–11, p. 25 ► DFF 2.4

STORY The best of both worlds

Inhalt

Ellie meint, die für sich beste Lösung gefunden zu haben, und zieht zu ihrem Vater. Sie hält ihre Erlebnisse in ihrem Tagebuch fest. Anfangs ist sie noch sehr enthusiastisch, doch im Laufe der Woche erkennt sie die Nachteile ihres neuen Lebens und vermisst ihre Mutter, Conor, Pete, ihre Katzen und sogar Zoe. Am Ende der Woche findet sie einen Kompromiss: Sie wohnt während der Woche bei ihrer Mutter und verbringt das Wochenende bei ihrem Vater und seiner Familie.

Kommunikative Kompetenzen

Speaking: Bilder beschreiben und anhand der Bilder Aussagen über die Gemütslage einer Person machen

Reading: Tagebucheinträge verstehen (bildgestützt) • einzelnen Textabschnitten passende Überschriften zuordnen

Writing: Einen Tagebucheintrag verfassen (aus der Sicht von Ellie)

S. 42

1 Before you read Ellie's diary

Wortschatz **example • in the picture • picture**

Einstieg **SB geschlossen.** Reaktivieren des Vorwissens zur *storyline* im Unterrichtsgespräch.
L: *Ellie has some problems at home. What are they?* S: *Ellie has problems with Conor and Zoe. / Zoe and Ellie share a room and Zoe is very bossy. / Conor is really noisy. / There's no space for Ellie.*

Überleitung L: *Ellie's dad has an idea. What is it?* S: *I think Ellie can live with her dad. / Ellie can do her homework in the pink room in the new flat. / …*

Erarbeitung **SB geöffnet.** Gemäß SB.

► INKL 2.6

Alternative Bildbeschreibung auch in GA möglich, siehe ► Gruppenbildung (Glossar). Um sicherzustellen, dass alle Bilder ausgewählt werden, teilt L durch Abzählen (1–7) die Klasse in Kleingruppen ein.

○ Differenzierung Lernschwächere S erarbeiten **1** mithilfe von ► KV 23: Ellie's diary. Sie ordnen den Bildern die passenden Stichworte zu und formulieren auf dieser Basis ausgewählte Bildbeschreibungen mündlich aus.

● Differenzierung Lernstärkere S beschreiben einander alle Bilder abwechselnd im ► Partner talk (Glossar) und/oder benennen weitere Personen oder Details in den Bildern (vgl. blaue Lösungen in Klammern). Möglicher L-Impuls:
Who is there with Ellie? / Are they happy?

Auswertung Versprachlichung der Bilder gemäß Muster im SB durch ► Meldekette (Glossar) im Plenum.

Lösung

2 *In picture 2 Ellie is at her dad's flat. She's in her room. She's happy.*
3 *In picture 3 Ellie is in the living room of her dad's flat. Ellie is happy. (Finn is in the living room too. He's happy.)*
4 *In picture 4 Ellie is at her dad's flat. She's in the kitchen. She isn't happy. (Finn is in the kitchen too. He isn't happy.)*
5 *In picture 5 Ellie is in her pink room. She isn't happy. (Finn is in Ellie's room too. He isn't happy.)*
6 *In picture 6 Ellie is at her dad's house. She's in the living room. She isn't happy. (Finn is in the living room too. He's OK.)*

7 In picture 7 (links – zeigen), *Ellie is in her pink room at her dad's flat. She's happy. (Her father is there too.) In picture 7* (rechts – zeigen), *Ellie is in the kitchen at her mum's house. (You can see Ellie's mum and a cat in the kitchen too.)*

Zusatz

Aufgreifen der Eingangsfrage. Lernstärkere S begründen ihre Antwort anhand der Bilder.
L: *What is Ellie's dad's idea? (Why do you think so?)*
S: *I think Ellie can live with her dad. (In picture 2/5/... I can see Ellie (and Finn) in the pink room/... at her dad's flat.)*

The best of both worlds

Wortschatz

S. 42: the best of both worlds • Dear ... • news • at the cinema • watch • Box 'look/see/watch' (SB-Seite 192) **• programme • at work • Box 'at'** (SB-Seite 192) **• soon • at a restaurant • It's her birthday. • again • Be quiet.**

S. 43: in town • °be in love **• lonely • text •** a text **from** mum **• week • from** Monday **to** Friday

Einstieg

L schreibt Titel der Story an und formuliert dazu folgende Leseaufträge. L: *Let's read Ellie's diary and find out:*
- *Why is Ellie unhappy in her dad's flat (in pictures 4–6)?*
- *What is 'the best of both worlds' for Ellie?*

Erarbeitung

SB geöffnet. 1. Lesen/Hören des Textes ggf. im ▸ Mitleseverfahren (Glossar). Danach Überprüfen des Globalverstehens über die Leseaufträge. ▸ 1.33

Lösung

- *Ellie is unhappy because her dad has no time for her. She's lonely.*
- *She can live with her mum from Monday to Friday and with her dad on Saturday and Sunday.*

Alternative

SB geschlossen. Reines Hörverstehen: Die S erhalten paarweise je einen Satz der Bilder von ▸ KV 23: Ellie's diary in ungeordneter Reihenfolge. Sie hören den Text zunächst nur und ordnen in PA während des Hörens die Bilder in der richtigen Reihenfolge an.

S. 43

2 Ellie's week

Wortschatz

lots of

Erarbeitung

SB geöffnet. 2. Lesen gemäß SB. Auch mündlich in PA möglich. ▸ INKL 2.7

Auswertung

▸ Meldekette (Glossar) im Plenum: S1 stellt die erste Frage *(What is the heading for Monday?)*, S2 antwortet und stellt die nächste Frage etc.

Lösung

Monday: Good news for Ellie • Tuesday: Day one in a new home • Wednesday: Lots of TV now • Thursday: Dad at work • Friday: Alisha's birthday • Saturday: Ellie misses her mum • Sunday: A new idea

Zusatz

L präsentiert folgende *right/wrong statements* (Tafel/Folie) zur Überprüfung des Detailverstehens. Die S lesen die Geschichte still und korrigieren die falschen Aussagen (vgl. Lösungen in Klammern).

1 Everybody is happy on Tuesday. (Wrong. Mum isn't happy.)
2 Ellie's new room is red and there's a desk in it. (Wrong. Her room is pink.)

3 Dad and Alisha go to the cinema on Wednesday. (Right.)
4 On Thursday, Alisha is tired and Ellie is (alone) with Finn. (Right.)
5 There's a birthday party for Alisha at dad's house on Friday. (Wrong. Dad and Alisha are at a restaurant.)
6 Ellie misses the people at her old home. (Right.)
7 In the end, Ellie has a new idea. (Right.)

Auswertung
Die Lösungen können von lernstärkeren S oder L zum Vergleich schriftlich (Tafel/Folie) festgehalten werden.

● Differenzierung
Lernstärkere S formulieren zwei bis drei eigene *right/wrong statements* zu *Ellie's diary* für ihre Mit-S.

3 //O Is Ellie happy?

Wortschatz
because

Differenzierende Übung auf zwei Niveaus.
//● p. 127 Lernstärkere S formulieren die Satzenden selbstständig.

Erarbeitung
SB geöffnet. Zuordnung der passenden Satzenden gemäß SB. Die Bilder zum Text können als Hilfestellung dienen. Auch als schriftliche Hausaufgabe möglich.

Auswertung
Auswertung kann im ▸ Lerntempoduett (Glossar) erfolgen. Dazu kann L ggf. Lösungsblätter zur Selbstkontrolle für Zweifelsfälle auslegen.

Lösung
1. *On Monday Ellie is happy because she can live with her dad.*
2. *On Tuesday Ellie is happy because she has a nice room.*
3. *On Wednesday Ellie is happy because she can watch her favourite TV programmes.*
4. *On Thursday Ellie isn't happy because Finn isn't happy.*
5. *On Friday Ellie isn't happy because dad and Alisha are at a restaurant.*
6. *On Saturday Ellie isn't happy because she's lonely.*
7. *On Sunday Ellie is happy again because she has new idea.*

Zusatz
L: *On Sunday Ellie is happy because she has a new idea. What about you – are you happy on Sundays? Why (not)? – And on Mondays/...?*
Für den Austausch im Plenum stellt L ggf. vorab Redemittel zur Verfügung (Tafel/Folie):

On Sundays/Mondays/... I'm happy ☺ / not happy ☹ because ...

☺	☹
... there's no school	... I can't go shopping
... I can play computer games	... I'm lonely
... there's no homework	... there's lots of homework
... I can meet my friends	...

4 A week later

Einstieg

SB geöffnet. ► Klären der Arbeitsanweisung (Glossar) und ggf. kurze gemeinsame Bildbeschreibung im Plenum. Mögliche L-Impulse: *Where is Ellie? Is she happy? Why (not)? Who is with her?*

► INKL 2.8

Erarbeitung

Gemäß SB in EA. Auch als schriftliche Hausaufgabe geeignet.

More help p. 127 Lernschwächere S erhalten ein Gerüst des Tagebucheintrags als Strukturierungshilfe und vervollständigen die Lücken.

Differenzierung

Lernstärkere S können die Stichworte bei der Ausformulierung noch individuell ausschmücken (vgl. blaue Klammern im Lösungsbeispiel.)

Auswertung

Vergleich der Tagebucheinträge im ► Partner check (Glossar) oder Selbstkontrolle anhand einer Kopie des Lösungsbeispiels.

Lösungsbeispiel

Dear Diary
I'm very happy again because I'm at mum's house. (It's great!) I'm in the bedroom with Zoe again. The cats are happy. Mum is happy. And Zoe is happy too. Conor is here. (..., but) Finn isn't here. That's OK (for me. I can see Finn on Saturday and Sunday).

Zusatz

Vorschläge zum weiterführenden kreativen Umgang mit Ellies Tagebucheintrag:

- *Fast finishers* überlegen sich (in EA) eine individuelle Überschrift für den Tagebucheintrag in **4**.
- Lernstärkere S schreiben einen Tagebucheintrag aus der Sicht von Ellies Mutter/Vater/...

More practice 3 p. 128 WORDS Favourite phrases

Erarbeitung

a) SB geöffnet. S fertigen in EA eine zweispaltige Tabelle an und füllen diese gemäß SB mit positiven und negativen Äußerungen Ellies.

☺	☹
Great news!	I'm lonely.
Finn is very cute!	He isn't very happy.
Tuesday is the big day.	Be quiet, Finn!
The best of both worlds!	I miss mum.
	Dad has no time for me.

Auswertung

b) Gemäß SB durch ► Partner check (Glossar).

► WB 12–16, pp. 26–27
► DFF 2.6

Zusatz

S wählen jeweils eine Redewendung aus und formulieren einen passenden Satz dazu: *Great news! I can go to the cinema with my friends. / I'm lonely. My friends aren't here. / ... is very cute. I like him/her. / ...*

SKILLS TRAINING Mind maps and writing

Inhalt Die S lernen den Aufbau einer Mindmap anhand des Themas *My house* kennen und nutzen diese für die eigene Textproduktion.

Kommunikative Kompetenzen **Writing:** Auf Basis einer Mindmap einen eigenen Text zum Traumhaus schreiben

Methodische Kompetenzen **Lern- und Arbeitstechniken:** Eine Mindmap nach bestimmten Regeln erstellen • Ideen für die schriftliche Textproduktion mithilfe von Mindmaps sammeln, ordnen und ausformulieren

S. 44

1 Cyril's house

Wortschatz °mind map • **on the beach** • **sea** • **What's it like?**

Einstieg **SB geschlossen.** L fordert S auf, zunächst in EA Begriffe zum Thema *house* zu sammeln. L: *What do you think of when you hear the word 'house'? Write down as many words and phrases as you can (in 5/... minutes).*
Anschließend vergleichen S ihre Wortsammlungen mit einem Partner. Je nach Vorkenntnissen können dabei neben inhaltlichen ggf. auch bereits strukturelle Unterschiede (Anordnung der Ideen) zur Sprache kommen.

Zusatz Im Sinne der ▸ Metakognition (Glossar) kann L die S auffordern zu beschreiben, wie sie bislang Notizen angefertigt haben. Falls S Vorwissen zum Thema Mindmap mitbringen, können sie dieses – auf Deutsch – einbringen.

Überleitung L: *Now look at Cyril's mind map on page 44.*

Erarbeitung **SB geöffnet.** S betrachten zunächst die Mindmap und lesen den Lückentext einmal im Zusammenhang (je nach Lernstärke und Vorkenntnissen der S entweder in Stillarbeit oder gesteuert durch L im Plenum). Anschließend schreiben sie den Text ins Heft ab und vervollständigen dabei die Lücken in EA.

Auswertung Vergleich der Ergebnisse durch ▸ Partner check (Glossar). Falls nötig, schreibt L die einzusetzenden Wörter an die Rückseite der Tafel. So können S eine Selbstkontrolle durchführen. Abschließend Vorlesen des komplettierten Textes im Plenum.

Alternative L präsentiert Cyrils Mindmap über Folie und markiert darin während des Vorlesens die einzusetzenden Wörter *(house • beach • sea • red • small • living room • bedroom • bathroom • bed • wardrobe • posters • no • house).*

Lösung *Hi. This is my **house.** It's near Plymouth. It's on the **beach**, near the **sea**. It's nice. It's **small** and it's **red**. There are three rooms in my house. There's a **bedroom**, a **bathroom** and a **living room**. My favourite room is my bedroom. There's a big **bed** and an old **wardrobe** in my bedroom. There are two **posters** too. What isn't good about my house? – There's **no** garden and it's near Sandy's **house**. She's very noisy!*

2 NOW YOU

Einstieg

Ausgehend von Cyrils Mindmap und ggf. unter Einbeziehung des *Skills file* (SF2 Mindmaps, SB-Seite 162) erarbeitet L vorab im Unterrichtsgespräch grundlegende Regeln zur Mindmap-Gestaltung und hält diese an der Tafel fest. Dazu beschreiben die S zunächst den Aufbau von Cyrils Mindmap (auf Deutsch).

Überleitung

Zur Übertragung auf die Schülersituation stellt L den S Fragen zur Ausgestaltung der „Äste" aus Cyrils Mindmap, z. B.:

- L: *Cyril's dream house is near the sea.* ***Where*** *is your dream house?*
- L: *It has … rooms: a …, a … What* ***rooms*** *are in your house?*

Erarbeitung

a) ✎/▤ **SB geöffnet.** Gemäß SB.

► INKL 2.9

Auswertung

Überprüfen der Mindmaps durch ► Partner check (Glossar) oder in Vierergruppen als ► Correcting circle (Glossar). Dazu kann L die S anregen, mithilfe der Beschreibung im *Skills file* (SF2 Mindmaps, SB-Seite 162) ein Kriterienraster für die Beurteilung von Mindmaps zu erstellen.

Lösungsbeispiel

Assessment sheet	☺ = good/😐 = okay/☹ = not so good		
Mind map: My dream house	student 1	student 2	student 3
Für deine Mindmap verwendest Du ein leeres Blatt (DIN A4) im Querformat.			
Das Thema steht in der Mitte; hervorgehoben durch eine darum gemalte Wolke/…			
Du verwendest für jedes Hauptthema einen Hauptast in einer eigenen Farbe.			
Du ergänzt Unterthemen auf Nebenästen in der gleichen Farbe.			
Du hängst weitere interessante Ideen an die Nebenäste an.			
Du verwendest Schlüsselwörter zur Beschriftung der Äste.			
Du verwendest auch Zahlen, Bilder, Symbole, …			
…			

SB geschlossen. L beschreibt in kurzen Sätzen sein Traumhaus und fordert anschließend einzelne (lernstärkere) S auf, ihr Traumhaus anhand ihrer Mindmaps kurz mündlich im Zusammenhang näher zu beschreiben. L: *My dream house has four bedrooms and a pink living room with a big TV. It's near Cologne. It has a big garden … What about your dream house?*

Erarbeitung

b) ◙ Gemäß SB. Künstlerisch talentierte S können zusätzlich eine Zeichnung oder Collage zu ihrem Text anfertigen.

More help p. 128 Lernschwächere S erhalten Satzanfänge zum Vervollständigen.

Auswertung

PA/GA Zunächst kontrollieren die S in PA oder in Kleingruppen als ▸ Correcting circle (Glossar) die Texte auf sprachliche und formale Richtigkeit und machen ggf. Überarbeitungsvorschläge. Die Gruppenmitglieder korrigieren ihre Texte und wählen abschließend ggf. eine Hausbeschreibung zur Präsentation im Plenum aus.

Alternative

Zur inhaltlichen Auswertung im Plenum bietet sich ein ▸ Gallery walk (Glossar) an, bei dem neben den Texten auch evtl. entstandene Zeichnungen oder Collagen gewürdigt werden können.

Lösungsbeispiel

Individuelle Lösungen

▸ DFF 2.7

Zusatz

„Kofferpacken" zum Traumhaus: L: *My dream house is near the sea.*
→ S1: *My dream house is near the sea and it has four bedrooms.*
→ S2: *My dream house is near the sea and it has four bedrooms and it's blue.*
→ S3: …

SKILLS TRAINING Classroom English

Inhalt

Die S lernen Redemittel für den *classroom discourse* kennen und wenden diese in einem Spiel an.

Kommunikative Kompetenzen

Listening: Redewendungen des *classroom discourse* erkennen und diese den passenden Bildern zuordnen

Methodische Kompetenzen

Lern- und Arbeitstechniken: Englisch als Unterrichtssprache verwenden

S. 45

1 Classroom phrases

Wortschatz

go with • It's your turn. • work • close • door • What's for homework? • What page is it? • page • I forgot my homework. • °banana skin

Material

Würfel, Spielsteine

Erarbeitung

a) SB geöffnet. S lesen zunächst alle *classroom phrases* still durch und ordnen sie anschließend dem jeweiligen Bild des Spielfeldes zu. Sie notieren die Lösungen in Kurzform (Buchstabe-Zahl) im Heft und vergleichen sie ggf. im ▸ Partner check (Glossar). Anschließend ggf. Semantisierung des notwendigen Wortschatzes mithilfe der Bilder.

Alternative

Auch als arbeitsteilige PA möglich: S1 ordnet die Sätze A-F zu, S2 die Sätze G-L. Anschließend führen sie ihre Ergebnisse zusammen.

Auswertung

Vergleich im Plenum, ggf. spielerisch als ▸ Meldekette (Glossar): S1 liest die erste *classroom phrase* und ruft S2 auf, der die entsprechende Bildnummer nennt (gemäß Satzmuster im SB) und – wenn richtig – den nächsten Satz liest, usw.

Lösung

A 7 • ***B*** 10 • ***C*** 9 • ***D*** 4 • ***E*** 11 • ***F*** 1 • ***G*** 3 • ***H*** 8 • ***I*** 2 • ***J*** 6 • ***K*** 5 • ***L*** 12

Erarbeitung

b) SB geöffnet. Beim **1. Hören** der Dialoge zeigen S auf das entsprechende Bild und vergleichen ihre Auswahl mit ihren Sitznachbarn.

▸ 1.34
▸ IAT 2.2

Auswertung

Kontrolle im Plenum beim **2. Hören**: L stoppt die CD nach jedem Dialog; S nennen die richtige Bildnummer.

Alternative

Zur schnelleren Kontrolle im Plenum kann L Karten mit den Bildnummern von 1–12 vorbereiten (lassen); S halten während des **1. Hörens** die Karte mit der entsprechenden Bildnummer hoch und vergleichen ihre Lösungen mit denen der Mit-S.

Lösung

dialogue 1 (Please look at the board.): picture 5 • dialogue 2 (Close the door, please.): picture 4 • dialogue 3 (Sorry, I forgot my homework.): picture 12 • dialogue 4 (Listen, please.): picture 2 • dialogue 5 (Can you say that again, please?): picture 8 • dialogue 6 (Can I go to the toilet, please?): picture 1 • dialogue 7 (Quiet, please ... QUIET! Shhhh!): picture 11 • dialogue 8 (What page is it, please?): picture 6 • dialogue 9 (What's that in English?): picture 7 • dialogue 10 (It's your turn.): picture 10 • dialogue 11 (Work with a partner.): picture 9 • dialogue 12 (What's for homework?): picture 3

Hörtext

Teacher: OK everybody, when you're ready. Please look at the board. OK, Ayla.
Ayla: Yes.
Teacher: Good. Please look at the board.

Daniel: Morning, sir. Sorry, I'm late.
Teacher: Hi, Daniel. That's OK. Close the door, please.
Daniel: What?
Teacher: Close the door, please.
Daniel: Oh the door, OK.

Teacher: Homework, please.
Anna: Er … Homework?
Teacher: Yes, Anna.
Anna: I have a problem. Sorry, I forgot my homework.
Teacher: Oh, Anna. … OK, remember it tomorrow.

Teacher: OK, everybody … Where's my CD? … Oh, here it is … Now listen … Listen, please … Lilly, listen please. OK …

Teacher: OK, let's draw a family tree.
Girl: Can you say that again, please?
Teacher: Yes, let's draw a family tree.
Girl: A family tree?
Teacher: Yes.
Girl: OK, thanks.

Cem: Miss, miss …
Teacher: Yes, Cem. What is it?
Cem: Can I go to the toilet, please?
Teacher: The break is in 5 minutes.
Cem: Oh, please, miss …

Teacher: Hey! … Quiet, please … QUIET! Shhhh! … Thank you.

Teacher: Right, open your books.
Girl: What page is it, please?
Teacher: Page 46. Open your books at page 46.
Niklas: What page is it, please?
Teacher: Who can help Niklas?
Girl: Page 46.
Teacher: That's right. Page 46. OK, Niklas?

Teacher: So Lena, what's in your room?
Lena: There's a bed, and a Kleiderschrank.
Teacher: A what?
Lena: Kleiderschrank. What's that in English?
Teacher: Who can help Lena?
Boy: Oh, I know. A wardrobe.
Teacher: Good, a wardrobe.

Boy 1: Oh no! I'm on a banana skin!
Boy 2: Ha, ha! Go back to 7. Ha, ha!
Boy 1: OK, OK, come on! It's your turn.
Boy 2: What?
Boy 1: It's your turn! … Come on …
Boy 2: OK, OK.

Teacher: OK, work with a partner.
Girl: What, sir?
Teacher: Work with a partner. Look you can work with Eliana.
Girl: Oh. OK.

Lara: Miss …
Teacher: Yes, Lara.
Lara: What's for homework?
Teacher: No homework today.
Lara: Yay, no homework!

More practice 4 p. 128

NOW YOU

Erarbeitung S formulieren die zu den deutschen Fragen passenden englischen *classroom phrases.* Auch als schriftliche Hausaufgabe geeignet.

Lösung ***1*** *What's that in English?* • ***2*** *Can I go to the toilet, please?* • ***3*** *What's for homework?* • ***4*** *Can you say that again, please?* • ***5*** *What page is it, please?* • ***6*** *Sorry. (I'm sorry.)* • ***7*** *Thank you.* • ***8*** *Can I borrow your eraser, please?* • ***9*** *What's the next lesson?*

2 GAME The banana skin game

Einstieg **SB geöffnet.** Zunächst Klärung der Spielregeln und ggf. Probelauf gemeinsam im Plenum.

Erarbeitung Anschließend spielen die S das Spiel in Dreier- oder Vierergruppen gemäß Anleitung im SB. Ein S sollte die Rolle des Spielleiters übernehmen.

▶ WB 17–19, p. 28
▶ DFF 2.8
▶ Folie 16

Alternative L kann den S den Spielplan von ▶ KV 24: Classroom phrases (Part 1) auf DIN A3 vergrößert zur Verfügung stellen.

Zusatz Für ein Memo-Spiel, siehe ▶ Mnemotechniken (Glossar) übertragen die S die englischen *classroom phrases* von SB-Seite 45 auf einzelne Karten und ergänzen die jeweiligen deutschen Entsprechungen auf weiteren Karten. Vorlage: ▶ KV 24: Classroom phrases (Part 2).
Lernstärkere S ergänzen weitere Phrasen, z. B. von SB-Seite 128 (*More Practice 4*).

SKILLS TRAINING Listening and speaking

Inhalt

Die S lernen das englische Alphabet kennen und versprachlichen Adressen und Telefonnummern.

Kommunikative Kompetenzen

Listening: Einen Songtext verstehen und mitsingen • Adressen und Telefonnummern verstehen

Speaking: Adressen und Telefonnummern erfragen und weitergeben • Begriffe buchstabieren und nach Diktat aufschreiben

Methodische Kompetenzen

Lern- und Arbeitstechniken: Nachfragen und Notizen machen

Koorparitve Lernformen: Double Circle

S. 46

1 The alphabet chant

Wortschatz

°listening • **alphabet** • **Box 'Betonung'** (SB-Seite 193) • °come • °visit • °us • °today • °the place to go • °off to bed

Erarbeitung

SB geöffnet. Beim **1. Hören** lesen die S das Lied leise mit. Beim **2. Hören** sprechen sie den Text mit. Als Hausaufgabe lernen sie ihn auswendig.

► 1.35
► INKL 2.10

Alternative

SB geschlossen. Nach dem **1. Hören** verteilt L einzelne Zeilen an die S, die diese beim **2. Hören** mitsingen. Anschließend geben sie ihre Textzeile an ihren Nachbarn weiter. Dies wird so oft wiederholt, bis alle S alle Zeilen hatten. Anschließend singen sie das gesamte Lied – wenn möglich auswendig – mit.

Zusatz

S singen den *alphabet chant* zur Instrumentalversion auf der CD im Chor.

► 1.36

More practice 5 p. 129 Can you spell that?

Einstieg

SB geöffnet. ► Klären der Arbeitsanweisung (Glossar) und ggf. Musterdurchlauf mit zwei Freiwilligen im Plenum.
Es handelt sich um eine Partnerübung. Partner B dreht die Seite um, sodass Bilder, Begriffe und Arbeitsanweisung zu B richtig herum und die Begriffe etc. zu A über Kopf stehen.

Erarbeitung

Gemäß SB. Partner A beginnt; Rollentausch nach jedem Begriff.

2 Addresses and phone numbers

Wortschatz

address • **spell** • **phone number**

Einstieg

SB geöffnet. S lesen zunächst die Fragen im SB und klären, welche Informationen Berry, Luca und Adam von Ellie einholen wollen. L: *Look at the picture and the speech bubbles. What do Ellie's friends want to know? (Ellie's address and phone number)*. L verweist auf den Tipp und erläutert diesen mithilfe von Mobiltelefonnummern: L/S schreibt Beginn einer Mobilfunknummer an; L erklärt und zeigt: *When you say telephone numbers in English, you say 'oh' or 'zero' for '0'. So mobile numbers usually start with 'oh' or 'zero'.*

Überleitung

L: *Do you remember Ellie's address at her mum's house? (Hill Road) Let's find out what her 'new' address is.*

Erarbeitung

a) Vor dem Hören lesen S zunächst alle drei Aufgaben und die jeweils zugehörigen Multiple-Choice-Antworten (A–C) einmal durch (in Stillarbeit oder Vorlesen im Plenum). Im Anschluss an das **1. Hören** notieren sie die Antworten im Heft. **2. Hören** zur Überprüfung.

▶ 1.37
▶ INKL 2.11

Auswertung

Kontrolle durch ▶ Partner check (Glossar) und/oder Vergleich im Plenum.

Lösung

1 B • ***2*** C • ***3*** 01752 804 3637

Hörtext

Luca: Hey, Ellie. Berry says you have a new flat!
Ellie: Hi, Luca. Yes, I have two homes now – I'm at my dad's flat at the weekends. You can come and see it. Come with Berry and Adam.
Adam: That's a great idea, Ellie. What's your address?
Ellie: It's 11 Greatfield Street.
Luca: Wait a minute. I'll get my mobile ... OK.
Ellie: OK. It's 11 Greatfield Street. That's eleven – one one.
Luca: OK.
Ellie: Greatfield Street.
Luca: Can you spell that, please?
Ellie: G-R-E-A-T
Adam: Can you say that again, please?
Ellie: G-R-E-A-T .... field F-I-E-L-D
Adam: F-I-E-L-D. Greatfield. Is that one word?
Ellie: Yes. Greatfield, one word. New word Street.
Berry: And what's your phone number?
Ellie: 01752 804 3637
Berry: Look, Ellie. Is that right?
Ellie: Let me see. 0 1752, that's right, 803 no it isn't three, it's four, 80 four 3647 no that's wrong it's 36 three 7, 804 36 three 7
Berry: Thanks.

Erarbeitung

b) Zur ▶ Lautschulung (Glossar) sprechen die S die Fragen von Luca, Berry und Adam nach.

▶ 1.38

Hörtext

Luca: What's your address?
Can you spell that, please?
Adam: Can you say that again, please?
Is that one word?
Berry: What's your phone number?
Is that right?

Zusatz

Zur Festigung der Fragen stellen die S aus Karteikarten Memo-Spielkarten mit den englischen Fragen aus **b)** und ihren deutschen Entsprechungen her. (Mögliche Übersetzungen: *Wie lautet deine Adresse?* • *Kannst du das bitte buchstabieren?* • *Kannst du das bitte wiederholen?* • *Ist das ein Wort?* • *Was ist deine Telefonnummer?* • *Stimmt das? / Ist das richtig?*)
Die fertigen Karten können ggf. zur Erweiterung des für die *classroom phrases* (von SB-Seite 45) bereits erstellten Memo-Spiels genutzt werden.

Erarbeitung

c) Schulung des Detailverstehens. S notieren beim **1. Hören** Berrys Adresse und überprüfen bzw. korrigieren beim **2. Hören.**
L schreibt Lösung zur Kontrolle an die Rückseite der Tafel.

▶ 1.39

More help p. 129 Lernschwächere S ergänzen die fehlenden Buchstaben im Gerüst der Adresse.

Lösung

MERRYWEATHER FARM, WOOLWELL

Hörtext

Adam: So what's your address, Berry?
Berry: It's Merryweather Farm, Woolwell.
Adam: Can you say that again, please?
Berry: Sure. It's Merryweather Farm. That's M-E-R-R-Y-W-E-A-T-H-E-R.

Adam: Is that one word?
Berry: Yes.
Ellie: Can you say that again, please?
Berry: Merryweather M-E-R-R-Y-W-E-A-T-H-E-R.
Adam: OK.
Berry: Farm, F-A-R-M.
Ellie: Look, is that right?
Berry: Yes, F-A-R-M.
Luca: OK.
Berry: Merryweather Farm, Woolwell W-O-O-L-W-E-L-L, W-O-O-L-W-E-L-L.
Ellie: Great.

3 What's your address?

Erarbeitung

a) SB geöffnet. Zunächst wird der Hinweis in der Tippbox anhand eines Beispiels (z. B. Müller, Gärtnerstraße) erläutert. Dazu kann L Karten mit weiteren fiktiven Adressen (mit Umlauten, „ß") und Telefonnummern (mit „0", z. B. in der Telefonvorwahl) an (lernstärkere) S verteilen, die diese vorlesen und buchstabieren.

Überleitung

Anschließend geht L zu einigen S und diese buchstabieren leise ihre Adresse und nennen ihre Telefonnummer.

Erarbeitung

b) S bilden einen ▸ Double circle (Glossar) und tauschen Adresse und Telefonnummern aus. Sie benutzen dazu die in **2** erarbeiteten Fragen. Vier bis fünf Durchgänge mit veränderten Partnerkonstellationen.

▸ WB 20–23, pp. 29–30
▸ DFF 2.5

○ Differenzierung

Lernschwächere S buchstabieren erst ab der dritten Runde.

● Differenzierung

Schnellere Paare bzw. lernstärkere S buchstabieren zusätzlich ihren Namen. L: *Can you spell your name, please?*

SKILLS TRAINING Viewing

Inhalt

1 The kids from Harbour Road: Homework time

Während sich in Episode 1 alles um die Schule drehte, steht nun die Nachmittagsgestaltung der drei Freunde im Vordergrund. Der erste Filmclip spielt in Sarahs Haus, wo sich die Kinder zu gemeinsamen Hausaufgaben treffen. Typische Konflikte, die inhaltlich und sprachlich in der Unit 2 angelegt und vorbereitet wurden, werden humorvoll aufgegriffen, wie z. B. der Streit mit dem rechthaberischen Bruder, das leidige Thema Aufräumen und willkommene Ablenkungen bei den Hausaufgaben.

2 People and places: A tour of my room

Joe hält eine Präsentation mit Realien zum Thema *favourite things* in seinem Zimmer.

Die Kameraeinstellung und Darbietung wirken absichtlich laienhaft, wie ein selbstgedrehtes Heimvideo eines S. Joes Präsentation ist im Hinblick auf die Sprache und Darstellung sowie den Medieneinsatz altersgemäß. Da die S auch im Anfangsunterricht schon kleine Präsentationen halten sollen, bietet dieser Videoclip somit eine ergiebige Modellvorlage. Die S können über die gelungenen Aspekte ins Gespräch kommen, aber sich genauso auch Alternativen sowie Optimierungsvorschläge überlegen.

Kommunikative Kompetenzen

Viewing: Filmszenen verstehen: Standbilder in die richtige Reihenfolge bringen • zusammenfassende Sätze zur Filmhandlung vervollständigen • einem Filmclip Detailinformationen zu Lieblingsgegenständen entnehmen

Speaking: Sich über Lieblingsdinge austauschen

Methodische Kompetenzen

Lern- und Arbeitstechniken: Strategien zum Hör-Sehverstehen anwenden: nonverbale Hinweise wie z. B. Gestik und Mimik nutzen

S. 47

1 The kids from Harbour Road: Homework time

Einstieg

SB geschlossen. Als Einstieg in die Thematik des Films bietet sich ein Unterrichtsgespräch über die Nachmittagsgestaltung oder Hausaufgaben an.

Mögliche L-Impulse:

- *Do you like homework?*
- *Where do you do your homework?*
- *When do you do your homework?*
- *Do you do it alone?*
- *Who can help you with your homework?*
- *Do you sometimes do other things (listen to music/eat/...) while doing your homework?*

Erarbeitung

a) **SB geöffnet.** Gemäß SB bringen die S die abgebildeten Standaufnahmen aus dem Filmclip in die korrekte Reihenfolge. Dazu notieren sie beim **1. Sehen** lediglich die sechs Buchstaben.

Auswertung

Die S nennen die Satzanfänge mit den richtigen Bildangaben: *First we see D. Then we see ...*

Alternative

L kann eine Folie der Fotos herstellen und zur Ergebnisüberprüfung auf dem OH-Projektor in die richtige Reihenfolge schieben lassen.

Lösung

D • F • C • A • B • E

Zusatz

L stoppt den Film und zeigt als Standbild Toms Raum. Die S beschreiben das Zimmer und sammeln möglichst viele Gegenstände (mündlich oder schriftlich), die sie auf Englisch benennen können. Diese können zusätzlich an der Tafel aufgelistet werden.

Erarbeitung

b) In dieser Aufgabe wird das Verständnis der Filmsequenz durch eine Entscheidung zwischen zwei Optionen überprüft. Vor dem **2. Sehen** lesen sich die S die Aufgabenstellung sowie Sätze durch und versuchen, aus der Erinnerung die richtige Antwort zu finden. Die Lösungen sollten jedoch keinesfalls schon im Plenum genannt werden, da sich ansonsten eine weitere Besprechung nach dem Film erübrigt.

O Differenzierung

Lernschwächere S notieren die Nummern (1–8) sowie die jeweiligen orangen Auswahlwörter im Heft. Beim nochmaligen Sehen streichen sie jeweils den nicht zutreffenden Begriff durch. Dies bedarf einer geringeren Gedächtnisleistung.

Zusatz

S entwerfen weitere eigene Lückensätze zum Filminhalt mit Auswahlwörtern. Dazu kann L Ideen vorgeben:

- Sarah's/Tom's room is ... **messy / tidy**.
- Tom's/Sarah's room is ... **upstairs / downstairs**.
- Tom's (Anna's/Paul's) favourite football club is... **Liverpool FC / Plymouth Argyle**.
- Tom/Sarah **has / doesn't** have a calculator.

...

Auswertung

Überprüfung der Auswahl beim **2. Sehen.** Danach schreiben S die Sätze mit der korrekten Option ins Heft ab und lesen sie zum Vergleich im Plenum vor.

Lösung

1 *Sarah's* • ***2*** *lots of* • ***3*** *football* • ***4*** *Tom's* • ***5*** *big brother* • ***6*** *isn't* • ***7*** *OK* • ***8*** *are*

Zusatz

Sarah verhält sich wie viele Kinder in diesem Alter, die eine unangenehme Aufgabe anstehen haben. So fallen ihr viele Alternativen zur Erledigung der Hausaufgaben ein: *Let's play, eat, listen to, drink....*

Dies ist natürlich nicht wünschenswert, aber Realität. Und es könnte den S Spaß machen solche Ablenkungsmanöver zu formulieren, denn sie können sich sicherlich gut in Sarah hineinversetzen. Sprachlich üben die S bei dieser Gelegenheit, eigene Vorschläge mit *Let's ...* zu machen.

Als Einstieg dient der Fragebogen auf ▸ KV 25A: Homework time, in dem die S über ihre eigenen Hausaufgabengewohnheiten berichten. Es werden jeweils vier Optionen vorgegeben, sodass die S lediglich die auf sie zutreffende Antwort ankreuzen müssen. Es kann ein Austausch mit dem Partner darüber oder eine Auswertung im Plenum erfolgen (durch Melden bei den verschiedenen Optionen).

▸ KV 25B: Homework time – dialogues greift den Dialog zwischen Sarah und Anna auf.

Während die brave, strebsame Anna immer wieder zu Hausaufgaben ermahnt, versucht Sarah ihre zwei Freunde mit vergnüglicheren Alternativen abzulenken. Die S schauen nochmals den Filmclip an und füllen die jeweiligen Sprechblasen aus.

Anschließend vervollständigen sie die vorgegebenen Satzanfänge und bilden daraus einen eigenen Dialog. Dieser kann anschließend im Plenum vorgetragen werden. Damit das Publikum weiß, wer welche Rolle übernimmt, sind Namensschilder (Anna, Sarah, Paul) hilfreich.

2 People and places: A tour of my room

Erarbeitung

a) **SB geöffnet.** Gemäß SB. Die Auflistung der fünf Lieblingsgegenstände kann auch bereits in Form eines Rankings (1 = wichtigster Gegenstand) erfolgen.
Anschließend tauschen die S sich mit ihrem Partner darüber aus. Falls dieser einen genannten Gegenstand auch auf seiner Liste hat, machen sie jeweils ein Plus dahinter, ansonsten ein Minus.

Alternative

L kann die S auffordern, als vorbereitende Hausaufgabe ein Bild von ihrem Zimmer zu zeichnen und ihre Lieblingsgegenstände darin auf Englisch zu beschriften. Als Einstieg zeigen sie dann die Zeichnung einem Mit-S und nennen die *five favourite things* in ihrem Zimmer.

Auswertung

Die S teilen ihrem Banknachbarn die Gegenstände mit. Einige Beiträge können auch im Plenum genannt werden.

Lösung

Individuelle Lösungen

Erarbeitung

b) **1. Sehen** gemäß SB. Im Filmclip nennt Joe seine Lieblingsgegenstände und zeigt sie gleichzeitig noch dem Zuschauer. Somit können die S sich diese eher einprägen und dies erleichtert die Auflistung der Gegenstände im Anschluss.

Differenzierung

Joe spricht seinen Monolog sehr langsam. Daher könnten die S auch schon während des Sehens Gegenstände notieren. In sehr lernschwachen Lerngruppen kann L eine Auswahl an möglichen Gegenständen vorgeben und die S haken die im Filmclip erwähnten ab.

Differenzierung

Lernstärkere S notieren zu jedem Gegenstand noch eine weitere Information, z. B. die Farbe *(football: green and white / ...)* oder warum Joe diesen Gegenstand mag *(history book: history is Joe's favourite lesson / ...)*.

Auswertung

Die S nennen zuerst die Anzahl der von ihnen notierten Gegenstände. L: *How many favourite things have you got?* Vermutlich werden unterschiedliche Zahlen auftauchen. Bei einigen Gegenständen, wie z. B. *socks* und *lamp*, kann ggf. diskutiert werden, ob sie zu den *favourite things* gehören, da Joe sie nicht eindeutig verbal kommentiert. Dafür kann Joes Gestik (Suche nach den richtigen Sockenpaaren) und Mimik Aufschluss geben.
Auch sollte ggf. kurz geklärt werden, warum die gezeigte Krawatte der *school uniform* nicht auf die Liste gehört. L: *What about the tie? Is it a favourite thing?* (Joe kommentiert im Filmclip: *My tie. Part of my school uniform. NOT a favourite thing.)*

Lösung

poster • (lamp) • history school book • T-shirt • (socks) • dog • (photo of Joe's) baby sister • medals • guitar • MP3-player • phone • computer • computer games • football

Erarbeitung

c) Beim **2. Sehen** setzen sich die S vertiefend mit den Aussagen von Joe auseinander und entscheiden sich zwischen zwei vorgegebenen Optionen.

[O] Differenzierung

Lernschwächere S notieren die Nummern (1–8) sowie die jeweiligen orangen Auswahlwörter im Heft. Beim nochmaligen Sehen streichen sie immer den nicht zutreffenden Begriff durch.

Auswertung

S lesen die Sätze mit der korrekten Option im Plenum vor und schreiben sie anschließend ins Heft.

Lösung

***1** history* • ***2** dog* • ***3** tie* • ***4** sister* • ***5** sport* • ***6** football*

Erarbeitung

d) Abschließend vergleichen die S ihre eigenen *favourite things* mit denen von Joe und ermitteln Gemeinsamkeiten. Dazu zeichnen die S die vorgegebene Grafik (ein Venn-Diagramm) ab und notieren ihre eigenen sowie Joes Lieblingsgegenstände in den passenden Flächen. Gemeinsame Lieblingsgegenstände kommen in die Schnittmenge in der Mitte.
Tipp: Da in Joes Kreis bis zu 14 Gegenstände passen müssen, sollte L die S anfangs darauf hinweisen, diese Zeichnung groß genug anzulegen.

Zusatz

Als Weiterführung bietet es sich an, die S eine eigene kleine Präsentation zum Thema *My favourite things* als Hausaufgabe vorbereiten zu lassen.
Zur Veranschaulichung bringen die S dazu ausgewählte Gegenstände mit, die sie einzeln mit Begründung vorstellen. Zur sprachlichen Unterstützung ist es sinnvoll, an der Tafel passende Satzanfänge zu sammeln. Dazu kann L ggf. den Filmclip nochmals zeigen und Joes einfache Sätze aufgreifen.
Die Präsentation kann anschließend in PA oder im Plenum erfolgen. Einige der Präsentationen können auch – wie im Filmclip – mit einer Kamera aufgenommen werden.

STOP! CHECK! GO!

Hinweis

Übungsaufgaben zu wichtigen Themen und Kompetenzbereichen aus Unit 2. Bei geschlossenen Aufgabenformaten können die S ihre Ergebnisse selbstständig mithilfe des Lösungsschlüssels auf ► KV 26: Answers to STOP! CHECK! GO! (Unit 2) überprüfen (auch als Partnerkontrolle). Die KV bietet eine Auswertung nach Punkten, die in drei verschiedene Smileys (☺/😐/☹) übersetzt werden. Diese Smileys können auch für die Selbsteinschätzung im *Workbook* (STOP AND PRACTISE, p. 31) und in *Differenzieren – Fördern – Fordern* herangezogen werden. Weitere grundsätzliche Hinweise zur Konzeption und Durchführung von STOP! CHECK! GO! finden sich im Vorwort.

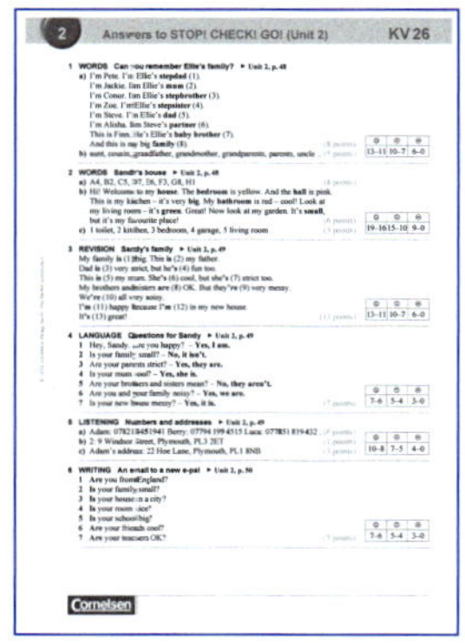

Die Hörtexte zu STOP! CHECK! GO! sind für die S auch auf der Audio-CD im *Workbook* zugänglich.

►INKL 2.12

Inhaltsübersicht

S. 48

1 WORDS Can you remember Ellie's family?

a) Aussagen über Ellies Familie mit passenden *family words* vervollständigen

b) Weitere Begriffe aus dem Wortfeld Familie aufschreiben

2 WORDS Sandy's house

a) ○ Einer Hausabbildung passende Raumbezeichnungen zuordnen

b) Fehler in einer Hausbeschreibung korrigieren

c) Räume anhand einer Kurzbeschreibung erkennen

S. 49

3 REVISION Sandy's family

Einen Lückentext mit passenden Formen von *be* ergänzen

4 Questions for Sandy

//○ Alternativfragen mit *be* die passende Kurzantwort zuordnen

//● Kurzantworten zu Alternativfragen mit *be* bilden

5 LISTENING Numbers and addresses

a) Angezeigte Telefonnummern anhand eines Hörtextes korrigieren

b) Aus drei Adressen die zum Hörtext passende herausfinden

c) ● Eine gehörte Adresse aufschreiben

S. 50

6 WRITING An email to a new e-pal

a) ○ Fragen eines fiktiven E-Mail-Freundes mit einer Form von *be* ergänzen

b) Individuell zutreffende Kurzantworten zu den Fragen aus **a)** geben

c) ● Mithilfe der Leitfragen und Antworten aus **a)/b)** eine E-Mail zur eigenen Person schreiben

7 SPEAKING Good shops

a) Informationen zu Name, Adresse und Telefonnummer von Geschäften erfragen und die Antworten des Partners notieren

b) Nach Rollentausch die Fragen des Partners beantworten

S. 51

8 READING A new hobby

a) Eine Bildergeschichte lesen

b) Fragen zur Bildergeschichte beantworten

9 My learner log

Den eigenen Lernprozess evaluieren und eigene Kompetenzen einschätzen

S. 48

1 WORDS Can you remember Ellie's family?

Erarbeitung

a) SB geöffnet. Die S schreiben die Sätze 1–8 in ihr Heft und fügen anhand der Abbildung die entsprechenden Verwandtschaftsbezeichnungen hinzu.

Erarbeitung

b) SB geöffnet. S notieren (mindestens) fünf weitere Begriffe zum Wortfeld *family* im Heft.

► DFF 2.1

Lösung

► KV 26: Answers to STOP! CHECK! GO! (Unit 2)

2 WORDS Sandy's house

Erarbeitung

a) ◎ **SB geöffnet.** S schreiben die Zahlen von 1–8 in ihr Heft und ordnen die entsprechenden Buchstaben bzw. Raumlabels zu.

b) SB geöffnet. S übertragen den korrigierten Fehlertext in ihr Heft.

c) SB geöffnet. Gemäß SB.

► DFF 2.2
► DFF 2.3

Lösung

► KV 26: Answers to STOP! CHECK! GO! (Unit 2)

S. 49

3 REVISION Sandy's family

Erarbeitung

SB geöffnet. Die S kopieren den Text ins Heft und setzen für die Zahlen die entsprechende Form von *be* ein.

Lösung

► KV 26: Answers to STOP! CHECK! GO! (Unit 2)

4 ◎ Questions for Sandy

Erarbeitung

SB geöffnet. Die S wählen zu Cyrils Fragen die passenden Kurzantworten aus.

► DFF 2.4

//● p. 129 Lernstärkere S bilden selbstständig die passenden Kurzantworten.

Lösung

► KV 26: Answers to STOP! CHECK! GO! (Unit 2)

5 LISTENING Numbers and addresses

Einstieg

Zur Vorentlastung dieser Aufgabe kann L die S im Plenum die Telefonnummern zunächst still lesen lassen, anschließend Chorsprechen.

Erarbeitung

a) **SB geöffnet.** Nach dem **1. Hören** des Dialogs notieren S die korrigierten Telefonnummern. **2. Hören** je nach Lernstärke der S zur Ergänzung und/oder Überprüfung der Telefonnummern möglich.

► 1.40

Hörtext

1

Ellie: OK, you have my number, now I need your mobile numbers. Adam, what's your number?
Adam: Er it's 078.
Ellie: 078, yes.
Adam: 21.
Ellie: OK.
Adam: 445 1941.
Ellie: Woah, too fast! Can you say that again?
Adam: Sure 445.

Ellie: Yeah.
Adam: 1941.
Ellie: OK. Is that right?
Adam: No, it's 44 **five**, 19 **four** 1.
Ellie: OK.

2
Ellie: OK Berry, it's your turn. What's your phone number?
Berry: My mobile number?
Ellie: Yes.
Berry: OK, let's see ... it's 07794.
Ellie: Wait 077.
Berry: 077 94.
Ellie: OK.
Berry: 199.
Ellie: OK.
Berry: 4515.
Ellie: Er ... Can you say that again please?
Berry: OK. 077 94.
Ellie: Yeah I have that.
Berry: 199 4515.
Ellie: I have a mistake here.
Berry: You have two mistakes. It's 19 **nine** – **four** 515.

3
Ellie: Right Luca, it's your turn. What's your phone number?
Luca: Hmm, you want my number? I see ...
Ellie: Oh, come on Luca. What's your number?
Luca: OK, well it's 077851.
Ellie: Slowly! 07.
Luca: 077–851.
Ellie: Go on.
Luca: 819 432.
Ellie: Not so fast! Can you say that again please?
Luca: 81–94–32.
Ellie: Again! 81 ...
Luca: 94 32.
Ellie: Is that right?
Luca: Er ... no!
Ellie: You were too fast. Say it again.
Luca: 077 851 ... 819 432. OK?
Ellie: I don't know!

Erarbeitung

b) Beim **1. Hören** prüfen die S die im SB angebotenen Adressen und schreiben anschließend die Ziffer, die zu Lucas Adresse gehört, in ihr Heft. **2. Hören** zur Überprüfung möglich.

▶ 1.41

Hörtext

Adam: So what's your address, Luca?
Luca: 9 Windsor Street.
Adam: What number?
Luca: 9.
Adam: Windsor Road. Can you spell that?
Luca: W-I-N-D-S-O-R. But it's not Windsor Road, it's Windsor Street.
Adam: OK, is that in Plymouth?
Luca: Yes, Plymouth PL3 2ET.
Adam: 2TE.
Luca: No, PL3 2ET.
Adam: OK, thanks.
Luca: No problem.

Erarbeitung

c) **1. Hören.** S notieren Adams Adresse. **2. Hören** je nach Lernstärke der S zur Ergänzung und/oder Überprüfung der Adressangaben möglich.

▶ 1.42
▶ DFF 2.5

Hörtext

Luca: What about you, Adam? What's your address?
Adam: Well, it's near the town centre. It's 22 Hoe Lane.
Luca: Can you spell that?
Adam: Sure twenty-two, that's two two.
Luca: Right.
Adam: Hoe, H-O-E.
Luca: H-O-E, OK.
Adam: Lane, L-A-N-E.
Luca: Lane, OK, L-A-N-E, Lane. Next?
Adam: Plymouth PL1 8NB.
Luca: Can you say that again, please?
Adam: Sure. Plymouth PL1 8NB.
Luca: OK, Plymouth, I can spell that! Then PL1 ...
Adam: Yeah ... 8NB.
Luca: MB?
Adam: No N, ... N for new ... and B, B for Bus.
Luca: OK, Got it. PL1 8NB.
Adam: That's right.
Luca: Thanks.

Lösung

▸ KV 26: Answers to STOP! CHECK! GO! (Unit 2)

S. 50

6 WRITING An email to a new e-pal

Wortschatz

°e-pal

Einstieg

Zur Vorentlastung dieser Aufgabe kann L die S im Plenum auffordern, sich zunächst Fragen zu überlegen, die sie selbst einem neuen E-Mail-Freund stellen würden.

Erarbeitung

a) ◻ **SB geöffnet.** Stilles Lesen der E-Mail in EA. Anschließend fertigen S eine zweispaltige Tabelle an und schreiben Toms Fragen, vervollständigt mit der passenden Form von *be,* in die linke Spalte.

Lösung

▸ KV 26: Answers to STOP! CHECK! GO! (Unit 2)

b) SB geöffnet. S beantworten die Fragen und füllen dabei die rechte Spalte der Tabelle mit den für sie zutreffenden positiven oder negativen Kurzantworten.

c) ◼ **SB geöffnet.** Gemäß SB. Beim Schreiben ihrer individuellen E-Mails orientieren sich die S an Toms Mustertext und ihren Antworten aus **b)**.

Lösung

Individuelle Lösungen

7 SPEAKING Good shops

Erarbeitung

a) SB geöffnet. Es handelt sich um eine ▸ Info-gap activity (Glossar). Partner A beginnt, erfragt die gesuchten Informationen mithilfe der Sprechblasen im SB und notiert Name, Adresse und Telefonnummer des gesuchten Geschäfts im Heft. Partner B arbeitet auf der Partner-B-Seite (SB-Seite 119) und beantwortet mithilfe des dort abgebildeten Werbeplakats zunächst die Fragen von Partner A.

b) Dann übernimmt Partner B die Rolle des Fragenden und notiert sich die Antworten von Partner A bezüglich Name, Adresse und Telefonnummer.

Lösung

Individuelle Lösungen

Zusatz

Abschließend können einzelne S-Paare ihren Dialog im Plenum vortragen. Dabei können lernstärkere S zusätzlich noch spezielle Artikel erfragen/nennen, die sie entsprechend der Abbildungen in dem jeweiligen Geschäft kaufen können.

S. 51

8 READING A new hobby

Wortschatz

°I'm bored • °difficult • °clothes • °better

Erarbeitung

a) SB geöffnet. 1. Lesen der Bildergeschichte in Stillarbeit.

b) S beantworten Detailfragen zur Geschichte bildgestützt. **2. Lesen** zur Überprüfung der eigenen Antworten möglich.

Lösung

1 *Zoe* • ***2*** *Ellie* • ***3*** *Zoe and Conor* • ***4*** *Zoe and Conor* • ***5*** *Conor* • ***6*** *Conor* • ***7*** *Zoe*

Zusatz

Die Geschichte kann im Plenum von einigen (sportlich interessierten) S nachgespielt werden.

9 My learner log

Wortschatz

°page • °progress

Erarbeitung

SB geöffnet. Schriftlich gemäß Muster im SB. Die S können ihr *learner log* mit entsprechenden Symbolen versehen.

► INKL 2.12
► WB, pp. 31–3

Lösung

Individuelle Lösungen

My Plymouth

Kommunikative Kompetenzen

Listening
- This is my town (p. 52, 1b)*
- SONG This is my city (p. 53, 3)
- Birthday ideas (p. 56, 1 a, c)
- Months and dates (p. 57, 3 c–d)
- Who is he? (p. 59, 4)
- The end of the story (p. 61, 4)
- Luca's garage sale (p. 62, 1)
- A new helmet (p. 63, 2b)

Viewing
- Sarah isn't happy! (p. 65, 1)
- Plymouth, England (p. 65, 2)

Reading
- Saturdays are great (p. 54, 1)
- Shopping for a birthday present (p. 55, 3)
- Luca's day (p. 58, 1)
- Story: Happy birthday, Luca! (p. 60/61, 1–2)
- In a bike shop (p. 63, 1)
- Plymouth adverts (p. 64, 1)

Speaking
- Your town (p. 52, 2c)
- This is my city (p. 53, 3)
- NOW YOU (p. 55, 2b)
- I love the hoodie! (p. 55, 4)
- You and your birthday (p. 56, 2b)
- Months and dates (p. 57, 3d)
- When's your birthday? (p. 57, 4b)
- Talking about birthdays (p. 57, 5 b–c)
- Who is he? (p. 59, 4)
- Before you read (p. 60, 1)
- British money (p. 62, 2b)
- ROLE-PLAY: A garage sale (p. 63, 3)
- Plymouth, England (p. 65, 2b)

Writing
- You and your birthday (p. 56, 2a)
- Months and dates (p. 57, 3a)
- When's your birthday? (p. 57, 4a)
- NOW YOU (p. 59, 6b)
- Luca's birthday (p. 61, 3)
- British money (p. 62, 2a)

My Plymouth

In dieser Unit stellt Luca das alltägliche Leben seiner Familie und seine Lieblingsorte in Plymouth vor. Zurzeit freut er sich auf seinen nahenden Geburtstag, tauscht sich mit Ellie, Berry und Adam über ihre Geburtstagsgewohnheiten aus und kauft mit dem Vater ein Geburtstagsgeschenk. Doch der Geburtstag verläuft anders als geplant.

Sprachliche Mittel

Wortfelder
- In der Stadt (p. 52, 1/2)
- Kleidung (p. 55, 3/4)
- Tage, Monate und Datum (p. 57, 3/4)
- Geld und Preise (p. 62, 1/2; p. 63, 3)

Strukturen
- Simple present, positive statements (p. 58/59, 1–6; p. 169, LF 6)
- Plural of nouns (p. 62, 1a; p. 168, LF 5; p. 195)

Methodische Kompetenzen

Lern- und Arbeitstechniken
- Mindmaps erstellen (p. 52, 2a; p. 59, 6a)
- Sprachliche Regelmäßigkeiten entdecken (p. 58, 2)
- Notizen machen (p. 59, 6a)
- Tabellen und Listen erstellen (p. 55, 2a; 57, 5a; 58, 2a; 62, 1a)
- Dialogen themenspezifische Redemittel entnehmen (p. 63, 2a)
- Unbekannte Wörter erschließen (p. 64, 2; p. 134, 8)
- Gestik, Mimik, Tonfall einer Filmfigur entschlüsseln (p. 65, 1c)

Selbsteinschätzung (Stop! Check! Go!)
- WORDS In a town (p. 66, 1)
- LISTENING In a sports shop (p. 66, 2)
- WORDS Days, months and dates (p. 66, 3)
- REVISION Stupid Cyril! (p. 66, 4)
- LANGUAGE Cyril's birthday (p. 67, 5)
- SPEAKING At the weekend (p. 68, 6)
- WRITING My favourite day (p. 68, 7)
- READING Casper the cat (p. 69, 8)
- My learner log (p. 69, 9)

Kooperative Lernformen
- Double circle (p. 56, 2b)
- Appointments (p. 57, 5; p. 68, 6b)
- Weitere Formen der PA und GA (p. 52, 55, 60, 62)

Interkulturelle Kompetenzen
- Britisches Geld (p. 62, 1/2)
- Garage sale (p. 62, 1)
- Orte in Plymouth (p. 52, 1)
- Alltag in einer britischen Familie (p. 54, 1; p. 58, 1; p. 59, 3)
- Geburtstagstraditionen britischer Kinder (p. 56, 1)

*p. 52, 1b = SB-Seite, Übungsnummer

LEAD-IN

Inhalt

Luca Boateng, dessen Eltern aus Ghana kommen, stellt sich, seine Familie und seine Heimatstadt Plymouth vor. S sprechen anhand einer Mindmap über ihren Heimatort und hören ein Lied zum Thema „meine Stadt".

Kommunikative Kompetenzen

Listening: Fotobeschreibungen verstehen • einen Song global erfassen
Speaking: Mithilfe einer Mindmap seinen Wohnort beschreiben • einen Song mitsingen

Methodische Kompetenzen

Lern- und Arbeitstechniken: Eine Mindmap zur Sammlung von Ideen nutzen

S. 52

1 This is my town

Wortschatz

often • to the cinema • Box 'to the cinema – **to** school' (SB-Seite 193) • **swimming pool • summer • fire station • family name**

Material

Bildkarten oder Fotos zu folgenden Begriffen: *cinema, fire station, aquarium, shopping centre, market, supermarket, swimming pool*

Einstieg

SB geschlossen. L aktiviert durch stumme Bildimpulse (Bildkarten, Fotos oder Tafelbild) die Wortschatz-Vorkenntnisse der S zu Gebäuden und Plätzen in einer Stadt bzw. führt unbekannten Lernwortschatz ein. L sichert Aussprache *(often!)* und Schriftbild.

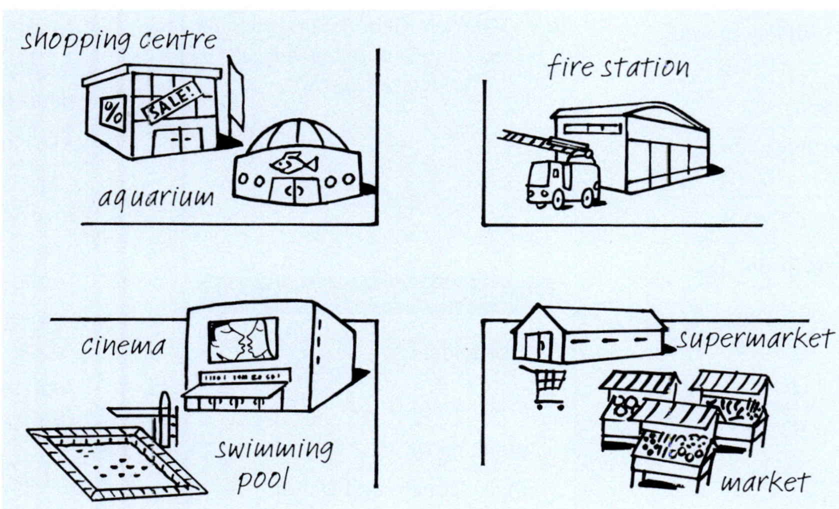

Differenzierung

Lernstärkere S nennen weitere ihnen bekannte Wörter zum Thema „Stadt".

Alternative

S erarbeiten das Vokabular zum Wortfeld „Stadt" spielerisch mithilfe der ► KV 27 A/B: Town rally. Es handelt sich um einen zweiseitigen Spielplan, den S in Kleingruppen à drei bis vier S durchlaufen. Ein S ist der Spielleiter und erhält die Lösungswörter. Benötigt werden ein Würfel und Spielfiguren. Wer eine Sechs hat, beginnt, dann wird reihum gespielt. Rausschmeißen ist nicht erlaubt. Wer als erstes das Ziel erreicht, hat gewonnen.

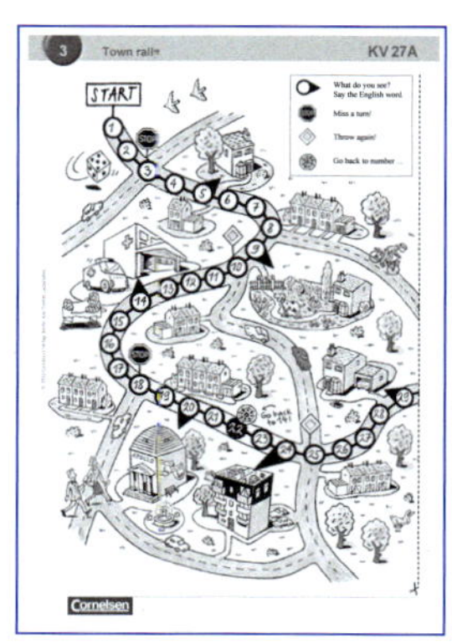

Es gibt vier Typen von Sonderfeldern:
- Kommt ein S auf ein Feld mit schwarzem Pfeil, dann muss das richtige *town word* genannt werden. Gelingt dies nicht, muss S drei Felder zurücklaufen.
- Bei einem Feld mit offenem Gully fällt S auf das dort angegebene Feld zurück und muss den entsprechenden Begriff nennen.
- Stoppschild: Einmal aussetzen.
- Vorfahrtsschild: Noch einmal würfeln.

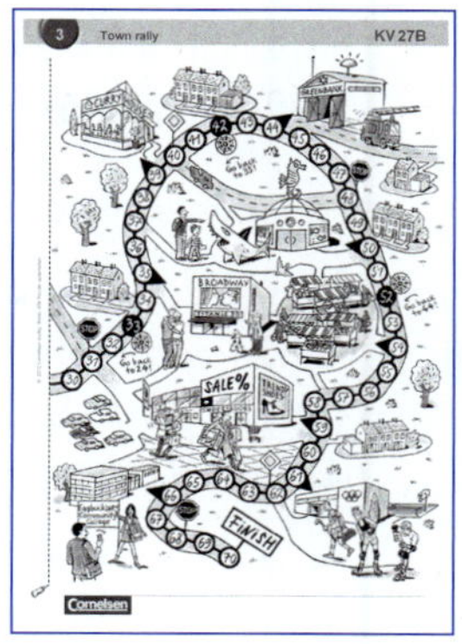

Es empfiehlt sich, die S vor dem ersten Durchlauf Felder mit Stoppschild rot und Felder mit Vorfahrtsschild gelb anmalen zu lassen.

L kann S dazu anregen, das Spielfeld weiter auszumalen oder auszuschmücken. Es kann auch als Sprechanlass genutzt werden: *Where do you like to go in a town? Is a town a great place for kids? What's your favourite place? Why?*

Lösung

5 *house* • ***9*** *garden* • ***14*** *hospital* • ***20*** *theatre* • ***24*** *flat* • ***29*** *garage* • ***35*** *cinema* • ***39*** *restaurant* • ***44*** *fire station* • ***50*** *aquarium* • ***54*** *market* • ***59*** *shopping centre* • ***61*** *sports hall* • ***66*** *school*

Überleitung

SB geöffnet. L: *Luca lives in Plymouth. He likes his town. What do you think are his favourite places in Plymouth? (his home, the park, the fire station, the shops, the swimming pool, the cinema)*

Erarbeitung

a) *Pre-listening:* Zuordnung von Text und Bild in EA oder PA.

▶ IAT 3.1

Erarbeitung

b) **1. Hören** (Globalverstehen): Überprüfen der Zuordnung von Text und Bild gemäß SB.

▶ 2.02
▶ INKL 3.1

Lösung

A 4 • ***B*** 6 • ***C*** 2 • ***D*** 1 • ***E*** 5 • ***F*** 3

Hörtext

Hello everybody. I'm Luca Boateng – that's B-O-A-T-E-N-G – Boateng. My mother and father come from Ghana – that's in Africa. But I'm from Plymouth, and – this – is – my – town!!!

Well, I live with my family – Mum, Dad, Jack and Grace – in Windsor Street. Our house number is 9. It's a nice house. And Windsor Street is a nice road; quiet, not too busy. That's good!

My brother Jack and I love our bikes. They're special bikes – BMXs. We ride them in Central Park at the weekend. Saturdays and Sundays are best – there are lots of other BMX riders in the park. Come on Jack – you're slow!

I like to visit my dad at his work. He's a fire fighter and works at the Greenbank Fire Station. That's on Greenbank Road. It's a great place. And I know all the fire fighters.

Er, my favourite shop in Plymouth is Phones 4U, in New George Street. It's a mobile phone shop. It's great. They have all the new mobile phones. And the best thing is that my mum works there! Oh, that's my mobile.

In my town we have lots of cool places. In the summer I love to go to the Tinside Lido. It's a swimming pool at the sea. It's great. It's a really big pool. I love swimming there.

In the evenings I sometimes go to the cinema with my friends. I love films, especially fantasy films. We usually go to the Reel cinema. It's in the centre of Plymouth. Sometimes Jack comes with me. He likes films too.

Yes, this is my town, my Plymouth.

Überleitung

L: *Do you remember Luca's family name? (Boateng) Can you spell it?* Tafelanschrieb und gemeinsames Buchstabieren (im Chor, abwechselnd Lehrer-Klasse jeweils einen Buchstaben, zwei Partner abwechselnd).

Zusatz

► Meldekette (Glossar) zur Sicherung von *family name*. S1: *My family name is … What's your family name ?* S2: *My family name is …*

Erarbeitung

c) **2. Hören** (Detailverstehen): Hörauftrag gemäß SB. Da sich S auf das Hören, und nicht auf die Schreibung, konzentrieren sollen, notieren sie bei den Namen und Ortsnamen zunächst nur den Anfangsbuchstaben der jeweils von ihnen favorisierten Lösung.

Auswertung

d) Gemäß SB. Nach dem Abgleich im Plenum notieren S die komplette Lösung.

Lösung

Family name: Boateng • House number: 9 • Name of mobile shop: Phones 4U • Name of park: Central Park • Name of fire station: Greenbank • Name of swimming pool: Tinside Lido • Name of cinema: Reel Cinema

INFO-BOX Tinside Lido

Der Tinside Lido ist eine öffentliche Badeanlage direkt am Ufer des Plymouth Sounds. Im Art Déco Stil erbaut, wurde sie 1935 eröffnet. Das halbrunde Schwimmbecken hat einen Durchmesser von 55 Metern. Die Mitte des Beckens schmückt eine große Fontäne. An der hinteren Seite befindet sich links und rechts jeweils eine kleine Fontäne. Von den Liegeplätzen kann direkt auf die See gesehen werden. 1992 wurde das Freibad geschlossen, aufgrund einer Bürgerinitiative aber ein paar Jahre später aufwändig saniert. 2005 konnte die Badeanlage wiedereröffnet werden. Badesaison ist im Tinside Lido von Mai bis September.

2 Your town

Wortschatz

never • aquarium • market • shopping centre

Einstieg

SB geschlossen. L erarbeitet mit S Struktur der Mindmap. L: *In my town we have a swimming pool / park / ….* L schreibt den Satz an die Tafel und bildet mit S weitere Sätze nach diesem Muster. Anschließend gleiches Vorgehen zu den anderen Sätzen der Mindmap. Da *never* für S neu ist, verdeutlicht L mit Beispielsätzen und Gestik die Bedeutung (z. B. wenn S Abneigungen der L kennen: *I never smoke, I never watch … on TV.*).

Erarbeitung

a) **SB geöffnet.** Gemäß SB. L weist S auf die Vorlage im SB, auf die mögliche Nutzung verschiedener Farben, Bilder und Symbole sowie auf die *Wordbank* im SB hin.

► WB 1–2, p. 37

► INKL 3.2

Differenzierung

Lernstärkere S ergänzen ihre Mindmap um weitere Äste, z. B. *I often go to …*

Erarbeitung

b) Gemäß SB.

Auswertung

c) Gemäß SB.

► DFF 3.1

► Folie 17

Alternative — In Kleingruppen (vier bis sechs S) verlieren zurückhaltende S eher Hemmungen, und es wird gewährleistet, dass jeder S vortragen kann. S korrigieren sich ggf. gegenseitig. Zum Abschluss trägt ein S aus jeder Gruppe im Plenum vor.

Differenzierung — Lernschwächere S lesen vor, lernstärkere S nutzen ihre Mindmap als punktuelle Hilfe oder tragen auswendig vor; ein (vorbestimmter) Partner gibt Stichworte, wenn der Vortrag stockt.

Zusatz — S spielen zur Festigung des Stadt-Vokabulars „Montagsmaler". Dazu bereitet L Karteikarten mit den neuen Begriffen vor. Ein freiwilliger S zieht eine Karte und zeichnet das entsprechende Wort an die Tafel. Wer als erstes das richtige Wort sagt, ist der nächste Montagsmaler.

S. 53

3 SONG This is my city

Wortschatz — °through • °eye • °look • °so • °pretty • °these • °dirty • °belong

Erarbeitung — **SB geöffnet. 1. Hören.** S hören den Songauszug (es handelt sich um den Refrain) und lesen mit. Frage zur Überprüfung des Globalverstehens (Tafel): *Does the singer love the city?* □ *Yes.* □ *No.*

► 2.03
► Folie 17

Differenzierung — Lernstärkere S begründen ihre Antwort: *I think she loves her city. She says 'my city', 'my town', 'my people'. She thinks the city is pretty. She feels good there.*

INFO-BOX — This is my city

Der Song *This is my city* von Timothy Victor ist aus der britischen TV-Serie *Skins* (Hautnah) bekannt, die seit 2009 auch in Deutschland ausgestrahlte wurde. Die Serie rankt sich um eine Gruppe von Teenagern aus Bristol und wurde mit mehreren Preisen ausgezeichnet.

Erarbeitung — **2./3. Hören:** S hören den Song mehrmals und singen mit. Im Song ist die amerikanische Aussprache von *city* und *pretty* für S ungewohnt. L achtet auf die korrekte Aussprache von *this* und *these*.

Differenzierung — Lernstärkere S lernen einige Zeilen auswendig und präsentieren den Text allein oder paarweise.

Zusatz
- L blendet jede zweite Zeile des Liedes aus und alle S singen diese Zeile ohne Begleitung.
- Zwei Gruppen in der Klasse singen Zeile für Zeile abwechselnd.
- Eine Gruppe in der Klasse singt jeweils die erste Hälfte einer Zeile, die andere Gruppe die zweite Hälfte der Zeile.

Zusatz — S suchen aus dem Kartenausschnitt im Hintergrund der SB-Seite 52/53 unterschiedliche Bezeichnungen für Straßen heraus: *Road, Street (St.), Hill, Plain, Approach.* Sie erweitern diese Liste durch Suche im Internet in einer Karte von Plymouth (z. B. http://www.plymouthcity.co.uk/map/).

THEME 1 Weekends in Plymouth

Inhalt

Luca beschreibt den Ablauf eines gewöhnlichen Samstages mit Familie und Freunden. Mit seinem Vater geht er in ein Sportgeschäft, um ein Geburtstagsgeschenk auszusuchen. S berichten anhand einer Tabelle darüber, was sie samstags regelmäßig oder nie tun, und sprechen darüber, welche Kleidung sie mögen oder nicht mögen.

Kommunikative Kompetenzen

Reading: Einen monologischen Text über Aktivitäten am Wochenende verstehen • einen dialogischen Text global und im Detail verstehen

Speaking: Sagen, was man immer, manchmal oder nie tut • sagen, welche Kleidung man mag oder nicht mag

Methodische Kompetenzen

Lern- und Arbeitstechniken: Eine Tabelle zur Strukturierung von Aktivitäten anfertigen

S. 54

1 Saturdays are great

Wortschatz

stay • **breakfast** • **everybody** • °Yummy! • **in the morning** • **go shopping** • **first** • **then** • **vegetables** • **boring** • **like** • **sweets** • **afternoon** • **usually** • **there** • **evening** • **Box 'in the** morning – **on** Monday' (SB-Seite 194) • **sometimes** • **Box 'never – sometimes – often – usually – always'** (SB-Seite 194) • **come**

Einstieg

SB geschlossen. Wiederholung der Wochentage: L zeigt mit den Fingern eine Zahl zwischen 1 (= *Monday*) und 7 (= *Sunday*) und fragt: *Which day is it?* Bei Bedarf gibt L zusätzliche Hilfe an der Tafel, z. B. bei 5: **F _ i** _ _ _ *(Friday)*.

Überleitung

L zeigt mit den Fingern die Zahl 6: *My favourite day is …* S: *Saturday.* L: *Let's see what Luca does on Saturdays.*

Erarbeitung

a) SB geöffnet. *Pre-reading* gemäß SB.

Lösung

***A:** Luca is at home.* • ***B:** Luca is at the market.* • ***C:** Luca is in the park.* • ***D:** Luca is at the cinema.*

Differenzierung

S beschreiben die Bilder abwechselnd: *In picture A I can see Luca, Luca's dad, Luca's brother, Luca's sister. They are in the living room. etc.*

Erarbeitung

b) 1. Lesen/Hören im ▸ Mitleseverfahren (Glossar). S schreiben unbekannte Wörter aus dem Text heraus und erschließen sie in PA selbstständig (Kontext, Bilder). L sammelt die neuen Wörter an der Tafel, sichert ihre Bedeutung und die korrekte Aussprache (Vorsprechen, Chorsprechen). ▸ 2.04

2. Lesen (Detailverstehen): Zuordnung der Satzteile gemäß SB.

Auswertung

Kontrolle in PA und Präsentation in der Klasse: Partner 1 liest den ersten Teil des Satzes, Partner 2 ergänzt den passenden zweiten Teil (im Wechsel).

Lösung

***1** On Saturdays Luca has no school. **2** Luca always makes a big breakfast. **3** Then they all go shopping. **4** Dad and Grace usually play games at home. **5** Jack and Luca go to Central Park. **6** In the evening they sometimes go to the cinema.* ▸ DFF 3.4

Zusatz Zur Festigung der Tageszeiten tragen S Lucas und ihre eigenen Aktivitäten am Samstag in eine vorgegebene Tabelle ein.

	On Saturday mornings	On Saturday afternoons	On Saturday evenings
Luca:	... I have no school. ... I make a big breakfast. ... I go shopping.	... I go to Central Park. ... I ride my BMX bike.	... I sometimes go to the cinema. ... I meet my friends..
Me:	...	...	...

S. 55

2 NOW YOU

Wortschatz **have breakfast • have lunch**

Material Ball (oder Wollknäuel o. Ä.)

Einstieg **SB geschlossen.** L verdeutlicht die Abstufung der Häufigkeitsadverbien anhand der Grafik im *Vocabulary* (SB-Seite 194).

Erarbeitung **a)** **SB geöffnet.** Gemäß SB.

//● p. 130 Lernstärkere S arbeiten auf SB-Seite 130. Dort erhalten sie als Hilfe lediglich eine Auswahl an Verben.

Zusatz Erweiterung der Tabelle um die Spalten *usually* und *often* (dabei Abstufungen der Häufigkeit beachten!).

Erarbeitung **b)** **SB geschlossen.** Gemäß SB. S stellen sich, wenn die Platzverhältnisse es zulassen, im Kreis auf und nutzen die Notizen aus ihrer Tabelle als Formulierungshilfe.

► DFF 3.4
► Folie 18

● Differenzierung Lernstärkere S formulieren frei. Sie dürfen nicht das Häufigkeitsadverb verwenden, das S vor ihnen verwendet hat.

3 Shopping for a birthday present

Wortschatz **present • want to do** sth. **• today • trainers** *(pl)* **• expensive • hoodie • Box '40/50/…/101/102/…'** (SB-Seite 194) **• hate • terrible**

Einstieg **SB geöffnet.** Bildbeschreibung und Semantisierung. L: *Who's in the picture? (Luca, Luca's dad) Where are they? (in a sports shop) What can you see in the shop? (clothes, T-shirts, sweatshirts/hoodies, sports shoes / trainers, a football, a basketball) What colour are the trainers? (red, black, white, grey)*

Erarbeitung **a)** **SB geöffnet. 1. Lesen/**Hören (Globalverstehen): Zur Lösung des Leseauftrags aus dem SB stellt L an der Tafel sprachliche Hilfen zur Verfügung. L: *Does Luca like* (☺) *shopping with his dad? Or does he hate* (☹) *it?* S: *Luca hates it.*

► 2.05
► INKL 3.3

☺: likes	☹: hates
Luca .... shopping with his dad.	

Erarbeitung

b) [O] [≡≡] **SB geöffnet.** S lesen die Lückensätze und ergänzen sie nach dem **2. Lesen** (Detailverstehen).

[●] Differenzierung

Lernstärkere S benennen die entsprechenden Textstellen (vgl. blaue Lösungen in Klammern).

Lösung

1 *Dad likes the black trainers and the brown hoodie. (Look, Luca. What about the black trainers? … But what about the brown hoodie? It's nice.)*
2 *Luca likes the red trainers and the green hoodie. (What about the red trainers? They're cool. … I love the green hoodie!)*
3 *Luca hates the brown hoodie. (I hate brown.)*

4 I love the hoodie!

Material

originelle Kleidungsstücke von zu Hause oder aus dem Fundus der Theater-AG

Einstieg

SB geöffnet. S benennen/beschreiben die Kleidungsstücke: *trainers, brown shoes, socks, mini skirt, green and black pullover/sweatshirt, green tie, T-Shirt, red hoodie, red blazer, trousers*.

Alternative

SB geschlossen. L bringt Kleidungsstücke mit, wiederholt daran das Kleidungsvokabular. L: *Look at this pink tie. I love it. What about you?* Für die Antwort stellt L den S Redemittel zur Verfügung (Tafel):
Really? I hate the …
Yes. I love the … too.

Erarbeitung

a) [Partnerarbeit] [Sprechen] **SB geöffnet.** ► Milling-around activity (Glossar). S bewegen sich durch den Klassenraum, befragen verschiedene Mit-S und machen sich Notizen.

[O] Differenzierung

Lernschwächere S erhalten auf ► KV 28: What do you love? What do you hate? die Fotos der Kleidungsstücke mit den englischen Begriffen in einer vorstrukturierten Tabelle vorgegeben. Hier können sie ihre eigene Meinung und die Ergebnisse ihrer Umfrage eintragen. Die Tabelle kann auch als Hilfestellung für die anschließende Auswertung im Plenum genutzt werden.

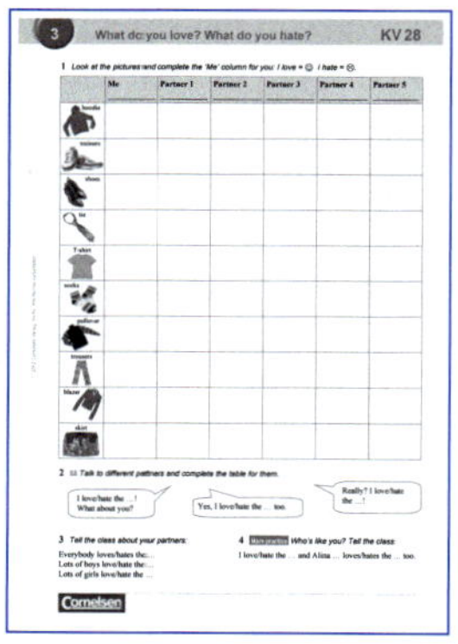

Auswertung

b) [●] [Sprechen] Gemäß SB.

► WB 3–5, pp. 38–39
► DFF 3.6

[O] Differenzierung

[Partnerarbeit] Um Sprechhemmungen abzubauen und möglichst viele S zu aktivieren, stellen lernschwächere S ihre Ergebnisse zunächst einem Partner vor.

Alternative

[Gruppenarbeit] S stellen in Kleingruppen (drei bis vier S) selbst ein Poster mit Kleidungsstücken her (malen oder aus Katalogen ausschneiden und aufkleben), tauschen sich – wie im SB beschrieben – über ihre Vorlieben und Abneigungen aus und berichten der Klasse von ihrem Ergebnis.

THEME 2 Birthdays

Inhalt

Ellie, Luca, Adam und Berry unterhalten sich über ihre Geburtstage. S üben Datumsangaben und tauschen sich über ihren Geburtstag aus.

Kommunikative Kompetenzen

Listening: Dialoge mit Datumsangaben global und im Detail verstehen • Datumsangaben verstehen

Speaking: Sich über Geburtstage austauschen • das Datum auf Englisch nennen

Writing: Schreiben, was man am Geburtstag macht • das Datum auf Englisch schreiben

Methodische Kompetenzen

Lern- und Arbeitstechniken: Geburtsdaten in einer Tabelle erfassen

Kooperative Lernformen: Double circle • Appointments

S. 56

1 Birthday ideas

Wortschatz

on my birthday • have a party • Box 'party – parties' (SB-Seite 195) • **Box 'The months'** (SB-Seite 195)

Material

Flashcards zum Thema Monate

Einstieg

SB geschlossen. L notiert die Monatsnamen im Jahreskreis an der Tafel und sichert die Aussprache. Anschließend ▸ Meldekette (Glossar). L: *My birthday is in January/... What about you?* S1: *My birthday is in March/...What about you?* S2: *My birthday ...*

Alternative

L heftet vorbereitete ▸ Flashcards (Glossar) mit Monatsnamen, passendem Bild und ggf. der Nummer des Monats im Jahr als Hilfestellung an verschiedene Stellen im Klassenraum. L stellt sich zu einer Flashcard, zeigt darauf und sagt: *My birthday is in January. What about you?* S gehen einzeln zu einer Karte und formulieren in einer ▸ Meldekette (Glossar) entsprechende Sätze. Abschließend zeigt L (oder ausgewählter S) abwechselnd auf einzelne Monate, und alle S, die dort stehen, wiederholen den Monat im Chor.

Überleitung

L: *Let's find out more about Luca's and his friends' birthdays.*

Erarbeitung

a) SB geöffnet. 1. Hören (Globalverstehen) gemäß SB. ▸ 2.06

Auswertung

Mündlich in PA, abschließend im Plenum.

Lösung

Picture 1 is Ellie's birthday.
Picture 2 is Berry's birthday.
Picture 3 is Adam's birthday.
Picture 4 is Luca's birthday.

Hörtext

Ellie: Hi, Luca.
Luca: Hello, Ellie.
Ellie: It's your birthday soon, isn't it?
Luca: Yes, it's on Saturday, the fourteenth of February – that's next Saturday.
Ellie: The fourteenth of February – that's Valentine's Day!
Luca: Yeah, Valentine's Day – ha, ha, ha ...
Ellie: What are your birthday plans?
Luca: I don't know. I usually go to a nice place with my family and friends – I sometimes go to the aquarium, or something like that.
Ellie: Oh, that's nice. I like the aquarium too.
Luca: Yeah, but this year I, er, don't know. I want to do something different, but I have no plans.
Ellie: Oh.
Luca: What about you, Ellie? When's your birthday?
Ellie: It's on the first of August – in the holidays.

Luca: The first of August – that's good. In the summer.
Ellie: I sometimes go to the beach with my family. We have a picnic. You know.
Luca: Sounds nice.

Ellie: Hi, Adam. Hi, Berry.
Adam: Hi.
Berry: Hi, everybody. You look happy. What are you talking about?
Ellie: Birthdays. It's Luca's birthday on Saturday!
Adam: Oh great! Let's have a party!
Luca: I don't know. I'll see.
Ellie: When's your birthday, Adam?
Adam: It's on the ninth of September.
Luca: December?
Adam: No, September! The ninth of September!
Luca: Oh! What do you usually do for your birthday?
Adam: Party, party, party. Yeah, I usually have a party with my friends. You know, we buy some food, we listen to music, we play games.
Ellie: That's cool. When's your birthday, Berry?
Berry: It's on the twenty-fifth of December.
Luca: The twenty-fifth of December – that's Christmas day! Cool!
Berry: No, it isn't cool! We always stay at home on my birthday. I have a Christmas party with my family, and that's it!
Luca: Oh, yes, er ... of course ... not so cool!
Ellie: Yeah. Now let's make plans for Luca's birthday ...

Erarbeitung

b) Gemäß SB. L gibt Versprachlichungsmuster vor: *I think activity ... goes with picture ....*

Lösung

***A**: picture 4* • ***B**: picture 1* • ***C**: picture 3* • ***D**: picture 2*

Erarbeitung

c) **2. Hören** (Detailverstehen): S schreiben die vier Daten aus der Aufgabe in ihr Heft, hören den Text und schreiben die passenden Namen zu den Daten.

▸ Folie 19

Auswertung

Kontrolle an der Tafel und wiederholtes Sprechen der Daten (Chor, Gruppe, einzeln......).

Lösung

***A**: Adam* • ***B**: Luca* • ***C**: Berry* • ***D**: Ellie*

2 You and your birthday

Wortschatz

go swimming • get • visit

Erarbeitung

a) **SB geöffnet.** Schriftlich gemäß SB. L führt *visit* ein: *It's your birthday. Your friends come and visit you.* Der restliche Wortschatz kann von S erschlossen werden. L gibt Zeitvorgabe, z. B.: *Write as many sentences as you can in five minutes.* S sollten jedes Häufigkeitsadverb mindestens einmal benutzen.

Erarbeitung

b) **SB geschlossen.** S stellen sich in einem ▸ Double circle (Glossar) auf. L gibt mit einem S einen Musterdialog vor. L: *On my birthday I always get presents. What about you?* S: *Me too.* L: *On my birthday I sometimes go shopping.* S: *I never go shopping. I usually ...* Nach dem Muster führen S Kurzdialoge. L gibt Signal zum Wechsel im Uhrzeigersinn.

▸ DFF 3.4
▸ WB 6, p. 39
▸ INKL 3.4

Differenzierung

Als Hilfe für lernschwächere S schreibt L den Satzanfang, die Häufigkeitsadverbien und Antwortmöglichkeiten an die Tafel.

S. 57

3 Months and dates

Wortschatz
date

Einstieg
SB geschlossen. L verteilt an zwölf freiwillige S Zettel mit den Monatsnamen. S stellen sich in der kalendarisch richtigen Reihenfolge auf.

▸ Folie 19

Erarbeitung
a) **SB geöffnet.** Gemäß SB.

Auswertung
Überprüfung der korrekten Schreibweise durch ▸ Partner check (Glossar).

Zusatz
Möglichkeiten spielerischer Übungsformen:
- /: die Monatsnamen abwechselnd sprechen
- /: ein S sagt eine Zahl (1–12), ein anderer S nennt den entsprechenden Monatsnamen
- : Monatskette: S1 sagt einen Monat, S2 wiederholt den Monat und fügt den folgenden Monat hinzu, S3 wiederholt beide Monate und fügt seinerseits den nächsten Monat hinzu, usw.
- Monatsnamen (mit)singen zu *The Calendar Song* von Boney M.

Erarbeitung
b) **SB geschlossen.** S verwenden die Liste der Monatsnamen aus **a)** und haken während des **1. Hörens** die Monate ab, die sie hören. Ein S arbeitet verdeckt an der Tafel.

▸ 2.07

Auswertung
Ergebnissicherung anhand des Ergebnisses an der Tafel.

Differenzierung
Lernstärkere S nennen die gehörten Monatsnamen aus der Erinnerung.

Lösung
January • May • December • October • July • September

Hörtext

1
Girl: Do you want to come to my birthday party?
Boy: Yeah, great. When's your birthday?
Girl: It's next week – on the thirtieth of January.
Boy: That's next Friday. OK. Great. What time ...

2
Welcome to Radio Plymouth on this lovely morning – it's the first of May – and it's a great day. We have some great music for you today...

3
Teacher: Good morning, class.
Class: Good morning, Miss Gray.
Teacher: What day is it today?
Girl: It's Tuesday, miss.
Teacher: And what's the date today? Alex?
Alex: It's the second of December, miss.
Teacher: That's right – the second of December ...

4
Man: I'd like a ticket to London, please.
Woman: Single or return?
Man: Single, please.
Woman: When do you want to travel?
Man: On the eleventh of October, please.
Woman: What time?
Man: The 9.15 train, please ...

5
Girl: When are the holidays, sir?
Teacher: They start on Tuesday, the sixteenth of July.
Boy: The sixteenth, sir?
Teacher: That's right, the sixteenth of July. And they finish on Friday, the third of September.
Girl 2: From the sixteenth of July to the third of September, sir?
Teacher: That's right.
Boy 2: Where are you going for your holidays …

Erarbeitung — **c) SB geöffnet.** S übertragen die Datumsangaben der Aufgabe in ihr Heft und markieren das korrekte Datum während des **2. Hörens.**

Auswertung — Partnerkontrolle durch Nennung des korrekten Buchstabens (A oder B) und Ergebnissicherung im Plenum.

Lösung — *__1__: B • __2__: A • __3__: A • __4__: B • __5__: A*

Zusatz — Aussprachetraining: Nach jeder Nennung spielt L die entsprechende Passage noch einmal vor und lässt S nachsprechen (im Chor, partnerweise, gruppenweise).

Erarbeitung — **d) SB geschlossen. Hören** und Nachsprechen gemäß SB (einzeln, Teilchor, Chor). ▶ 2.08

Hörtext — The first of January • The second of February • The third of March • The fourth of April • The fifth of May • The eighth of June • The ninth of July • The twelfth of August • The fifteenth of September • The twentieth of October • The twenty-first of November • The thirtieth of December

4 When's your birthday?

Wortschatz — **when? • Box 'what?/who?/…'** (SB-Seite 195) • **When's your birthday? • on 5th May • second • third • Box 'first/second/third/…'** (SB-Seite 195)

Material — Ball (oder Wollknäuel o. Ä.)

Einstieg — **SB geöffnet.** S sprechen die Daten aus dem gelben Kasten nach (Chor, Teilchor, einzeln).

Erarbeitung — **a)** S schreiben ihr Geburtsdatum ins Heft und üben in PA die Aussprache.

Differenzierung — Lernstärkere S erschließen aus den Beispielen die Regel für die Aussprache von Datumsangaben (auf Deutsch):
- das Datum beginnt immer mit *the*
- auf die Ziffer folgt *th* (Ausnahme: *first, second, third*)
- es folgt *of* und der Monatsname

Zusatz — S bearbeiten ▶ KV 29: Make a calendar. Der Kalender kann in den folgenden Wochen und Monaten im Rahmen des *Warming up* wiederholt zur Übung der Datumsangaben eingesetzt werden.

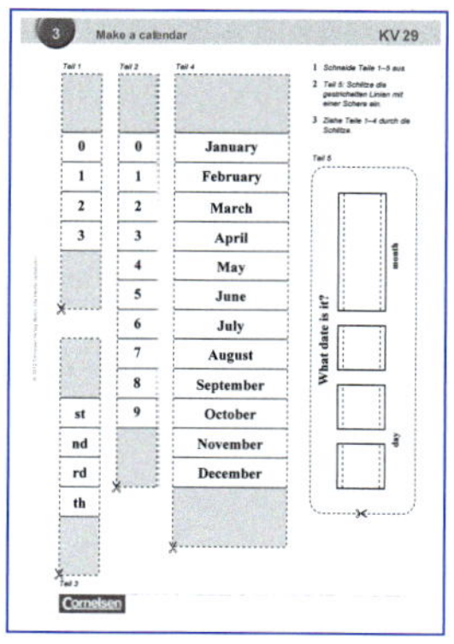

Erarbeitung — **b) SB geschlossen.** Gemäß SB.

5 Talking about birthdays

Wortschatz °column • °appointment • **at 1 o'clock • free**

Einstieg **SB geöffnet.** L klärt den Ablauf der kooperativen Lernform ▸ Appointments (Glossar) anhand der Schritte **a)** bis **c)** und spielt mit freiwilligen S musterhaft Verabredungsdialoge nach dem Beispiel in **b)** vor. Abschließend erklärt L, wie Start und Wechsel der Verabredungen angezeigt werden, z. B. durch ein gemaltes Ziffernblatt an der Tafel, ein akustisches Signal (Glocke, Wecker) oder verbale Aufforderung durch L: *It's one/two/three o'clock now.*

O Differenzierung In lernschwächeren Klassen hält L die wichtigsten Arbeitsschritte für die Arbeit ohne SB an der Tafel fest und markiert den jeweiligen Schritt mit einem Pfeil.

Erarbeitung **a)** **SB geöffnet.** Gemäß SB. ▸ INKL 3.5

Alternative Statt die Tabelle abzuschreiben, verwenden S die entsprechende Tabelle auf ▸ KV 30: Appointments: Talking about birthdays. Die KV bietet darüber hinaus noch eine interaktive Zuordnungsaufgabe zu weiteren festen Feiertagen im Jahr.

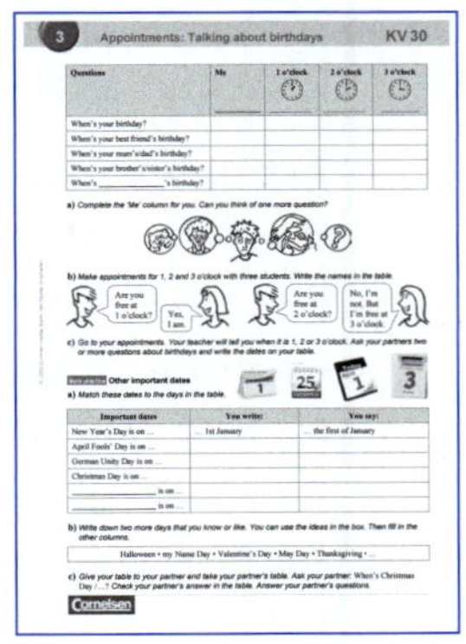
Appointments: Talking about birthdays KV 30

Erarbeitung **b)** Gemäß SB. S schreiben die Namen ihrer Gesprächspartner zur Zeitangabe in der Kopfzeile der Tabelle.

Erarbeitung **c)** Gemäß SB.

Auswertung Die Auswertung der Spalte *Me* erfolgt in Form einer ▸ Meldekette (Glossar). L gibt dazu folgende Strukturhilfe: *My mum's/friend's/... birthday is on the ....*
Eine Auswertung der anderen Spalten empfiehlt sich wegen des doppelten Genitivs *(Tina's dad's birthday)* nicht.

▸ DFF 3.3
▸ WB 7–8, p. 40

More practice 1 p. 130

ACTIVITY A birthday calendar

Wortschatz °calendar

Material zwölf Blätter oder Fotokarton (A4), Befestigungsmaterial (z. B. Wäscheleine und Wäscheklammern)

Erarbeitung
Step 1: Gemäß SB.
Step 2: ▸ Milling-around activity (Glossar) gemäß SB.
Step 3: Gemäß SB.
Step 4: Gemäß SB.

Auswertung Zur Auswertung zeigt L auf einen Monat; alle S, die in diesem Monat Geburtstag haben, stehen auf und sagen nacheinander ihr Geburtsdatum, z. B. *My birthday is on the 15th of March*.

FOCUS ON LANGUAGE

Inhalt

Anhand einer Bildgeschichte über einen typischen Wochentag in Lucas Familie erarbeiten S das *simple present* und das *-s* in der 3. Person Singular und verfassen einen Text über ihren Tagesverlauf.

Kommunikative Kompetenzen

Listening: Ein Gedicht hören und global verstehen

Reading: Eine bildgestützte Beschreibung eines typischen Tagesverlaufes verstehen

Speaking: Ein Gedicht vortragen

Writing: Den eigenen Tagesverlauf beschreiben

Methodische Kompetenzen

Lern- und Arbeitstechniken: Unterschiedliche Verbformen in einer Liste erfassen • sprachliche Regelmäßigkeiten entdecken • den eigenen Tagesverlauf in einer Mindmap darstellen • Notizen zum eigenen Tagesverlauf anfertigen

S. 58

1 Luca's day

Struktur

Präsentation des *simple present (positive statements)*

Wortschatz

get up • early • lazy • late • at night • Box 'in the morning – **at** night' (SB-Seite 196) • **come home • go home • after dinner • us • go by bus • walk**

Erarbeitung

SB geöffnet. Gemäß SB. Der neue Wortschatz kann aus dem Kontext und anhand der Bilder erschlossen werden, sollte aber nach Bearbeitung der Zuordnungsaufgabe und der Auswertung gesichert werden. Dazu liest L die Sätze in der richtigen Reihenfolge vor, notiert den neuen Wortschatz an der Tafel und lässt S nachsprechen.

Auswertung

Abgleich der Lösung über eine ► Meldekette (Glossar).

Lösung

1: D • 2: A • 3: C • 4: H • 5: B • 6: G • 7: I • 8: F • 9: E

Differenzierung

Lernschwächere S verwenden ► KV 31: Luca's day (Aufgabe 1). Sie erleichtert die Zuordnung von Bild und Bildunterschrift und bietet bei korrekter Zuordnung ein Lösungswort (GREENBANK).

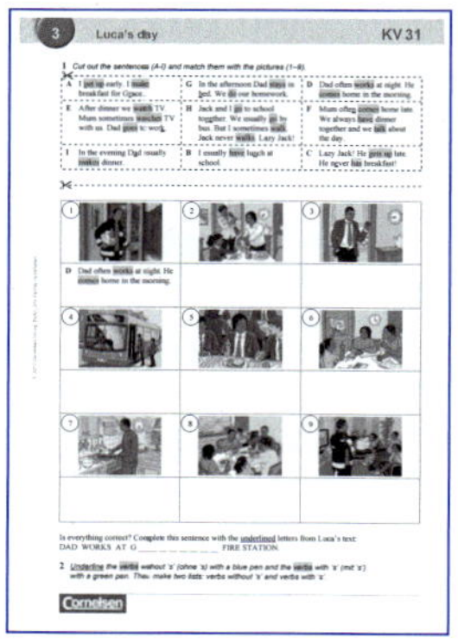

2 The simple present

Struktur

Bewusstmachung des *simple present* (Gebrauch, Bildung der 3. Person Singular)

► Folie 20

Erarbeitung

a) **SB geöffnet.** S übernehmen die Tabelle aus dem SB in ihr Heft und tragen die entsprechenden Verben im Satzzusammenhang ein (ggf. gekürzt, z. B. *Dad (usually) makes dinner*.)

► INKL 3.6

Es empfiehlt sich, erst die Verben ohne -s in die linke Spalte einzutragen und dann die Verben mit -s in der rechten Spalte zu ergänzen. Um die beiden Formen besser kontrastieren zu können, bietet es sich an, gleiche Verben, wo möglich, in dieselbe Zeile zu schreiben.

Differenzierung

Lernschwächere S markieren vorab auf ► KV 31: Luca's day (Aufgabe 2) die gesuchten Verben.

Auswertung

Auswertung an der Tafel.

Lösung

The simple present	
Verb ohne s	Verb mit s
I get up early.	He gets up late.
I make breakfast ...	Dad ... makes dinner.
I usually have lunch ... We have dinner ...	He never has breakfast.
After dinner we watch TV.	Mum ... watches TV with us.
We talk about ...	
We do our homework.	
Jack and I go to school... We ... go by bus.	Dad goes to work.
	Dad works at night.
	He comes home in the morning. Mum ... comes home late.
	Dad stays in bed.

Erarbeitung

b) **SB geöffnet.** Anhand der Vorgaben und der Tabelle aus **a)** vervollständigen S die Regeln zu Gebrauch und Bildung des *simple present*. L erinnert S an den Merksatz „*He, she, it:* Das *–s* muss mit."

Lösung

A (was jeden Tag, oft, manchmal, nie passiert.)
I, you, we, they → ohne 's' am Verb.
He,she, it → mit 's' am Verb.

Differenzierung

Lernstärkere S ergänzen im Tafelbild aus **a)** die Regel und füllen die Leerstellen mit den passenden Verbformen.

Lösung

The simple present	
Verb ohne s	Verb mit s
...	...
We talk about ...	He/She talks about ...
We do our homework.	He/She does his/her homework.
...	...
I/You/We/They work at night.	Dad works at night.
I/You/We/They come home...	He comes home in the morning. Mum ... comes home late.
I/You/We/They stay in bed.	Dad stays in bed.
→ I/you/we/they: ohne s	→ he/she/it: mit s

Zusatz

Erstellung eines Posters mit einem dreispaltigen Verb-Alphabet zum Aufhängen im Klassenraum (siehe Tafelbild). Das Poster kann zum *Warming up* oder zum Wiederholen genutzt werden. Unregelmäßige Formen werden farbig gekennzeichnet.

letter	Verb ohne s (I/you/we/they)	Verb mit s (he, she, it)
a	answer, ...	answers, ...
b	be, buy, ...	is, buys, ...
c	close, come, ...	closes, comes, ...
d	do, ...	does, ...
...	....	...

S. 59

3 Dad's day

Struktur: Übung zum *simple present* (Bildung der 3. Person Singular)

Wortschatz: **kid**

Erarbeitung: **SB geöffnet**. Gemäß SB im Heft. S unterstreichen das Verb und das Substantiv.

Auswertung: Im Plenum. L sichert die Aussprache der Wörter im gelben Kasten.

Lösung: ***1*** *gets up* • ***2*** *makes* • ***3*** *goes – works* • ***4*** *goes – rides* • ***5*** *watches* • ***6*** *has* • ***7*** *goes* • ***8*** *has* • ***9*** *goes*

4 Who is he?

Struktur: Festigung des *simple present* (Bildung der 3. Person Singular)

Wortschatz: °sand • °pinch • °chat • °sing • °sit • °sun • °fisherman, -men • °jump up • °run

Erarbeitung: **SB geöffnet. 1. Hören**/Mitlesen (Globalverstehen): S beantworten die Frage *Who is 'he'? (Cyril the crab)* ► 2.09

2. Hören/Mitlesen: L fordert S auf zu vermuten, was Cyrils Aktivitäten sind (Zeile für Zeile). Dazu lässt sich L von S ihre Vermutungen auf Deutsch ins Ohr flüstern. Ist die Vermutung korrekt, stellt S die Aktivität vor der Klasse pantomimisch dar (keine deutsche Übersetzung).

3./... Hören/Mitlesen: S hören mehrmals und sprechen mit – dabei blendet L jede zweite Zeile aus. Anschließend üben S das Gedicht in PA ein und präsentieren es vor der Klasse.

Zusatz

Spielerische Übungsformen:
- Ein S liest das Gedicht und stoppt vor dem letzten Wort jeder Zeile; ein Partner (oder die Klasse) ergänzt das letzte Wort.
- Ein S spricht jeweils nur die ersten beiden Wörter jeder Zeile; ein Partner (oder die Klasse) ergänzt die Zeile.
- Ein S spricht das Gedicht, ein S stellt die Handlungen im Sinne der ► Total Physical Response (Glossar) pantomimisch dar.

5 ○ Cyril and Sandy's day

Struktur Einsetzübung zum *simple present*

//● p. 130 Lernstärkere S erhalten auf SB-Seite 130 lediglich das Verb vorgegeben und müssen, wo nötig, die 3. Person Singular selbständig bilden.

Erarbeitung **SB geöffnet.** Gemäß SB im Heft. S unterstreichen die Verbformen und das dazugehörige Subjekt.

Auswertung Kontrolle im Plenum.

Lösung ***1*** *I get up* • ***2*** *She gets up* • ***3*** *I usually have* • ***4*** *I often meet* • ***5*** *We go* • ***6*** *Sandy often goes*

More practice 2 p. 131 Ellie's weekend

Struktur Einsetzübung zum *simple present*

Wortschatz °at the weekend • °on Sunday evening

Erarbeitung **SB geöffnet.** Gemäß SB in EA (auch als Hausaufgabe geeignet).

Auswertung Kontrolle im Plenum.

● Differenzierung S begründen ihre Wahl der Verbform, indem sie das Subjekt, auf das sich das Verb bezieht, nennen.

Lösung ***1*** *(I) go* • ***2*** *(He) gets up* • ***3*** *(He) makes* • ***4*** *(Alisha) stays* • ***5*** *(Dad, Finn and I) go* • ***6*** *(I) meet* • ***7*** *(Dad) watches* • ***8*** *(I) watch – (I) play* • ***9*** *(I) go*

6 ● NOW YOU

Struktur freie Produktion von *simple present* und Häufigkeitsadverbien

Einstieg **SB geöffnet.** L notiert vorab die Häufigkeitsadverbien (Abstufung in einer „Treppe“ wie auf SB-Seite 194) an der Tafel. L: *Look at Cyril and Sandy's day again. What about you? What do you do in the morning/afternoon/evening?*

L gibt durch Zeigen auf die Tafel den (stummen) Impuls zur Verwendung eines Häufigkeitsadverbs. S nennen ihre Aktivitäten in Form einer ▶ Meldekette (Glossar).

Erarbeitung **a)** Gemäß SB. L kann die Ausgestaltung der Mindmaps durch Bilder anregen.

More help p. 131 Lernschwächere S erhalten eine Muster-Mindmap als Strukturierungshilfe.

Zusatz Austausch nach der Methode ▶ Appointments (Glossar).

My day	Me:	1 o'clock:	2 o'clock:	3 o'clock:
morning				
afternoon				
evening				

Erarbeitung

b) Gemäß SB. L erinnert an die Verwendung der Häufigkeitsadverbien und des *simple present*.

Auswertung

Auswertung durch ► Partner check (Glossar).

More help p. 131 Lernschwächere S nutzen die Textvorschläge und vervollständigen die Leerstellen mithilfe ihrer Notizen aus **a)**.

Zusatz

(vier bis sechs S) S legen ihre Mindmaps offen aus. Ein S liest einen zufällig ausgewählten Text vor, die Mit-S suchen die zugehörige Mindmap heraus.

► WB 9–13, pp. 41–43
► Folie 21

STORY Happy birthday, Luca!

Inhalt

Luca ist unschlüssig, was er zu seinem Geburtstag machen soll. Seine Mutter schlägt vor, das Konzert der Band *Francis and the Drakes* zu besuchen. Luca ist begeistert. Aber am Vormittag stürzt er mit seinem BMX-Rad und kann nicht auf das Konzert gehen. Doch seine Freunde verhelfen ihm letztlich noch zu einer gelungenen Geburtstagsfeier.

Kommunikative Kompetenzen

Listening: Einen Dialog global und im Detail verstehen
Reading: Eine Fotogeschichte global und im Detail verstehen
Speaking: Anhand von Fotos Hypothesen formulieren
Writing: Eine Fotogeschichte mithilfe von Satzanfängen nacherzählen

S. 60

1 Before you read

Wortschatz: **unhappy**

Erarbeitung: **SB geöffnet.** Hypothesenbildung gemäß SB.

Auswertung: Auswertung im Plenum.

Happy birthday, Luca!

Wortschatz: **S. 60: Happy birthday! • Let's … • plan • something • Shut up! • concert • zoo • excited • their** bikes • **Box 'my/your/his/her/our/your/their'** (SB-Seite 196)

S. 61: hill • down this hill • fast • Come on, Luca! • leg • fall • hospital • have a sore leg

Erarbeitung: **SB geöffnet. 1. Lesen/**Hören (Globalverstehen): S überprüfen ihre Vermutung aus **1**: *First Luca's birthday is fun. But then he falls and he's unhappy.* Der neue Wortschatz kann von S selbständig erschlossen werden (Bilder, Kontext, Ähnlichkeit zum Deutschen), sollte von L aber anschließend gesichert werden. L klärt die Aussprache von *concert* (Betonung!) und *zoo*.

► 2.10
► INKL 3.7

Hinweis: Jack deutet in Szene 2 eine scherzhafte Version des berühmten amerikanischen Geburtstagsliedes an.

S. 61

2 Right or wrong?

Wortschatz: **or • want** sth.

Erarbeitung: **SB geöffnet. 2. Lesen/**Hören der Story (Detailverstehen): Gemäß SB.

Auswertung: Im Plenum durch ► Right/wrong cards (Glossar).

Differenzierung: Lernstärkere S berichtigen die falschen Aussagen (vgl. blaue Lösungen in Klammern).

Lösung: ***1*** *Wrong. (He wants to do something different.)* • ***2*** *Right.* • ***3*** *Wrong. (Luca and Jack ride their bikes at the Hoe.)* • ***4*** *Right.* • ***5*** *Wrong. (Jack goes first.)* • ***6*** *Right.* • ***7*** *Wrong. (Luca goes home from the hospital.)* • ***8*** *Wrong. (Luca isn't happy.)*

Zusatz: S lesen die Geschichte mit verteilten Rollen (Erzähler, Luca, Lucas Mutter, Lucas Vater, Jack).

3 Luca's birthday

Erarbeitung

SB geöffnet. S erzählen die Geschichte mithilfe der Satzanfänge nach.

More help p. 132 Lernschwächere S erhalten zu den Satzanfängen passende Satzenden zum Zuordnen.

Differenzierung

S, die die Aufgabe schnell erledigt haben, kennzeichnen sich als „Experten" und leisten ihren Mit-S nach der Methode ► Schüler als Experten (Glossar) Hilfestellung.

Lösung

On Thursday Luca has no ideas for his birthday.
But his mum has a great idea – a concert!
On Saturday morning Luca gets great presents.
Later the boys meet Jack's friends at the Hoe.
Jack goes down the hill first.
Then Luca goes down the hill, but he falls.
Jack and Luca go to the hospital.
Luca has a sore leg.

Auswertung

Auswertung in PA oder GA, wobei immer mindestens ein S, der auf *More help* zurückgegriffen hat, beteiligt sein sollte.

4 The end of the story

Wortschatz

end

Erarbeitung

a) **SB geöffnet.** Gemeinsames Lesen des Hörauftrags. L schreibt beide Fragen aus dem SB als Gedächtnisstütze an die Tafel. Anschließend **1. Hören** und Beantwortung der Fragen zur Überprüfung des Globalverstehens.

► 2.11

Differenzierung

L kann S vorab nach ihren Erwartungen über das Ende der Geschichte befragen. Da ihnen allerdings noch viele Redemittel fehlen, bietet sich das nur bei sehr leistungsstarken Gruppen an.

Lösung

Adam, Ellie and Berry come to Luca's house.
Luca is happy in the end.

Hörtext

Now Luca and his family are at home again. Luca is in the living room. He isn't very happy. He has a sore leg, so no concert for his birthday. And he really likes *Francis and the Drakes*! What a terrible birthday!

Luca:	Who's at the door?
Mrs Boateng:	Adam ... Ellie ...Berry ... Hi! This is a surprise! Come in. Luca is in the living room.
Ellie:	Happy birthday, Luca!
Ellie, Adam and Berry:	Happy birthday to you, happy birthday to you, happy birthday dear Luca, happy birthday to you!
Luca:	Hi everybody! Thanks! This is a great surprise!
Berry:	Oh Luca, are you OK?
Luca:	I'm OK. But I can't walk. I have a sore leg.
Berry:	So no concert for you! Aw!
Adam:	But we have this cake for you! And some chocolate.
Ellie:	And a CD. *Francis and the Drakes*!
Luca:	Wow, thanks!
Adam:	Let's have a party.
Luca:	Great idea! This is a good birthday!

Erarbeitung

b) 2. **Hören** (Detailverstehen): Gemäß Hörauftrag entnehmen S dem Hörtext detaillierte Informationen zu Lucas Geschenken.

Lösung

Luca gets a cake, chocolate and a CD of Francis and the Drakes *from Adam, Ellie and Berry.*

▸ WB 14–16, p. 43
▸ DFF 3.7
▸ DFF 3.8

Zusatz

L spielt einen Beispiel-Song von *Francis and the Drakes* vor (Hörproben auf http://www.francisandthedrakes.co.uk/music.htm). S suchen im Internet weitere Informationen über die Band. Dadurch wird die Geschichte realitätsnäher und interessanter für S.

INFO-BOX **Francis and the Drakes**

Francis and the Drakes sind eine Folk-Akustik-Pop-Band aus Plymouth, bestehend aus Singer-Songwriter Steve Gribble und Dave Ankers, Drummer Rob Stillwell, Keyboarder Age Charters und Bassist Luc McGowan. Musik und Liedtexte sind von Plymouth und seiner Umgebung inspiriert. Das erste Album, *The Arlington Road Sessions*, kam 2009 heraus und wurde von der Kritik sehr wohlwollend aufgenommen. 2010 folgte *The Lighthouse*. Der Bandname spielt mit dem Namen eines der berühmtesten Söhne der Stadt, des Entdeckers Sir Francis Drake.

SKILLS TRAINING Listening

Inhalt
Luca veranstaltet einen privaten Flohmarkt, um Geld für ein neues Fahrrad zu bekommen. S lernen die britische Währung kennen.

Kommunikative Kompetenzen
Listening: Einkaufsdialoge und Preise verstehen
Speaking: Preise sprechen
Writing: Preise ausschreiben

Methodische Kompetenzen
Lern- und Arbeitstechniken: Gegenstände in einer Liste erfassen

S. 62

1 Luca's garage sale

Wortschatz
sale • The calculator **is** £1. • The mobiles **are** £10. • **How much is ...?** • **How much are ...?** • **50p**

Material
reales englisches Geld oder Spielgeld

INFO-BOX Garage sale
Ein *garage sale* (auch *yard sale*, *rummage sale* oder *junk sale*) ist eine in Großbritannien und den USA weit verbreitete Form des privaten Flohmarkts. Gebrauchte Gegenstände aller Art werden üblicherweise in einer Garage oder Garagenauffahrt zum Verkauf präsentiert. Häufig tun sich auch mehrere Nachbarn zu einem gemeinsamen Flohmarkt zusammen. Die Verkäufer brauchen dafür keine Lizenz und müssen keine Steuern zahlen.

Einstieg
SB geöffnet. L: *Look at the picture. What can you see?* S äußern sich in einer ► Meldekette (Glossar). Die Äußerungen werden nicht kommentiert. L gruppiert die genannten Gegenstände nach Singular oder Plural und ergänzt nach einigen Nennungen die Überschriften *There's* bzw. *There are.*

Erarbeitung
a) **SB geöffnet.** S vervollständigen die Tabelle in EA oder PA. ► INKL 3.8

More help p. 132 Lernschwächere S erhalten eine Box mit Wortschatzhilfen.

Lösung

There's ...	*There are ...*
a bike (✓)	*2 footballs (✓)*
a calculator (✓)	*3 posters (✓)*
a (toy) crab (✓)	*9 books (✓)*
a computer (✓)	*2 mobile phones (✓)*
(a printer) (✓)	*3 ties*
a schoolbag (✓)	*2 rulers*
a school blazer (✓)	*2 computer games*
a football shirt	*2 boxes*
a blue shirt	*pens and pencils*
a red shirt	*blue and yellow trainers*
a (toy) cat	*blue shoes*
a yellow cushion	*lots of shoes in a box*
a red hoodie	
a pink and green sweatshirt	
a lamp	
a pencil case	
a picture	
a red (toy) car	

Erarbeitung

b) 1. **Hören:** Gemäß SB.

► 2.12

Differenzierung

Lernschwächere S haken zuerst nur die Einzelgegenstände *(There's …)* ab, anschließend bei einem weiteren Hören die mehrfach vorhandenen Gegenstände *(There are…)*.

Lösung

Siehe Lösung zu **a)**.

Hörtext

Boy: Oh, look, Mum. Lots of nice things … footballs … books … and there's a bike. Can we look at the bike? Please, Mum?
Woman: No, we don't need another bike. Er, excuse me … excuse me … how much is the calculator, please?
Luca: The calculator … let me see … er, it's one pound.
Woman: One pound. OK. Here you are. Thanks.
Luca: OK. Thanks!
Girl: Are these mobile phones OK?
Luca: Yeah, they're very good. But they have no sim cards.
Girl: That's OK. I have a sim card. How much is one mobile?
Luca: Ah … Nine pounds fifty.
Girl: Oh. That's too much.
Boy: Can I see the crab, please?
Luca: Sure. Here it is. It's only fifty p.
Boy: Fifty p. OK. Here you are.
Luca: Thanks.
Man: Is the computer OK?
Luca: Yes, it's old, but it's good. And there's a printer too.
Girl 2: Sorry, how much are the posters?
Luca: Two pounds fifty each.
Girl 2: I'll take these two. Here's five pounds.
Luca: Thanks.
Man: How much is the computer?
Luca: Oh, er … it's erm … twenty pounds.
Woman 2: I'll take this schoolbag, please.
Luca: OK. That's five pounds fifty, please.
Woman 2: OK. Here you are. Thanks.
Luca: Thank you.
Woman 1: How much is the school blazer?
Luca: It's new. It's too small for me. It's ten pounds.
Boy 2: Er, excuse me. How much are the footballs, please?
Luca: The footballs … er … they're four pounds. OK?
Boy 2: I can give you three pounds.
Luca: No, sorry! Four pounds.

Überleitung

L: *Luca has a garage sale because he needs money. In England they don't have Euros (€). What money do they have in England?* S: *They have pounds and pence/p.*

Zusatz

Zur Motivation und Vermittlung landeskundlichen Wissens kann L reales englisches Geld herumgehen lassen oder das Spielgeld von ► KV 32: British money verwenden. Es empfiehlt sich, die KV auf festes Papier zu kopieren, damit es mehrfach verwendet werden kann. S kleben Vorder- und Rückseite der ausgeschnittenen Geldscheine und Münzen zusammen und errechnen die Gesamtsumme (£ 38.88).

Erarbeitung

c) Vor dem **2. Hören** schreiben S die Satzanfänge ins Heft und ergänzen beim Hören nur noch den Preis. L weist auf die Unterschiede in Schreib- und Sprechweise hin *(You write – You say)*.

► INKL 3.9

Auswertung

In PA, indem sich S abwechselnd Satz für Satz vorlesen.

//● p. 133 Lernstärkere S bearbeiten die Aufgabe auf SB-Seite 133. Dort sind die Preisschilder nicht abgedruckt.

Lösung

1 *The calculator is £1.* • ***2*** *The mobile is £ 9.50.* • ***3*** *The crab is 50 p.* • ***4*** *The posters are £5 (two pounds fifty each).* • ***5*** *The computer is £20.* • ***6*** *The school bag is £5.50.* • ***7*** *The blazer is £10.* • ***8*** *The footballs are £4.*

2 British money

Wortschatz

British • money

Material

Realia für einen fiktiven *garage sale*, kleine Schilder (Karteikarten) für die Preisauszeichnung

INFO-BOX British money

Das gesetzliche Zahlungsmittel in Großbritannien ist das von der Bank of England herausgegebene britische Pfund *(Pound Sterling)*. Ein Pfund entspricht hundert *pence* (Sg.: *penny*). Die Währungssymbole sind **£** und **p**, geschrieben wird: £98.20 oder 50 p.
Seit 1960 zeigen alle Scheine der Bank of England auf der Vorderseite Königin Elisabeth II., auf der Rückseite verschiedene historische Persönlichkeiten. Die 2012 gültigen Banknoten stellen die Sozialreformerin Elizabeth Fry (£5), Naturforscher Charles Darwin (£10), Ökonom Adam Smith (£20), den ersten Gouverneur der Bank of England, John Houblon (£50 – alte Serie) sowie die Erfinder Matthew Boulton und James Watt (£50 – neue Serie) dar. Es gibt jedoch bei den Scheinen noch regionale Unterschiede. So geben die Banken von Schottland, Nordirland, Isle of Man und der Kanalinseln eigene Banknoten heraus, die jedoch in den jeweils anderen Landesteilen nicht immer anerkannt werden.
Die Münzen zeigen ebenfalls auf der Vorderseite Königin Elisabeth II. (zuletzt 1998 dem Alter der Königin angepasst). Auf den Rückseiten sind seit 2009 Teile des königlichen Wappenschildes dargestellt (1, 2, 5, 10, 20 und 50 p; £2). Nur die 1-Pfund-Münze zeigt den Wappenschild komplett. Bei den Münzen gibt es seit Einführung der Dezimalwährung 1971 keine regionalen Unterschiede mehr.
Aktuelle Umrechnungskurse z. B. unter http://www.xe.com.

Einstieg

SB geschlossen. L präsentiert (und benennt) einige kleine Gegenstände (z. B. Taschenrechner, Mobiltelefon, Federmappe) für einen fiktiven *garage sale* und nennt dazu entsprechende Preise. S schreiben die Preise exemplarisch in Ziffern in ihr Heft oder verwenden kleine Karteikarten als Preisschilder. L sollte die Schreibweise des Pfund-Zeichens mehrfach üben lassen.

Erarbeitung

a) **SB geöffnet.** Gemäß SB. S schreiben die Preise in ihr Heft oder verwenden kleine Karteikarten als Preisschilder.

Zusatz

S malen zu den Preisschildern einen Gegenstand, der für diesen Preis verkauft werden soll.

Lösung

A: £1.50 • ***B***: 99p oder £0.99 • ***C***: £17 • ***D***: £4.25 • ***E***: £5.30

Erarbeitung

b) S versprachlichen die Preise (in Langform).

Lösung

1 *three pounds ninety-nine (p)* • ***2*** *twenty p* • ***3*** *eight pounds fifty (p)* • ***4*** *eleven pounds twenty-five (p)* • ***5*** *twenty-four pounds ninety (p)* • ***6*** *fifteen pounds*

► DFF 3.9
► WB 17–18, p. 44

More practice 3 p. 133

Jack helps with the prices

Wortschatz °price

Erarbeitung **SB geschlossen. 1./2. Hören** gemäß SB.

► 2.13

Auswertung Kontrolle durch ► Partner check (Glossar) und im Plenum.

Lösung ***1***: £5 • ***2***: 50p • ***3***: £1.50 • ***4***: 90p • ***5***: £3.20 • ***6***: 30p

Hörtext

Luca: Hey Jack, can you write the prices for me?
Jack: OK. I need a pen and some paper.
Luca: Here you are.
Jack: OK, ready.
Luca: Number 1 ... five pounds.
Jack: Five pounds? That's a lot.
Luca: Jack!
Jack: OK, five pounds.
Luca: Number 2 ... fifty p.
Jack: Fifty p ... fifty p. Is that OK?
Luca: Great. Number 3 ... one pound fifty.
Jack: One pound fifty ... one pound... fifty.
Luca: Number 4 ... ninety p.
Jack: Ninety p? That's stupid.
Luca: Jack, ninety p. It's my sale!
Jack: OK, OK.
Luca: Number 5 ... three pounds twenty.
Jack: Three pounds twenty? Really?
Luca: It's my sale, Jack. Three pounds twenty.
Jack: OK.
Luca: Number 6 ... thirty p.
Jack: Thirty p? OK, thirty p.
Luca: That's all. Thanks.
Jack: No problem.

SKILLS TRAINING Speaking

Inhalt

Luca entscheidet sich in einem Fahrradgeschäft für ein neues Fahrrad und einen neuen Fahrradhelm.

Kommunikative Kompetenzen

Listening: Ein Verkaufsgespräch verstehen
Reading: Ein Verkaufsgespräch global verstehen
Speaking: Ein Verkaufsgespräch gestalten

Methodische Kompetenzen

Lern- und Arbeitstechniken: Einem Dialog themenspezifische Redemittel entnehmen

Kooperative Lernformen: Role-play

S. 63

1 In a bike shop

Wortschatz

It **looks** nice. • **Box 'look'** (SB-Seite 197) • **Excuse me, ...** • **man, men** • **special offer** • **special** • It's **good value.** • **the same** • **try** • **I'll take it.** • **That's** £159.

Einstieg

SB geschlossen. Wiederholung/Sicherung der englischen Zahlen. Dazu schreibt L einige Preise (auch über 100) an die Tafel und lässt S die Preise sprechen. L: *Sometimes you don't know how to say a number. Where in your book can you get help?* S: *There's a number at the end of each page and how you say it. / The English numbers are on page 229.*

Erarbeitung

SB geöffnet 1. Lesen/Hören des Dialogs im ► Mitleseverfahren (► Glossar). Anschließend Beantwortung der Frage zur Sicherung des Globalverstehens; Klärung des unbekannten Vokabulars. Danach **2./3./... Lesen** des Dialogs mit verteilten Rollen *(Luca, Mum, Man)* zum Training der Aussprache und Einschleifen der Redemittel. ► 2.14

Lösung

No, he can't buy his dream bike. It's too expensive.

Zusatz

Jeweils drei S (und ggf. ein „Souffleur") spielen die Szene nach, je nach Leistungsstand mit oder ohne vorbereitete Dialogkarte.

2 A new helmet

Wortschatz

helmet

Einstieg

SB geöffnet. L: *Luca needs a new helmet. Look at the photo. How much are the helmets?* S: *The red helmet is twenty-four pounds (and) ninety-nine (p). The white helmet is sixteen pounds (and) ninety-nine (p).*

Erarbeitung

a) Gemäß SB.

More help p. 133 Lernschwächere S erhalten pro Lücke zwei Begriffe zur Auswahl.

Lösung

1 *nice* • ***2*** *please* • ***3*** *much* • ***4*** *It's* • ***5*** *expensive* • ***6*** *How* • ***7*** *special* • ***8*** *take*

Auswertung

b) **1. Hören** (ggf. weitere Durchgänge) und Kontrolle der Lösungen von **a)** gemäß SB in EA oder PA. ► 2.15

Hörtext

Luca: This helmet looks nice. I like it. Excuse me, please. How much is the red helmet?
Man: It's twenty-four pounds ninety-nine.
Luca: That's too expensive! How much is the white helmet?
Man: It's a special offer. It's sixteen pounds ninety-nine.
Luca: That's OK. I'll take it.

Zusatz

S üben den Dialog ein und spielen ihn mit verteilten Rollen.

3 ROLE-PLAY A garage sale

Material

Karteikarten, englisches Spielgeld, Gegenstände für einen Flohmarkt

Einstieg

SB geöffnet. L: *What can you see on the table?* S betrachten die Abbildung und benennen die angebotenen Gegenstände, die L an der Tafel notiert *(red hoodie, yellow T-shirt, yellow sweatshirt, toy car, toy dog, TV, Plymouth calendar, mobile, book about horses, Harry Potter book).*

Erarbeitung

Es handelt sich um eine ▸ Info-gap activity (Glossar). Partner B (Verkäufer) arbeitet auf SB-Seite 119 und liefert im Verkaufsgespräch mit Partner A (Käufer) die Preisinformationen zu den abgebildeten Gegenständen. Partner A notiert die erfragten Preise und errechnet die Gesamtsumme, bis er £15 erreicht hat. Dann Rollenwechsel.

▸ DFF 3.2
▸ DFF 3.9
▸ WB 19–20, p. 45
▸ Folie 22
▸ INKL 3.10

O Differenzierung

Das Verkaufsgespräch wird etwas anschaulicher, wenn S vorab die Begriffe auf Karteikarten schreiben (und ggf. als Hausaufgabe mit entsprechenden Zeichnungen oder ausgeschnittenen Bildern gestalten). Partner A kann im Verkaufsgespräch auf seinem Kartensatz die Preise notieren. Auch die Verwendung von englischem Spielgeld (▸ KV 32: British money) bietet sich an. Partner A legt sich £15 zurecht, Partner B hält Wechselgeld bereit.

Zusatz

S bringen eigene Gegenstände für einen Flohmarkt mit und zeichnen alles mit Preisen (in Pfund) aus. Jeder S erhält einen bestimmten Betrag englisches Spielgeld (▸ KV 32: British money) zum Ausgeben bzw. als Wechselgeld. S führen Verkaufsgespräche mithilfe der Redemittel aus Aufgabe **3** (Tafel).

SKILLS TRAINING Reading

Inhalt
S beschäftigen sich mit drei Werbeanzeigen über besondere Attraktionen in Plymouth: das *Plymouth Summer Festival*, das *Theatre Royal Plymouth* und das *National Marine Museum*.

Kommunikative Kompetenzen
Reading: Authentische Werbeposter verstehen (schlussfolgerndes Lesen)

Methodische Kompetenzen
Lern- und Arbeitstechniken: Die Bedeutung von unbekannten Wörtern erschließen

S. 64

1 Plymouth adverts

Wortschatz
advert

Erarbeitung
SB geöffnet. 1. Lesen (Globalverstehen). L: *Look at the posters. They are adverts. What do you think is the German word for advert?* (Anzeige, Werbung) *What are the adverts for? (A: a musical, B: a summer festival, C: an aquarium)*

Erarbeitung
2. Lesen (Detailverstehen): Zuordnung Poster-Aussagen in EA gemäß SB.

Lösung
1: A, C • ***2:*** A • ***3:*** C • ***4:*** B, C • ***5:*** B, C • ***6:*** C • ***7:*** B • ***8:*** C

Differenzierung
In lernstärkeren Klassen versprachlichen S im Sinne der ▸ Metakognition (Glossar) ihre Lösungsstrategien (auf Deutsch) in PA. L sichert im Plenumsgespräch die Ergebnisse und hält sie an der Tafel fest. S sollten auch solche Strategien nennen dürfen, die im konkreten Fall nicht erfolgreich waren (z. B. führt die Suche nach dem Signalwort *July* bei der Zuordnung von Aussage 5 nicht zum Ziel, sondern nur das Schlussfolgern).

Lösung	Strategie	Beispiel
1 – A, C	Signalwort suchen (A) Schlussfolgern (C)	February (A) November to March → February (C)
2 – A	Schlussfolgern	song → music
3 – C	Bilder heranziehen	Bilder von Fischen
4 – B, C	Signalwort suchen (B) Schlussfolgern (C)	summer (B) April – October → summer (C)
5 – B, C	Schlussfolgern	May to September → July (B) April – October → July (C)
6 – C	Signalwort suchen	March
7 – B	Ausschlussverfahren, Schlussfolgern	bei A und C stehen Preise free bedeutet kostenlos
8 – C	Schlussfolgern	cinema → film

2 Guessing new words

Wortschatz **guess**

Material Wörterbücher

Erarbeitung **SB geöffnet.** Mithilfe der deutschen Tipps zur Worterschließung in der Box äußern S Vermutungen zu deutschen Übersetzungen der ausgewählten Begriffe.

▶ INKL 3.11

More help p. 133 Lernschwächere S erhalten zu jedem Begriff weitere Erschließungshinweise auf Deutsch.

Auswertung Auswertung im Plenum.

▶ DFF 3.5
▶ WB 21, p. 46

Alternative S kontrollieren ihre Vermutungen durch Nachschlagen in einem Wörterbuch.

Lösung ***1*** auf der Bühne, Feuerwerk • ***2*** Theater, Festival • ***3*** Öffnungszeiten, Erwachsene

More practice 4 p. 134 More words from the adverts

Erarbeitung **a)** **SB geöffnet.** Ein S öffnet SB-Seite 64, ein S öffnet SB-Seite 134. Gemäß SB.

Lösung
advert A: live, Preis, buchen
advert B: Meisterschaft, (Eintritt) frei/kostenlos
advert C: fantastisch, Tauch-Show, Tigerhai, Eintrittskarten

Erarbeitung **b)** Aufgabe zur ▶ Metakognition (Glossar) gemäß SB.

Auswertung Auswertung im Plenum.

Lösungsbeispiel

Wort	Strategie
live	Wort ist ins Deutsche übernommen
price	ähnliches Wort im Deutschen, Preisangaben
book	ähnliches Wort im Deutschen, Telefonnummer
championship	champion ist ins Deutsche übernommen
free	ähnliches Wort im Deutschen, keine Preisangabe
fantastic	ähnliches Wort im Deutschen
dive show	Bilder
tiger sharks	Bilder
tickets	Wort ins Deutsche übernommen

Zusatz S suchen in allen drei Anzeigen
- englische Begriffe, die auch im Deutschen verwendet werden. *(ticket, show, live)*
- Begriffe, die ihnen aus dem Fernsehen oder aus anderen Zusammenhängen (Sport, Veranstaltungen) bekannt waren. *(championship, fantastic, supported by)*

SKILLS TRAINING Viewing

Inhalt

1 The kids from Harbour Road: Sarah isn't happy!

Der *drama track* besteht aus drei Szenen, die aufgrund des Spannungsbogens einzeln nacheinander gezeigt werden sollten.

In **Part 1** sind Anna und Paul unterwegs, um ein Geschenk für Sarahs Geburtstag auszusuchen. Ungünstigerweise ruft Sarah beide nacheinander an, um sie zu sich einzuladen. Sowohl Paul als auch Anna lehnen ab mit der Ausrede, Hausaufgaben machen bzw. ihrer Mutter daheim helfen zu müssen.

In **Part 2** gehen Anna und Paul in Sarahs Lieblingsboutique und finden geeignete Geschenke. Dabei diskutieren sie Entscheidungskriterien wie Sarahs Geschmack, Lieblingsfarben und Kleidungsstil sowie den Preis der Artikel.

In **Part 3** laufen Anna und Paul durch Zufall Sarah und ihrer Mutter über den Weg. Sarah ist verärgert und somit gilt es zunächst, dieses Missverständnis aus dem Weg zu räumen. Anschließend setzen sie, wieder versöhnt, ihre Einkaufstour zu dritt fort.

2 People and places: Plymouth, England

In dieser Dokumentation stellt ein Mädchen Plymouth und seine Attraktionen vor. Dabei wurden Sehenswürdigkeiten und Aktivitäten ausgewählt, die für S interessant sind, wie die Lage Plymouths am Meer, Bootstouren, Spaziergänge an der Uferpromenade, Lido, Aquarium und Einkaufszentrum *Drake Circus*.

Kommunikative Kompetenzen

Viewing: Filmszenen verstehen • Gründe für das Verhalten von Personen ermitteln

Speaking: Anhand von Filmeindrücken eine persönliche Einschätzung der Attraktivität von Sehenswürdigkeiten in Plymouth äußern

Methodische Kompetenzen

Lern- und Arbeitstechniken: Die Gefühlslage einer Filmfigur anhand von Gestik, Mimik und Tonfall erkennen und mit passenden Adjektiven beschreiben

S. 65

1 The kids from Harbour Road: Sarah isn't happy!

Einstieg

Vor der Präsentation des ersten Filmabschnitts bereitet L die S auf die spezielle Art des abschnittsweisen Sehens vor. Zudem sollte L vor jedem der drei Abschnitte die S zunächst die Arbeitsanweisung lesen lassen (entweder still oder gemeinsam im Plenum), damit sie wissen, worauf sie beim Film später achten sollen.

Erarbeitung

a) **SB geöffnet. 1. Sehen** (Globalverstehen) von **Part 1** gemäß SB. S notieren die Nummer der korrekten Begründung im Heft.

Auswertung

S lesen die richtige Begründung im Plenum vor. Bei Unstimmigkeiten ggf. **2. Sehen**.

Lösung

3 Because they want to buy Sarah a present.

Differenzierung

L: *Anna and Paul don't want to meet Sarah on Saturday, but they can't tell her why. What do they say?*

Lösung

- *I have lots of homework. (Paul)*
- *My mum needs me. (Anna)*

Zusatz

Ebenso können weitere Ausreden für Paul und Anna an der Tafel gesammelt werden:

Lösungsbeispiel

- *Sorry, my room is messy./...*
- *I want to help my dad/sister/... make breakfast/lunch/dinner.*
- *I have basketball/sports/...*
- *There's that really interesting film on TV.*

Erarbeitung

b) 👁 **SB geöffnet. 1. Sehen** von **Part 2** gemäß SB.

▸ IAT 3.2

[O] Differenzierung

Lernschwächere S notieren vor dem **1. Sehen** die Nummern 1 bis 4 ins Heft und setzen während des Sehens dahinter den korrekten Buchstaben. Erst nach der gemeinsamen Kontrolle im Plenum wird der dazu passende Satz dahinter geschrieben.

[●] Differenzierung

In lernstärkeren Klassen fordert L die S auf, die gewählten Geschenke zu nennen *(hat, diary)*.
Ebenso kann diskutiert werden, nach welchen Entscheidungskriterien Anna und Paul die Geschenke auswählen. Dazu ggf. **2. Sehen** von **Part 2**. L: *What's important for Anna and Paul when they choose the presents?* S: *They buy what Sarah likes / what they like / what they find in Sarah's favourite shop / something not too expensive / …*

Diese Fragestellung kann auch auf die Gewohnheiten der S selbst ausgedehnt werden: *And what is important for you when you buy a present?*

Lösung

***1** C • **2** D • **3** A • **4** B*

Zusatz

L kann die Geschenkethematik in einem Klassengespräch vertiefen. Dadurch werden die S dazu angeregt, sich in Sarah hineinzudenken und anhand der Informationen aus allen bisherigen Episoden passende Vorschläge zu formulieren.
L: *It's Sarah's birthday. Do you have any ideas for of a good present? Think of what you know about her from Units 1 and 2.*
L sammelt Vorschläge an der Tafel. Vermutlich wird zuerst der Vorschlag *earrings* – Sarahs Markenzeichen – auftauchen, denn in jeder Episode trägt Sarah ein anderes Paar, und beim *uniform check* (Unit 1) wird sie ob ihrer nicht erlaubten *earrings* von einer Lehrerin getadelt.
Weitere Ideen: *CDs, chocolate biscuits, a hoodie, …*

Erarbeitung

c) 👁 **SB geöffnet. 1. Sehen** von **Part 3** und Beschreibung von Sarahs schwankender Gefühlslage gemäß SB. Die den S vertrauten Emoticons verdeutlichen die Bedeutung der Adjektive in der Auswahlbox, insbesondere der beiden unbekannten Adjektive *angry* und *surprised*.

[O] Differenzierung

Lernschwächere S zeichnen beim **1. Sehen** zunächst die Smileys in der richtigen Reihenfolge ins Heft. Nach Besprechung im Plenum schreiben sie die kompletten Sätze auf.

Auswertung

Die S tragen im Plenum ihre Sätze vor.

Lösung

First she's surprised. Then she's unhappy. Then she's angry. In the end she's happy.

Zusatz

Die S erhalten ▸ KV 33: Sarah isn't happy, auf der sie die Stimmungslage von Sarah grafisch als Kurve darstellen sollen. Dazu sehen die S die drei Filmabschnitte im Zusammenhang (unter *Play all parts*), was gleichzeitig auf das Sehen längerer Filmsequenzen am Stück vorbereitet. Zuerst ordnen sie den neun Sätzen jeweils ein Adjektiv aus der Auswahlbox zu. Das gewählte Adjektiv wird in der dritten Spalte als Emoticon in das Blankogesicht gezeichnet.
Anschließend übertragen die S die Emoticons in das Schaubild und zeichnen danach die Stimmungskurve.

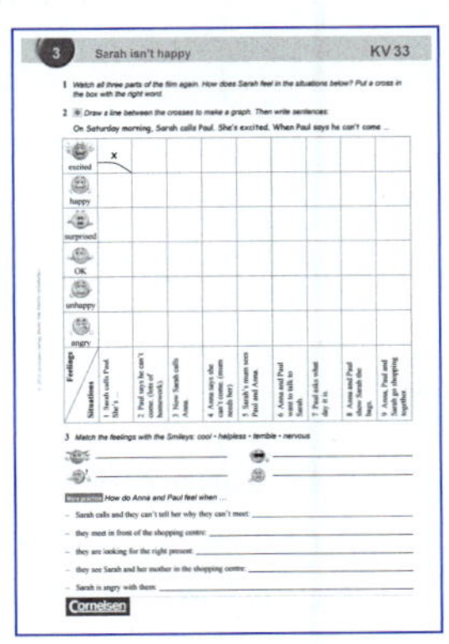

2 People and places: Plymouth, England

Erarbeitung

a) SB geöffnet. Vor der filmischen *sightseeing tour* durch Plymouth lesen die S sich still die Namen der sechs abgebildeten Attraktionen durch. Nach dem **1. Sehen** des Filmclips nennen die S die von ihnen entdeckten Attraktionen.

Differenzierung (○)

Lernschwächere S notieren vor dem **1. Sehen** die Namen der sechs Attraktionen untereinander in ihr Heft und haken während des Sehens ab, welche davon im Filmclip vorgestellt werden.

Auswertung

Vergleich der Ergebnisse im Plenum.

Lösung

the Lido • the Aquarium • the (Drake Circus) shopping centre • the Hoe

Differenzierung (●)

Lernstärkere S notieren zu jeder Attraktion noch eine Zusatzinformation. Mögliche Impulse: *What can you see? / What is special about the Lido / … / What can you do there? / How much does it cost? / …*

Lösungsbeispiel

- *the Lido: You can see a big swimming pool. It's very old / very special / …*
- *the Aquarium: You can see lots of fish. It's cool.*
- *the shopping centre: You can see lots of shops and lots of different colours.*
- *the Hoe: It's a big park. You can see lots of people / a lighthouse / … It's very popular. You can watch the sea, meet friends.*

Zusatz

L kann mit den S ein Ratespiel durchführen. Eine Sehenswürdigkeit wird beschrieben, und die S finden den Namen. An der Tafel können zur Unterstützung mögliche Satzstrukturen vorgegeben werden.
L: *What is it? You can … there. It's … You can see …*
Anschließend können die S selbst die Beschreibung übernehmen.

Überleitung

L sammelt, was zu Beginn des Filmclips ganz allgemein über Plymouth gesagt wird. L: *What does the girl say about Plymouth?* S: *It's a great place. / Lots of people come to visit. / It's by the sea. / …*
L: *And what do you think about Plymouth?*

Erarbeitung

b) Die S äußern im ▶ Partner talk (Glossar) mithilfe der Vorgaben im SB ihre eigene Meinung. Sie geben ein Gesamturteil über die Stadt ab und nennen einige für sie interessante Orte. Um die Eindrücke von der Stadt besser zu verarbeiten, ist ggf. ein **2. Sehen** des Filmclips sinnvoll.

Differenzierung (●)

Lernstärkere S formulieren Begründungen für ihre Wahl. Dazu kann L an der Tafel mögliche Gründe als *switchboard* vorgeben.

I want to visit/see … *I don't want to visit/see …*	*Plymouth* *the Lido* *the aquarium* *the shopping centre* *the Hoe*	*because*	*it looks interesting/nice/boring/…* *I like / don't like parks/shopping/…* *I want to go shopping/swimming/…* *you can watch fish / meet people / play frisbee / … there.*

Auswertung

Es kann eine Klassenabfrage erfolgen. Die Sehenswürdigkeiten werden nacheinander durchgegangen und die S, welche sich dafür entschieden haben, melden sich und tragen ihre Auswahl vor.

Lösung

Individuelle Antworten

Zusatz Ebenso ist ein Ranking möglich. L: *Make a list of the places in Plymouth from 1 (= your favourite) to 6.*
Alternativ ist auch eine limitierte Auswahl denkbar. L: *Imagine you are in Plymouth. You only have time to see two places. Which places do you choose?*

STOP! CHECK! GO!

Hinweis

Übungsaufgaben zu wichtigen Themen und Kompetenzbereichen aus Unit 3. Bei geschlossenen Aufgabenformaten können die S ihre Ergebnisse selbstständig mithilfe des Lösungsschlüssels auf ▶ KV 34: Answers to STOP! CHECK! GO! (Unit 3) überprüfen (auch als Partnerkontrolle). Die KV bietet eine Auswertung nach Punkten, die in drei verschiedene Smileys (☺/😐/☹) übersetzt werden. Diese Smileys können auch für die Selbsteinschätzung im *Workbook* (STOP AND PRACTISE, p. 47) und in *Differenzieren – Fördern – Fordern* herangezogen werden. Weitere grundsätzliche Hinweise zur Konzeption und Durchführung von STOP! CHECK! GO! finden sich im Vorwort.
Die Hörtexte zu STOP! CHECK! GO! sind für die S auch auf der Audio-CD im *Workbook* zugänglich.

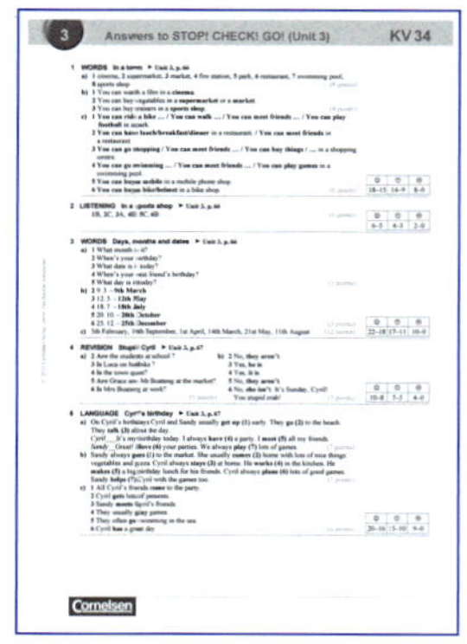
3 Answers to STOP! CHECK! GO! (Unit 3) KV 34

Cornelsen

▶ INKL 3.12

Inhaltsübersicht

S. 66

1 WORDS In a town
a) ◯ Abbildungen verschiedener Orte in einer Stadt beschriften
b) In drei Beispielsätzen die passenden Orte einsetzen
c) ● Beschreiben, was man an vorgegebenen Orten tun kann

2 LISTENING In a sports shop
Überprüfung des Detailverstehens in einem Hörtext (Multiple Choice)

3 WORDS Days, months and dates
a) ◯ Fragen bilden durch Sortierung vorgegebener Satzbausteine
b) Verschiedene Daten ausschreiben
c) ● Daten nach Gehör aufschreiben

S. 67

4 REVISION Stupid Cyril!
a) ◯ Formen von *be* in eine Frage einsetzen
b) Kurzantworten einsetzen *(Yes, it is./No, it isn't)*

5 LANGUAGE Cyril's birthdays
a) ◯ Passende Verbformen in Lückensätze einfügen (Formen ohne -s)
b) Passende Verbformen in Lückensätze einsetzen (Formen mit -s)
c) ● Passende Verbformen in Lückensätze einsetzen (gemischte Formen)

S. 68

6 SPEAKING At the weekend
a) Eine Tabelle über typische Wochenendaktivitäten erstellen
b) 👥 Partner über ihre Aktivitäten befragen und dazu Notizen machen
c) ● Anhand der Notizen über einen Partner berichten

7 WRITING My favourite day
Anhand vorgegebener Textbausteine über den Lieblingstag schreiben

S. 69

8 READING Casper the cat
a) ◯ Aufgrund von Erscheinungsform und Stil die Textsorte erschließen
b) Fehlende Begriffe in eine Zusammenfassung einsetzen
c) ● Wortbedeutungen erschließen

9 My learner log
Den eigenen Lernprozess evaluieren und eigene Fähigkeiten einschätzen

S. 66

1 WORDS In a town

Erarbeitung

a) ◻ **SB geöffnet.** S notieren die Zahlen 1–8 in ihr Heft und ergänzen den dargestellten Ort.

b) S schreiben die Satzanfänge (1–3) in ihr Heft und fügen die passenden Begriffe hinzu.

c) ◼ S vervollständigen die vorgegebenen Satzbausteine gemäß den Vorgaben im SB. ▶ DFF 3.1

More help p. 134 Lernschwächere S erhalten Ideen und Formulierungshilfen zur Vervollständigung der Sätze.

Lösung

▶ KV 34: Answers to STOP! CHECK! GO! (Unit 3)

2 LISTENING In a sports shop

Erarbeitung

SB geöffnet. 1. Hören: S notieren die korrekten Buchstaben. **2. Hören** zur Überprüfung. ▶ 2.16 ▶ DFF 3.2

Hörtext

Ellie: Excuse me, please. How much is the hoodie?
Assistant: Just a minute. OK, sorry about that. Can I help you?
Ellie: Yes, how much is this?
Assistant: The hoodie or the T-shirt?
Ellie: The hoodie.
Assistant: It's forty pounds ninety-nine.
Ellie: Oh, that's too expensive.
Assistant: Yes, it is a bit expensive.
Ellie: But it looks nice.
Assistant: We have T-shirts too. They're good value.
Ellie: No, thanks.
Assistant: OK. No problem.
Ellie: Sorry, I have another question.
Assistant: Sure.
Ellie: How much are the trainers?
Assistant: The blue trainers or the red trainers?
Ellie: The red trainers.
Assistant: They're eighty-five pounds.
Ellie: Wow, that's expensive.
Assistant: The white trainers are good value.
Ellie: The white trainers? Really? How much are they?
Assistant: They're forty pounds.
Ellie: Oh, that is good value. And they look nice too. Hmm …
Assistant: Do you want to try them on?
Ellie: Yes, please.
Assistant: OK. No problem.
Ellie: They're good. I'll take them please.
Assistant: Great.

Lösung

▶ KV 34: Answers to STOP! CHECK! GO! (Unit 3)

3 WORDS Days, months and dates

Erarbeitung

a) ◻ **SB geöffnet.** Gemäß SB.

◻ Differenzierung

Bei Bedarf Hinweis für lernschwächere S: *Start your question with the question word (when/what).*

Erarbeitung

b) S schreiben die Daten ins Heft.

c) ◼ **1. Hören:** S schreiben die gehörten Daten aus. **2. Hören** zur Überprüfung. ▶ 2.17 ▶ DFF 3.3

Differenzierung Bei Bedarf Hinweis für lernschwächere S: *You can look at pages 57 or 229 for help.*

Hörtext

1
Teacher: What's the date today?
Girl 1: Er, ah ... it's ... er ...
Tracy: It's the fifth of February, Sir.
Teacher: That's right, Tracy.

2
Woman: Good morning. It's Friday, the tenth of September. This is the news...

3
Boy: When's your birthday, Gran?
Gran: My birthday – I'm not telling you!
Boy: Oh, Gran! Please!
Gran: Oh OK. It's the first of April.
Boy: The first of April!?! Ha, ha, ha...

4
Girl: What's your favourite day in the year?
Boy: My birthday.
Girl: When's that?
Boy: The fourteenth of March.
Girl: Oh that's soon ...

5
Boy 1: Are you going to Amy's party?
Boy 2: When is it?
Boy 1: It's on the twenty-first of May.
Boy 2: She didn't ask me ...

6
Rob: Hi Janice. Er, when's the Plymouth Summer Festival?
Janice: Hi Rob. The Summer Festival. I think it starts on the eleventh of August.
Rob: The eleventh of August! Great. Thanks.

Lösung ► KV 34: Answers to STOP! CHECK! GO! (Unit 3)

S. 67

4 REVISION Stupid Cyril!

Erarbeitung

a) ☐ **SB geöffnet.** S setzen die passenden Formen von *be* ein. L empfiehlt S, nach jeder Frage aus **a)** Platz zu lassen, um die Antworten aus **b)** im zweiten Schritt dahinter zu schreiben.

b) S setzen die passenden Kurzantworten ein.

Lösung ► KV 34: Answers to STOP! CHECK! GO! (Unit 3)

5 LANGUAGE Cyril's birthdays

Erarbeitung

a) ☐ **SB geöffnet.** Gemäß SB (Formen ohne -s).

b) Gemäß SB (Formen mit -s).

c) ■ Gemäß SB (Formen mit und ohne -s). ► DFF 3.4

Lösung ► KV 34: Answers to STOP! CHECK! GO! (Unit 3)

S. 68

6 SPEAKING At the weekend

Erarbeitung

a) SB geöffnet. S tragen das passende Häufigkeitsadverb in die Spalte *Me* ein.

b) SB geschlossen. S befragen nach der Methode ▶ Appointments (Glossar) zwei Partner und tragen das genannte Häufigkeitsadverb in die jeweilige Partner-Spalte ein. Es empfiehlt sich, dass L die Redemittel aus den Sprechblasen an die Tafel überträgt, damit S bei der Befragung nur Tabelle und Stift in der Hand haben müssen.

c) SB geöffnet. Gemäß SB. S bilden anhand ihrer Tabelle Sätze über ihre Gesprächspartner (wobei sie das Verb in die 3. Person Singular setzen müssen) und lassen die Klasse raten, um wen es sich handelt.

Lösung

Individuelle Lösungen

▶ DFF 3.4

Differenzierung

Hilfestellung (Tafel/Arbeitsblatt) für lernschwächere Lerngruppen:

It's a girl/boy.

She/He	*always*	*goes*	*shopping.*
	usually	*plays*	...
	often	*watches*	
	sometimes	*meets*	
	never	...	

7 WRITING My favourite day

Erarbeitung

SB geöffnet. S schreiben ihren Text mithilfe der vorgegebenen Textbausteine und Tipps. ▶ Partner check (Glossar) nach folgenden Kriterien:

- korrekte Schreibweise (z. B. Wochentage)
- richtige Satzstellung der Häufigkeitsadverbien *(always, usually, often, sometimes, never)*

Lösung

Individuelle Lösungen

▶ DFF 3.4

S. 69

8 READING Casper the cat

INFO-BOX Casper the Cat

Eine wahre Geschichte aus Plymouth: Kater Casper stieg vier Jahre lang jeden Morgen um 10 Uhr in den Bus der Linie 3, um die elf Meilen lange Strecke zu fahren. Er war bei Fahrern und Fahrgästen gleichermaßen beliebt. Seine Besitzerin Susan Finden, die ihn 2002 aus einem Tierheim geholt hatte, bemerkte zunächst nichts von seinen Fahrten. Sie erfuhr erst davon, als Casper ihr in den Bus folgte und der Fahrer ihr davon erzählte. Leider nahmen seine Ausflüge ein tragisches Ende. Als er eines Morgens im Sommer 2009 auf dem Weg zu „seinem" Bus war, wurde er von einem Auto angefahren und getötet.

Erarbeitung

a) ◎ **SB geöffnet.** S nennen die Elemente des Textes (Überschrift, Foto, Datumsangabe) und folgern daraus die Textsorte (Zeitungsartikel).

b) Zur Überprüfung des Leseverstehens ergänzen S eine lückenhafte Zusammenfassung.

c) ◉ Gemäß SB. Abgleich durch ► Partner check (Glossar).

► DFF 3.5

More help p. 134 Lernschwächere S nutzen die für jedes Wort angegebenen Worterschließungsstrategien.

◎ Differenzierung

In lernschwächeren Lerngruppen kann L als Arbeitserleichterung folgende Tabelle vorgeben (Tafel, Arbeitsblatt):

English	German	Ich kannte das Wort. (✓)	Was hat mir geholfen?
1 leaves	verlässt		Wort dahinter
2 bus stop			
3 waits			
4 sits			
5 window			
6 travels			
7 bus driver			
8 gets out			

9 My learner log

Erarbeitung

SB geöffnet. Schriftlich gemäß Muster im SB. S können ihr *learner log* mit entsprechenden Symbolen versehen.

► INKL 3.12
► WB pp. 48–50

Lösung

Individuelle Lösungen

Berry's world

Kommunikative Kompetenzen

Listening

- Welcome to the farm (p. 71, 2a/b)*
- At the weekend (p. 73, 3)
- The time (p. 73, 4)
- A class discussion (p. 74, 1)

Viewing

- A class project (p. 85, 1)
- A normal day at school (p. 85, 2)

Reading

- From Monday to Friday (p. 72, 1)
- NOW YOU (p. 74, 2d)
- Berry's homework (p. 75, 3a–c)
- A pet or a wild animal? (p. 76, 1)
- A good pet? (p. 78, 8)
- Story: Adventures in the country (p. 80/81)
- The scenes (p. 81, 2)
- Questions on the story (p. 81, 3)
- Signs in Plymouth (p. 82, 1)
- A poem (p. 84, 1)

Speaking

- On Merryweather Farm (p. 70, 1)
- NOW YOU (p. 71, 3b/c)
- NOW YOU (p. 72, 2b)
- What's the time, please? (p. 73, 5)
- NOW YOU (p. 74, 2b)
- Talking about pets (p. 78, 11a)
- Find a person who … (p. 79, 13)
- THEATRE TIME (p. 81, 4)

Mediation

- Understanding the signs (p. 82, 2)

Writing

- NOW YOU (p. 72, 2a)
- NOW YOU (p. 74, 2a/c)
- Berry's homework (p. 75, 3d)
- Talking about pets (p. 78, 11b)
- An invitation to a sleepover (p. 83, 2)
- Other invitations (p. 83, 3)

Berry's world

Die S lernen die Merryweather Farm, auf der Berry wohnt, näher kennen. Sie erfahren etwas über deren (zwei- und vierbeinige) Bewohner, deren Tagesabläufe und das touristische Angebot auf der Farm. In der Geschichte hat Berry ihre Freunde Luca, Ellie und Adam zu einem *sleepover* auf die Farm eingeladen, in deren Verlauf die vier Freunde Spannendes erleben.

Sprachliche Mittel

Wortfelder

- Haustiere, Tiere (p. 70–73; p. 76, 1; p. 78, 8; p. 84, 1)
- Tagesablauf (p. 72, 1/2)
- Uhrzeiten (p. 73, 3–5)
- Einladungen (p. 83, 1–3)

Strukturen

- Simple present, negative statements (p. 76/77, 1–5; p. 169, LF 7)
- Do-/Does-questions and short answers (p. 77, 6/7; p. 170, LF 8)
- Questions with question words (p. 78/79, 8–13; p. 170, LF 9)

Methodische Kompetenzen

Lern- und Arbeitstechniken

- Notizen in einer Tabelle anfertigen (p. 74, 2a; p. 75, 3b)
- Eine Vorlage für eigene Texte nutzen (p. 75, 3d; p. 83, 3)
- Im Wörterbuch nachschlagen (p. 84, 2b/c; p. 164, SF 4)
- Sprachliche Regelmäßigkeiten entdecken (p. 76, 2; p. 77, 6; p. 169/170, LF 7–9)
- Techniken der Worterschließung (p. 82, 1/2, p. 84, 2)

Selbsteinschätzung (Stop! Check! Go!)

- WORDS On Merryweather Farm (p. 86, 1)
- WORDS Visitors at the farm (p. 86, 2)
- REVISION A day with my family (p. 87, 3)
- LANGUAGE An interview with Cyril and Sandy (p. 87, 4)
- WORDS Useful phrases (p. 88, 5)
- WRITING Luca and you (p. 88, 6)
- SPEAKING An interview with a student in your class (p. 88, 7)
- PROJECT Interesting animals (p. 89, 8)
- My learner log (p. 89, 9)

Kooperative Lernformen

- Think-Pair-Share (p. 71, 3)
- Milling around (p. 73, 5; p. 79, 13c; p. 88, 7)
- Reading circle (p. 74, 2d; p. 83, 3b)
- Weitere Formen der PA und GA (p. 70, 72; 74, 78, 81, 87, 88)

Interkulturelle Kompetenzen

- Leben auf einer englischen Farm (p. 70–73, 80–81)
- Englische Schilder kennenlernen (p. 82, 1)

*p. 71, 2 a/b = SB-Seite, Übungsnummer

LEAD-IN

Inhalt

Die Merryweather Farm, auf der Berry wohnt, ist ein beliebtes Ausflugsziel für Familien. Neben der Farm selbst und einer Anzahl von Tieren, die man besichtigen kann, bietet die Farm einen Streichelzoo, die Möglichkeit Ponys zu reiten sowie verschiedene Spielgeräte und einen Souvenirshop.

Kommunikative Kompetenzen

Listening: Einen gehörten Dialog selektiv erfassen und Bilder zuordnen • einem gehörten Dialog Detailinformationen entnehmen

Speaking: Tiere auf einem Bauernhof benennen • diskutieren, was man tun möchte, und sich mit dem Partner einigen

Methodische Kompetenzen

Kooperative Lernform: *Think-Pair-Share*

S. 70

1 On Merryweather Farm

Wortschatz

world • visitor • barn • stroke • donkey • duck • pond • ride a pony • field • in the field

Einstieg

SB geschlossen. Anknüpfen an Vorkenntnisse der S (aus GSE): Reaktivierung des Wortschatzes und Sicherung des Schriftbilds. L: *Think of as many animal words as you can in two minutes.*
Die S überlegen sich in einer vorgegebenen Zeit alle Tiere, die sie bereits auf Englisch kennen.

Im Anschluss tragen die S ihre Tiere in Form einer ▸ Meldekette (Glossar) vor. Jedes Tier darf dabei nur einmal genannt werden. Um die Aufmerksamkeit zu erhöhen, stehen alle S auf. S, die ein bereits genanntes Tier noch einmal nennen, setzen sich hin.
L notiert genannte Tiere an (zunächst verdeckter) Tafel (wird in Auswertung genutzt). Im Anschluss übernehmen die S das Tafelbild in ihr Heft.

O Differenzierung

In Lerngruppen, die bereits mit dem Schriftbild verschiedener Tiernamen vertraut sind, kann die Sammlung auch schriftlich erfolgen. Um zu verhindern, dass S sich ein möglicherweise falsches Schriftbild einprägen, teilt L dazu leere Blätter aus, die hinterher wieder eingesammelt werden.

Alternative

Falls noch nicht im Zusammenhang mit *Nice to meet you* bearbeitet, kann L an dieser Stelle auch die ▸ KV 4: Animals – Word grid einsetzen. Dabei nennen die S sich wechselseitig die abgebildeten Tiere, die ihnen bereits (aus dem GSE) bekannt sind. Im Anschluss finden sie die Tiernamen in einem Gitterrätsel und schreiben sie zur Sicherung des Schriftbilds in ihre Hefte.

Überleitung

SB geschlossen. L fragt, ob S Urlaub auf dem Bauernhof mögen und was man dort sehen/tun kann. L: *Do you like farm holidays?* (L kann Meinungsbild im Plenum durch Melden für *Yes* bzw. *No* einholen.)
What can you see or do on a farm?
S: *You can see pigs/... / You can play with the cats/...*

Erarbeitung

SB geöffnet. Bildbetrachtung und Tiersuche gemäß SB zunächst in EA.
Anschließend beschreiben S einander im ▸ Partner talk (Glossar), welche Tiere in der Broschüre zu finden sind.

Auswertung

Die S nennen die abgebildeten Tiere im Plenum (und zeigen sie ggf. am Whiteboard). Einzelne S kreisen den betreffenden Tiernamen an der Tafel (im Tafelbild aus dem Einstieg) ein. Tiere, die noch nicht an der Tafel stehen, werden dort (und ggf. im Heft der S) ergänzt.

▶ IAT 4.1

Lösung

(große Fotos:) *ducks • ponies • a guinea pig • a donkey*
(Zeichnung + Schild Pets' Corner:) *cows • sheep • donkeys • pigs • chickens • rabbits • a hamster • a rat • a chipmunk*
(Silhouetten:) *a rabbit • a horse • a duck • a fox • a goat*

More practice 1 p. 135

Animal words

Erarbeitung

SB geöffnet. Die S erstellen eine Übersicht von Haus- und Farmtieren, wahlweise als Venn-Diagramm oder als Tabelle. Wählen die S die Tabellenform, kann eine dritte Spalte in der Mitte (für sowohl Haus- als auch Farmtiere) genutzt werden. L sollte Zeitlimit vorgeben. Auch als Hausaufgabe geeignet.

Auswertung

S tragen sich im ▶ Partner talk (Glossar) gegenseitig ihre Einteilung vor. Die jeweiligen Zuhörer beurteilen, ob sie richtig oder falsch ist. Klärung fraglicher Zuordnungen im Plenum.

Pets	*Pets or farm animals*	*Farm animals*
cat	*donkey*	*cow*
budgie	*dog*	*pig*
hamster	*rabbit*	*sheep*
rat	*horse*	*chicken*
chipmunk	*pony*	*goat*
guinea pig	…	*duck*
…		…

S. 71

2 Welcome to the farm

Wortschatz

cow • pig • sheep, *pl* **sheep • chicken** • °trampoline • °zip wire

Einstieg

SB geöffnet. L liest vor dem Hören des Textes den Hörauftrag vor und demonstriert ggf. Vorgehensweise *(point at)*. Je nach Vorkenntnissen der S ggf. Semantisierung des neuen Wortschatzes mithilfe von ▶ Flashcards (Glossar) und ▶ Lautschulung (Glossar) durch Nachsprechen.

Erarbeitung

a) Während des **1. Hörens** zeigen S auf das jeweilige Bild. Zur besseren Kontrolle notieren S die Bildnummern im Heft.

▶ 2.18
▶ IAT 4.1
▶ INKL 4.1

Differenzierung

In lernschwächeren Klassen erhalten die S kleine (Papp-)Plättchen (von L vorbereitet) und legen sie auf die Bilder der Tiere, die genannt werden.

Auswertung

2. Hören zur Kontrolle im Plenum. L oder S notiert die genannten Tiere an Tafel/auf Folie.

Lösung

1 • 2 • 4 • 5 • 6 • 7 • 9 • 10 • 11

Hörtext

Mrs Donovan:	Berry. It's quiet. Not many people today. Can you stay here in the shop, please? Your dad is busy with the ponies and I want to go to town.
Berry:	OK, Mum. I can do my homework in the shop. Bye!
Kids' voices:	We're here! / Hey, it's cool here! / Hurry up you lot! / Oh, look at that! / Hey, where did you go?
Berry:	Oh, no! Lots of kids, and mum and dad aren't here! Oh, well. Good morning!
Woman:	Good morning. We want to visit the farm, please. One adult and eight children.
Berry:	Er OK, that's er, fifty-nine pounds fifty, please.
Woman:	Here you are, sixty pounds.
Berry:	Thank you. Here's your change, 50p. OK, everybody. Welcome to Merryweather Farm. And er, well, there are lots of things to do and to see here on the farm. Here's a plan of the farm. Can everybody see it? We have ponies and donkeys. The donkeys are in the barn, here. And the ponies are here, in the fields. You can ride the ponies, if you like. Er …
Girl:	Do you have other farm animals, like cows?
Berry:	Well, we don't have cows. But we have other farm animals. We have pigs, and we have sheep. They're in the field near the barn, here.
Boy:	Do you have birds, like ducks?
Berry:	Er, yes. We have ducks. They're over there on the pond. And we have chickens too.
Girl:	Are there fish in the pond?
Berry:	No, no fish.
Girl 2:	What about pets? Do you have any pets?
Berry:	Yes, we have a Pets Corner. It's here, look. We have lots of pets there – hamsters, rabbits …
Boy 2:	Ooh! Hamsters and rabbits!
Berry:	And two rats!
Boy 3:	Rats? Ugh!
Berry:	Rats are nice pets. You can stroke them!
Kids:	Oh, no!
Berry:	Really! They're very friendly.
Boy:	Do you have cats?
Berry:	No, we don't have cats here. Do you have a cat?
Boy:	Yes, two!
Berry:	Two cats – wow – that's nice.
Boy 2:	What about toilets? Do you have toilets? I want to go to the toilet!
Berry:	Yes, the toilets are near the barn. Have fun everybody. I'm here in the shop, if you need me.
Kids' voices:	I want to go to the trampoline. / I want to go to the zip wire. / I want to go to Pets Corner.

Erarbeitung

b) L demonstriert ggf. vorab die Vorgehensweise anhand eines Beispiels im Plenum. Dann **2. Hören** des Textes. S wählen richtige Antwort aus und halten Ergebnis in Kurzform im Heft fest (z. B. *1B*).

Auswertung

S lesen die vervollständigten Sätze vor.

Alternative

Zur besseren Überprüfung im Plenum kann L die Multiple-Choice-Auswahl auf Folie präsentieren; ein S kreuzt während des Vorlesens jeweils die richtige Lösung an.

Lösung

1*B* • ***2****C* • ***3****A* • ***4****B* • ***5****C*

3 NOW YOU

Einstieg

SB geöffnet. L kann zunächst einen Überblick über Vorlieben der S anregen und dabei die nötigen Redemittel trainieren: S1 nennt eigene Lieblingsaktivität aus der Broschüre der Merryweather Farm. Alle S, die dieselbe Wahl getroffen haben, stehen auf. L sollte darauf achten, dass diese Aktivität schnell abläuft.

L: *Look at the brochure about Merryweather Farm again. What do you want to do, S1?*
S1: *I want to watch the ducks / ride the ponies /… / I want to go to Pets´ Corner / the pond / the barn / the fields / the shop …*
L: *Who wants to do that too? Get up, please!*

Erarbeitung

a) SB geöffnet. ► Klären der Arbeitsanweisung (Glossar): Es handelt sich um eine ► Think-Pair-Share-Aufgabe (Glossar), deren einzelne Schritte L ggf. vorab erläutern und relativ eng steuern sollte. S wählen zunächst in EA zwei Angebote (Orte) aus und schreiben diese in ihr Heft.

● Differenzierung

L fordert lernstärkere S auf, sich zusätzlich Gründe für ihre Wahl zu überlegen *(I like … / … are nice/…)*, und hält einige Beispiele an der Tafel fest, z. B.:

- *I want to go to the barn/… because I love donkeys/ …*
- *I want to go to the zip wire/… Zip wires/… are great/fun.*

○ Differenzierung

Lernschwächere S erhalten als Formulierungshilfe die ► KV 35: Activities on Merryweather Farm. Sie kreuzen ihre beiden Lieblingsaktivitäten an und notieren dazu mithilfe der Vorgaben in den Denkblasen Gründe für ihre Wahl.

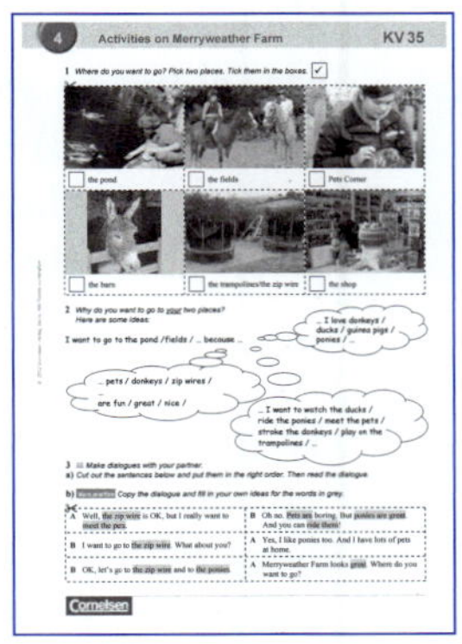

Lösung

Individuelle Lösungen

Überleitung

L gibt mit einem (lernstärkeren) S einen Beispieldialog vor:
L: *I want to go to the barn. We can stroke the donkeys. What about you?*
S: *No, donkeys are boring. I want to go to the trampolines. We can play.*
L: *OK, let's go there. And what about …*

Erarbeitung

b) S tragen sich gegenseitig ihre Präferenzen vor und einigen sich auf zwei Aktivitäten. Zwei leistungsstärkere S achten darauf, dass nur Englisch gesprochen wird.

○ Differenzierung

Lernschwächere S-Paare oder Lerngruppen bringen zunächst den Musterdialog auf ► KV 35: Activities on Merryweather Farm in die richtige Reihenfolge und lesen ihn mit verteilten Rollen vor. Anschließend nutzen sie ihn als Vorlage für die Abstimmung über die von ihnen selbst gewählten Orte, indem sie die grau hinterlegten Passagen individuell ersetzen.

Lösungsbeispiel

S1: *Merryweather Farm looks great. Where do you want to go?*
S2: *I want to go to the zip wire. What about you?*
S1: *Well, the zip wire is OK, but I really want to meet the pets.*
S2: *Oh no. Pets are boring. But ponies are great. And you can ride them!*
S1: *Yes, I like ponies too. And I have lots of pets at home.*
S2: *OK, let's go to the zip wire and to the ponies.*

Auswertung

c) S-Paare tragen nacheinander ihre abgestimmten Lieblingsaktivitäten im Plenum vor; L notiert diese an der Tafel.

Zusatz

Ein S versieht die jeweiligen Aktivitäten jedes Mal, wenn sie genannt werden, mit einem Strich. Am Ende der Auswertung stellt die Klasse fest, welche Aktivität für sie auf der Farm am Beliebtesten ist.

Lösung

Individuelle Lösungen

► WB 1–2, p. 51
► DFF 4.1

THEME 1 Life on the farm

Inhalt

Die Doppelseite schildert Berrys Tagesablauf auf der Farm sowie ein Tagesprogramm für Besucher der Merryweather Farm. Die S sprechen über ihren eigenen Tagesablauf und lernen die englischen Uhrzeitangaben.

Kommunikative Kompetenzen

Listening: Kurze Dialoge global erfassen und Bilder zuordnen • gehörte Zeitangaben verstehen

Speaking: Über den eigenen Tagesablauf sprechen • Uhrzeit erfragen • sagen, wie spät es ist

Reading: Einem Text zu Berrys Tagesablauf gezielt die gesuchten Informationen entnehmen und Sätze über Berrys Tagesablauf ergänzen

Writing: Den (eigenen) Tagesablauf beschreiben

Methodische Kompetenzen

Kooperative Lernform: *Milling-around activity*

S. 72

1 From Monday to Friday

Wortschatz

life, *pl* **lives • she doesn't** have a … • **Box 'don't/doesn't'** (SB-Seite 198) • **alarm clock • wake** (sb.) • **other • outside • inside • before** breakfast • **feed • get ready** (for) • **all day • eat • about • look after** (sb.) • **do sport • nothing**

Material

Flashcards

Einstieg

SB geschlossen. L semantisiert zunächst anhand eines (fiktiven) eigenen Tagesablaufs den zentralen neuen Wortschatz, z. B.:
Every morning I get up at 6 o'clock. I have an alarm clock (evtl. Geräusch imitieren), *so my alarm clock wakes me. Before breakfast I get ready for school – I put my books and my pencil case in my school bag. Then I have breakfast – I often eat toast or cornflakes. When I come home from school, I look after my dog, Lulu. She always wants to eat, so I feed her first. Then she wants to go outside, in the garden. She doesn't like to be inside (the house) all day. In the evening I often do sport – I play tennis or I go jogging with my dog. That's my day.*

Nach erfolgter ▸ Lautschulung (Glossar) kann L das Schriftbild als Lernhilfe an der Tafel ergänzen.

Zusatz

Zur Illustration des neuen Wortschatzes kann L hier mit ▸ Flashcards (Glossar) arbeiten (▸ KV 36: From Monday to Friday) und diese an den entsprechenden Stellen seines Vortrags an die Tafel heften.

Alternative

SB geöffnet. Vorentlastung des Textinhalts anhand der Bilder.
L: *Look at picture A/B/C/D: Who can you see? (A: Berry and her dog. • B: Berry and her pony, Harry. • C: Berry and her dad. • D: Berry and two ponies, Harry and William.) Where is Berry? (A: In bed. • B: Near the barn. • C: In the car. • D: In the barn.)*
Dabei kann L zentralen neuen Wortschatz mithilfe der dargestellten Situationen oder einfacher Tafelskizzen (*alarm clock, eat, do sport, …*) einführen.

Überleitung

L: *Let's find out more about Berry's day.*

Erarbeitung

SB geöffnet. 1. Lesen/Hören des Textes und Sicherung des Globalverstehens gemäß SB. Die S ergänzen die Sätze zunächst schriftlich und kontrollieren sich dann gegenseitig im ▸ Partner check (Glossar), indem sie einander ihre Sätze vorlesen.

▸ 2.19
▸ INKL 4.2

Lösung *1 the dog • 2 feeds Harry • 3 car • 4 before 4 o'clock • 5 does sport*

Auswertung **2. Lesen**/Hören zur Kontrolle im Plenum.

Alternative **SB geschlossen.** Reines Hörverstehen. L schreibt Hörauftrag: *What does Berry do every day?* und verschiedene Zeitangaben *(at 6 o'clock / before breakfast / after breakfast / at about 4 o'clock / in the evening / at about 5.30)* untereinander an Tafel. Daneben heftet L ▸ Flashcards (Glossar) mit Abbildungen der beschriebenen Situationen (▸ KV 36: From Monday to Friday)

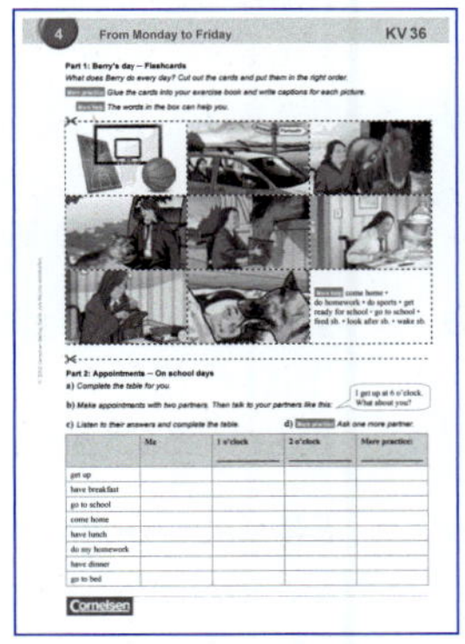
4 From Monday to Friday KV 36

Part 1: Berry's day – Flashcards
What does Berry do every day? Cut out the cards and put them in the right order.
Glue the cards into your exercise book and write captions for each picture.
The words in the box can help you.

come home • do homework • do sports • get ready for school • go to school • feed sb. • look after sb. • wake sb.

Part 2: Appointments – On school days
a) *Complete the table for you.*
b) *Make appointments with two partners. Then talk to your partners like this:* I get up at 6 o'clock. What about you?
c) *Listen to their answers and complete the table.*
d) *Ask one more partner.*

	Me	1 o'clock	2 o'clock	More practice:
get up				
have breakfast				
go to school				
come home				
have lunch				
do my homework				
have dinner				
go to bed				

Cornelsen

Alternative S erhalten ▸ KV 36: From Monday to Friday (Part 1), schneiden die Karten mit Berrys Aktivitäten aus und ordnen nach dem **1. Hören** den Zeiten die entsprechenden Bilder zu. **2. Hören** zur Ergebnissicherung im Plenum.

Differenzierung Lernstärkere S notieren Berrys Aktivitäten in der richtigen Reihenfolge neben den Zeitangaben (und Flashcards) im Heft oder an der Tafel.

Lösungsbeispiel

What does Berry do every day?	
– At 6 o'clock	→ … Sam, her dog, wakes Berry.
– Before breakfast	→ … Berry feeds her pony, Harry.
– After breakfast	→ … Berry gets ready for school.
– After breakfast	→ … she goes to school by car.
– Before 4 o'clock	→ … Berry comes home (from school).
– Then (she eats something and)	→ … she does her homework.
– At about 5.30	→ … Berry looks after Harry and the other farm animals.
– In the evening	→ … Berry sometimes does sport.

Überleitung **SB geschlossen.** L: *What about you? Talk about your day. Each of you say one sentence, then pick the next student.*
Im Plenum bilden S in Form einer ▸ Meldekette (Glossar) mündlich einige Beispielsätze zu ihren alltäglichen Aktivitäten. L kann einzelne Sätze als Sprachmuster an der Tafel festhalten.

2 NOW YOU

Erarbeitung

a) **SB geöffnet.** Schriftliche Bearbeitung gemäß SB.

More help p. 135 Lernschwächere S vervollständigen die Sätze, indem sie passende Ideen aus den Klammern auswählen.

b) Die S erzählen dem Partner etwas über ihren eigenen Tagesablauf. Anschließend Präsentation durch Freiwillige im Plenum.

Lösung

Individuelle Lösungen

► WB 3–5, p. 52

S. 73

3 At the weekend

Wortschatz

sit • year • dialogue • What's the time? • You're welcome. • Box 'bitte' (SB-Seite 199) • °tractor • °groom • °handle • °**ride** • °quarter past • °half past • °quarter to

Einstieg

SB geschlossen. Reaktivierung von Vorwissen: L: *At the weekend there are lots of kids on Merryweather Farm. They want to see the animals and have fun. What animals can you see on Merryweather Farm?*
S benennen die Tiere, die sie im *Lead-In* kennengelernt haben. Mögliche Formulierungshilfe (an Tafel): *On Merryweather Farm there are …*

Überleitung

L: *Let's see what other things you can do and see on the farm.*

Erarbeitung

a) **SB geöffnet.** ► Klären der Arbeitsanweisung (Glossar). Die S lesen die Programmtafel und ordnen die Bilder nach dem zeitlichen Ablauf der Aktivitäten zunächst in EA. Anschließend ► Partner check (Glossar).

► INKL 4.3

Lösung

F • A • D • C • E • B

Auswertung

Kontrolle der Bildreihenfolge im Plenum. L liest die jeweilige Aktivität vor, S nennen die zugehörige Bildnummer: *Feed the ducks / pony grooming is …* S: *Photo F.*

Differenzierung

Lernstärkere S begründen ihre Auswahl anhand der Bilder: *… because in photo A/B/… I can see a duck / a pony …*

Erarbeitung

b) **1. Hören** der Dialoge und Sicherung des Globalverstehens gemäß SB. Die S notieren vorab die Zahlen 1–4 im Heft und ordnen ihnen die entsprechenden Buchstaben zu.

► 2.20

Auswertung

► Partner check (Glossar) mündlich, danach Kontrolle im Plenum.

Lösung

Dialogue 1 is photo F • Dialogue 2 is photo A • Dialogue 3 is photo D • Dialogue 4 is photo B

Hörtext

1
Boy 1: Excuse me.
Berry: Yes?
Boy 1: What's the time, please?
Berry: It's 10.40.
Boy 1: 10.40. Oh, no!
Berry: What's the problem?
Boy 1: I want to feed the ducks.
Berry: That's no problem. We feed the ducks at 10.45. It's only 10.40 now. You have five minutes!
Boy 1: Oh great.
Berry: Do you know where the pond is?
Boy 1: Yes, I do. Thanks.
Berry: You're welcome.

2
Girl 1: Where's the pony grooming?
Berry: It's in the barn. But you're a bit late. They start at 10.55. It's 11.15 now.
Girl 1: They start at 10.55?
Berry: Yeah, look at the board. Pony grooming 10.55.
Girl 1: And it's 11.15 now. Oh no. I really want to stroke the ponies.
Berry: Well, you can go into the barn or the fields and stroke the ponies.
Girl 1: Really? Thanks.
Berry: You're welcome.

3
Girl 2: Can I stroke the rats?
Berry: Sure. Come back at 12.45 and you can stroke a rat or a rabbit or a mouse or …
Girl 2: Can I stroke a hamster too?
Berry: Sure. Come back at 12.45 and you can stroke them all.
Girl 2: Wow that's great. What's the time now?
Berry: 12 o'clock.
Girl 2: 12 o'clock. OK I'll see you later. Thanks.
Berry: You're welcome.

4
Boy 2: Excuse me, when do you feed the ponies?
Berry: Hi! We feed the ponies at 4.45.
Boy 2: Am I too late? What's the time now?
Berry: No, you aren't too late. It's only 4.30 now. Pony feeding is at 4.45, so you have … 15 minutes.
Boy 2: Oh great. Thanks. It's OK, we aren't too late! It's only 4.30 now.

Erarbeitung

c) **2. Hören** der Dialoge gemäß SB. Die S notieren die entsprechende Zeit im Heft. Anschließend ▸ Lautschulung (Glossar) durch Vorlesen (L) und Nachsprechen (S) der abgedruckten Uhrzeiten.

Lösung

Dialogue 1: 10.40 • Dialogue 2: 11.15 • Dialogue 3: 12 o'clock • Dialogue 4: 4.30

Zusatz

Die S versprachlichen die Aktivitäten der Programmtafel in **a)**, z. B.: *You can feed the ducks at 10.45. You can groom the ponies at …* Als Hilfestellung kann L die Satzanfänge (Tafel/Folie) vorgeben.

4 The time

Material

didaktische Uhr, z. B. von Folie 23

Einstieg

SB geschlossen. Reaktivierung von Vorwissen (GSE): Uhrzeit, volle Stunde. L heftet didaktische Uhr an Tafel oder präsentiert die Uhr von Folie 23 (über OH-Projektor) und stellt Uhrzeit ein. *What's the time? – It's one/two/… o'clock.* Anschließend mehrere Durchläufe. Je nach Lernstärke können nach einigen Beispielen auch einzelne S die Rolle des L übernehmen, die Uhrzeit einstellen und danach fragen.

▸ Folie 23

Erarbeitung

a) **SB geöffnet. 1. Hören** der Uhrzeiten und Nachsprechen im Chor gemäß SB. Die Tonaufnahme enthält bereits Pausen zum Nachsprechen und ist so gedacht, dass die S die jeweilige Uhrzeit einmal hören, dann gemäß Vorbild nennen und schließlich zur (Selbst-)Kontrolle noch einmal hören.
Varianten: Abwechselnd sprechen Jungen und Mädchen (Fenster- und Wandseite / …) die Zeiten nach. Anhand des gelben Kastens weist L anschließend auf Besonderheiten der Zeitangabe hin.

▸ 2.21

Hörtext

Announcer:
- one o'clock
- ten o'clock
- twelve oh five
- four oh five
- five ten
- nine fifteen
- seven twenty
- eight twenty-five
- three thirty
- twelve thirty
- eleven thirty-five
- two forty-five
- six fifty
- one fifty-five

b) Gemäß SB. Kontrolle durch ▸ Partner check (Glossar).

c) Gemäß SB. Zur Kontrolle kann ein (lernstärkerer) S die digitalen Uhrzeiten auf der Rückseite der Tafel notieren. ▸ 2.22

Lösung

(Dialogue 1:) 1.15 • (Dialogue 2:) 3.30 • (Dialogue 3:) 4.45

Hörtext

Woman: Excuse me please. What's the time?
Man: Er let's see … It's 1.15.
Woman: 1.15.
Man: That's right. Quarter past one.
Woman: Thanks.
Man: You're welcome.

Woman: Excuse me please. What's the time?
Man: The time?
Woman: Yes.
Man: Er … It's 3.30.
Woman: Half past three?
Man: That's right. 3.30.
Woman: Thanks.
Man: You're welcome.

Man: Excuse me please.
Woman: Yes?
Man: What's the time please?
Woman: I think it's about quarter to five. Yes, look it's 4.45.
Man: 4.45.
Woman: That's right.
Man: Thanks very much.
Woman: You're very welcome.

More practice 2 p. 135 On school days

Erarbeitung

SB geöffnet. Zur weiteren Übung und Festigung der Uhrzeiten übertragen die S die Tabelle mit den täglichen Aktivitäten in ihr Heft oder erhalten ▸ KV 36: From Monday to Friday (Part 2) und tragen in der ersten Spalte ihre eigenen Uhrzeiten ein. Danach treffen sie ▸ Appointments (Glossar) mit zwei Partnern und notieren deren Zeiten in der Tabelle.

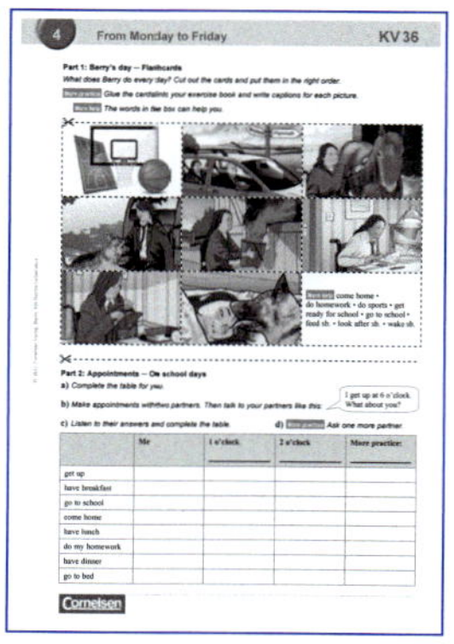

Auswertung

Auswertung im Plenum: *Tina gets up at 6.45. She has breakfast at …*

Lösung

Individuelle Lösungen

5 What's the time, please?

Erarbeitung

a) SB geöffnet. Gemäß SB. Auch als vorbereitende Hausaufgabe geeignet.

b) Gemäß SB. Die S führen mündlich Mini-Dialoge anhand ihrer Uhrzeiten und notieren die Zeit des Partners in einer Tabelle. Danach tauschen sie die Uhren. Besonders in lernschwächeren Lerngruppen sollte L zunächst ein Beispiel mit einem S demonstrieren, um den Ablauf der Übung zu verdeutlichen.

► INKL 4.4

c) Es handelt sich um eine ► Milling-around activity (Glossar). Die S sprechen innerhalb einer vorgegebenen Zeit mit möglichst vielen Mit-S und notieren deren Zeiten in der Tabelle.

Alternative

L teilt vorbereitete (digitale und analoge) Uhrzeiten aus, die die S zum Üben verwenden.

Zusatz

Um die analogen Uhrzeiten spielerisch zu üben und ggf. mit den digitalen Zeitangaben zu vergleichen, kann L die Uhr von Folie 23 einsetzen. Dazu gibt es verschiedene Möglichkeiten:

- L (oder S) stellt eine Uhrzeit auf der analogen Uhr am OH-Projektor ein; S aus dem Plenum versprachlichen diese.
- L (oder S) gibt eine Uhrzeit mündlich vor, S aus dem Plenum stellt diese auf der analogen Uhr am OH-Projektor ein. Dabei können verstärkt auch die Begriffe aus der gelben Box im SB geübt werden. L: *It's quarter past two/three/…*
- L (oder S) schreibt eine digitale Uhrzeit an die Tafel, S aus dem Plenum stellt diese auf der analogen Uhr am OH-Projektor ein.

► Folie 23

THEME 2 Feelings

Inhalt

Im Unterricht bei Ms Lee äußern sich die Schüler der Klasse 7Y darüber, in welchen Situationen sie sich gut bzw. genervt fühlen. Im Anschluss sind die S aufgefordert dies für sich selbst festzuhalten und darüber miteinander ins Gespräch zu kommen. Zudem erfahren sie mehr über Berrys Alltag, der aufgrund der Tatsache, dass sie im Rollstuhl sitzt, anders ist als bei vielen anderen Kindern.

Kommunikative Kompetenzen

Listening: Einer gehörten Diskussion Detailangaben zu Gefühlen entnehmen
Speaking: Einen Partner nach seinen Gefühlen fragen und selbst darüber berichten
Reading: Gefühlsbeschreibungen verstehen • einen Schulaufsatz verstehen und Bilder zuordnen
Writing: Beschreiben, wie man sich fühlt

Methodische Kompetenzen

Lern- und Arbeitstechniken: Notizen in einer Tabelle festhalten • eine Vorlage für eigene Texte nutzen
Kooperative Lernform: *Reading circle*

S. 74

1 A class discussion

Wortschatz

feeling • discussion • feel • feel fed up • when • work • text a friend

Einstieg

SB geschlossen. L hängt an verschiedenen Stellen des Raumes Poster mit jeweils einem unterschiedlichen Smiley (☺ • 😐 • ☹) auf und fordert die S auf, zu den jeweiligen Smileys passende Adjektive zu sammeln. S oder L schreibt die genannten Begriffe auf das jeweilige Poster. Dabei kann L ggf. die im SB verwendeten Begriffe einführen. Im Anschluss fordert L die S auf, sich zu dem zu ihrer Stimmung passenden Smiley zu stellen.
L: *Now get up and go to the smiley that matches your feelings. When you feel happy or great, please go to this smiley* (zeigen). *When you feel OK, please go to this smiley* (zeigen). *When you feel sad or fed up, please go to this smiley* (zeigen). Abschließend Stimmungsbild: *So, … of you feel great, … feel OK and … feel fed up.*

Überleitung

L: *Now listen and find out when Ellie, Berry, Luca and Adam feel great or fed up.*

Einstieg

SB geöffnet. ► Klären der Aufgabenstellung (Glossar): Es handelt sich um eine arbeitsteilige PA. Die S einigen sich vor dem Hören, wer Partner A bzw. B ist, und übertragen die jeweilige Tabelle in ihr Heft. Partner A konzentriert sich beim Hören und ► Note taking (Glossar) auf die Angaben zu *great* und Partner B auf die Angaben zu *fed up*.

Erarbeitung

a) **1. Hören** des Textes: S tragen die Namen der betreffenden Lehrwerkskinder in die Tabelle ein. L kann darauf hinweisen, dass einzelne Namen mehrfach zugeordnet werden können. ► 2.23

Differenzierung

Die S erhalten die vorbereitete Tabelle auf ► KV 37: Feelings: Complete the tables (Part 1). Sie hören den Text ggf. ein zweites Mal und ergänzen dabei evtl. Lücken.

4 Feelings: Complete the tables KV 37

Part 1: When do Adam, Luca, Berry and Ellie feel great or fed up?
Partner A: *Listen and write the names: Adam, Luca, Berry or Ellie.*

☺ I feel great when …	
… I do sport.	
… I'm with my animals.	
… I'm with my friends.	
… I listen to music.	
… I don't have homework.	

Partner B: *Listen and write the names: Adam, Luca, Berry or Ellie.*

☹ I feel fed up when …	
… my sister is bossy.	
… my mobile doesn't work.	
… my friends don't text me.	
… people don't talk to me.	
… I have lots of homework.	

Part 2: When do you feel great or fed up?

☺ I feel great …	☹ I feel fed up …

Part 3: Complete Berry's notes

☺ I feel great …	☹ I feel fed up …

Cornelsen

Auswertung

b) **2. Hören** und ► Partner check (Glossar) gemäß SB. Anschließend Auswertung im Plenum mittels OH-Projektor. Dazu tragen S die betreffenden Namen auf Folienkopie der ► KV 37: Feelings: Complete the tables (Part 1) ein.

Lösung

Partner A:

☺ I feel great when ...	
I do sport.	Luca, Ellie
I'm with my animals.	Berry
I'm with my friends.	Berry
I listen to music.	Adam
I don't have homework.	Adam

Partner B:

☺ I feel fed up when ...	
my sister is bossy.	Ellie
my mobile doesn't work.	Luca
my friends don't text me.	Luca
people don't talk to me.	Berry
I have lots of homework.	Adam

Hörtext

Ms Lee: OK, everyone. Can you listen now? OK. Today I want to talk about feelings. Can you look at the board please? OK? Er ... Berry. Can you read the questions for us, please.
Berry: OK! When do you feel great?
Ms Lee: Thanks, Berry. And the second question?
Berry: Sure. Er ... When do you feel fed up?
Ms Lee: OK, any ideas? Luca? When do you feel great?
Luca: Well, I feel great when ... when ... when I do sport. You know, when I ride my bike, when I play football. Stuff like that.
Ms Lee: OK, sport. Great, Luca!
Ellie: Me too!
Ms Lee: Yes, Ellie?
Ellie: Yeah, me too!
Ms Lee: You feel great when you do sport?
Ellie: Yeah, my favourite sport is tae kwon do.
Ms Lee: Great. And tell me Ellie, when do you feel fed up?
Ellie: Er ... When my sister is bossy.
Ms Lee: Right, bossy sisters. So can I write 'when people are bossy'?
Ellie: Yeah, that's good.
Ms Lee: OK. Luca, back to you for a moment. When do you feel fed up?
Luca: Er ... I don't know. When my mobile doesn't work!
Ms Lee: Sure. How about 'when things don't work'?
Luca: Yes, miss.
Ms Lee: '...things don't work'. OK. Any more ideas. What about you Berry?
Berry: I feel great when ... when I'm with my animals.
Ms Lee: Ah yes, animals. I think that's why people like your farm, Berry! Let's write 'when I'm with animals or pets'. Yes, Berry?
Berry: I feel great when I'm with my friends too.
Ms Lee: Right, friends. Friends are really important, aren't they? Yes, Luca?
Luca: I feel fed up when my friends don't text me.
Ms Lee: Hmm, ok, when people don't text. Yes Berry?
Berry: I feel fed up when people don't talk to me.
Ms Lee: Mmm, Berry. That isn't nice at all. Adam?
Adam: I feel great when I listen to music.
Ms Lee: Mmm 'listen to music'. Good one, Adam! And when do you feel fed up?
Adam: I feel fed up when I have a lot of homework.
Ms Lee: Ah yes, homework. I guess lots of you don't like homework!
Adam: Miss!
Ms Lee: Yes, Adam?
Adam: I feel great when I don't have homework!
Ms Lee: Really, Adam? Well, Adam, I'm very sorry but you have homework tonight! I want you to write about your feelings: When you feel great, and when you feel fed up. OK?

2 NOW YOU

Wortschatz **Not me!**

Material leere DIN-A4-Blätter

Einstieg **SB geschlossen.** L gibt (mimisch unterstützt) Beispiele für beide Gefühlslagen und fragt (lernstärkere) S, wann sie sich großartig bzw. genervt fühlen.
L: *I feel great when I see my friends. I feel fed up when my car doesn't work. What about you? When do you feel great or fed up?*

Erarbeitung **a)** **SB geöffnet.** S übertragen die Tabelle ins Heft oder erhalten von L ▸ KV 37: Feelings (Part 2). Sie notieren Situationen, in denen sie sich großartig oder genervt fühlen, siehe ▸ Note making (Glossar).

▸ INKL 4.5

More help p. 135 Lernschwächere S nutzen die vorgegebenen Redemittel aus der grünen Box und übertragen die Ideen, die auf sie zutreffen, in ihre Tabelle.

Lösung Individuelle Lösungen

Erarbeitung **b)** **SB geöffnet.** L und ein (lernstärkerer) S (oder zwei lernstärkere S) tragen exemplarisch anhand der Sprechblasen im SB einen Dialog vor. Im Anschluss befragen sich die S gegenseitig.

Alternative Alternativ können die Dialoge auch in Form einer ▸ Market place activity (Glossar) durchgeführt werden. Dies hat den Vorteil, dass S, die schneller fertig sind als andere, weiter beschäftigt sind.

Erarbeitung **c)** ▸ Klären der Arbeitsanweisung anhand der Abbildung im SB. S formulieren in EA je eine ausgewählte Situation, in der sie sich besonders großartig bzw. genervt fühlen, auf einem leeren DIN-A4-Blatt aus und hängen sie an die Wand im Klassenraum.

Differenzierung Lernstärkere S schreiben jeweils zwei Situationen auf.

Alternative Alternativ lassen die S die DIN-A4-Blätter auf ihrem Tisch liegen. Im Hinblick auf den nächsten Schritt spart dies zum einen Zeit und erleichtert zum anderen das Kommentieren durch die Mit-S.

Auswertung **d)** ▸ Reading circle (Glossar) gemäß SB. L sollte S dazu anhalten, die Aktivität schweigend durchzuführen. S gehen von Blatt zu Blatt, lesen und kommentieren ggf. die Aussagen ihrer Mit-S.

S. 75

3 Berry's homework

Wortschatz **a bit • the only • wheelchair • normal • win • ask • drink** *(n)* **• drink** *(v)* **• understand • speak • for myself** • work/speak/... **well • mouth**

Einstieg **SB geöffnet.** S benennen die Personen, Orte und Räumlichkeiten, die auf den Fotos zu sehen sind, im Unterrichtsgespräch. Dies dient gleichzeitig der Vorentlastung der Zuordnungsaufgabe in **a)**.
Mögliche Impulse:
L: *Look at the photos on the right. Where's Berry? (A, C, D: at school; B: in the sports hall; E: on the farm) Who's she with? (A: Ellie and Adam; B: she's alone; C, D: other students; E: her animals: a dog (Sam) and a pony (William)) Look at Berry's face* (zeigen). *What do you think: In which photos does Berry feel great? (A, B, E) In which photos does she feel fed up? (C, D)*

Falls gewünscht, kann L die S auch bereits Überlegungen zu Berrys Situation anstellen lassen (und dabei zentralen Wortschatz vorentlasten): *Do you think Berry is special? Is she different from her friends? Why? (It's difficult for her to walk. / She can't walk very well. / She's in a wheelchair.)*

Überleitung

L: Let's find out more about Berry's feelings.

Erarbeitung

a) **SB geöffnet. 1. Lesen**/Hören des Textes still im Zusammenhang und Sicherung des Gobalverstehens durch Ordnen der Bilder gemäß Leseauftrag im SB.

▸ INKL 4.6

Alternative

SB geöffnet. Zur Überprüfung des reinen Hörverstehens decken die S den Text mit einem leeren Blatt ab. Dann präsentiert L den Hörtext von der CD; die S notieren beim bzw. nach dem **1. Hören** die Bildnummern in der richtigen Reihenfolge. Überprüfung durch **2. Hören** oder **1. Lesen**.

▸ 2.24

Auswertung

Vergleich der Lösungen im Plenum.

Lösung

E • C • A • B • D

Zusatz

2. Lesen des Textes laut im Plenum. Die S nennen ihnen unbekannte Vokabeln, die L an der Tafel festhält. Anschließend Semantisierung und ▸ Lautschulung (Glossar) durch Nachsprechen.

Erarbeitung

b) SB geöffnet. Gemäß SB in EA; S schreiben die gefundenen Bildunterschriften ins Heft. Vorab ggf. gemeinsames Lesen des Beispiels im Plenum. S, die die Aufgabe erledigt haben, vergleichen ihr Ergebnis mit dem Sitznachbarn im ▸ Partner check (Glossar).

Auswertung

S tragen Lösungen im Plenum vor. Verschiedene Lösungen sind möglich.

Lösung

- *Photo B: I feel great when I do sport. / My favourite sport is wheelchair basketball. / I feel really great when my team wins.*
- *Photo C: I sometimes feel a bit fed up because I'm the only student at school in a wheelchair. / I'm always different.*
- *Photo D: I feel really fed up when people don't talk to me.*
- *Photo E: I feel great when I'm with the animals at home.*

Erarbeitung

c) **SB geöffnet.** Gemeinsame mündliche Vervollständigung der ersten Zeile von Berrys Notizen im Plenum. Dabei kann L auf *because* als Begründungsalternative zu *when* verweisen. Anschließend übertragen S die Tabelle in ihr Heft, entnehmen dem Text in Stillarbeit (EA) die notwendigen Informationen und tragen sie in die Tabelle ein.

Alternative

Die S erhalten die Tabellenvorlage auf ▸ KV 37: Feelings: Complete the tables (Part 2) zum Vervollständigen.

Auswertung

S tragen ihre Lösungen im Plenum vor.

Differenzierung

(Lernstärkere) S markieren auf einer von L vorbereiteten Folie (Text aus SB) während des Lösungsvergleichs jeweils die relevanten Textstellen. Dies erleichtert S, denen die richtige Lösung fehlt, das Wiederfinden der betreffenden Textstelle. Zur Heranführung an die Technik des Markierens oder als Differenzierung für lernschwächere S kann L die relevanten Textstellen auch vor der Bearbeitung von Aufgabe **c)** gemeinsam mit den S im Plenum (auf Folie) kennzeichnen.

Lösung

☺ ***I feel great …***	☹ ***I feel fed up …***
when I'm with the animals at home.	*because I'm the only student at school in a wheelchair.*
when I'm with my friends.	*because I'm always different.*
when I do sport.	*when people don't talk to me.*
when my team wins.	

Erarbeitung

d) Gemäß SB. Auch als schriftliche Hausaufgabe geeignet. L sollte S darauf hinweisen, den Text mit einer passenden Überschrift zu versehen.

More help p. 136 Lernschwächere S nutzen die vorgegebenen Ideen und Textbausteine zur Orientierung und vervollständigen sie unter Einbeziehung ihrer eigenen Notizen aus Aufgabe **2a)**.

Auswertung

S lesen ihre Texte im Plenum vor. Alternativ ist auch ein Aushängen der Texte im Klassenraum mit anschließendem ► Gallery walk (Glossar) möglich, in dessen Anschluss sich die S begründend äußern, welcher Text ihnen am besten gefallen hat (► Metakognition).

► WB 9–10, p. 45
► DFF 4.7
► Folie 24

Lösung

Individuelle Lösungen

FOCUS ON LANGUAGE

Inhalt
Die S erfahren mehr über die Haustiere von Ellie und Berry sowie über die Gründe, warum Luca und Adam keine Haustiere haben. Sie berichtigen Falschaussagen und befragen sich gegenseitig nach ihren Haustieren. Sie erstellen einen eigenen Dialog und lösen ein Quiz zu zwei der Lehrwerkskinder.

Kommunikative Kompetenzen
Reading: Einem Dialog über Haustiere gezielt Informationen entnehmen
Speaking: Gespräche über Lieblingstiere führen
Writing: Einen (Dossier-)Text über ein Haustier verfassen

Methodische Kompetenzen
Lern- und Arbeitstechniken: Sprachliche Regelmäßigkeiten entdecken
Kooperative Lernform: *Milling-around activity*

S. 76

1 A pet or a wild animal?

Wortschatz °chipmunk • °idiot • **furry**

Struktur Vorbewusste Verwendung der Verneinung und Entscheidungsfragen im *simple present.*

Einstieg **SB geschlossen.** Gespräch über die Haustiere der SB-Charaktere anhand der *Pre-reading*-Fragestellung im SB. Die S reaktivieren Vorwissen bzw. stellen Vermutungen an bezüglich der Haustiere der Kinder. L hält diese stichpunktartig an der Tafel fest. L: *What are Berry's / Ellie's / … pets? (A pony / two cats / …)*

Überleitung L: *Let's see if you are right.*

Erarbeitung **SB geöffnet. 1. Lesen**/Hören des Textes. Die S überprüfen ihre Vermutungen auf Richtigkeit (Globalverstehen); L hakt richtige Vermutungen an Tafel ab.

The kids' pets
Berry: dog ✓, pony ✓
(+ animals on the farm: chipmunks, ducks, hamsters, rats, donkeys, …)
Luca: – (no pets)
Adam: – (no pets)
Ellie: two cats ✓

► 2.25
► INKL 4.7

Zusatz Zur Sicherung des Detailverstehens schreibt L verschiedene *right/wrong statements* an die Tafel oder auf Folie – Vorschläge vgl. linke Tabellenspalte im Tafelbild. Die S bearbeiten die Aussagen in PA.

1. The Boatengs don't have a pet.	Right.
2. Luca's mum likes cats.	Wrong.
3. Luca's dad likes pets.	Wrong.
4. Chipmunks are small and furry.	Right.
5. A chipmunk looks like a monkey.	Wrong.
6. Adam wants a chipmunk.	Wrong.
7. Chipmunks love other pets.	Wrong.

Auswertung Kontrolle im Plenum.

Differenzierung In lernstärkeren Lerngruppen kann L gemeinsam mit den S die falschen *statements* korrigieren (vgl. Tafelbild auf S. 182, dritte Spalte) und dabei die Bildung der Verneinung demonstrieren. Die Struktur kann dabei durch Pfeile übersichtlich und systematisch als Lernhilfe entwickelt werden – v. a. für die 3. Person Singular: Das -s des Verbs wandert ins Hilfsverb, aus *don't* wird *doesn't.*

Positive (+) and negative (–) statements in the simple present

+		–
Luca's mum likes cats.	Wrong.	She doesn't like cats. (She likes dogs.)
Luca's dad likes pets.	Wrong.	He doesn't like dogs.
A chipmunk looks like a monkey.	Wrong.	It doesn't look like a monkey.
Adam wants a chipmunk.	Wrong.	Adam doesn't want a chipmunk.
		(Luca wants a chipmunk.)
Chipmunks like other pets.	Wrong.	They don't like other animals.

2 The simple present – negative sentences

Struktur Ableiten einer Regel/Strukturformel für die Bildung der Verneinung im *simple present.*

Erarbeitung **a)** Die S ergänzen die Sätze schriftlich im Heft anhand der Textvorlage in **1**. Danach Kontrolle im Plenum.

Lösung ***1*** *don't* • ***2*** *don't* • ***3*** *doesn't* • ***4*** *doesn't* • ***5*** *doesn't* • ***6*** *don't*

Erarbeitung **b)** Die S ergänzen die Strukturformel und notieren diese unter dem Tafelbild im Heft.

Auswertung S tragen ihre Regeln vor. Ergänzend liest L gemeinsam mit den S den entsprechenden Eintrag im *Language file* (LF 7, SB-Seite 169).

Lösung *I, you, we, they* + ***don't*** + *verb*
he, she, it + ***doesn't*** + *verb*

3 NOW YOU

Struktur Individualisierte Aufgabe zur Übung der Verneinung im *simple present.*

Erarbeitung Schriftlich in EA gemäß SB.

Auswertung Die S lesen sich zunächst im ► Partner check (Glossar) die komplettierten Sätze vor, anschließend ggf. Vergleich im Plenum.

Lösung Individuelle Lösungen

► DFF 4.2
► Folie 25

S. 77

4 That's wrong!

Struktur Übung zum Einsetzen von *don't/doesn't.*

Einstieg **SB geöffnet.** Die S versprachlichen die Abbildung. Möglicher Lehrerimpuls: *Look at the picture. What's wrong?* S: *Berry doesn't have a cat. (She has a dog.)* L kann den Beispielsatz als Lernhilfe an der Tafel festhalten.

Erarbeitung **a)** **SB geöffnet.** Schriftlich gemäß SB.

//● p. 136 Lernstärkere S geben zusätzlich jeweils noch die richtige Information *(positive sentences)* (vgl. Lösungen in Klammern).

Auswertung

Die verneinten Sätze werden von L oder einzelnen S an der Tafel oder auf Folie festgehalten zur Kontrolle des Schriftbildes.

Lösung

1 *She doesn't live in the city. (She lives in the country.)*
2 *They don't have a pet shop. (They have a farm.)*
3 *She doesn't ride a donkey. (She rides a pony.)*
4 *She doesn't have a cat. (She has a dog.)*
5 *They don't have cows on the farm. (They have donkeys.)*
6 *He doesn't live in the field. (He lives in the house.)*
7 *She doesn't go to school in Woolwell. (She goes to school in Plymouth.)*
8 *They don't have dogs. (They have no pets. / They don't have a pet.)*
9 *She doesn't have two ponies. (She has one pony.)*
10 *They don't like cats. (They hate cats.)*

Alternative

▸ Lerntempoduett (Glossar): S, die die Aufgabe bearbeitet haben, stehen auf und unterstützen S, die Schwierigkeiten beim Lösen der Aufgabe haben. Auch eine erste Auswertung kann durch die S selbst erfolgen: Sobald zwei S stehen, kommen sie zusammen und vergleichen ihre Ergebnisse. Danach bearbeiten sie **b)**.

Erarbeitung

b) **SB geöffnet.** Gemäß SB. Die S schreiben fünf falsche Sätze über Berrys Freunde und tauschen diese dann mit einem weiteren S-Paar, um sie gegenseitig unter Verwendung von *negative sentences* im *simple present* zu verbessern.

Lösung

Individuelle Lösungen

5 My interesting pets

Wortschatz

°degu • **interesting** • It doesn't like **to** be lonely. • **Box 'to'** (SB-Seite 200) • **cage**

Struktur

Übung zum Einsetzen von *don't/doesn't.*

//● p. 136 Lernstärkere S bilden alle bejahten und verneinten Verbformen eigenständig.

Einstieg

SB geöffnet. Semantisierung des Wortes *cage* anhand der Abbildung im (hochgehaltenen) SB. L: *In the photo you can see a degu* (zeigen) *in a cage* (zeigen). *Let's find out more about degus. Are they good pets?*

Erarbeitung

Schriftlich in EA gemäß SB. Auch als Hausaufgabe denkbar.

Auswertung

Vergleich der Lösungen zunächst durch ▸ Partner check (Glossar), anschließend mündlich in Form einer ▸ Meldekette (Glossar). L trägt zur Kontrolle die bejahten und verneinten Verbformen in eine vorbereitete Folie ein.

Lösung

1 *don't* • ***2*** *doesn't* • ***3*** *don't* • ***4*** *doesn't* • ***5*** *doesn't* • ***6*** *don't* • ***7*** *don't* • ***8*** *don't*

6 The simple present – questions

Struktur

Ableiten einer Strukturfomel als Lernhilfe für die Bildung von Entscheidungsfragen im *simple present.*

Einstieg

SB geschlossen. Als Anübung zu Fragebildung und Kurzantworten stellt L Frage (in der 1. Person Singular) und gibt Antwortmöglichkeiten an der Tafel vor: *Do you have a pet? – Yes, I do. I have a … / No, I don't.* Danach Übung mündlich als ▸ Meldekette (Glossar).

Erarbeitung — **a) SB geöffnet.** Die S ergänzen die Fragesätze schriftlich in EA.

Auswertung — S tragen ihre Ergebnisse vor; L hält Beispielsätze an der Tafel fest.

Lösung — ***1*** *Do* • ***2*** *Does* • ***3*** *Does* • ***4*** *Does* • ***5*** *Do*

b) Die S ergänzen die Strukturformel.

Auswertung — S tragen ihre Regeln vor. Ergänzend liest L gemeinsam mit den S den entsprechenden Eintrag im *Language file* (LF 8, SB-Seite 170).

Lösung — **Do** + *I, you, we, they* + *verb ?*
Does + *he, she, it* + *verb ?*

Differenzierung — In lernstärkeren Lerngruppen werden die entsprechenden Kurzantworten im Tafelbild festgehalten und mündlich eingeübt.

7 NOW YOU

Struktur — Übung zur Fragebildung mit *do/does* und zu den Kurzantworten in der 1. Person Singular.

Einstieg — L: *What about you? Do you like animals? (Yes, I do. / No, I don't.)* L hält Sprachmuster an der Tafel fest.

Erarbeitung — **a) SB geöffnet.** Bearbeitung schriftlich in EA. ► INKL 4.8

Lösung — ***1*** *Do* • ***2*** *Do* • ***3*** *Does* • ***4*** *Does*

Differenzierung — In lernstärkeren Klassen befragen sich die S gegenseitig und beantworten die Fragen mit den passenden Kurzantworten.

Erarbeitung — **b)** **1. Hören** der Fragen von der CD. In den Sprechpausen beantworten die S die Fragen murmelnd für sich selbst. ► 2.26

Differenzierung — Für lernschwächere S stellt L die Fragen auf Folie zum Mitlesen bereit. Die S notieren sich die Satznummern und setzen während des Hörens dahinter ein Häkchen bzw. ein Kreuz für bejahte/verneinte Antworten. Anschließend stellen sie sich gegenseitig die Fragen und beantworten sie im ► Partner talk (Glossar).

Auswertung — Zur Ergebnissicherung im Plenum kann L die Tonaufnahme beim **2. Hören** nach jedem Satz stoppen und einzelne S zur individuellen Beantwortung aufrufen.

► WB 11–13, p. 55
► DFF 4.3
► Folie 26

Hörtext

1. Do you live in England?
2. Do you live in Germany?
3. Do you live in a village?
4. Do you live in a city?
5. Do you have brothers?
6. Do you have sisters?
7. Do you have a pet?
8. Do you like animals?
9. Do you do sport?
10. Do you have a best friend?
11. Do you live in a house?
12. Do you live in a flat?
13. Do you watch TV?
14. Do you go to the cinema?
15. Do you like music?
16. Do you play football?
17. Do you like school?
18. Do you like English?
19. Do you like Cyril?
20. Do you like Sandy?

S. 78

8 A good pet?

Wortschatz
why • Box 'why/what/...?' (SB-Seite 200) • **friendly • shoulder • fruit • nut • sleep**

Struktur
Vorbewusste Verwendung von Fragen mit Fragewörtern im *simple present*.

Einstieg
SB geschlossen. L führt über Umfrage im Plenum in Thema ein und festigt dabei gleichzeitig Fragen mit *do/does* und Kurzantworten.
L: *Do you have a rat?* S: *Yes, I do. / No, I don't.*

Dabei ggf. situative Einführung des neuen Wortschatzes.
L: What do you think:
- *Do rats eat fruit like apples or bananas? (Yes, they do.)*
- *Do they eat nuts?* (ggf. mitgebrachte Nuss zeigen) *(Yes, they do.)*
- *Do they sleep in a bed? (No, they don't.)*
- *Are rats nice and friendly? (Yes, they are. / No, they aren't.)*
- *Are rats good pets? Let's read the text and find out.*

Erarbeitung
SB geöffnet. 1. Lesen/Hören des Textes. Die S beantworten die *Pre-reading*-Frage aus dem SB. ► 2.27

Lösung
Are rats good pets? – Yes, they are.

Zusatz
Vertiefend kann L bereits hier nach Berrys Einstellung zu Ratten fragen: *Why does Berry love rats? (Because they are friendly. / ...)*

9 Question words

Struktur
Übung zum Verständnis der Fragewörter *what*, *where*, *when* und *why*.

Erarbeitung
a) SB geöffnet. 2. Lesen/Hören des Dialogs gemäß SB. Die S finden und notieren die fünf Fragen im Heft.

Zusatz
Danach stellen die S sich gegenseitig die Fragen und beantworten sie (vgl. Lösungen in blauen Klammern).

Lösung
What pets do you have, Berry? (A dog, hamsters, rabbits, chipmunks, rats and a pony.)
Why do you love rats? (Because they're friendly.)
Where do they live? (In a cage in Pets Corner.)
What do they eat? (Fruit and nuts.)
When do they sleep? (At night.)

Erarbeitung
b) Die S ordnen den englischen Fragewörtern schriftlich die deutschen Entsprechungen zu.

Lösung
What? – Was? Welche?
When? – Wann?
Where? – Wo? Wohin?
Why? – Warum?

Auswertung
Vergleich im Plenum. Ergänzend liest L gemeinsam mit den S den entsprechenden Verweis im *Language file* (LF 9, SB-Seite 170).

10 What pet do you have?

Struktur

Übung zur Verwendung von Fragewörtern im *simple present*.

Erarbeitung

SB geöffnet. Schriftlich in EA gemäß SB. Auch als Hausaufgabe geeignet.

▸ INKL 4.9

○ Differenzierung

In lernschwächeren Klassen werden zunächst die Fragewörter und ihre deutschen Entsprechungen wiederholend an der Tafel gesammelt.

Auswertung

Vergleich durch ▸ Meldekette (Glossar) im Plenum: S1 liest Frage vor; S2 nennt Antwort und nächste Frage usw. L hält die vervollständigten Fragen an der Tafel fest.

Lösung

1 *What* • ***2*** *Why* • ***3*** *Where* • ***4*** *What* • ***5*** *When* • ***6*** *What*

● Differenzierung

Lernstärkere S befragen sich analog zu den Übungsfragen gegenseitig zu ihren eigenen Haustieren: *What pet do you have? / Why do you like cats/dogs/rabbits/…? / Where does your cat/dog/rabbit/… live? / What does your … eat? / When do you feed your …? / When do cats/dogs/ rabbits/… sleep? / What other pets do you have?* usw.
Zur Bewältigung dieses offenen, schülerbezogenen Sprechanlasses kann L die S auf *Wordbank 7* (SB-Seite 177) verweisen. Zum Wortfeld *food* verfügen die S zudem in der Regel über weitere (mündliche) Vorkenntnisse aus dem GSE, die sie zur Versprachlichung ihrer Antworten heranziehen können.

11 Talking about pets

Struktur

Anwendungsbezogene Übung zu Entscheidungsfragen und Fragewortfragen im *simple present.*

Einstieg

SB geschlossen. L formuliert Zielangabe und demonstriert Dialog mit lernstärkerem S (L übernimmt Rolle von A und fragt, S übernimmt die Rolle von B und beantwortet die Fragen). L: *Today I want you to talk about pets with your partner like this: …*

Erarbeitung

a) **SB geöffnet.** Gemäß SB ggf. mithilfe der *Wordbank 7* (SB-Seite 177). Um einen reibungslosen Ablauf des Dialogs zu gewährleisten, können die S zunächst gemeinsam ein schriftliches Dialogskript verfassen. Anschließend üben sie den Dialog mit ihrem Partner ein.

Auswertung

Einzelne S-Paare präsentieren ihren Dialog vor der Klasse. Dabei wenden sie die ▸ Read-and-look-up technique (Glossar) an.

b) Die S verfassen in EA einen Text über ihr Lieblingshaustier oder das Haustier eines Freundes. Den fertigen Text können sie illustrieren und im Dossier ablegen. Dazu sollte L die Entwürfe der S einsammeln, korrigieren und eine Reinschrift anfertigen lassen, siehe ▸ Phasen des Schreibprozesses (Glossar).

More help p. 137 Lernschwächere S nutzen die Schreibhilfen (Ideen und Satzanfänge) auf SB-Seite 137.

▸ WB 14–16, p. 56
▸ DFF 4.5

Lösung

Individuelle Lösungen

Zusatz

Die S-Produkte werden in Form eines ▸ Gallery walk (Glossar) gruppenweise ausgelegt oder ausgehängt und gelesen. Anschließend lesen einzelne S aus ihrer Sicht besonders gelungene Texte ihrer Mit-S vor.

More practice p. 137 **More questions about pets**

Lernstärkere S bauen ihren Dialog weiter aus. Dazu können sie auf die Ideen und Fragemuster aus den beiden Boxen zurückgreifen.

S. 79

12 Who is it?

Struktur
Übung zu Fragen mit Fragewörtern im *simple present* in Quizform.

Einstieg
L: *Let's do a quiz, shall we? Who is it?*

Erarbeitung
a) ◎ **SB geöffnet.** Bearbeitung gemäß SB; schriftlich in EA. Danach ▸ Partner check (Glossar) und Vorlesen im Plenum.

Lösung
1 *D* • ***2*** *B* • ***3*** *A* • ***4*** *C* • ***5*** *E* • ***6*** *F - It's Berry Donovan.*

Alternative
Die Bearbeitung aller Aufgabenteile **a)-c)** kann auch als ▸ Lerntempoduett (Glossar) erfolgen. S, die **a)** bearbeitet haben, stehen auf. Sobald zwei S stehen, kommen sie zusammen und vergleichen ihre Ergebnisse. Danach bearbeiten sie **b)** und stehen wieder auf, wenn sie fertig sind. Nach erneuter Partnerkontrolle erledigen sie noch **c)**.

Erarbeitung
b) Schriftlich gemäß SB.

Auswertung
Im Plenum als ▸ Meldekette (Glossar): S1 stellt Frage, S2 antwortet und formuliert neue Frage usw.

Lösung
1 *Where do you live?* • ***2*** *What do you like?* • ***3*** *Where do you go to school?* • ***4*** *When do you go to the cinema?* • ***5*** *What do you do on Saturdays?* • ***6*** *Where do you ride your bike? - It's Luca Boateng.*

c) ◉ Die S bilden eigenständig Fragen zu den vorgegebenen Antworten.

Auswertung
Im Plenum als ▸ Meldekette (Glossar)

Lösung
1 *Where do you live?* • ***2*** *Where do you go to school?* • ***3*** *What do you do on Saturdays?* • ***4*** *What do you like?* • ***5*** *When do you go to the cinema?* • ***6*** *When do you get up? - It's Cyril.*

13 Find a person who ...

Wortschatz
find • Find a person who ...

Struktur
Kooperative und kommunikative Übung zu Entscheidungsfragen und Fragen mit Fragewörtern im *simple present.*

Einstieg
L: *I have an interesting pet. It's a snake. Find a person who has an interesting pet, too. Ask questions like this: Do you have an interesting pet?* S geben die entsprechende Kurzantwort und befragen sich in einer ▸ Meldekette (Glossar) gegenseitig.

Erarbeitung
a) SB geöffnet. ▸ Klären der Aufgabenstellung (Glossar) und Lesen der Ideen in der lila Box im Plenum.

b) Die S formulieren (zunächst mündlich im Plenum) mithilfe der Vorgaben in den Sprechblasen zu jeder Idee passende Fragen. Für die anschließende Befragung notieren die S in EA mindestens drei Fragen, die sie ihren Mit-S stellen möchten, schriftlich in einer Tabelle.

Find a person who ...	
– has an interesting pet.	*– Mark: degu* *– Linda: ...*

More help p. 137 Lernschwächere S legen nach den Vorgaben im SB eine individuelle Tabelle an, in die sie mindestens drei Fragepaare übertragen.

Erarbeitung

c) Durchführung der Befragung als ► Milling-around activity (Glossar) gemäß SB. Die S notieren die Namen der Mit-S, die eine Frage positiv beantworten, und fragen dann entsprechend nach, um mehr Informationen zu erhalten. Zur Verdeutlichung des Ablaufs sollte L (mit lernstärkeren S) vorab ein bis zwei Beispiele im Plenum durchführen.

Alternative

Die S erhalten ► KV 38: Find a person who ... (Version A) mit einer vorstrukturierten Blankotabelle, in die sie ihre Fragen und Antworten eintragen.
Lernschwächere S erhalten ► KV 38: Find a person who ... (Version B) mit teilweise vorgegebenen Fragen, die sie vervollständigen.

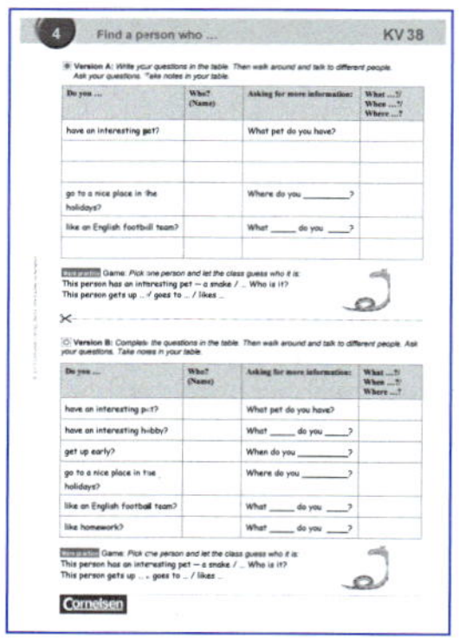

Zusatz

Die S berichten anhand ihrer Notizen (Tabelle) im Plenum über einzelne S-Antworten. Dabei lassen sie zunächst den Namen weg – die Klasse muss raten, um welche S es sich handelt. S1: *This person has an interesting pet – a snake! Who is it?* – S2: *I think it's Dana.*

Erarbeitung

d) Anschließend verschriftlichen die S besonders interessante Ergebnisse in EA unter Rückgriff auf die Redemittel im SB. Auch als Hausaufgabe geeignet.

► DFF 4.4
► Folie 27

Lösung

Individuelle Lösungen

STORY Adventures in the country

Inhalt

Berry lädt ihre Freunde Luca, Ellie und Adam zu einem Wochenende mit Übernachtung *(sleepover)* zu sich auf die Farm ein. Voller Vorfreude erreichen sie die Farm und erleben dort allerlei Abenteuer mit kleinen und großen Tieren.

Kommunikative Kompetenzen

Reading: Eine szenische Geschichte verstehen und Fragen zum Text beantworten • verschiedenen Szenen (Textabschnitten) Überschriften zuordnen

Speaking: Einzelne Szenen mit verteilten Rollen gestaltend vortragen

S. 80

1 Before you read

Wortschatz: **on the bus • nervous**

Erarbeitung: **SB geöffnet.** Bildbetrachtung und Bearbeitung der *pre-reading activity* gemäß SB. S übertragen die vervollständigten Lückensätze ins Heft.

Auswertung: S tragen die vollständigen Sätze im Plenum vor.

Lösung: ***1*** *Adam and Luca* • ***2*** *Luca* • ***3*** *Luca* • ***4*** *Luca* • ***5*** *Ellie, Berry and Adam* • ***6*** *Berry*

Zusatz: Ausweitung der *pre-reading activity*: S beschreiben die Bilder (weitere Personen/Orte/Dinge/...), wobei sie mögliche Vorkenntnisse aus GSE einbringen können. Mögliche L-Impulse:
- *Where are the Eggy kids in the picture for scene 2/3/...?*
- *What else can you see in the picture?*

Adventures in the country

Wortschatz: **S. 80: adventure • country: in the country • scene • invite (to) • sleepover • bring • sleeping bag • sandwich • Don't worry. • Box 'don't'** (SB-Seite 201) • **worry (about) • her • Box 'her'** (SB-Seite 201) • **wet • laugh**

S. 81: through • that field • Box 'this – that' (SB-Seite 201) • **be hungry • be in trouble •** °bull • **dangerous • noise • only • Go to sleep!**

Einstieg: **SB geschlossen.** L kündigt Titel der Geschichte an und schreibt diesen an die Tafel (Zielorientierung). L: *Today we're going to read the story 'Adventures in the country'.*
Semantisierung der Begriffe *adventure* und *country*. L fragt S im Unterrichtsgespräch nach möglichen Abenteuern, die die Kinder auf dem Land erleben könnten, und hält Ideen an der Tafel fest.
L: *In the story, Ellie, Luca and Adam visit Berry in the country. What adventures do they have? Any ideas?*
S1: *I think they play on the zip wire / trampolines.*
S2: *I think they ride the ponies / go to Pets' Corner / see lots of animals / sleep in the barn / go to bed late / ...*
S3: *They can't sleep / have problems with animals /...*

O Differenzierung: In lernschwächeren Lerngruppen kann L vor dem Lesen weiteren unbekannten Schlüsselwortschatz z. T. bildgestützt vorentlasten, damit S die Geschichte dann ungestört genießen können, z. B.: *be in trouble, dangerous, noise.* Viele der unbekannten Wörter lassen sich jedoch aus dem Kontext (z. B. *sleepover)* oder durch Ähnlichkeit zu bekannten englischen oder deutschen Wörtern (z. B. *sleeping bag* – S kennen *sleep*) erschließen.

Erarbeitung

SB geöffnet. 1. Lesen der Geschichte (still). Anschließend überprüfen S ihre Vermutungen aus dem Einstieg, welche Abenteuer die Kinder auf der Farm erleben, und ergänzen die bisher nicht genannten Abenteuer.

▶ INKL 4.10

Lösungsbeispiel

Luca has no sweets. / They go to Pets Corner (and stroke a chipmunk). / Luca's shoulder is wet. / Luca has a problem with a cow. / They sleep in the barn. / They can't sleep (because they hear noises at night). / ...)

Alternative

SB geschlossen. Reines Hörverstehen: Die S erhalten partnerweise je eine Kopie der ▶ KV 39: Adventures in the country mit den Bildern zur Story in vermischter Reihenfolge und schneiden diese aus. Während des **1. Hörens** legen die S in PA die Bilder in der richtigen Reihenfolge vor sich ab.

▶ 2.28

SB geöffnet. Beim **2. Hören/Lesen** der Geschichte im ▶ Mitleseverfahren (Glossar) überprüfen die S die Reihenfolge der Bilder bzw. Szenen.

S. 81

2 The scenes

Einstieg

SB geöffnet. Klären der Arbeitsanweisung. Dabei kann L den S deutlich machen, dass die Aufgabenstellung verrät, wie der Text gelesen werden muss (überfliegend/suchend/detailliert) und dass die Bilder bei der Zuordnung helfen, siehe ▶ Lesetechniken (Glossar).

Erarbeitung

a) **2. Lesen** des Textes (Globalverstehen): Die S ordnen die Überschriften den einzelnen Szenen zu.

Differenzierung

Lernschwächere S erhalten eine Kopie der Überschriften von ▶ KV 39: Adventures in the country (Aufgabe 2), schneiden diese aus und platzieren sie direkt bei den jeweiligen Szenen im Buch. Dadurch ist ein einfacherer Abgleich und ggf. auch ein Umordnen bei der anschließenden Auswertung möglich.

Auswertung

b) ▶ Partner check (Glossar). Anschließend tragen die S ihre Zuordnungen im Plenum vor. L hält Ergebnisse an der Tafel fest.

Differenzierung

In leistungsstärkeren Klassen tragen S lediglich Zuordnungen vor, bei denen sie keine Einigkeit erzielen konnten.

Lösung

Scene 1: *Come to a sleepover* • ***Scene 2:*** *Let's go to the country* • *Scene 3: No sweets* • ***Scene 4:*** *A cute chipmunk* • ***Scene 5:*** *Time to eat* • ***Scene 6:*** *A dangerous animal?* • ***Scene 7:*** *Noises at night* • ***Scene 8:*** *Time to go home*

3 Questions on the story

Erarbeitung

SB geöffnet. Bearbeitung der Fragen zum Text in EA gemäß SB. Auch als Hausaufgabe geeignet.

Auswertung

Die S tragen ihre Antworten im Plenum vor. L hält diese schriftlich an Tafel fest und fordert S auf, Fehler (im Heft) zu verbessern.

Lösung

1 *By bus* • ***2*** *Sandwiches* • ***3*** *Donkeys, ponies, sheep and chipmunks* • ***4*** *A cow* • ***5*** *Adam, Ellie and Luca* • ***6*** *Berry*

More practice 4 p. 138 More questions on the story

Erarbeitung

SB geöffnet. Gemäß SB.

Differenzierung

Lernstärkere S formulieren ihre Antworten in ganzen Sätzen und erstellen so eine gelenkte *summary* der Geschichte. Dazu gibt L ggf. ein Beispiel vor: *The three friends are excited because they can go to the country.*

Auswertung

Die S tragen ihre Antworten vor. L fordert S auf, evtl. Fehler zu verbessern, und hält richtige Lösungen zum Vergleich schriftlich fest.

Lösung

1 *(The three friends are excited) Because they can go to the country / visit Berry on her farm.* • ***2*** *(Luca is unhappy) Because he hasn't got his sweets.* • ***3*** *(He goes to the village) Because he wants to buy sweets.* • ***4*** *No, (Luca isn't in trouble) because the bull is a cow.* • ***5*** *(On Saturday evening) They sleep in the barn.* • ***6*** *(On Sunday) They play on the trampolines. They ride Harry, the pony and feed the animals too.*

4 THEATRE TIME

Erarbeitung

SB geöffnet. Gemäß SB einigen sich die S innerhalb ihrer Gruppen auf eine Szene (Vorteil: Identifikation mit der gewählten Szene; Motivation), verteilen die Rollen und üben die Szene durch wiederholtes Lesen ein. Falls möglich, sollte es den S ermöglicht werden, für das Einstudieren der Rollen auf weitere Räume oder den Flur auszuweichen.

Alternative

L kann den Gruppen gezielt einzelne Szenen zuteilen (Vorteil: Zeitersparnis; Möglichkeit zur Differenzierung). *Scene 1* eignet sich z. B. besonders für lernschwächere S oder Kleinstgruppen/PA, da hier nur die „Regieanweisung" und die Mail vorgetragen werden müssen.

More help p. 138 Lernschwächere S erhalten Tipps zum szenischen Lesen.

Differenzierung

In lernschwächern Lerngruppen kann L die Tipps im *More Help* gemeinsam mit den S im Plenum lesen und Szene für Szene verdeutlichen, wie die Szene umgestaltet werden muss, damit sie szenisch gespielt werden kann. Dazu kann L den Text kopieren und den Gruppenmitgliedern die jeweilige Szene zum Markieren der für sie relevanten Textstellen aushändigen, sodass sie sie schneller finden und den Text flüssiger vortragen können. Alternativ können S „ihre" Sprechtexte ohne die redundanten Teile auf Karteikarten übertragen.

Auswertung

SB geöffnet. Die S tragen gruppenweise ihre Szenen vor. Die Mit-S geben nach jeder Präsentation ein kurzes Feedback (mündlich oder per roter/gelber/grüner Karte) oder mithilfe des Bewertungsrasters auf ► KV 12: Theatre time. Bei Interesse kann das Stück auch für ein Schulfest oder einen Klassenabend eingeübt und mit passenden Requisiten vorgespielt werden.

► WB 17–20, p. 57

SKILLS TRAINING Reading and mediation

Inhalt
Die S entschlüsseln unterschiedliche Hinweisschilder, die ihnen im Zielsprachenland (Großbritannien) begegnen könnten. Dabei üben sie verschiedene Erschließungstechniken (Einbeziehung von Symbolen; Erschließen aus dem Kontext).

Kommunikative Kompetenzen
Reading: Englische Schilder verstehen
Mediation: Englische Schilder im Partnergespräch auf deutsch erklären

Methodische Kompetenzen
Lern- und Arbeitstechniken: Techniken der Wortschatzerschließung und der Sprachmittlung anwenden

S. 82

1 READING Signs in Plymouth

Wortschatz
sign • left • right

Einstieg
SB geöffnet. Zielorientierung durch L:
When you are in a town, you often see lots of signs. Today we are going to learn how to read signs in a town.

Alternative
SB geschlossen. L bringt Bild eines englischen Schildes mit oder skizziert eines an der Tafel, z. B. *No cycling*.
L: *Look at this sign. You can often find it in towns. What does it mean?*
S: *You can't ride your bike here.*
L: *You can often understand signs when you look at the pictures or symbols on the sign. Let's have a look at more signs.*

Erarbeitung
SB geöffnet. Die S betrachten die Schilder und ordnen die passenden Beschreibungen zu. ▸ IAT 4.2

Auswertung
▸ Partner check (Glossar) mündlich. Anschließend Kontrolle im Plenum.

Lösung
***1** E • **2** B • **3** C • **4** A • **5** D*

Zusatz
L bringt weitere Bilder von Schildern und entsprechende Beschreibungen mit. In GA ordnen die S diese zu und stellen sie anschließend der Klasse vor.
Alternativ: Die S fertigen eigene Schilder an oder suchen im Internet nach entsprechenden Schildern, die sie mitbringen, damit die Mit-S sie entschlüsseln können. Dieser Zusatz wäre je nach Lernstärke auch nach **2** denkbar – dann ggf. mit zusätzlicher Schwerpunktsetzung auf Sprachmittlung.

2 MEDIATION Understanding the signs

Erarbeitung
a) **SB geöffnet.** Mündlich gemäß SB.

Lösungsbeispiel
1 Nein, aber Hunde sind hier nicht erlaubt. • ***2*** Das bedeutet, dass man hier nicht rauchen darf. • ***3*** Ja, das Restaurant hat geöffnet. • ***4*** Wir dürfen die Tiere nicht füttern (außer während der überwachten Fütterungszeiten). • ***5*** Ja, wir müssen rechts herum. Links ist der Zugang für Rollstuhlfahrer. • ***6*** Wir können die Telefonnummer anrufen oder eine SMS schicken.

b) L liest mit S gemeinsam den gelben Hinweiskasten und lässt ggf. einige Satzanfänge (z. B. für Schild A) im Plenum vervollständigen. Anschließend PA mündlich gemäß SB.

Auswertung

Einzelne S-Paare präsentieren ihr Ergebnis vor der Klasse; die Mit-S ergänzen entsprechend.

► WB 21–22, p. 58

Lösungsmöglichkeit

Schild:	Man findet so ein Schild …	Das Schild ist für …	Du darfst/kannst hier …
A	an Parks/ Grünflächen/ Spielplätzen/…	• Leute mit Hunden • Raucher	• keine Hunde mitnehmen • nicht rauchen
B	an Restaurants/ Imbissen/…	Leute, die Hunger haben	• Frühstück bekommen • sehen, dass geöffnet ist
C	im Zoo/Tierpark • auf dem Bauernhof	(Zoo-)Besucher	die Tiere nicht füttern (außerhalb der Fütterungszeiten)
D	an Eingängen/ Gebäuden/ Treppen/Schiffs-anlegestellen	• alle Leute, die Eintritt suchen • Rollstuhlfahrer	• rechts durch das kleine Tor eintreten • links einen barrierefreien Zugang für Rollstuhlfahrer finden
E	an Bushaltestellen in der Stadt	Fahrgäste	• sehen, um welche Haltestelle es sich handelt • auf den Bus warten • Hinweise zum Fahrplan mithilfe der angegebenen Kontaktdaten erhalten

SKILLS TRAINING Writing invitations

Inhalt
Die S lernen wichtige Elemente einer Einladung kennen. Sie verfassen eine eigene Einladung zu einer Übernachtungsparty und einer weiteren Feier.

Kommunikative Kompetenzen
Writing: Eine Einladung schreiben und beantworten

Methodische Kompetenzen
Lern- und Arbeitstechniken: Eine Vorlage für eigene Texte nutzen
Kooperative Lernform: Reading circle

S. 83

1 An English evening

Wortschatz
invitation (to) • picnic • 5 pm • 9 am • °pyjamas

Einstieg
SB geschlossen. L: *Imagine it's your birthday. You want to have a party. Who can you invite to your party? (friends, family) You want to make an invitation to your party. What can you write about? What is important? (when/where the party is)*

Erarbeitung
SB geöffnet. L: *Look at this invitation. What kind of invitation is it?* Die S sehen sich die Einladungskarte an und bearbeiten dann zur Sicherung des Globalverstehens die folgende Aufgabe (Tafel):
It's an invitation to ...
a) an English breakfast.
b) an evening for parents and students at school. (✓)
c) a picnic in the park.
d) a class party in England.

Danach ordnen die S die Informationen der jeweiligen Kategorie zu. Anschließend schreiben sie die vollständige Einladung ins Heft.

Auswertung
Einzelne S lesen ihr Ergebnis vor. L notiert Ergebnis an der Tafel. Dabei erläutert L den Unterschied von *am* und *pm*.

INFO-BOX am/pm
Im Englischen verwendet man im Alltag kein 24-Stunden-System bei der Angabe von Uhrzeiten (Ausnahme: Fahrpläne). 15.00 Uhr und 03.00 Uhr entsprechen also beide *3 o'clock*. Die Unterscheidung ***am*** (ante meridiem) für vormittags und ***pm*** (post meridiem) für nachmittags wird in der Regel nur dann benutzt, wenn Verwechslungen möglich sind. Aus diesem Grund spricht man auch von *noon* (12.00 Uhr mittags) und *midnight* (12.00 Uhr nachts). Man verwendet ***am*** oder ***pm*** nicht mit *o'clock*. Also nur: *at two pm*.

Lösung
Invitation: *C* • ***Date:*** *B* • ***Time:*** *E* • ***Address:*** *A* • ***Please bring:*** *D*

2 An invitation to a sleepover

Wortschatz
I'd love to come • **Best wishes**

Material
Bunte Papierbögen (helle Farben)

Einstieg
SB geschlossen. L bringt eigene Einladungskarte mit (z. B. für Cyril). L (oder ein S) liest die Karte vor. Anschließend sagen die S, für wen die Einladung ist und wozu eingeladen wird.

Erarbeitung
a) **SB geöffnet.** L lässt S erklären, was ein *sleepover* ist und was sie dafür brauchen: *What is a sleepover?* S: *Your friends come to your*

house and sleep there. L: *What do you need for a sleepover?* S: *You need a sleeping bag, pyjamas, …* Danach verfassen die S eine Einladung für ihren Partner, wobei sie die Schreibhilfen und Anregungen in den gelben Kästen nutzen. Sie gestalten die Einladung aus, indem sie Bilder einfügen und verschiedene Farben verwenden.

Lösung — Individuelle Lösungen

b) Gemäß SB.

► INKL 4.11

c) Nach dem Austausch der Einladungen schreiben die S eine Antwort nach dem Muster im SB.

Lösung — Individuelle Lösungen

Auswertung — Die Einladungen werden im Klassenraum ausgehängt. In Form eines ► Gallery walk (Glossar) verschaffen sich die S einen Überblick über die Ergebnisse und wählen das gelungenste Ergebnis aus. Dazu kann L folgende Redemittel an der Tafel bereitstellen:
I like …'s invitation. It looks nice.
I'd like to go to …'s party. The invitation is great.

Zusatz — Die S erstellen Einladungen zu einer Klassenveranstaltung, z. B. zu einem Elternabend, an dem sie Lernergebnisse des bisherigen Schuljahres präsentieren. Dazu formulieren sie gemeinsam im Plenum einen Einladungstext, der anschließend von jedem S übernommen wird. Die individuelle Ausgestaltung erfolgt durch jeden einzelnen S. Damit können sich auch lernschwächere S entsprechend einbringen, denn jeder S übergibt „seine" Einladung den Eltern.

3 Other invitations

Material — Bunte Papierbögen, Buntstifte, evtl. von S mitgebrachte Bilder

Einstieg — **SB geschlossen.** L: *Today you can make your own invitation. What can it be for?* L sammelt Ideen der S an der Tafel *(a birthday party, a Halloween party, a sleepover at school, camping with the class, an end of school year party, …).*

Erarbeitung — **a) SB geöffnet.** Die S wählen ein Thema aus und erstellen mithilfe der Sprachmittel und strukturellen Hilfen aus **2** eine eigene Einladungskarte.

► INKL 4.11

Differenzierung — L kann zu einzelnen Themen blockweise zerschnittene Einladungskarten bereitstellen, die lernschwächere S zunächst zusammensetzen und dann als Sprachmuster für ihre eigene Karte verwenden.

Auswertung — **b)** Im ► Reading circle (Glossar) lesen sie die Einladungen ihrer Mit-S, suchen sich eine aus und verfassen eine Antwort. Anschließend werden die Karten und Antworten im Klassenraum aufgehängt. Auch in Kleingruppen möglich.

► WB 23–25, p. 59
► DFF 4.8

Alternative — Die Karten werden eingesammelt. Jeder S zieht eine Karte und verfasst eine Antwort. Anschließend erhalten die S ihre Einladung mit Antwort zurück. Die S entscheiden selbst, ob ihre Einladung im Klassenraum ausgehängt werden soll oder nicht. Dies verhindert, dass in Klassen mit schwierigem Sozialgefüge einzelne S über ihr Ergebnis ausgegrenzt werden, indem mehrere S eine ablehnende Antwort verfassen.

SKILLS TRAINING Using a dictionary

Inhalt
Anhand eines Gedichts über Tiere werden die S in Techniken der Worterschließung und die Arbeit mit dem Wörterbuch eingeführt.

Kommunikative Kompetenzen
Reading: Ein Gedicht lesen und verstehen

Methodische Kompetenzen
Lern- und Arbeitstechniken: Unbekannte Wörter erschließen • im Wörterbuch nachschlagen (Wörter alphabetisch ordnen)

S. 84

1 A poem

Wortschatz
use • **Box 'use/uses'** (SB-Seite 202) • **dictionary** • **poem** • °goldfish • °penguin • °llama • °hyena • °stoat • °horse • °budgie • °guinea pig • °owl • °kitten • °peahen • °gibbon • °goat • °stick insect • °puppy

Einstieg
SB geschlossen. Zielorientierung durch L: *Let's read / listen to a poem today. Do you all know what a poem is?* Semantisierung von *poem* anhand eines Beispiels (Tafel) mit Verweis auf Reimwörter:
There's a mouse
That lives in my house.
Can you see it run?
Hey, that's fun!

Erarbeitung
SB geöffnet. Gemeinsames Lesen der *Pre-reading*-Fragen im Plenum vor dem 1. Lesen, zur Vorentlastung der Sprachaufnahme und damit S wissen, worauf sie sich konzentrieren sollen. Dann **1. Lesen**/Hören – ggf. im ▸ Mitleseverfahren (Glossar). Anschließend bearbeiten die S die *Pre-reading*-Fragen in EA und halten die Antworten stichwortartig schriftlich fest.

▸ 2.29

Alternative
SB geschlossen. Reines Hörverstehen: L schreibt die drei Fragen aus dem SB und eine Multiple-Choice-Auswahl an Antworten an die Tafel; S übertragen diese in ihr Heft.
L: *Listen to the poem and tick the right answer.*
S hören das Gedicht zweimal und kreuzen während des **2. Hörens** die richtigen Antworten an.

1. What's the title of the poem?
   a) Moooo!!
   b) Muuuuuummm
   c) Fuuuuun!!
2. What does the writer want?
   a) a zoo
   b) a goldfish
   c) a pet
3. Who's the writer?
   a) a mum
   b) a dad
   c) a child

Auswertung
S nennen die richtigen Lösungen im Plenum und schreiben sie neben die Fragen an die Tafel.

Lösung
1 *Muuuuuuummmmmmm* • ***2*** *The writer wants a pet.* • ***3*** *The writer is a child.*

Zusatz
SB geöffnet. S lesen das Gedicht laut vor. Dabei liest bei einer Klassenstärke von 30 S jeder S eine Zeile.

Differenzierung
In lernschwächeren Lerngruppen spielt L den S das Gedicht noch einmal als Sprachmodell vor (z. B. strophenweise und Nachsprechen im Chor). Dabei wird neben der Intonation auch die Aussprache der Tiere geübt, noch bevor diese im Wörterbuch nachgeschlagen werden. Im Anschluss kann L im Plenum (auf Deutsch) sammeln, was ein gut vorgelesenes Gedicht ausmacht.

2 Do you need a dictionary?

Material
Blanko-Karteikarten; vorbereiteter Kartensatz mit Tierwörtern; Magnete oder Klebestreifen

Erarbeitung
a) **SB geöffnet.** S erschließen mit Hilfe der Abbildungen und des Textes die Namen der abgebildeten Tiere. Mündlich oder schriftlich möglich. Der Fokus liegt auf der Worterschließung und Zuordnung Bild-Wort. Die korrekte Schreibweise der Wörter steht zunächst nicht im Vordergrund, kann aber optional aufgegriffen werden (s. u.).

Auswertung
L präsentiert im Plenum die Tierabbildungen im hochgehaltenen SB. Die S nennen die abgebildeten Tiere und äußern sich, wie sie die unbekannten Wörter erschlossen haben (vgl. Tipp-Box), z. B. *llama, hyena, gibbon, penguin* aufgrund der Ähnlichkeit zum Deutschen.

Lösung
dog • donkey • gibbon • hamster • snake • llama • rabbit • crocodile • penguin • hyena • goldfish

Erarbeitung
b) **SB geöffnet.** Bearbeitung gemäß SB.

Differenzierung
S, die die Aufgabe beendet haben, stehen auf. Lernschwächere S greifen auf deren Hilfe zurück, siehe ▸ Schüler als Experten (Glossar).

Auswertung
Kontrolle im Plenum: L hält einen vorbereiteten Kartensatz abgeschriebener Vokabeln bereit. Einzelne S heften die Karten abwechselnd mit Magneten oder Klebestreifen in der richtigen Reihenfolge an die Tafel. S überprüfen ihr Ergebnis und korrigieren, wenn nötig.

Lösung
budgie • guinea pig • horse • kitten • owl • parrot • stoat

Erarbeitung
c) Gemeinsame Erarbeitung eines Beispiels im Plenum. Problemstellung: zwei Wörter beginnen mit demselben Buchstaben. L schreibt das Wort *gibbon* an die Tafel oder heftet entsprechend vorbereitete Wortkarte an und fragt, wie dieses Wort in die bestehende Liste eingearbeitet werden kann. S fügen *gibbon* an der Tafel an der richtigen Stelle ein und erkennen, dass in diesem Fall der auf den Anfangsbuchstaben folgende Buchstabe entscheidend ist. L/S hebt die entscheidenden Buchstaben an der Tafel farbig hervor.
Weitere Einordnung der Tiervokabelkarten gemäß SB.

Differenzierung
Lernschwächere S bringen zunächst die Wörter aus **c)** in alphabetische Reihenfolge und fügen sie dann in die Liste aus **b)** ein.

Differenzierung
Lernstärkere S erweitern die Sammlung von Tiernamen. Dazu erhalten sie von L weitere Karten, die sie mit weiteren Tiernamen beschriften und an der alphabetisch richtigen Stelle einordnen.

Auswertung
Kontrolle im Plenum anhand der Wortkarten an der Tafel. S überprüfen ihr Ergebnis und korrigieren, wenn nötig.

Lösung
budgie • ***gibbon*** • ***goat*** • *guinea pig • horse • kitten • owl • parrot* • ***peahen*** • ***puppy*** • ***stick insect***

Zusatz
SB geschlossen. Die S erhalten zwei Minuten Zeit um in EA alle Tiere, an die sie sich aus dem Gedicht erinnern, zu notieren.
Im Anschluss tragen sie einen kleinen Wettbewerb aus: Sie nennen einander abwechselnd in PA je ein Tier. Der S, der als letzter ein Tier nennen kann, hat gewonnen.
Alternativ kann die Klasse in zwei Gruppen eingeteilt werden. Abwechselnd nennt je ein S jeder Gruppe je ein Tier.

Überleitung

SB geschlossen. L fragt S, welche der an der Tafel stehenden Tiernamen ihnen noch unbekannt sind, und kreist diese farbig ein. Anschließend erarbeitet L im Plenum das Auffinden im Wörterbuch beispielhaft anhand eines der genannten Tiere, z. B. *budgie*: S finden und nennen die entsprechende Seite mit der Übersetzung (SB-Seite 209: Wellensittich).

Zusatz

L fragt im Plenum nach Möglichkeiten, die Bedeutung unbekannter Wörter herauszufinden; vgl. auch ▸ Worterschließungstechniken (Glossar). Dabei bietet es sich an, die im SB formulierten Tipps auf den gelben Zetteln aufzugreifen. L hält S-Vorschläge an der Tafel fest (z. B.: raten; Bilder als Hilfe; Ähnlichkeit zum Deutschen; Eltern/Lehrer fragen; im Internet/Wörterbuch nachschauen).
L verweist auf Wörterbuch im SB (SB-Seiten 208–227), lässt dieses von den S finden und erklärt den groben Aufbau: zwei Teile (*English – German* und *German – English*); alphabetische Anordnung; Fundstellen mit Seitenzahl.

Erarbeitung

d) **SB geöffnet.** Gemäß SB. Fertige Karten werden auf einem Stapel auf dem Tisch abgelegt.

◯/● Differenzierung

S, die die Aufgabe beendet haben, stehen auf. Lernschwächere S greifen auf deren Hilfe zurück; siehe auch ▸ Schüler als Experten (Glossar).

Auswertung

Einzelne (schnellere) S beschriften die an der Tafel haftenden englischen Karten mit der deutschen Übersetzung zum Vergleich im Plenum. Die anderen S-Paare überprüfen ihre beschrifteten Karten und korrigieren, wenn nötig.

Lösung

budgie = Wellensittich • *gibbon* = Gibbon (Langarmaffe) • *goat* = Ziege • *guinea pig* = Meerschweinchen • *horse* = Pferd • *kitten* = Kätzchen, junge Katze • *owl* = Eule • *parrot* = Papagei • *peahen* = Pfauenhenne (weiblicher Pfau) • *puppy* = Welpe, junger Hund • *stick insect* = Stabheuschrecke • *stoat* = Hermelin

▸ DFF 4.9

SKILLS TRAINING Viewing

Inhalt

1 The kids from Harbour Road: A class project

Die drei Freunde haben sich für ein Projekt zum Thema *sharks* gemeldet und besuchen dazu das Aquarium in Plymouth. Sie beobachten eine Vielzahl an Unterwassertieren und erhalten zusätzlich die Gelegenheit, eine der Mitarbeiterinnen zu interviewen. Diese gibt ihnen detaillierte Auskunft zur Lebensweise von Haien. Während die zwei Mädchen sich ganz klassisch Notizen machen, meint Paul, alles gleich mit der Videoeinstellung seines neuen Handys aufnehmen zu können. Bei der anschließenden Auswertung zeigt sich jedoch, dass er die Tasten verwechselt hat und überhaupt keine Aufnahme erfolgte. Somit bekommt er von Sarah und Anna die Aufgabe übertragen, deren Notizen auf dem Computer auszuarbeiten. Die S erleben typische Probleme einer Präsentation in Gruppen: Teamarbeit, Arbeitsverteilung; Dokumentationsformen und Einsatz neuer Medien.

2 People and places: A normal day at school

Die S sehen Momentaufnahmen aus dem Schulalltag einer jungen, selbstbewussten Rollstuhlfahrerin. Statt gutgemeinter Ratschläge erleben die S einen Perspektivwechsel: Um die Welt tatsächlich einmal aus der Sicht einer Rollstuhlfahrerin zu erleben, filmt die Kamera auf Emilys Augenhöhe deren Wahrnehmung. Zusätzlich erfahren sie Emilys Gedanken (als inneren Monolog) und ihre unmittelbare Reaktion auf das Verhalten ihrer Mitmenschen. Emily thematisiert erfolgreich ihre Bedürfnisse und Wünsche und wehrt sich gegen „gutgemeinte" Bevormundung. Dadurch kann die Empathie der S geweckt und eine Diskussion über Formen eines natürlichen Umgangs mit *special needs students* angeregt werden.

Kommunikative Kompetenzen

Viewing: Filmszenen verstehen • den Alltag eines Mädchens im Rollstuhl sehen

S. 85

1 The kids from Harbour Road: A class project

Einstieg

L führt in die Situation ein und formuliert Sehaufträge:

- *Which animal do Paul, Anna and Sarah choose? (sharks)*
- *Where and how do they get information on their animal? (They go to the aquarium and ask questions.)*

Alternative

L beginnt mit einem hinführenden L-S Gespräch: *Your teacher asks you to do a project on a wild animal.*

- *Which animal do you want to choose?*
- *Where and how can you get some information? (internet, library, aquarium, zoo, ...)*
- *How can you present your material? (photos, poster, pictures, film, interview)*

L hält genannte Möglichkeiten der Informationsbeschaffung und -präsentation an der Tafel oder auf Folie fest.

Überleitung

Let's see what Anna, Paul and Sarah want to do for their project on a wild animal.

Erarbeitung

a) **1. Sehen** und Sicherung des Globalverstehens gemäß SB.

Alternative

Die S notieren die Nummern der Fotos und/oder die Satzanfänge vor dem **1. Sehen** im Heft und fügen die fehlenden Begriffe während des Sehens hinzu.

Auswertung

S lesen ihre vervollständigten Sätze vor. L kann das hinzugefügte Wort zum Vergleich an der Tafel notieren.

Lösung

__1__ aquarium • __2__ mobile phone • __3__ fish/sharks • __4__ questions • __5__ mobile phone / camera • __6__ mobile phone / recording

Erarbeitung

b) Im Anschluss an das **2. Sehen** ordnen die S den drei Freunden Filmzitate zu. Als Hilfestellung sind die Zitate im SB chronologisch angeordnet.

O Differenzierung

Als Gedächtnisstütze schreiben die S die Nummern (1–6) vor dem **2. Sehen** in ihr Heft und notieren beim Sehen jeweils nur den Anfangsbuchstaben der Person (A/S/P) dahinter.

Auswertung

Die S lesen die Sätze mit dem Namen des Sprechers im Plenum vor.

Lösung

__1__ Anna • __2__ Sarah • __3__ Paul • __4__ Paul • __5__ Sarah • __6__ Anna

2 People and places: A normal day at school

Einstieg

SB geschlossen. Um die S auf die Auseinandersetzung mit den Gefühlen der Hauptfigur vorzubereiten, kann L vor der Präsentation des Filmclips als *warm-up* und zur Wortschatzaktivierung im Plenum englische Adjektive sammeln. Diese können auch gleich an der Tafel sortiert werden (positiv/neutral/negativ).

L: *Let's collect some adjectives for feelings.*

Feelings

☺	😐	☹
great	surprised	fed up
happy	OK	unhappy
fine		terrible
excited		angry
cool		lonely
		stupid

Erarbeitung

a) SB geöffnet. Bevor die S den Film anschauen, stellt L die Hauptperson kurz mit Namen vor: *The film is about a girl. Her name is Emily. This is her normal day at school.*
▸ 👁 Nach dem **1. Sehen** tauschen sich die S gemäß SB über Emilys Gefühle in den abgebildeten Situationen aus. ▸ 🎥

O Differenzierung

Als Gedächtnisstütze schreiben lernschwächere S die Buchstaben A–D in ihr Heft und fügen beim Sehen jeweils ein passendes Adjektiv hinzu. Dabei kann auf die Adjektivsammlung aus dem Einstieg zurückgegriffen werden.

Auswertung

Die S lesen die mit einem Adjektiv ergänzten Sätze im Plenum vor.

Lösung

__A__ bad/unhappy • __B__ unhappy/bad/fed up • __C__ fed up • __D__ great/happy

Erarbeitung

b) Beim **2. Sehen** geht es um eine Globaleinschätzung von Emilys Tag. Die S sollen anhand der Situationen und Kommentare entscheiden, ob dieser insgesamt eher *good* oder *bad* war.

Auswertung

Es erfolgt eine Abstimmung im Plenum.

Lösung Da Emily im Filmclip sowohl positive als auch negative Situationen erlebt, sind – je nach persönlicher Gewichtung – beide Alternativen möglich: *good* oder *bad.* Gemäß der Überschrift wäre auch die Schlussfolgerung *It's a normal day for Emily* möglich.

Zusatz Zur Ergebnissicherung und intensiveren Auseinandersetzung mit Emilys Tag erhalten die S auf ▸ KV 40: Viewing: A normal day at school weitere Situationen und sprachliche Hilfen zur Beschreibung von Emilys Gefühlen sowie eine differenzierte Auswahl von Adjektiven.
Zudem können die S in einer Tabelle positive sowie negative Erlebnisse bzw. Tagesabschnitte gegenüberstellen und für die Begründung ihres abschließenden Urteils heranziehen:
I think it's a good/bad day for Emily because …

STOP! CHECK! GO!

Hinweis

Übungsaufgaben zu wichtigen Themen und Kompetenzbereichen aus Unit 4. Bei geschlossenen Aufgabenformaten können die S ihre Ergebnisse selbstständig mithilfe des Lösungsschlüssels auf ► KV 42: Answers to Stop! Check! Go! (Unit 4) überprüfen (auch als Partnerkontrolle). Die KV bietet eine Auswertung nach Punkten, die in drei verschiedene Smileys (☺/😐/☹) übersetzt werden. Diese Smileys können auch für die Selbsteinschätzung im *Workbook* (STOP AND PRACTISE, p. 31) und in *Differenzieren – Fördern – Fordern* herangezogen werden. Weitere grundsätzliche Hinweise zur Konzeption und Durchführung von STOP! CHECK! GO! finden sich im Vorwort.
Die Hörtexte zu STOP! CHECK! GO! sind für die S auch auf der Audio-CD im *Workbook* zugänglich.

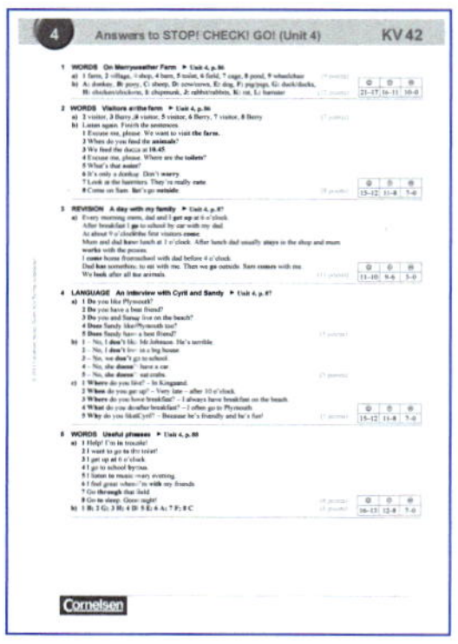
4 Answers to STOP! CHECK! GO! (Unit 4) KV 42

Cornelsen

► INKL 4.12

Inhaltsübersicht

S. 86

1 WORDS On Merryweather Farm
a)/b) Begriffe Bildern zuordnen
c) Begriffe aus dem Wortfeld *farm* memorieren

2 WORDS Visitors at the farm
a) Dialogteile verschiedenen Sprechern zuordnen
b) Satzanfänge mit Begriffen aus dem Wortfeld *farm* ergänzen
c) Redemittel nachsprechen

S. 87

3 REVISION A day with my family
a) Passende Verbformen im *simple present* in einen Lückentext einsetzen
b) Notizen zum eigenen Tagesablauf in einer Tabelle machen
Anhand von Notizen über den eigenen Tag berichten

4 LANGUAGE An interview with Cyril and Sandy
a) Fragen mit *do/does* ergänzen
b) Antworten mit *don't/doesn't* ergänzen
c) wh-Fragen im *simple present* die passenden Antworten zuordnen

S. 88

5 WORDS Useful phrases
a) Präpositionen in Lückensätze einsetzen
b) Sätze den passenden Abbildungen zuordnen

6 WRITING Luca and you
a) Interviewfragen im *simple present* beantworten
b) Mithilfe vorgegebener Fragen einen gelenkten Dialog schreiben

7 SPEAKING An interview with a student in your class
a) Sechs Interviewfragen im *simple present* schreiben
b) Kurzinterviews mit wechselnden Partnern durchführen (dialogisches Sprechen)

S. 89

8 PROJECT Interesting animals
Planung und Durchführung eines Projekts über ein Tier eigener Wahl. Präsentation der Arbeitsergebnisse wahlweise durch **a)** oder **b)**:
a) Halten eines Kurzvortrages mithilfe einer selbst erstellten Mindmap
b) Verfassen eines Textes mithilfe einer selbst erstellten Mindmap

9 My learner log
Den eigenen Lernprozess evaluieren und eigene Fähigkeiten einschätzen

S. 86

1 WORDS On Merryweather Farm

Erarbeitung

a) ◻ **SB geöffnet.** Gemäß SB. Die S notieren die Zahlen 1–9 im Heft und ordnen die Begriffe zu.

b) Gemäß SB. Die S notieren die Buchstaben A–L im Heft und ordnen die entsprechenden Tiernamen zu.

Lösung

► KV 42: Answers to STOP! CHECK! GO! (Unit 4)

c) Die S betrachten das Bild für eine Minute und schließen dann das SB. Danach fertigen sie eine Liste der Begriffe an, die sie sich gemerkt haben, und vergleichen diese mit einem Partner.

Lösung

Individuelle Lösungen

► DFF 4.1

2 WORDS Visitors at the farm

Erarbeitung

a) **SB geöffnet.** Gemäß SB.

► 2.30

◻ Differenzierung

Vor dem Hören schreiben die S die Begriffe *Berry* und *visitor* untereinander ins Heft. Beim **1. Hören** der Dialoge notieren die S hinter dem Begriff die jeweiligen Zahlen.

Erarbeitung

b) Gemäß SB. Die S ergänzen die Satzanfänge schriftlich.

Lösung

► KV 42: Answers to STOP! CHECK! GO! (Unit 4)

◻ Differenzierung

Für langsamere S kann L entweder vor dem **2. Hören** Zeit geben, die Satzanfänge ins Heft zu übertragen, oder nach jedem Satz eine Hörpause einlegen, damit die S die Sätze ergänzen können.

Erarbeitung

c) Gemäß SB.

► DFF 4.2

Hörtext

1 Man: Excuse me, please. We want to visit the farm.
2 Boy: When do you feed the animals?
3 Berry: We feed the ducks at 10.45.
4 Girl: Excuse me, please. Where are the toilets?
5 Boy: What's that noise?
6 Berry: It's only a donkey! Don't worry.
7 Girl: Look at the hamsters. They're really cute.
8 Berry: Come on Sam. Let's go outside.

Zusatz

Lernstärkere S üben die Redemittel mithilfe der ► Read-and-look-up technique (Glossar) mündlich ein.

S. 87

3 REVISION A day with my family

Erarbeitung

a) **SB geöffnet.** Die S übertragen den Text ins Heft und ergänzen die Verbformen. L kann zuvor noch einmal an die Merkregel "*He, she, it* – das '-s' muss mit!" erinnern.

Lösung

► KV 42: Answers to STOP! CHECK! GO! (Unit 4)

Erarbeitung

b) ◼ Die S legen eine entsprechende Tabelle im Heft an und machen Notizen zu ihren eigenen Tagesaktivitäten (► Note-making).
Anschließend berichten sie ihrem Partner mithilfe der Notizen in der Tabelle über ihren Tagesablauf.

More help p. 138 Lernschwächere S nutzen die sprachlichen Hilfen in den Kästen zum Ergänzen ihrer Tabelle.

Lösung Individuelle Lösungen

4 LANGUAGE An interview with Cyril and Sandy

Erarbeitung **a) SB geöffnet.** Die S ergänzen die Entscheidungsfragen mit *Do/Does* schriftlich in EA.

//● p. 139 Lernstärkere S bilden vollständige Fragesätze aus den Satzfragmenten.

Erarbeitung **b)** Die S ergänzen die Antworten schriftlich mit *don't/doesn't*.

//● p. 139 Lernstärkere S bilden die verneinte Verbform vollständig.

Erarbeitung **c)** Die S ordnen die Fragen den Antworten zu und schreiben den Dialog ins Heft.

//● p. 139 Lernstärkere S ergänzen die fehlenden Fragewörter.

Lösung ► KV 42: Answers to STOP! CHECK! GO! (Unit 4)

► DFF 4.3

Zusatz Lernstärkere bzw. schnellere S können nach jedem Aufgabenteil den Dialog mündlich durchspielen und sich so gegenseitig kontrollieren.

S. 88

5 WORDS Useful phrases

Wortschatz °useful

Erarbeitung **a) SB geöffnet.** Die S wählen die vorgegebenen Präpositionen aus, setzen sie in die Sätze ein und schreiben sie in ihr Heft.

Erarbeitung **b)** ○ **SB geöffnet.** S ordnen die in **a)** vervollständigten Sätze den Abbildungen zu.

Lösung ► KV 42: Answers to STOP! CHECK! GO! (Unit 4)

6 WRITING Luca and you

Erarbeitung **a) SB geöffnet.** S schreiben Lucas Fragen und ihre Antworten darauf in ihr Heft.

More help p. 139 Lernschwächere S formulieren ihre Antworten mithilfe der vorgegebenen Satzstrukturen und Auswahlmöglichkeiten.

Erarbeitung **b)** ● **SB geöffnet.** S schreiben analog zu **a)** Fragen an Luca auf und beantworten diese mit Hilfe ihres Wissens über Luca.

○ Differenzierung Auch bei dieser Teilaufgabe kann *More help* aus **a)** als Sprachmuster genutzt werden.

Lösung Individuelle Lösungen

7 SPEAKING An interview with a student in your class

Erarbeitung **a) SB geöffnet.** S überlegen sich anhand der Beispiele im SB sechs Interviewfragen, die sie auf einen Zettel schreiben.

More help p. 140 Lernschwächere S nutzen die Satzanfänge und Ideen aus der Mindmap, um daraus Fragen mit und ohne Fragewort zu formulieren.

Differenzierung In lernschwächeren Klassen wiederholt L vor Bearbeitung der Aufgabe im Plenum die Fragewörter und hält sie an der Tafel fest.

Erarbeitung **b) SB geöffnet.** S führen mithilfe ihrer Fragen im Rahmen einer ▸ Milling-around activity (Glossar) mit möglichst vielen Mit-S kurze Interviews durch, wobei sie nach jeder Befragung die Fragezettel austauschen, um möglichst viele verschiedene Fragestrukturen zu üben.

Alternative S schreiben ihre sechs Fragen ins Heft, befragen möglichst viele S und notieren die Antworten ggf. in einer Tabelle.

Question	Partner 1 ______	Partner 2 ______	Partner 3 ______	Partner 4 ______
What do you ...?				
Where do you ...?				
When do you ...?				

Lösung IndividuelleLösungen

▸ DFF 4.4

S. 89

8 PROJECT Interesting animals

Wortschatz °project

Erarbeitung **STEP 1–4: SB geöffnet.** Gemäß SB wählen die S ein Tier aus. Zu diesem Tier wählen sie mindestens fünf Fragen aus, entnehmen der angegebenen Website die notwendigen Informationen und strukturieren diese in einer Mindmap. Alternativ auch in PA oder GA möglich.

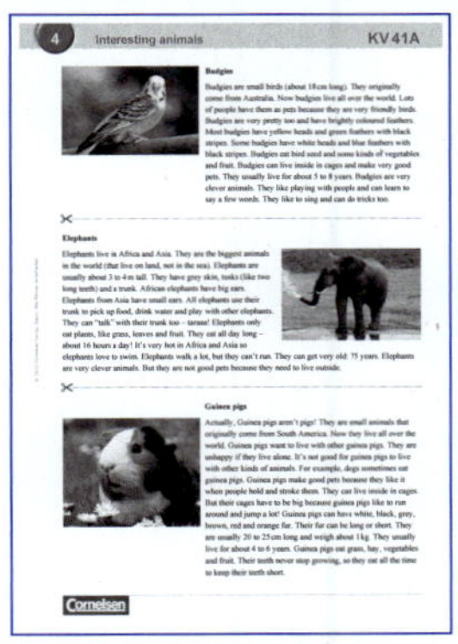

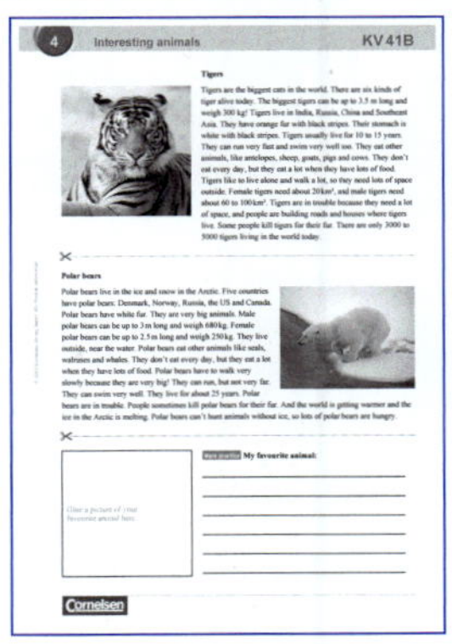

Alternative Die S erhalten die Texte der Website auf ▸ KV 41 A/B: A Project: Interesting animals zum Auswählen und ggf. Markieren der relevanten Informationen.

Zusatz An dieser Stelle kann L das Thema Mindmaps mithilfe des *Skills file* (SB-Seite 162) wiederholen. Dazu heften einige S ihre Mindmaps an die Tafel. Die Mit-S äußern sich über Aspekte, die gelungen umgesetzt sind oder noch verbessert werden können.

Erarbeitung

STEP 5: Die Teilaufgaben **a)** und **b)** können wahlweise je nach Vorliebe bzw. Lernertyp der S alternativ oder auch nacheinander bearbeitet werden.

a) S halten mithilfe der selbst angelegten Mindmap einen Kurzvortrag über ihr Haustier. Dies kann in PA oder aber im Klassenverband erfolgen.

b) **SB geöffnet.** Die S verfassen auf Basis der Mindmap einen Text über das von ihnen ausgewählte Tier, gestalten diesen (mit Fotos, Zeichnungen, ...) und stellen ihn im Klassenraum aus.

Zusatz

Aushängen und Begutachtung der Texte in Form eines ▸ Gallery walk (Glossar); ggf. mit Punktevergabe an schönste Produkte.

More help p. 140 Lernschwächere S lesen zunächst den Mustertext und nutzen Struktur und Redemittel als Vorlage für ihre eigenen Texte.

Lösung

Individuelle Lösungen

▸ DFF 4.5

9 My learner log

Erarbeitung

SB geöffnet. Die S übertragen den Stamm des *Learner log* in ihr Heft und vervollständigen es.

▸ INKL 4.12

Lösung

Individuelle Lösungen

▸ WB pp. 61–64

All about Adam

Unit 5

All about Adam

Die Unit stellt Adams Lebenswelt in den Mittelpunkt – das lebendige Hafenviertel von Plymouth. Hier liegt das Café der Familie, in dem Adam oft aushilft, hier verbringt er aber auch gerne seine Freizeit. Ein Brief der Lehrerin offenbart schulische Defizite. Im Musikclub PMZ lernt Adam das Rappen und findet so ein Ventil für seine Probleme.

Kommunikative Kompetenzen

Listening
- Adam's family (p. 91, 2)*
- Can I help you? (p. 92, 1 a–c)
- Welcome to PMZ (p. 95, 2 b/c)
- What's Cyril doing? (p. 97, 4)
- Before you read (p. 98, 1)
- RAP Music makes a difference (p. 99, 4a)
- In the park (p. 100, 1c)

Viewing
- What's your talent? (p. 103, 1)
- A visit to PMZ (p. 103, 2)

Reading
- How's it going? (p. 92, 2a)
- A letter from school (p. 93, 3a)
- Trouble for Adam (p. 94, 1)
- Welcome to PMZ (p. 95, 2a)
- Photos on Adam's mobile (p. 96, 1)
- Story: Music makes a difference (p. 98/99, 2/3)
- Four text messages (p. 101, 1)
- A recipe for scones (p. 102, 1)

Speaking
- The harbour in Plymouth (p. 90, 1c)
- Can I help you? (p. 92, 1d)
- What's happening? (p. 93, 4b)
- NOW YOU (p. 95, 3)
- What are they doing? (p. 97, 6)
- Before you read (p. 98, 1)
- RAP Music makes a difference (p. 99, 4b)
- NOW YOU (p. 100, 2)
- What's your talent? (p. 103, 1a)
- A visit to PMZ (p. 103, 2a)

Mediation
- What's that in German? (p. 101, 2)

Writing
- What's happening? (p. 93, 4a)
- NOW YOU (p. 95, 3d)
- NOW YOU (p. 97, 5)
- What are they doing? (p. 97, 6a)
- A text to Amanda (p. 101, 3)

Sprachliche Mittel

Wortfelder
- Essen und Trinken (p. 92, 1; p. 102, 1/2)
- Musik und Instrumente (p. 95, 1/2; p. 98/99, 1–4)

Strukturen
- Present progressive (p. 96/97, 1–6; p. 142, 2c; p. 171, LF 10)

Methodische Kompetenzen

Lern- und Arbeitstechniken
- Einer Broschüre Informationen entnehmen (p. 95, 2)
- Notizen machen (p. 95, 2c)
- Sprachliche Regelmäßigkeiten entdecken (p. 96, 2)
- Bilder beschreiben (p. 100, 1/2)
- Unbekannte Wörter erschließen (p. 102, 2)

Selbsteinschätzung (Stop! Check! Go!)
- REVISION Questions and answers (p. 104, 1)
- LANGUAGE Describing pictures (p. 104, 2)
- LANGUAGE People on the ferry (p. 105, 3)
- READING A picture (p. 105, 4)
- WORDS Food and drinks (p. 106, 5)
- MEDIATION I'm hungry (p. 106, 6)
- WRITING and SPEAKING In the Harbour Cafe (p. 106, 7)
- READING and WRITING On Saturday morning … (p. 107, 8)
- My learner log (p. 107, 9)

Kooperative Lernformen
- Appointments (p. 95, 3)
- Weitere Formen der PA und GA (p. 90, 93, 97, 100–103)

Interkulturelle Kompetenzen
- Den Hafen von Plymouth kennenlernen (p. 90/91, 1)
- Essen, Trinken und Arbeiten in einem britischen Café (p. 92, 1/2; p. 96, 1)
- Probleme britischer Schulkinder (p. 93, 3; p. 94, 1; p. 98/99)
- Ein Jugendmusikzentrum in Plymouth (p. 95, 1; p. 98/99)
- Ein typisch britisches Rezept (Scones) kennenlernen (p. 102)
- Rap-Musik (p. 98/99)
- Englische SMS-Sprache (p. 101)

*p. 91, 2 = SB-Seite, Übungsnummer

LEAD-IN

Inhalt
Die Doppelseite stellt das lebendige Hafenviertel von Plymouth, *The Barbican*, als Lebensmittelpunkt von Adam Osmanovic und seiner Familie vor.

Kommunikative Kompetenzen
Listening: Einem Hörtext Detailinformationen entnehmen
Speaking: Bilder beschreiben

S. 90/91

1 The harbour in Plymouth

Wortschatz
harbour • on the left • on the right • in the middle

Einstieg
SB geschlossen. L: *You all know Plymouth. It's by the sea and has a really nice harbour. You can see big ferries* (Tafelskizze) *and many other interesting things. Let's look at the harbour.*

► Folie 1

Erarbeitung
a) **SB geöffnet.** Gemäß SB im Plenum.

► IAT 5.1

Differenzierung
In lernschwächeren Klassen liest L mit S die Arbeitsanweisung und wiederholt die Bedeutung von *who*, um zu vermeiden, dass S das Wort mit dem deutschen „wo" verwechseln.
Helfen kann dabei eine Visualisierung des Wortes an der Tafel: WH☺?
Wenn S Schwierigkeiten mit der Benennung der Personen haben, weist L auf die Unit-Überschrift *All about Adam* hin.

Lösung
I think the boy in photo C is Zack / Adam's brother.
I think the woman in photo C is Alisha / Ellie's stepmum / Zack's babysitter.
I think the man in photo A is Adam's father / Mr Osmanovic.
I think the boy in photo B is Adam.
I think the woman in photo D is Adam's mother / Mrs Osmanovic.

INFO-BOX – Das Hafenviertel von Plymouth

Plymouths Hafenviertel ist ein beliebtes Ausflugsziel mit einigen Sehenswürdigkeiten. Oberhalb der Kalksteinklippen lädt ein großflächiges Areal, *Plymouth Hoe,* zum Verweilen ein und bietet einen schönen Blick über den Plymouth Sound. Herzstück dieses Areals ist das Wahrzeichen von Plymouth (und zugleich dieses Lehrwerks), *Smeaton's Tower*, benannt nach seinem Erbauer, dem berühmten Bauingenieur John Smeaton. Der Leuchtturm war ursprünglich 1756 auf dem Eddystone Reef erbaut worden und war dort auch bis 1877 in Betrieb. Aufgrund der zunehmenden Erosion des Riffs wurde der obere Teil des Leuchtturms 1882 abgebaut und auf *Plymouth Hoe* als Denkmal wiedererrichtet.
Der alte Fischerhafen im nördlichen und westlichen Hafenbereich, *Old Barbican* genannt, ist im Zweiten Weltkrieg weitestgehend von Zerstörung verschont geblieben. Über Jahrhunderte hinweg befand sich dort der Fischmarkt, der mittlerweile auf der anderen Hafenseite seinen Platz gefunden hat. In einigen Straßenzügen ist noch ein großer Teil der originalen Architektur erhalten. Hier haben sich in den letzten Jahren zahlreiche kleine Geschäfte, Galerien, Kneipen und Bars angesiedelt.
Höhepunkt des Jahres ist im Hafenviertel das *Plymouth Summer Festival* (siehe Foto im SB). Von Mai bis September finden zahlreiche Veranstaltungen statt, darunter ein Halbmarathon, ein Feuerwerk, Open-Air-Konzerte und Segelwettbewerbe.

Erarbeitung
b) **SB geöffnet.** Gemäß SB in EA. L gibt eine Zeitvorgabe (z. B. zwei Minuten).

Auswertung

S zeigen und benennen einem Partner die Dinge, die sie gefunden haben, und ergänzen und korrigieren entsprechend ihre Listen (ggf. unter Nutzung des SB-*Dictionary*).

More help p. 140 Lernschwächere S wählen aus einem Wortschatz-Reservoir die Dinge aus, die sie auf der Doppelseite sehen können, und erstellen eine Liste.

Einstieg

c) SB geschlossen. L steht im hinteren Teil des Klassenraums mit derselben Blickrichtung wie die S und führt *on the left*, *on the right* und *in the middle* ein: *Close your eyes and think of our classroom. On the left there's a window. On the right there's a door. In the middle there's my desk. What do you remember about our classroom? Where is the board/poster/… ? Is it on the left, on the right or in the middle of the room?*
S: *The board/poster/… is …*
Anschließend schreibt L die Begriffe an die Tafel und sichert Bedeutung und Aussprache.

Differenzierung

In lernschwächeren Klassen erarbeitet L mit S an der Tafel Eselsbrücken für die Bedeutung von *left*, *right* und *middle*:

left → links
right → rechts
middle → Mitte

Erarbeitung

SB geöffnet. Gemäß SB.

Zusatz

S üben die Begriffe in Gruppen à vier S ein, indem sich drei S nebeneinander stellen und ein S ihre Positionierung analog zu Bild und Text von Lily, Ben und Ava im *Vocabulary* (SB-Seite 202) versprachlicht: *Jonas is on the left.*

Zusatz

Zwei S wählen gemeinsam eine der folgenden Seiten im SB aus: 16/17, 42, 52/53, 54 oder 58. Ein S beschreibt ein Bild auf der ausgewählten Seite unter Verwendung von *on the right, on the left* und *in the middle*, der Partner rät, um welches Bild es sich handelt. Ist die Vermutung korrekt, tauschen die S ihre Rollen.

2 Adam's family

Wortschatz

Where is Adam going? • cafe • ferry

Erarbeitung

a) SB geöffnet. 1. Hören (Globalverstehen) gemäß SB. ► 2.31

Lösung

D • A • B • C

Hörtext

Ellie: Where are you going now, Adam? Are you going home?
Adam: I'm going to the cafe.
Ellie: To the cafe?
Adam: Yeah, my parents have a cafe.
Ellie: Cool, where is it?
Adam: It's in the city centre. You know … in the harbour.
Ellie: Really? Very cool!
Adam: Yeah, it's OK, but it's a lot of work. And Dad isn't there at the moment. So Mum has a lot of work.

Ellie: Where's your dad then?
Adam: He has a new job – just for the summer. He's working on the ferries.
Ellie: On the ferries? That's exciting.
Adam: Not really. He's working now so he's not at home for two weeks. The ferry goes to France and Spain …
Ellie: Wow, two weeks? That's a long time.

Adam: Yeah, then he's back at home for two weeks. Then he goes again. It isn't great. But we need the money.

Adam: Anyway, Mum needs help so I'm going into town now … to the cafe … you know, to help Mum.
Ellie: What can you do at the cafe?
Adam: I can do lots of stuff … I wash up, I clean the tables, I clean the kitchen, everything … and I wash the floor.
Ellie: Really? I do nothing at home. I bet your mum is happy.
Adam: No she isn't! She says: What are you doing here? Go home! Do your homework!
Ellie: ((laughs))
Adam: But she has too much work. She can't do it on her own. She needs my help.

Ellie: What about your little brother?
Adam: He goes to playschool in the morning and in the afternoon he goes to a babysitter. She's really nice. Zack loves her. She has a baby too …
Ellie: So your brother's name is Zack?
Adam: Yeah, why?
Ellie: What's the babysitter's name?
Adam: Alisha. Why?
Ellie: Oh my god – Alisha. That's my stepmum!
Adam: Really? Wow, that's amazing!
Ellie: My stepmum is your brother's baby sitter!

Erarbeitung — **b)** **SB geöffnet. 2. Hören** (Detailverstehen) gemäß SB.

Auswertung — **3. Hören** mit abschnittsweisem Anhalten des Hörtextes und Abgleich im Plenum.

Lösung — ***1*** B • ***2*** B • ***3*** A • ***4*** C

▶ WB 1, p. 65

THEME 1 In the cafe

Inhalt

Das Café der Familie Osmanovic ist gut besucht und Adam hilft seiner Mutter bei der Arbeit. Dies macht ihm – wie immer – mehr Spaß als die Hausaufgaben. Ein Brief der Klassenlehrerin an seine Eltern offenbart aber seine gegenwärtigen schulischen Defizite.

Kommunikative Kompetenzen

Listening: Einem Verkaufsdialog Detailinformationen entnehmen
Speaking: Einen Verkaufsdialog führen • sagen, was im Moment gerade passiert
Reading: Ein Telefongespräch verstehen • einen Brief verstehen
Writing: Beschreiben, was im Moment gerade passiert

S. 92

1 Can I help you?

Wortschatz

chips • **salad** • **soup** • a **bottle of …** • **two bottles of juice** • **water** • **a bottle of water** • a **cup of …** • **coffee** • **tea** • **a cup of coffee** • **scone** • °customer • **Anything else?**

Material

Tasse, Flasche

Einstieg

SB geschlossen. L: *Adam's family has a cafe. What can you get in a cafe?* S reaktivieren ihren Wortschatz zum Thema Essen und Trinken.

SB geöffnet. L: *What other things can you get?* L liest die Begriffe A–J einzeln vor, S wiederholen jeweils im Chor. ► Lautschulung (Glossar) insbesondere bei *juice* und *cafe* (Betonung!). Die Bedeutung des neuen Wortschatzes kann aufgrund der Bilder erschlossen werden.

Alternative

L führt die Phrasen *a cup of …* und *a bottle of …* anhand von Realia (Tasse, Flasche) ein und lässt die S raten, was darin ist/war *(coffee, tea, water, …).*

Zusatz

► Meldekette (Glossar) zur weiteren Übung der Aussprache: Ein S nennt einen Buchstaben zwischen A und J, der nächste S sagt den zugehörigen Begriff.

Erarbeitung

a) **SB geöffnet. 1. Hören** (Detailverstehen) gemäß SB.

► 2.32

Auswertung

Abgleich im Plenum.

Lösung

***A**: a chicken sandwich* • ***B**: omelette and chips* • ***C**: fish and chips* • ***F**: a bottle of water* • ***E**: (vegetable) soup*

Hörtext

Mrs Osmanovic:	Hello. Can I help you?
Man:	Hi. Yes, a chicken sandwich, please.
Mrs Osmanovic:	OK, a chicken sandwich … here you are. That's £3.95, please.
Man:	OK, £3.95.
Mrs Osmanovic:	Thanks. … Hello. Can I help you?
Woman:	One omelette and chips – and one fish and chips, please – er, with lots of ketchup, please.
Mrs Osmanovic:	One omelette and chips, one fish and chips, … and ketchup … OK … Something to drink? Water or juice?
Woman:	A bottle of water, please.
Mrs Osmanovic:	And a bottle of water, OK … That's £10.50, please.
Adam:	Hi, Mum … You're busy … I can help you.
Mrs Osmanovic:	Oh, Adam – back from school? Er … No. No thanks, love. You must do your homework. You can't work here, it's too noisy. So go home, love …
Adam:	Oh, Mum. I can do my homework this evening.

Mrs Osmanovic:	Oh, OK then. You can stay here. But just for an hour. Next, please. Can I help you?
Woman 2:	What's the soup today?
Mrs Osmanovic:	Er ... vegetable soup.
Woman 2:	OK. One vegetable soup, please.
Mrs Osmanovic:	OK, one soup. Anything else? Something to drink? Tea, coffee, water or juice?
Woman 2:	No, thanks, that's all.
Mrs Osmanovic:	OK. That's £3, please. ... Adam. How's it going at school?
Adam:	Oh, er ... OK ... I think ...
Mrs Osmanovic:	There's a letter from school ...
Adam:	Oh ...!

INFO-BOX **Sandwiches und Scones**

John Montagu (1718–1792), vierter Earl of Sandwich, gilt als der Namensgeber des **Sandwichs**. Als leidenschaftlicher Kartenspieler fand er keine Zeit zum Essen. Er soll sich deshalb eine Scheibe gesalzenes Rindfleisch zwischen zwei getoastete Brotscheiben haben legen lassen. Seine Mitspieler bestellten daraufhin „dasselbe wie Sandwich". Zum ersten Mal schriftlich erwähnt wurde der Begriff Sandwich im Jahre 1762 in einer britischen Zeitschrift.

Woher genau in Großbritannien **Scones** stammen, ist nicht nachzuvollziehen, 1513 wurden sie das erste Mal von einem schottischen Dichter erwähnt. Der ursprüngliche Scone war aus Hafer, rund und flach, wurde in einer flachen Pfanne gebacken und in Dreiecke geschnitten. Seine Zutaten bestehen heute in der Regel aus Weizenmehl, Zucker, Backpulver, Butter, Milch und Eiern. Die einzelnen kleinen Teigstücke werden im Backofen gebacken. Scones werden gern zur Tea Time gegessen. In der Grafschaft Devon werden Scones traditionell zum Cream Tea gereicht. Dabei wird der Scone aufgeschnitten und mit Clotted Cream (eine Art dicker Streichrahm) und Erdbeerkonfitüre bestrichen.

Erarbeitung — **b)** **SB geöffnet.** S schreiben die Sätze 1–8 ins Heft. Anschließend **2. Hören** (Detailverstehen) gemäß SB.

Auswertung — Ergebnissicherung im Plenum.

Lösung — ***1*** M • ***2*** C • ***3*** M • ***4*** C • ***5*** M • ***6*** M • ***7*** M • ***8*** C

Erarbeitung — **c)** **SB geschlossen. 1./2. Hören:** S wiederholen den Text Satz für Satz im Chor/Teilchor. ► 2.33

Hörtext

Can I help you?
One fish and chips, please.
Something to drink?
A bottle of water, please.
That's £10.50, please.
Next, please.
Anything else?
No, thanks. That's all.

Erarbeitung — **d)** Die S entwickeln einen Dialog, schreiben ihn in ihr Heft und üben ihn ein.

More help p. 141 Lernschwächere S folgen der vorgegebenen Struktur und wählen Essen und Getränke für das Gespräch aus den Angeboten aus.

Auswertung — Präsentation einiger Dialoge im Plenum.

► DFF 5.4
► DFF 5.6
► Folie 28
► WB 2, p. 66
► INKL 5.1

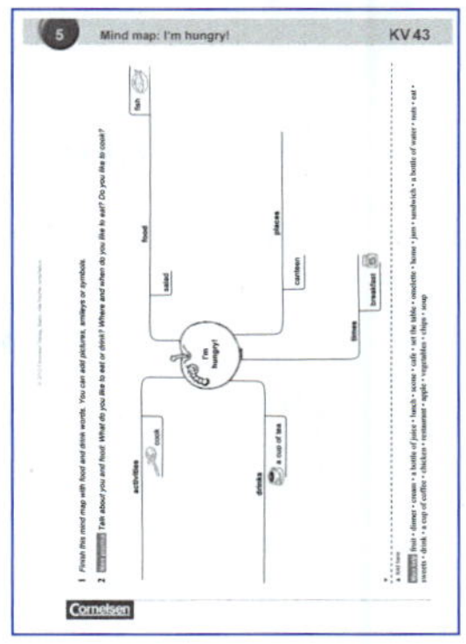

Zusatz

Zur Systematisierung und Umwälzung des Wortfelds Essen und Trinken bearbeiten S ▸ KV 43: Mind map: I'm hungry! Sie enthält alle Wörter des Wortfelds, die bis zum Ende von Unit 5 als bekannt vorausgesetzt werden können. Leistungsstärkere S knicken das Wortschatz-Reservoir am Ende der Seite weg.

2 How's it going?

Wortschatz

How's it going? • ring • job • be busy • cook • wash up • must • work **hard • I must go. • Say hi to** everybody.

Einstieg

SB geöffnet. Wortschatzsemantisierung im Unterrichtsgespräch anhand des Fotos. L: *Look at Adam and his mother. Where are they? (at the cafe in the kitchen) What has Adam got in his hand? (his mobile phone) Adam's phone is ringing* (Lautmalerei). *Who wants to talk to Adam? (Mr Osmanovic / his father) Do you think Adam can talk right now? (no) Adam's really busy. He's working. He's washing up. But he answers the phone. Let's find out what Adam and his dad are talking about.*

Den restlichen unbekannten Wortschatz erschließen S nach dem 1. Lesen/Hören selbst (Kontext) oder schlagen ihn nach.

Erarbeitung

a) **SB geöffnet. 1. Lesen/**Hören (Globalverstehen): S beantworten die Frage gemäß SB, indem sie die entsprechende Textstelle zitieren (Plenum).

▸ 2.34

Lösung

Adam's dad likes his job. ('It's great. But I miss you all too.')

Erarbeitung

b) **2. Lesen** (Detailverstehen) gemäß SB.

▸ INKL 5.2

Auswertung

▸ Partner check (Glossar) und Ergebniskontrolle im Plenum.

Lösungsbeispiel

1 *Dad is talking to Adam.* • ***2*** *Mum is cooking.* • ***3*** *Adam is helping in the cafe.* • ***4*** *Adam is washing up.* • ***5*** *Dad is working on a ferry.*

▸ WB 3, p. 66

Zusatz

L: *Imagine you're in Plymouth. Somebody asks you 'How's it going?' What do you answer?*

a) I don't want to tell you.
b) I'm fine, thanks. (✓)
c) Oh, OK, but I miss my friends. (✓)
d) Great, thanks, and how are you? (✓)
e) I feel terrible. I hate Plymouth, my hamster is sick, and my sister is bossy.

Anhand der ausgewählten Antworten arbeitet L mit den S Regeln englischer Höflichkeit bei der Begrüßung heraus.

INFO-BOX **Höflichkeit im englischen Sprachraum**

Im englischen Sprachraum spielen Höflichkeitsfloskeln eine große Rolle. Genauso wie das *please* und *thank you* in fast jeder Frage und Antwort gehören Standardfragen nach dem persönlichen Befinden, wie auch der Smalltalk übers Wetter, zu einer Art Routine-Kommunikation. Die Antwort ist ohnehin meist *fine* – ob das nun den Tatsachen entspricht oder nicht.

S. 93

3 A letter from school

Wortschatz: **letter • be worried (about) • at the moment • phone** (v) **• happen**

Material: Briefumschlag, Requisiten für Rollenspiel

Einstieg: **SB geschlossen.** L führt anhand eines Briefumschlags oder einer Tafelzeichnung *letter* sowie *be worried about* ein: *There's a letter from school. What do you think: Is the letter for you? (for my mother/father/parents) What do you think is in the letter? Good news or bad news? (bad news, problems, homework, ...). So you are worried about the letter – worried about what your mother/father/parents will say.*

Überleitung: L: *Adam's mother gets a letter from Eggbuckland Community College. Let's see what it is about.*

Erarbeitung: **a) SB geöffnet. 1. Lesen** (Globalverstehen) gemäß SB.

Lösung: *No, it's bad news for Adam.*

Differenzierung: Lernstärkere S benennen die Probleme.

Lösung:

- *Adam isn't happy.*
- *Adam isn't working hard.*
- *Adam isn't doing his homework.*
- *Adam is often tired.*

Erarbeitung: **b) 2. Lesen** (Detailverstehen). S setzen die korrekten Satzteile ein und schreiben die Sätze in ihr Heft.

Auswertung: ▶ Partner check (Glossar).

Lösung: ***1** worried • **2** happy • **3** at school • **4** often • **5** worried*

▶ WB 4, p. 67

Zusatz: Rollenspiel: S entwickeln einen Dialog zwischen Adam und seiner Mutter und stellen ihn anschließend szenisch dar. Als Grundlage für die Sprechanteile der Mutter können die (korrigierten) Sätze aus **b)** dienen. Ideen für Adams Entgegnung erhalten die S bei Bedarf auf einer verdeckten Tafelhälfte. S schreiben ihre jeweiligen Rollen auf und üben sie ein. Der Vortrag erfolgt dann über die ▶ Read-and-look-up technique (Glossar). L kann S dazu anregen, sich Requisiten zu besorgen (z. B. einen Schuhkarton als Briefkasten, aus dem die Mutter den Brief fischt) und sich auch passende Mimik (Stirnrunzeln, betretener Blick etc.) und Gestik zu überlegen.

Yes, Mum, but ...
I'm tired because ...
I can't do my homework because ...
I go to bed late because ...
But Mum, you know that I ...
I work too much at the cafe.
I miss Dad.
I don't have time for my homework because ...
You and Dad are never at home.

More practice 1 p. 141 **Adam and his family**

Erarbeitung

SB geöffnet. Gemäß SB.

Lösung

1 *a ferry* • ***2*** *his new job* • ***3*** *his dad* • ***4*** *very busy* • ***5*** *very hard* • ***6*** *the cafe* • ***7*** *happy* • ***8*** *his homework*

4 What's happening?

Wortschatz

happen • °mime

Erarbeitung

a) **SB geöffnet.** L klärt Bedeutung von *happen*. S ordnen den Bildern die vorgegebenen Satzbausteine zu und schreiben die kompletten Sätze ins Heft.

Auswertung

S1 zeigt auf ein Bild oder nennt eine Bildnummer (1–6), S2 nennt den entsprechenden Satz.

Erarbeitung

b) **SB geöffnet.** L klärt Aufgabenstellung und *mime*. Nach einem Probedurchlauf im Plenum GA (drei bis vier S) gemäß SB.

► WB 5, p. 67

Differenzierung

In lernstärkeren Klassen schreibt L weitere gut darstellbare Tätigkeiten verdeckt an die Tafel (z. B. *cooking, drinking, having a party, laughing, listening, riding a bike, sleeping, swimming, talking, thinking, walking, washing up, writing*). S einer Gruppe kommen bei Bedarf einzeln nach vorn, wählen eine Tätigkeit aus und stellen sie der Gruppe pantomimisch vor.

THEME 2 It's boring at home!

Inhalt

Adam langweilt sich allein zuhause. Statt Hausaufgaben zu machen geht er mit seinen Freunden am Hafen tauchen, was verboten ist. Dort erwischt ihn Alisha, die Tagesmutter seines Bruders. Sie empfiehlt Adam, sich für die Freizeit ein sinnvolles Hobby zu suchen, und vermittelt ihm einen Kontakt zum Jugendmusikclub *Plymouth Music Zone (PMZ).*

Kommunikative Kompetenzen

Listening: Ein Telefonat global und im Detail verstehen

Speaking: Über Musik sprechen

Reading: Eine Bildergeschichte verstehen • einer Broschüre Informationen entnehmen

Writing: Einen Text über eigene Erfahrungen mit Musik schreiben

Methodische Kompetenzen

Lern- und Arbeitstechniken: Einer Broschüre Informationen entnehmen • Notizen machen

Kooperative Lernformen: Appointments

S. 94

1 Trouble for Adam

Wortschatz

so boring/tired/... • **dive** • **hide** • **Box 'hide – hiding'** (SB-Seite 203) • **send**

Einstieg

SB geschlossen. L: *Do you like it when you're at home alone?* S1: *Yes, I can do what I want / listen to music / watch TV / ...* S2: *No, I don't like it. I'm worried / I don't know what to do / it's too quiet / it's boring / ...* L: *Adam doesn't like to be at home alone. He thinks it's boring. But he has an idea. Let's find out what it is.*

Erarbeitung

a) **SB geöffnet.** *Pre-reading*-Aufgabe gemäß SB. Anschließend **1. Lesen/**Hören (Globalverstehen): S überprüfen ihre Antworten aus der *Pre-reading*-Aufgabe. L sichert den neuen Wortschatz. Da einige S *dive* möglicherweise schon aus dem Urlaub in der Bedeutung „tauchen" kennen, verdeutlicht L die Bedeutung in diesem Textzusammenhang: „einen Kopfsprung ins Wasser machen". ► 2.35

Differenzierung

In lernschwächeren Klassen liest L mit S die Arbeitsanweisung und wiederholt die Bedeutung von *who* und *where* (Hinweis auf *false friends*).

Alternative

Präsentation der Geschichte als Hörtext. L fordert die S auf, den Text unter den Bildern abzudecken und beim Hören die Geschichte auf den Bildern zu verfolgen. Anschließend wie Erarbeitung als Lesetext.

Lösung

Where's Adam? ***1*** *in the cafe* • ***2*** *in town* • ***3–6*** *at the harbour*
Who is with Adam? ***1*** *his mum* • ***2*** *– (nobody)* • ***3*** *his friends* • ***4*** *Alisha, Alisha's baby Finn, his brother Zack* • ***5*** *his friends, Alisha, Zack* • ***6*** *Alisha*

Erarbeitung

b) **SB geöffnet. 2. Lesen** (Detailverstehen) gemäß SB.

Lösung

1 *helping in the cafe* • ***2*** *phoning his friends* • ***3*** *diving in the harbour* • ***4*** *walking in the harbour* • ***5*** *talking to Adam* • ***6*** *phoning Josie* ► WB 6, p. 68

S. 95

2 Welcome to PMZ

Wortschatz

°for free • °zone • **guitar** • **learn** • **drums** • **play the drums** • **group** • **instrument** • °beats per minute • **young** • °disabled • **musician** • **singer** • **sing** • **piano** • **join** a club • **price**

Einstieg

SB geschlossen. Einführung von neuem Wortschatz zum Thema Musik unter Rückgriff auf eventuelles Vorwissen der S im Unterrichtsgespräch. L: *Adam likes music. Do you like music? Do you play an instrument?* L hilft mit Wortschatz (Semantisierung von *guitar* und *drums* durch Gestik), korrigiert ggf. *(play the guitar, play the drums)* und sichert die Aussprache insbesondere von *instrument* (Betonung!), *guitar* und *musician*.

Erarbeitung

a) **SB geöffnet. 1. Lesen** (Globalverstehen): Leseauftrag gemäß SB. L sichert die Aussprache von *music* und *zone* durch Vor- und Nachsprechen (Chor, Teilchor).

► INKL 5.3

Lösung

It means Plymouth Music Zone. You can make music there (for free).

Erarbeitung

2. Lesen (Detailverstehen). L: *What music can you make there?* S antworten in Form einer Meldekette: *You can learn to play the guitar. / You can play the drums in a group. / …*

Hinweis: S müssen in der Broschüre nicht jedes Wort verstehen. Bei Nachfragen gibt L kurze Erklärung oder S suchen selbstständig im Internet.

Differenzierung

Leistungsstärkere S beantworten (ggf. zusätzlich) folgende Fragen (schlussfolgerndes Lesen):

1 *Adam doesn't play an instrument. What can he do at PMZ? (learn to play the guitar, rap, sing with a real band)*
2 *Berry is eleven years old. What can she do at PMZ? (learn to play the guitar, play drums in a group, sing with a real band)*
3 *Luca is back home from school at 4 pm and wants to play music at PMZ. What can he do? (play the drums in a group at 5 pm on Tuesday or sing with a real band on Saturday)*

INFO-BOX **Plymouth Music Zone (PMZ)**

Das **PMZ** ist ein Treffpunkt für Kinder, Jugendliche und Erwachsene, um unter dem Motto *Music Making a Difference* gemeinsam zu musizieren und die eigene persönliche und soziale Entwicklung positiv zu beeinflussen. Das PMZ, das pro Woche bis zu 80 verschiedene Workshops anbietet, ist für seine Arbeit bereits mehrfach ausgezeichnet worden, u.a. mit dem *Social Enterprise of the Year Award*.
The Big Bash: der große Schlag, das große Schlagen/Trommeln
Jam Band: *jam* in der Bedeutung von „Musik improvisieren, frei spielen"
Beats Per Minute (BPM): in der elektronischen Tanzmusik gebräuchliche Bezeichnung für die Anzahl an betonten Schlägen pro Minute, also für das Tempo eines Musikstücks (z.B. Hip Hop zwischen 70 und 120 BPM, House 110 bis 140 BPM)
Streetbeatz: Talentscout-Event zur Förderung von Jugend- und Nachwuchsbands aus der Hip-Hop- und Rap-Szene
The Roof Raisers: der Name einer realen amerikanischen Band steht hier als Synonym für Party-Musik

Überleitung

L: *Do you remember? Alisha phoned her friend Josie. Josie works at the PMZ music club. This brochure is from Josie for Adam. Now Adam is phoning Josie.*

Erarbeitung

b) SB **geöffnet.** S schreiben die Fragen 1–4 untereinander ins Heft. Beim **1. Hören** des Telefongespräches notieren sie die Lösungsbuchstaben hinter die Fragen.

2.36

Auswertung

S tauschen das Heft mit einem Partner und kontrollieren die Lösungen während des **2. Hörens.** Abschließende Kontrolle im Plenum. L sichert Verständnis und Aussprache von *piano* und *join.*

Lösung

1 C • ***2*** B • ***3*** D • ***4*** B

Erarbeitung

c) S schreiben die vorgegebene Liste ins Heft. Während des **3. Hörens** notieren sie die gewünschten Informationen.

Auswertung

Abgleich mit einem Partner und im Plenum (inhaltliche Richtigkeit und korrekte Schreibweise).

► DFF 5.3

More help p. 141 Lernschwächere S wählen die Lösungen aus den Vorgaben aus.

Lösung

PMZ address:	*Raglan Road*
Bus number:	*34*
Times (Mon-Fri):	*From 4 pm to 7 pm*
Times (Sat):	*From 10 am to 12.30 pm*
Price:	*Free*

Hörtext

Josie: PMZ. Hello. Josie Newton speaking. Can I help you?
Adam: Oh, hello. My name is Adam Osmanovic.
Josie: Ah, hi Adam. Yes, Alisha told me about you. You're interested in music?
Adam: Yes, I love music …
Josie: That's good, Adam. Er, can you play an instrument – the guitar or the piano?
Adam: No, I can't play an instrument. But I like rapping.
Josie: Oh, you're a rapper … Do you write your own raps?
Adam: Yes, I do. But I'm not very good … I want to learn …
Josie: Well, this is the right place. You can learn lots of things here at PMZ – rapping too. Come here and see us.
Adam: Oh, OK. Cool. Where is PMZ?
Josie: It's in Plymouth, near the city centre. It's in Raglan Road – that's R-A-G-L-A-N.
Adam: Is there a bus?
Josie: Yes, it's bus number 34.
Adam: Number 34, OK. Er … what days are you open?
Josie: Monday to Saturday. We're open from 4 pm till 7 pm on Monday to Friday. And on Saturday we're open from 10 am to 12.30 pm.
Adam: OK. Can I come on Friday?
Josie: Yes, Friday is good. It's Streetbeatz – for rappers.
Adam: Yeah, I want to join Streetbeatz … Is it expensive?
Josie: No. It's free – you don't need money!
Adam: Oh, that's great. See you on Friday.
Josie: Yeah, Adam. See you on Friday. Just ask for me when you come – Josie Newton. Bye.

3 NOW YOU

Erarbeitung

a) SB geöffnet. L wiederholt die einzelnen Schritte der kooperativen Lernform ► Appointments (Glossar). Anschließend erstellen S eine Tabelle mit den vorgegebenen Fragen mit drei angefügten Spalten (für die eigenen Daten und für zwei Partner) und füllen die erste Spalte mit ihren eigenen Daten aus. Dabei nutzen sie die *Wordbank 8: Instruments* (SB-Seite 177).

► INKL 5.4

More help p. 142 Lernschwächere S schreiben die vorgegebene Tabelle ab.

Alternative

▸ KV 44: Appointments: You and music. Die KV enthält die Appointment-Tabelle, nützliche Redemittel, eine Wortschatz-Box mit Musikinstrumenten und ein Spiel zur Auswertung der Gespräche.

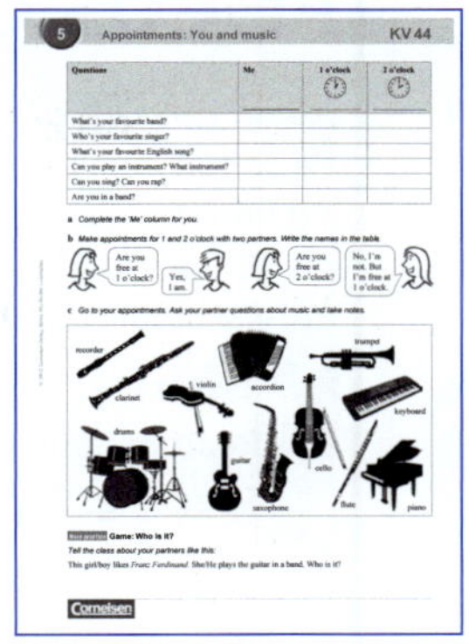
5 Appointments: You and music KV 44

Questions	Me	1 o'clock	2 o'clock
What's your favourite band?			
Who's your favourite singer?			
What's your favourite English song?			
Can you play an instrument? What instrument?			
Can you sing? Can you rap?			
Are you in a band?			

a Complete the 'Me' column for you.

b Make appointments for 1 and 2 o'clock with two partners. Write the names in the table.

c Go to your appointments. Ask your partner questions about music and take notes.

Game: Who is it?

Tell the class about your partners like this:

This girl/boy likes *Franz Ferdinand*. She/He plays the guitar in a band. Who is it?

Cornelsen

Erarbeitung

b) Auf ein vereinbartes Zeichen treffen S zwei Verabredungen *(1 o'clock, 2 o'clock)*. L gibt Zeichen für den Beginn des ersten Gesprächs *(1 o'clock)* und für das zweite Gespräch *(2 o'clock)*. S stellen den Partnern jeweils ihre Fragen und notieren die Antworten in ihren Tabellen.

Auswertung

c) Gemäß SB. L gibt ein Beispiel vor.

O Differenzierung

In lernschwächeren Klassen stellt L Redemittel an der Tafel zur Verfügung.

Paul's/Lisa's favourite band/singer/song is ...
Paul/Lisa can/can't play an instrument.
He/She can play the ....
He/She can (can't) sing.
He/She can (can't) rap.
He/She is (isn't) in a band.

Alternative

Um den Sprechanteil aller S zu erhöhen, berichten S in Zufallsgruppen à vier S über ihre Gesprächspartner.

Erarbeitung

d) S schreiben einen Text gemäß SB. L weist ggf. darauf hin, dass die Tabelle aus **a)** mit den eigenen Daten bei der Erstellung hilft.

More help p. 142 Lernschwächere S nutzen bei Bedarf die Hilfen, indem sie die vorgegebenen Sätze für sich anpassen.

Auswertung

S lesen sich ihre Texte in „Freundschaftsgruppen" gegenseitig vor.

▸ WB 7, p. 68

FOCUS ON LANGUAGE

Inhalt
Adam zeigt Ellie Fotos auf seinem Handy und erzählt ihr, was die fotografierten Personen gerade tun. Später tauschen sich die beiden am Telefon darüber aus, was sie und ihre Familienmitglieder gerade tun. Die S erarbeiten anhand dieser Texte die Bildung und den Gebrauch des *present progressive* und üben die Anwendung in unterschiedlichen Aufgaben.

Kommunikative Kompetenzen
Listening: Geräusche von Tätigkeiten in Verbindung mit Text verstehen
Reading: Einen Dialog verstehen
Speaking: Sagen, was andere gerade machen
Writing: Schreiben, was andere gerade machen

Methodische Kompetenzen
Lern- und Arbeitstechniken: Sprachliche Regelmäßigkeiten erkennen

S. 96

1 Photos on Adam's mobile

Struktur
present progressive: Präsentation

Wortschatz
set the table • **Box** 'set – setting' (SB-Seite 204) • **clean** *(v)* • **little** • **maybe** • **cook** *(n)* • **Well,** ...

Einstieg
SB geschlossen. Wiederholung der pantomimischen Darstellung von Aktivitäten. Dazu schreibt L ca. fünf Aktivitäten (z. B. einige der bisherigen neuen Verben aus Unit 5: *diving, hiding, cooking, washing up)* verdeckt auf die umgeklappte Tafel oder auf Karteikarten. L wählt einige S aus, die die Aktivitäten lesen und darstellen. Die anderen S raten. L stellt dafür Strukturhilfe an der Tafel zur Verfügung:
He/She is ... -ing.

L führt dann die beiden neuen Verben durch pantomimische Darstellung ein und versprachlicht: *Look, I'm setting the table. I'm cleaning the table.* L schreibt die neuen Verben an die Tafel, S sprechen sie nach. Der restliche neue Wortschatz kann von S erschlossen werden und wird später gesichert.

Erarbeitung
a) **SB geöffnet. 1. Lesen**/Hören (Globalverstehen) gemäß SB. S schreiben die Buchstaben in Vorbereitung auf **b)** untereinander in der ermittelten Reihenfolge ins Heft.

► 2.37

Lösung
B* • *D* • *E* • *A* • *C

Erarbeitung
b) **2. Lesen** (Detailverstehen): S suchen im Text die passenden Sätze und schreiben sie zu dem entsprechenden Buchstaben aus **a)**.
L weist S darauf hin, die Sätze zu suchen, in denen die Tätigkeit der Person auf dem Foto beschrieben wird: *What are the people in the pictures doing?*

Auswertung
Ergebnissicherung mit einem Partner, anschließend im Plenum.
L sichert abschließend die Bedeutung von *maybe* und *well.*

Lösung
B *She's making sandwiches.*
D *I'm setting the tables. / I'm cleaning the tables.*
E *They're sitting in a park.*
A *He's cooking.*
C *We're rapping. / Well, I'm learning.*

2 Questions and answers with 'ing'

Struktur
present progressive: Bewusstmachung (Gebrauch, Bildung von Fragen und Aussagen)

Wortschatz
form *(n)*

Erarbeitung
a) SB geöffnet. S erstellen die beiden Tabellen nebeneinander, suchen in PA aus dem Text alle mit dem Fragewort *What* beginnenden Fragen sowie die dazugehörigen Antworten heraus und tragen sie in ihre Tabellen ein.

► INKL 5.5

Hinweis: Im Text finden sich sowohl Kurzformen als auch Langformen. Bei Bedarf erklärt L, dass man *is* nach einem Fragewort zu *'s* verkürzen kann (vgl. *LF 10*, SB-Seite 171).

Auswertung
Auswertung im Plenum, indem jeweils ein S eine Frage und sein Partner die Antwort vorträgt.

Differenzierung
In lernschwächeren Klassen wiederholt L mit den S vorab die Formen von *be*, z. B. anhand von *LF 2*, SB-Seite 166/167.

Lösung

Question word	***form of 'be'***	***Pronoun***	***verb + -ing***
What	*'s (is)*	*she*	*doing?*
What	*are*	*you*	*doing?*
What	*are*	*they*	*doing?*
What	*'s (is)*	*he*	*doing?*
What	*are*	*you*	*doing?*

Pronoun	***form of 'be'***	***verb + -ing***
She	*'s (is)*	*making sandwiches.*
I	*'m (am)*	*setting the tables.* *cleaning the tables.*
They	*'re (are)*	*sitting in a park.*
He	*'s (is)*	*cooking.*
We *(Well,) I*	*'re (are)* *'m (am)*	*rapping.* *learning.*

Erarbeitung
b) S vervollständigen die Regel gemäß SB.

Zur Bewusstmachung des Gebrauchs der Verlaufsform liest L mit S die gelbe Box. Eine ausführlichere Gegenüberstellung des Gebrauchs von *simple present* und *present progressive* findet sich im *LF 10* (SB-Seite 171), sollte aber nur erfolgen, wenn eine S-Frage dazu Anlass gibt.

Auswertung
Kontrolle mit einem Partner, Abschluss-Check im Plenum. Danach Übertragung ins Heft.

► Folie 29
► WB 8–10, p. 69

Lösung

The present progressive

I +	*'m*	*+*	*verb + ing*
he/she/it +	*'s*	*+*	*verb + ing*
you/we/they +	*'re*	*+*	*verb + ing*

Zusatz — S erstellen ein Poster mit der Überschrift *The present progressive.* Sie finden für jede Person *(I, you, …)* ein Bild einer Tätigkeit (z.B. aus einer Zeitschrift) und benennen die dargestellte Tätigkeit im *present progressive*. Die Formen von *be* und die *–ing*-Form werden deutlich markiert.

S. 97

3 What are you doing?

Struktur — *present progressive*: Einsetzübung (Kurz- und Langformen von *be*, Besonderheiten der Verlaufsform)

Wortschatz — **food • him • them • Box 'me/you/him/her/…'** (SB-Seite 204) • **window • hear**

Erarbeitung — **a)** ◻ **SB geöffnet.** Schriftlich gemäß SB. L weist S darauf hin, dass nach Eigennamen oder Nomen meist die Langform *(is, are)* verwendet wird (vgl. *LF 2*, SB-Seite167).

Auswertung — Kontrolle im Plenum.

Lösung — ***1*** *He's, I'm* • ***2*** *Zoe is, They're* • ***3*** *Mum is, She's* • ***4*** *Conor is, What are*

Erarbeitung — **b)** ◼ **SB geöffnet.** Gemäß SB. Bei einer schriftlichen Bearbeitung der Aufgabe empfiehlt es sich, S vorab *More practice 2* (SB-Seite 142, Kommentar s. u.) bearbeiten zu lassen, damit sie bestimmte Verlaufsformen korrekt schreiben können (Konsonantenverdopplung, Wegfall des stummen *e* am Ende, vgl. dazu auch *LF 10*, SB-Seite 171).

Auswertung — Kontrolle in PA. Die Partner lesen abwechselnd die Sätze vor und sichern die richtige Schreibweise, indem sie diese im SB nachweisen, z. B. *sitting* durch Belegstelle *They're sitting in the park* (SB-Seite 96) oder durch die Regel im *LF 10* (SB-Seite 171).

Lösung — ***1*** *Mum is sitting, Zack is riding, Mum is looking* • ***2*** *I'm looking, They're laughing* • ***3*** *Dad and I are working, Dad is making, I'm setting* • ***4*** *Dad is talking*

More practice 2 p. 142 What's the fourth word?

Erarbeitung — **a)** ◻ **– c)** **SB geöffnet.** Schriftlich gemäß SB zur Übung der Verbformen, bei denen im *present progressive* die Endung *e* wegfällt oder der letzte Konsonant verdoppelt wird. S markieren diese Besonderheiten der Schreibung im Heft.

Auswertung — Zunächst Kontrolle in PA. Die Partner lesen abwechselnd die Sätze vor und sichern die richtige Schreibweise, indem sie diese im SB nachweisen, z. B. *sitting* durch Belegstelle *They're sitting in the park* (SB-Seite 96) oder durch die Regel im *LF 10* (SB-Seite 171). Anschließend Sicherung im Plenum.

Lösung — **a)** ***1*** *cleaning* ***2*** *doing* • **b)** ***1*** *making* ***2*** *writing* • **c)** ***1*** *getting* ***2*** *sitting*

More practice 3 p. 143 What are they saying?

Erarbeitung — **SB geöffnet.** Gemäß SB. Verfahren mit Partner wie **3b)**

Lösung — ***A*** *I'm coming* • ***B*** *Luca's riding* • ***C*** *I'm eating* • ***D*** *She's feeling* • ***E*** *they're looking* • ***F*** *Who's sitting*

Zusatz

KV 45: Language dice (A/B): Differenzierende Übung zur Festigung der Personalpronomen (Objektform). Die Arbeit mit der KV gliedert sich in zwei Phasen:
Teil A: EA auf zwei Niveaus. Je nach Leistungsstärke erhalten S entweder die leichtere oder die schwerere Aufgabe. Sie ergänzen in den Lückensätzen das richtige Personalpronomen und schneiden die Satzstreifen auseinander.
Teil B: Jede Gruppe erhält eine Kopie des Sprachwürfels und klebt ihn zusammen. Ein leistungsstärkerer S wird als Spielleiter eingesetzt und erhält die Lösungen. Dann würfelt der Spielleiter und liest das erwürfelte Pronomen vor. Die anderen S suchen unter ihren Satzstreifen einen passenden Satz mit dem Pronomen. Der Spielleiter vergleicht die abgegebenen Satzstreifen mit den Lösungen. Falsche Satzstreifen werden zurückgegeben. Richtige Satzstreifen werden mit dem Namen des S versehen und beiseite gelegt. Sieger ist, wer als erster alle Satzstreifen losgeworden ist.

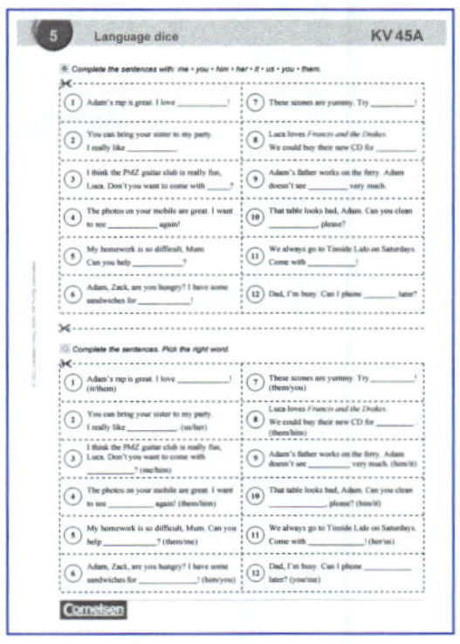

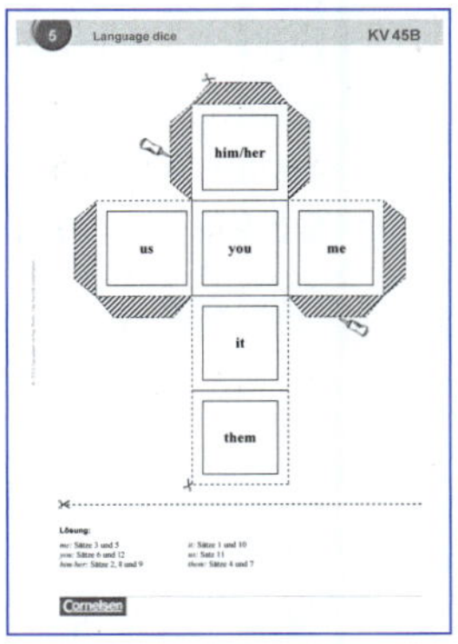

4 What's Cyril doing?

Erarbeitung

a) **SB geöffnet. 1. Hören** gemäß SB. 2.38

Hinweis: Die Aufnahme besteht aus kleineren Episoden, in denen Cyril etwas tut. Das Hauptaugenmerk der Aufnahme liegt auf den Geräuschen, nicht auf der Sprache. Die Geräusche sind mehrdeutig, klären sich aber schließlich durch Cyrils Kommentare. Achtung – die im SB für **1** angegebene Tätigkeit (in blauer Schrift) ist absichtlich falsch, um die Aufmerksamkeit der S zu erhöhen. L kann S dazu anregen, die Lösung kritisch zu überprüfen.

//● p. 143 Lernstärkere S arbeiten auf SB-Seite 143 ohne weitere Hilfen.

Lösung

1 *Cyril is washing up •* ***2*** *Cyril is playing football •* ***3*** *Cyril is writing an email •* ***4*** *Cyril is talking on the phone •* ***5*** *Cyril is watching TV.*

Hörtext

1 ((Cyril's in the kitchen, washing up.))
Cyril: Sandy, where are you? Come and help me.
Sandy: Why?
Cyril: Come on you lazy seagull. Get in the kitchen and help me.
Sandy: OK, OK I'm coming.

2 ((He's playing football.))
Cyril: Oh man I'm so tired, … here I am, over here … OK I'm here … oh no … This is hard work. I like tennis better

3 ((He's writing an email.))
Cyril: OK so … Dear mmm … Thanks for your … I'd love to come to … Best wishes Cyril … OK that's fine. I can send that.

4 ((He's talking to his mum on the phone.))
Cyril: mmm … mmm … really? … wow … that's great … amazing … Listen, I must go … mmm sorry I'm busy today … mmm … mmm. OK great to talk to you … yeah … bye mmm yeah OK, Mum.

5 ((He's watching TV and flipping through the channels.))

Cyril: What's on this evening?

Commentator: I'm afraid this isn't a very exciting match, no goals ... oh, what's happening now? Oh nothing ...

Cyril: There's nothing interesting on TV this evening.

Auswertung

b) **2. Hören** und Partnerkontrolle gemäß SB unter Nutzung der angebotenen Redemittel in den Sprechblasen.

▶ WB 11, p. 70

5 NOW YOU

Einstieg

SB geschlossen. L schaut demonstrativ auf die Uhr: *It's 9/10/... o'clock. What is/are my partner/children/friends/... doing? I think he/ she is / they are working/playing/... now.* L schreibt Beispielsatz als Strukturhilfe an die Tafel und fragt einige S: *What about your mother/ father/parents/dog/friend/... ? What is he/she / are they doing now?* S bilden mündlich einige Sätze.

Erarbeitung

SB geöffnet. Schriftlich gemäß SB. L gibt Zeitvorgabe.

Auswertung

Abgleich in PA (abwechselnd) oder als Meldekette im Plenum.

Lösung

Individuelle Lösungen.

▶ WB 13, p. 70

6 What are they doing?

Material

Karteikarten, Magneten/Klebeband

Einstieg

SB geschlossen. Nach der ▶ Gruppenbildung (Glossar) weist L die S darauf hin, dass alle Gruppen zeitgleich arbeiten und die Kontrolle der Ergebnisse erst am Schluss gemeinsam erfolgen sollte (SB-Seite 120).

Erarbeitung

a) **SB geöffnet.** Erst mündlich, dann schriftlich (ein DIN-A4-Blatt pro Gruppe) gemäß SB. Wenn Uneinigkeit herrscht, können S auch mehrere Vermutungen aufschreiben.

Auswertung

b) Gemäß SB. Jeder S aus der Gruppe sollte mindestens einen Satz vortragen, die anderen S überprüfen die Lösungen (SB-Seite 120).

Lösung

The boy in photo 1 is skateboarding. • The girl in photo 2 is riding a bike. • The girl in photo 3 is playing football. • The boy in photo 4 is playing the guitar. • The girl in photo 5 is washing up. • The boy in photo 6 is reading a book.

▶ DFF 5.1
▶ Folie 30
▶ WB 12, p. 70

Alternative

Die Gruppen schreiben ihre Lösungen auf sechs separate Karteikarten und hängen die Karten an die Tafel jeweils unter die entsprechende Bildnummer. Anschließend gemeinsame Überprüfung anhand von SB-Seite 120.

Zusatz

S schreiben *nonsense sentences* und stellen sie grafisch dar (DIN-A4-Seite), z. B. *I'm sitting on the TV. / Tony is talking to his bike. / ...*
S stellen ihre Sätze in der Klasse vor und zeigen dazu ihre Bilder. Alle Bilder und Sätze werden in der Klasse ausgehängt. Gut geeignet als Hausaufgabe und Nutzung in der Warming-up-Phase der folgenden Stunde.

Zusatz

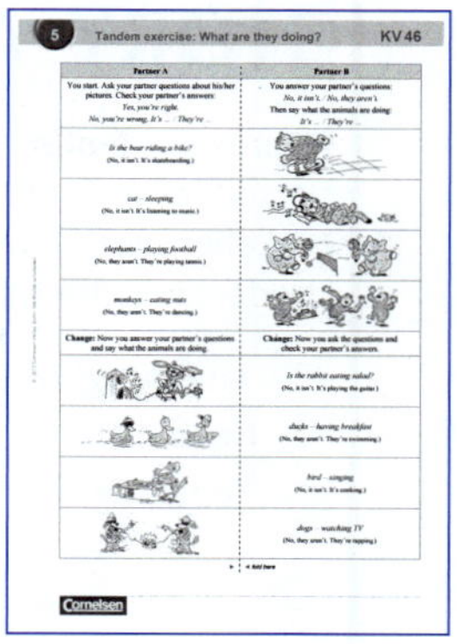
5 Tandem exercise: What are they doing? KV 46

▶ KV 46: Tandem exercise: What are they doing?

Die KV bietet weitere Übung und Festigung von Fragen und Aussagen im *present progressive* als sogenannte Tandem-Übung an. Je zwei S erhalten eine KV. Sie falten die KV entlang der vorgezeichneten Linie und setzen sich gegenüber, sodass jeder Partner eine Hälfte des Tandem-Bogens sieht. Partner A stellt Partner B eine gelenkte Frage zu dessen Bild *(Is the bear riding a bike?)*. Partner B gibt Partner A eine Kurzantwort *(No, it isn't.)* und sagt, was das Tier in seinem Bild stattdessen gerade tut *(It's skateboarding.)*. Partner A kontrolliert die Antwort und korrigiert bei Bedarf anhand der vorgegebenen Lösung in Klammern. Nach der Hälfte der Sätze erfolgt ein Rollenwechsel.

STORY Music makes a difference

Inhalt

Adam verarbeitet mit Josies Unterstützung im PMZ (Plymouth Music Zone) seine persönlichen Probleme in einem Rap. Er erkennt die Bedeutung der Musik für seine Lebensgestaltung und belegt in einem Rap-Wettbewerb den zweiten Platz. Besonders wichtig ist ihm dabei die Anerkennung seines Vaters.

Kommunikative Kompetenzen

Listening: Musikstile erfassen • einen Rap emotional erfassen
Reading: Eine Geschichte global und im Detail verstehen
Speaking: Sich über Songs austauschen • einen Rap vortragen

S. 98/99

1 Before you read

Erarbeitung

SB geschlossen. S schreiben die Zahlen 1–6 untereinander. Beim **1. Hören** bewerten sie die Musikstücke 1–6 mit einem Smiley (☺ 😐 ☹). Das **2. Hören** erfolgt Song für Song, S äußern sich jeweils mithilfe der Redemittel (ggf. in GA, um den Redeanteil der einzelnen S zu erhöhen). Durch Handzeichen werden zum Schluss das beliebteste und das unbeliebteste Musikstück ermittelt. L: *Who likes song 1/2/…?*

► 2.39

Hinweis: Die Musikbeispiele sind ohne Text und an folgende Stilrichtungen angelehnt:
Musikstück 1: Rap
Musikstück 2: Klassische Musik
Musikstück 3: Alternative Rock
Musikstück 4: Country
Musikstück 5: Traditional bagpipe music
Musikstück 6: Hard Rock

INFO-BOX **Geschichte des Rap**

Der Ursprung des Rap liegt in Westafrika, wo *Griots*, traditionelle afrikanische Bänkelsänger, Geschichten in einer Art rhythmischem Gesang mit Trommelschlägen erzählten. Rap ist ein rhythmischer und sich reimender Sprechgesang und gilt als durchaus anspruchsvolle Form der Poesie. In den Texten geht es um die Auseinandersetzung mit politischen oder sozialen Problemen, aber auch um Liebe, Sex und Gewalt. In den 1970er Jahren gewann das Rappen als Street Art in den USA an Popularität, insbesondere unter afroamerikanischen Jugendlichen. Mit *Rapper's Delight* von *Sugarhill Gang* begann im Jahr 1979 die weltweite Vermarktung von Rap.

Überleitung

L: *Adam likes music. He wants to make music too. Which song do you think he likes best? Why?* S: *I think he likes the rap song. There's a poster with the word 'rap' on it. / He has a photo on his mobile with his rap group at PMZ. / There's a poster of a rapper in the picture on the left. / …*
L: *Let's find out if you are right.*

Music makes a difference

Wortschatz

S. 98: difference • it **was** Friday • **Box 'am/was, is/was'** (SB-Seite 204) • **on the way to ...** • **some** • they **were** on the bus • **Box 'are/were'** (SB-Seite 205) • he **said** • **seat** • they **laughed** • **face** • she **asked** • I **had** • **girlfriend** • **boyfriend** • **Any** ideas? • °battle • **hard**

S. 99: Well done. • **proud (of)** • **true** • **false** • he **wasn't** there

Einstieg

SB geöffnet. L schreibt die Überschrift *Music makes a difference* an die Tafel und lässt S spekulieren, was sie bedeutet (*different* schon bekannt): *There are many different instruments and bands. / Rap is not like Rock or Country music. It's different. / Music makes a difference for Adam. / Adam likes different music. / Adam feels better with music. / ....* L hält Nennungen zur späteren Überprüfung fest.

Erarbeitung

1. Lesen/Hören (Globalverstehen) in fünf Abschnitten. S erschließen den unbekannten Wortschatz selbst oder schlagen ihn nach und finden Überschriften:

► 2.40
► INKL 5.6

Lösungsbeispiel

- *part 1 (lines 1–9): Trouble on the bus*
- *part 2 (lines 10–16): Josie and Adam*
- *part 3 (lines 17-27): The first rap lesson*
- *part 4 (lines 28–34): At school*
- *part 5 (lines 35–49): The rap battle*

Differenzierung

Lernschwächere S erhalten Überschriften aus dem Lösungsbeispiel vermischt vorgegeben (ggf. mit einem Distraktor, z. B. *Trouble at school*) und ordnen sie den Abschnitten zu.

Erarbeitung

Zum Abschluss des ersten Durchgangs überprüfen S ihre Hypothesen aus dem Einstieg. L: *Look at your ideas about the title again. Which is the best? How can you say it in German?* S: Musik bedeutet Adam sehr viel. / Musik ist wichtig für Adam. / Mit Musik geht es Adam besser. / Musik verändert Adams Leben. / etc.

2 Can you remember?

Erarbeitung

SB geöffnet. 2. Lesen (Detailverstehen): Gemäß SB.

Lösung

1 *boy on the bus* • **2** *Josie* • **3** *Adam* • **4** *Luca* • **5** *Adam's friends* • **6** *Adam*

► WB 16, p. 71

3 True, false or not in the text?

Erarbeitung

SB geöffnet. Weitere Aufgabe zur Überprüfung des Detailverstehens. S belegen ihre Einschätzung durch die entsprechende Textstelle.

► INKL 5.7

Differenzierung

Lernstärkere S korrigieren die falschen Aussagen (1, 5 und 6, siehe blaue Lösungen in Klammern).

Auswertung

Abgleich anhand von ► Right/wrong cards (Glossar)

Lösung

1 *False. (They were mean.) (ll. 4–9)*
2 *True. (ll. 10/11)*
3 *Not in the text.*
4 *True. (poster on p. 98; l. 34)*
5 *False. (Adam's father was there.) (ll. 36/37)*
6 *False. (Adam was second.) (ll. 44/45)*
7 *Not in the text.*
8 *True. (ll. 48/49)*

► WB 14–15, p. 71

Zusatz

S tragen die Entwicklung von Adams Gefühlen in den fünf obigen Textabschnitten in ein Diagramm ein (siehe Tafelbild).

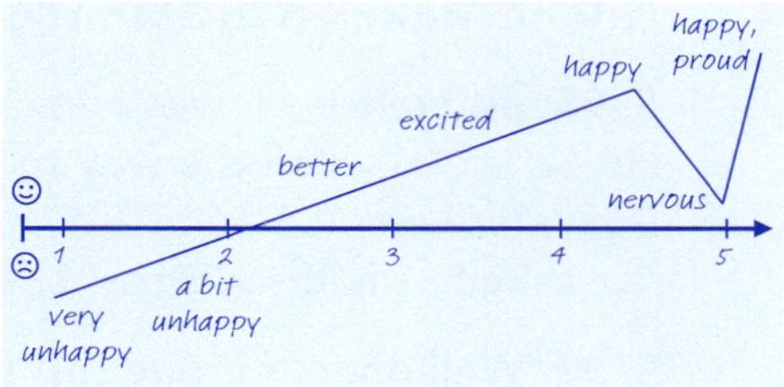

Differenzierung

Lernstärkere S begründen ihre Einschätzung.

Lösungsbeispiel

In part 1 Adam is very unhappy because the kids on the bus are mean.
In part 2 I think Adam is still a bit unhappy, but he feels better because he is talking to Josie.
In part 3 Adam feels better because the other kids have problems too.
In part 4 Adam is excited because he's telling his friends about his rap.
In part 5 Adam is nervous about the rap battle, but then he is happy because his family and friends are there and proud because he is second in the rap battle.

4 RAP Music makes a difference

Wortschatz

°chorus • °I don't make a fuss • °one thing that I know • °tell • °nobody

Erarbeitung

a) **SB geschlossen. 1. Hören:** S äußern sich spontan, ggf. mithilfe der Redemittel von SB-Seite 98. **2. Hören**/Lesen im ► Mitleseverfahren (Glossar): L klärt unbekannte Begriffe und Redewendungen. ► 2.41

Erarbeitung

b) **SB geschlossen.** Gemäß SB. Die Rapper erhalten eine Startnummer (oder geben sich selbst einen Namen) und präsentieren nacheinander ihre Beiträge zur Instrumentalversion des Raps auf der CD. ► 2.42 ► DFF 5.7

Alternative

Präsentation des Raps als Gruppe (à drei S): Jeder S übernimmt eine Strophe, der Refrain wird gemeinsam vorgetragen.

Auswertung

Die Zuhörer bilden die Jury und vergeben für jeden Beitrag Punkte zwischen 0 und 5 in einer vorbereiteten Tabelle. Eine Auswertungskommission (zwei bis drei S) sammelt alle Bewertungen ein, zählt sie aus und benennt die drei besten Beiträge: ► DFF 5.7

Number 3 with … points is rap number …
Number 2 with … points is rap number …
The best rapper with … points is rap number …

rapper	points
1	
2	
3	
…	

Differenzierung

Lernstärkere S denken sich selbst einen Rap aus, wobei sie Adams Text als Gerüst nutzen können.

More practice 4 p. 144 An email to Adam

Erarbeitung

SB geöffnet. Gemäß SB.

Auswertung

S lesen die Texte ihrer Mit-S reihum in Kleingruppen (à drei bis vier S).

Lösung

Individuelle Lösungen.

SKILLS TRAINING Describing pictures

Inhalt
S beschreiben unter Verwendung des *present progressive* und der Ortsangaben eine Szene im Park.

Kommunikative Kompetenzen
Listening: Eine Bildbeschreibung verstehen und richtigstellen
Speaking: Ein Bild beschreiben

Methodische Kompetenzen
Lern- und Arbeitstechniken: Bilder beschreiben

S. 100

1 In the park

Wortschatz
describe • next to • between • behind • under • in front of • Box 'behind/on/under/…' (SB-Seite 205) **• apple**

Einstieg
SB geöffnet. L beginnt mit einer englischen Version des Spiels Ich-sehe-was-was-du-nicht-siehst, z. B.:
Bumblebee, bumblebee
I see something you don't see
and the colour is red.
S raten: *Is it the bike? (no) Is it the little ball on the right? (yes)* Wer richtig rät, darf das nächste Rätsel stellen. Weiterführung in Kleingruppen zur Wiederholung der dargestellten Begriffe (e.g. *bike, football, girl, boy, man, woman, seagull, dog, banana, apple, orange juice, baby, helmet, scone, sandwich, T-shirt, trousers, shoes, ball, book*), der Farben und einiger Ortsangaben.

Erarbeitung
a) **SB geöffnet.** S schreiben die zugeordneten Sätze ins Heft und lesen anschließend mit einem Partner abwechselnd die Sätze.

▶ IAT 5.2
▶ WB 17, p. 72
▶ INKL 5.8

Auswertung
Abgleich und Sicherung der Präpositionen im Plenum.

Lösung
1 E • ***2*** C • ***3*** A • ***4*** B • ***5*** F • ***6*** D

Zusatz
▶ KV 47: Where are the aliens? Die KV enthält eine interaktive Partner-Übung zur Festigung der Präpositionen. Je zwei S erhalten eine KV, die in der Mitte auseinander geschnitten ist. Beide KV-Teile zeigen ein Zimmer, in dem sich je acht kleine Aliens versteckt haben – jedoch an unterschiedlichen Stellen. Partner A malt „seine" Aliens rot an, Partner B „seine" Aliens grün. Anschließend beschreiben sich die Partner gegenseitig, wo in ihrem Zimmer die Aliens versteckt sind, und ergänzen die Aliens des Partners in ihrem eigenen Bild. Zum Schluss müssten in beiden Bildern je acht rote und acht grüne Aliens zu finden sein, deren Positionierung im Zimmer die S zur Auswertung miteinander vergleichen.

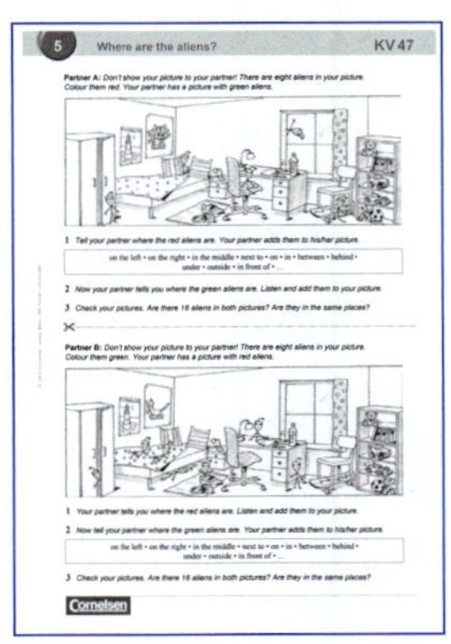

Erarbeitung
b) **SB geöffnet.** S bilden Sätze unter Verwendung des *present progressive.*

More help p. 144 S, die Hilfe benötigen, erhalten in einem *substitution table* die entsprechenden Prädikate zur Auswahl.

Auswertung
Ein S liest einen Satz vor, der Partner zeigt auf die entsprechende Stelle im Bild.

Lösungsbeispiel

In the middle two dogs are eating.
In the middle a boy is reading a book.
In the middle three girls are talking and laughing.
On the left children are playing football.
In the middle a girl is riding a bike.
On the right a baby is sleeping.
On the left two men are working.

Erarbeitung

c) **SB geöffnet.** L schreibt *right* und *wrong* an die Tafel und fordert S auf, jeweils in der kleinen Pause vor dem *chorus* zu antworten (gesamte Klasse).

► 2.43
► WB 18, p. 72

Hörtext

Narrator:	Listen. What's right? What's wrong?
Sandy:	Oh, look. I can see lots of people in a big park.
Chorus:	Right!
Sandy:	On the left there are some kids.
Chorus:	Right!
Sandy:	They are playing frisbee.
Chorus:	Wrong!
Voice from chorus:	They're playing football!
Sandy:	In front of the kids there are two men with yellow helmets.
Chorus:	Right!
Sandy:	They are working.
Chorus:	Right!
Sandy:	Well, I can see a bike on the left too.
Chorus:	Right!
Sandy:	The bike is in front of the tree.
Chorus:	Wrong!
Voice from chorus:	The bike is behind the tree.
Sandy:	I can see three girls.
Chorus:	Right!
Sandy:	Look, they are on the left.
Chorus:	Wrong!
Voice from chorus:	They're in the middle!
Sandy:	They're playing a game.
Chorus:	Right!
Sandy:	Behind the three girls a boy is riding a bike.
Chorus:	Wrong!
Voice from chorus:	A girl is riding a bike.
Sandy:	And a boy is reading a book.
Chorus:	Right!
Sandy:	On the right I can see a family with a baby.
Chorus:	Right!
Sandy:	The baby is playing with a ball.
Chorus:	Wrong!
Voice from chorus:	The baby is sleeping.
Sandy:	I can see a red ball.
Chorus:	Right!
Sandy:	It's behind the baby.
Chorus:	Wrong!
Voice from chorus:	The red ball is in front of the baby!
Sandy:	Next to the family there are two dogs.
Chorus:	Right!
Sandy:	The two dogs are on the table.
Chorus:	Wrong!
Voice from chorus:	The two dogs are under the table.

Sandy: And there's a big white duck on the table.
Chorus: Wrong!
Voice from chorus: There's a seagull on the table.
Sandy: Yes, you're right: It's a seagull!

2 NOW YOU

Erarbeitung

a) **SB geöffnet.** Zunächst lesen S den Tipp in der gelb unterlegten Box. Dann beschreibt Partner A Bild 1 auf SB-Seite 147. Wenn Partner B einen Unterschied zu seinem Bild auf SB-Seite 120 feststellt, ruft er *Stop!* und beschreibt und notiert den Unterschied.

▶ INKL 5.9

Lösungsbeispiel

Picture 1	
***Partner A** (p. 147)*	***Partner B** (p. 120)*
On the left there's a girl. She's riding her bike on the street.	*In my picture the girl is walking on the street.*
On the right I can see a car on the street. It's behind a tree.	*In my picture the car is next to the tree.*
On the right there's a woman. She's reading a book.	*In my picture there's no woman on the right.*
In the middle I can see a boy and a girl. They're playing football.	*In my picture two boys and a girl are playing frisbee.*
There are two girls in front of the boy with the guitar. They're eating and drinking.	*In my picture one girl is sleeping and one girl is reading a book.*

Erarbeitung

b) Partner B beschreibt Bild 2 auf SB-Seite 120. Wenn Partner A einen Unterschied zu seinem Bild auf SB-Seite 147 feststellt, ruft er *Stop!* und beschreibt und notiert den Unterschied.

Lösungsbeispiel

Picture 2	
***Partner B** (p. 120)*	***Partner A** (p. 147)*
On the left I can see Cyril.	*In my picture there's Sandy.*
On the right there's a girl. She's walking and talking on the phone.	*In my picture there's also a girl on the right, but she's sleeping.*
In the middle I can see a boy and a girl. They're playing in the sand.	*In my picture there's a girl in the middle. She's reading a book.*
On the left there are two people. They're sitting in chairs.	*In my picture there's only one man sitting in a chair.*
In the water I can see two people. They're swimming.	*In my picture there are four people in the water. Two are swimming, and two children are playing with a ball.*

Differenzierung

Lernschwächere S dürfen sich das jeweilige Bild des Partners vorab 30 Sekunden lang anschauen.

Auswertung

S vergleichen ihre Bilder mit ihren Aufzeichnungen, indem sie ihre SB geöffnet nebeneinander legen.

▶ DFF 5.2
▶ Folie 31
▶ WB 19, p. 73

Zusatz

Eine weitere Möglichkeit zum Üben der Bildbeschreibung bietet das Wimmelbild auf SB-Seite 8/9. Zwei S beschreiben sich abwechselnd eine Person, einen Gegenstand oder eine Aktivität. Der Partner zeigt jeweils auf die beschriebene Szene.

SKILLS TRAINING Mediation and writing

Inhalt

Anhand der SMS-Kommunikation zwischen Adam und seinen Freunden bzw. seiner Mutter lernen S die spezifische Sprache der *text messages* kennen und verfassen selbst eine Kurznachricht.

Kommunikative Kompetenzen

Reading: Englische Kurznachrichten verstehen und vorlesen
Mediation: Zentrale Informationen einer englischen Kurznachricht auf Deutsch wiedergeben
Writing: Kurznachrichten auf Englisch verfassen

S. 101

1 Four text messages

Wortschatz **text message**

Einstieg **SB geschlossen.** L schreibt „SMS" an die Tafel: *Do you know what SMS means?* S raten, L schreibt Lösung an die Tafel *(Short Message Service)* und klärt die Bedeutung der einzelnen Begriffe. L: *You use the word SMS in German, but in English you say text message. There's a special language for text messages. It's shorter. Do you know any special words or signs?* S nennen ihnen bekannte Abkürzungen und Symbole, L hält einige davon an der Tafel fest.

INFO-BOX SMS (Short Message Service)

Die Abkürzung SMS *(Short Message Service)* bezeichnet ursprünglich den Dienst zur Übertragung von kurzen Textnachrichten in der Telekommunikation. Da die Abkürzung heute allerdings überwiegend für die ca. 160 Zeichen umfassende Nachricht selbst verwendet wird, führt der Duden sie als weiblich. Die erste SMS („Merry Christmas") wurde 1992 in Großbritannien gesendet. Weiterentwicklungen der SMS sind die EMS *(Enhanced Message Service)*, die die Formatierung von Text erlaubt, sowie die MMS *(Multimedia Messaging Service)*, die das Versenden von Dokumenten, Fotos und kurzen Video-Clips ermöglicht.

Erarbeitung **a) SB geöffnet. 1. Lesen** (Globalverstehen) gemäß SB.

Auswertung Vergleich mit einem Partner. Abwechselnd erklärt jeder S einem Partner, wie er zu seiner Lösung gekommen ist (Kasten *Text message language* genutzt, sich selbst halblaut vorgelesen, nachgeschlagen, …).

Lösung ***A** Luca* • ***B** Josie* • ***C** Adam* • ***D** Adam's mum*

Erarbeitung **b) SB geöffnet. 2. Lesen:** Gemäß SB in PA (höherer Sprachumsatz) oder im Plenum als ▸ Meldekette (Glossar) (bessere Kontrollmöglichkeit durch L).

Lösung

***A** Hi Adam, rap was great. PMZ is cool. See you at school on Monday.*
***B** Adam, where are you? We're rapping at PMZ now. Are you coming?*
***C** Mum, I'm at home. I'm doing my homework. I can't come to the cafe.*
***D** I'm not working in the cafe now. I'm going to the market. See you soon. Kisses*

2 MEDIATION What's that in German?

Erarbeitung

SB geöffnet. S lesen die Mitteilung laut, um das Verständnis zu erleichtern. Anschließend geben sie den Inhalt der SMS auf Deutsch wieder. L weist S darauf hin, dass es bei der ► Mediation (Glossar) nicht um eine Wort-für-Wort-Übersetzung geht, sondern um die freie Wiedergabe der wichtigsten Informationen.

Lösungsbeispiel

Amanda fragt, wo wir gerade sind und was wir gerade machen. Sie schreibt, dass sie auf einer tollen Party ist und dass wir auch kommen können.

► WB 20, p. 74

3 WRITING A text to Amanda

Material

Karteikarten, Klebepunkte

Erarbeitung

SB geöffnet. Gemäß SB.

► DFF 5.8
► INKL 5.10

More help p. 144 Lernschwächere S nutzen die angebotenen Ideen und Satzbausteine.

Lösung

Individuelle Lösungen.

Zusatz

S schreiben ihre Antwort auf eine Karteikarte und können sie je nach Neigung noch im Stile einer „echten" SMS auf einem Mobiltelefon dekorieren. Die Karteikarten werden im Klassenzimmer aufgehängt und können von allen S gelesen werden. S erhalten je drei Klebepunkte, die sie auf ihre Favoriten kleben.

SKILLS TRAINING Reading

Inhalt Ein Rezept zur Herstellung von Scones.

Kommunikative Kompetenzen **Reading:** Ein Rezept verstehen

Methodische Kompetenzen **Lern- und Arbeitstechniken:** Unbekannte Wörter erschließen

S. 102

1 A recipe for scones

Wortschatz **recipe** • **jam** • **cream** • °milk• °butter • °flour • °sugar • °baking powder • °teaspoon • °salt • °bowl • °egg • °glass • °oven

Einstieg **SB geschlossen.** L: *I really love scones, but it's hard to find them in Germany. I'd like to make them at home. But how do I make them? Where can I find out? (internet, book) There's a recipe* (Aussprachetraining!) *for scones in our book. It tells me what I need and how I make them.*

Erarbeitung **a) SB geöffnet.** Aufgabe zur Vorentlastung des Textes gemäß SB.

Lösung *cream:* Sahne • *scone:* kleines, süßes Brötchen • *jam:* Marmelade

Erarbeitung **b)** **1. Lesen** (Detailverstehen): S notieren die Zahlen 1–8 im Heft und setzen die Buchstaben der passenden Bilder dahinter. Auf ein Vorlesen sollte an dieser Stelle verzichtet werden, da der Text viele unbekannte Wörter enthält. Vorlesen bietet sich nach **2b)** an.

Auswertung Ergebnissicherung im Plenum.

Lösung ***1*** D • ***2*** B • ***3*** H • ***4*** F • ***5*** A • ***6*** E • ***7*** C • ***8*** G

► WB 21, p. 74

2 New words in the recipe

Material Rezept-Zutaten

Erarbeitung **a)** **SB geöffnet. 2. Lesen** (Detailverstehen): S erarbeiten die deutsche Bedeutung, indem sie die Hilfen in der gelben Box nutzen.

► INKL 5.11

Auswertung **b)** Gemäß SB.

► DFF 5.4
► DFF 5.9

Differenzierung Lernstärkere S reflektieren ihre Strategien zur Bedeutungsfindung gemäß der gelben Box. Sie nennen auch Gründe, warum sie etwas nicht herausgefunden haben oder eine falsche Vermutung hatten.

Zusatz S lesen das Rezept laut im Plenum vor (ein S die Einleitung, acht weitere S die Schritte 1–8), die Zuhörer führen die Anweisungen pantomimisch aus.

Zusatz S erproben das Rezept im Hauswirtschaftsunterricht. Ein S präsentiert das Rezept (ähnlich wie in einer TV-Koch-Show), zwei bis drei S führen die Anweisungen durch, zwei weitere S dokumentieren die Backaktion z. B. durch Fotos oder Zeichnungen auf einem Plakat. Die Mit-S probieren die Scones mit *cream and jam* und bewerten sie durch Ankreuzen eines Emoticons (Tafel, Plakat).

Scones are great!	Scones are ok.	Scones ? – Never again!
☺	😐	☹

SKILLS TRAINING Viewing

Inhalt

1 The kids from Harbour Road: What's your talent?

Der *drama track* besteht aus drei **Parts** bzw. Szenen, die zunächst einmal im Zusammenhang gezeigt werden sollten, bevor die S die Aufgaben im SB lösen und beim 2. Sehen der einzelnen **Parts** überprüfen.

In **Part 1** treffen sich Anna, Paul und Sarah in einem Café. Sarah und Paul bestellen *muffins* und *hot chocolate* an der Theke, wobei die S einen typischen Restaurantdialog in Wort und Bild verfolgen können.

In **Part 2** unterhalten Anna, Paul und Sarah sich über ihre Talente, die sie anlässlich der anstehenden Klassenparty zur Schau stellen wollen. Paul möchte Gitarre spielen und Sarah dazu singen. Anna ist jedoch verzweifelt, da sie keinerlei Idee für einen Programmpunkt hat. Ihre beiden Freunde muntern sie auf, und da Anna *dancing lessons* nimmt, schlägt Sarah vor, als Beitrag für die Party einen einfachen Tanz einzustudieren.

In **Part 3** üben die drei den HipHop-Tanzschritt in Sarahs Wohnzimmer ein. Dieser kann von der Klasse leicht imitiert werden.

2 People and places: A visit to PMZ

In diesem dokumentarischen Filmclip führt ein Junge, Jimmy, durch das PMZ. Die S erleben im Tonstudio die Aufnahme von Adams Rap und einen Auftritt der *Jam Band* und bekommen verschiedene Musikinstrumente vorgestellt

Kommunikative Kompetenzen

Viewing: Filmszenen verstehen • einen Filmabschnitt gelenkt zusammenfassen (Satzhälften zuordnen)

Speaking: Sich über eigene Talente austauschen • persönliche Eindrücke von einem Drehort (PMZ) aufnehmen und diskutieren

S. 103

1 The kids from Harbour Road: What's your talent?

Einstieg

a) SB geschlossen. Als Hinführung zur Thematik sammelt L mit S zunächst die Talente der eigenen Klasse. Dabei kann neuer Wortschatz eingeführt werden. L: *Imagine you have a class party where every student has to do something. What can you do? What's your talent?*

Differenzierung

In lernschwächeren Klassen stellt L Redemittel zur Verfügung (Tafel, Folie).

What's your talent?	
I can ...	dance
	sing a song / ...
	play the guitar / the piano / the drums / ...
	act a scene / ...
	read a poem / a story / ...
	tell jokes / a story / ...
	draw a picture / a picture story / ...
	take photos ...
	do tricks ...

Überleitung

L: *Let's see what Anna's, Paul's and Sarah's talents are.*

Erarbeitung

SB geöffnet. S notieren die Namen der drei Hauptfiguren im Heft. Anschließend **1. Sehen** (Globalverstehen) des gesamten Films (*Play all parts*): S ergänzen das Talent hinter dem Namen.

Differenzierung

L kann darauf hinweisen, dass die drei im SB abgebildeten Silhouetten genau die Talente der drei Kinder darstellen, damit S schnell auf die benötigten Verben *dance, sing* und *play the guitar* kommen und diese nur noch richtig zuordnen müssen.

Auswertung S tragen ihre Lösungen im Plenum vor.

Lösung *Anna can dance.* • *Paul can play the guitar.* • *Sarah can sing.*

Erarbeitung **b) SB geöffnet.** Anhand des Bildes im SB versetzen sich die S in die Lage der Charaktere, die sich im Café treffen und eine Bestellung aufgeben. Sie ordnen den Dialog und notieren die Buchstaben der Filmzitate in der richtigen Reihenfolge im Heft.

Zusatz S ordnen den Filmzitaten die Sprechernamen zu: Sarah, Paul, Anna, *woman* bzw. *waitress* (vgl. blaue Klammern in der Lösungszeile).

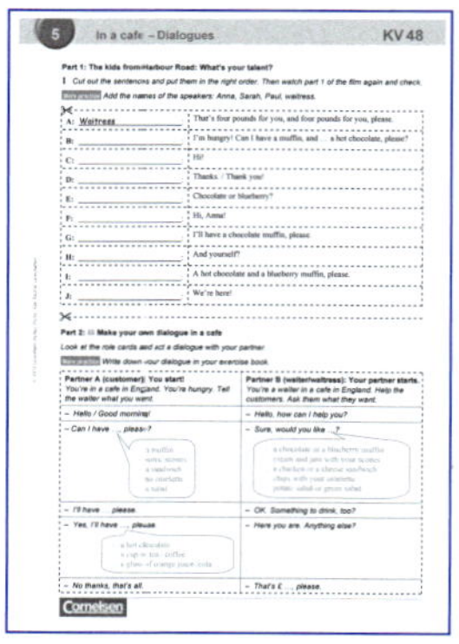

Differenzierung S schneiden die Dialogteile von ▸ KV 48: Dialogue: At a cafe (Part 1) aus und legen sie in der richtigen Reihenfolge vor sich auf dem Tisch ab.

Auswertung S kontrollieren ihre Reihenfolge beim **2. Sehen** (Detailverstehen) von **Part 1** in Stillarbeit. Danach ggf. Vergleich im Plenum und Vorlesen des geordneten Dialogs mit verteilten Rollen.

Lösung ***F*** *(Sarah)* • ***J*** *(Paul)* • ***C*** *(Anna)* • ***B*** *(Sarah)* • ***E*** *(waitress)* • ***G*** *(Sarah)* • ***H*** *(waitress)* • ***I*** *(Paul)* • ***A*** *(waitress)* • ***D*** *(Paul/Sarah)*

Zusatz S formulieren mithilfe der Rollenkarten auf ▸ KV 48: Dialogue: At a cafe (Part 2) einen eigenen Bestelldialog.

Erarbeitung **c) SB geöffnet.** S ordnen die Satzhälften in EA oder PA zu und übertragen sie ins Heft. Überprüfung beim **2. Sehen** von **Part 2**.

Auswertung S lesen die vollständigen Sätze dem Plenum vor.

Lösung ***1*** *In the cafe Anna isn't happy.* • ***2*** *She has no idea for the class party.* • ***3*** *Paul wants to play the guitar.* • ***4*** *And Sarah wants to sing.* • ***5*** *But then Sarah has an idea.* • ***6*** *She knows a cool dance for Anna.*

Erarbeitung **d)** Beim **2. Sehen** (Detailverstehen) von **Part 3** studieren S Annas Tanz ein. L kann die Schrittfolge ggf. zwischendurch stoppen und einzelne Sequenzen mehrmals wiederholen.

2 People and places: A visit to PMZ

Erarbeitung **a)** Nach dem **1. Sehen** (Globalverstehen) tauschen sich die S mithilfe der Redemittel im SB über das PMZ und die musikalischen Leistungen der Jugendlichen aus. ▸

Auswertung Zusätzlicher Meinungsaustausch im Plenum möglich.

Lösung Individuelle Lösungen

Erarbeitung **b)** Gemäß SB. S notieren vor dem **2. Sehen** ihre Antworten aus dem Gedächtnis stichwortartig im Heft.

Auswertung **2. Sehen** (Detailverstehen) zur Kontrolle. S tragen ihre Antworten im Plenum vor.

Lösung ***1*** *Debbie and Simon* • ***2*** *1000* • ***3*** *the drums*

STOP! CHECK! GO!

Hinweis

Übungsaufgaben zu wichtigen Themen und Kompetenzbereichen aus Unit 5. Bei geschlossenen Aufgabenformaten können die S ihre Ergebnisse selbstständig mithilfe des Lösungsschlüssels auf ▶ KV 49: Answers to STOP! CHECK! GO! (Unit 5) überprüfen (auch als Partnerkontrolle). Die KV bietet eine Auswertung nach Punkten, die in drei verschiedene Smileys (☺/😐/☹) übersetzt werden. Diese Smileys können auch für die Selbsteinschätzung im *Workbook* (STOP AND PRACTICSE, p. 75) und in *Differenzieren – Fördern – Fordern* herangezogen werden. Weitere grundsätzliche Hinweise zur Konzeption und Durchführung von STOP! CHECK! GO! finden sich im Vorwort.
Die Hörtexte zu STOP! CHECK! GO! sind für die S auch auf der Audio-CD im *Workbook* zugänglich.

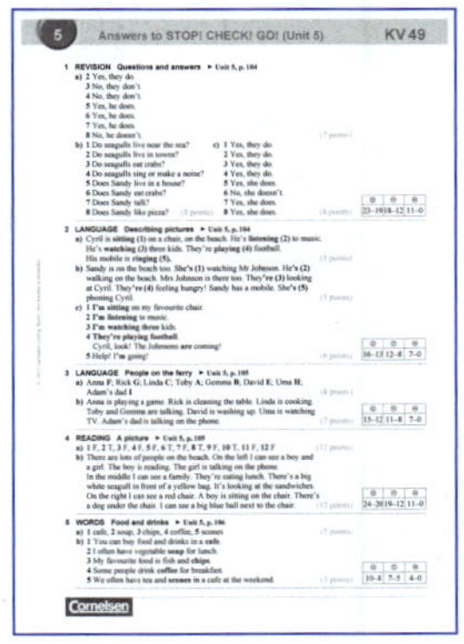

▶ INKL 5.12

Inhaltsübersicht

S. 104

1 REVISION Questions and answers

a) Bejahte und verneinte Kurzantworten mit *do/does* geben
b) Mithilfe von Satzbausteinen Fragen mit *do/does* bilden
c) Bejahte und verneinte Kurzantworten mit *do/does* geben
d) Fragen mit *do/does* bilden und beantworten

2 LANGUAGE Describing pictures

a) Tätigkeiten beschreiben (Einsetzen des Verbs im *present progressive*)
b) Tätigkeiten beschreiben (Einsetzen der richtigen Form von *be*)
c) Tätigkeiten beschreiben (Form von *be*, Verb im *present progressive*).

S. 105

3 LANGUAGE People on the ferry

a) Eine gesprochene Bildbeschreibung verstehen
b) Tätigkeiten mithilfe vorgegebener Ideen im *present progressive* beschreiben

4 READING A picture

a) Eine Bildbeschreibung anhand eines Bildes überprüfen (Schwerpunkt: Ortsangaben)
b) Ein Bild mithilfe von vorgegebenen Ideen beschreiben

S. 106

5 WORDS Food and drinks

a) In einer Reihe von Wörtern das unpassende Wort finden
b) Sätze mit dem passenden Wort vervollständigen

6 MEDIATION I'm hungry!

Das Angebot eines englischen Cafés einem Freund auf Deutsch vermitteln

7 WRITING and SPEAKING In the Harbour Cafe

a) Mithilfe von Tipps und Redemitteln einen Bestelldialog schreiben
b) Einen Bestelldialog einüben

S. 107

8 READING and WRITING On Saturday morning …

Eine Bildergeschichte verstehen, Textbausteine passend zuordnen und erweitern
a) Vorgegebene Sprechblasen in eine Bildergeschichte einfügen
b) Eine Bildergeschichte erweitern und passende Sprechblasen schreiben

9 My learner log

Den eigenen Lernprozess evaluieren und eigene Kompetenzen einschätzen

S. 104

1 REVISION Questions and answers

Erarbeitung

a) SB geöffnet. S notieren die Fragen (1–8) und setzen die passenden Kurzantworten dazu.

b) Gemäß SB. S nutzen **a)** als Hilfe für die Fragebildung und lassen unter jeder Frage eine Zeile frei für **c)**.

c) S notieren Kurzantworten unter den in **b)** gebildeten Fragen.

Lösung

▸ KV 49: Answers to STOP! CHECK! GO! (Unit 5)

Erarbeitung

d) ● Gemäß SB. S schreiben mit „ja" oder „nein" beantwortbare Quiz-Fragen auf eine Karteikarte, dekorieren sie ggf. durch ein Foto oder eine Zeichnung und hängen sie an die Tafel.

More help p. 145 Lernschwächere S nutzen die angebotenen Ideen und Formulierungshilfen.

Auswertung

Jeweils ein Verfasser einer Quiz-Karte kommt an die Tafel, stellt dem Plenum seine Quiz-Fragen und wählt nach Beantwortung der Fragen die nächste Quiz-Karte. Auch in GA möglich.

2 LANGUAGE Describing pictures

Erarbeitung

a) ○ **SB geöffnet.** S setzen die vorgegebenen Verben passend in den Lückentext ein und schreiben die Sätze ins Heft.

Erarbeitung

b) S setzen die passende Kurzform von *be* in die Lücken ein und schreiben die Sätze ins Heft.

Erarbeitung

c) ● S vervollständigen den Dialog mithilfe der Bilder in **a)** und **b)** und schreiben ihn ins Heft.

▸ DFF 5.1
▸ DFF 5.2

Lösung

▸ KV 49: Answers to STOP! CHECK! GO! (Unit 5)

S. 105

3 LANGUAGE People on the ferry

Erarbeitung

a) **SB geöffnet. 1. Hören** gemäß SB. Überprüfung durch **2. Hören**.

▸ 2.44

Hörtext

Mr Osmanovic: Hello, Adam. That's a nice surprise.
Adam: Hi Dad. Are you busy?
Mr Osmanovic: No. I'm not working now. I'm in our living room on the ferry. There are lots of people here.
Adam: What's everybody doing?
Mr Osmanovic: Well, Sam – he's my best friend – he's eating spaghetti. He loves spaghetti. And Anna is playing a game on her laptop. Rick is busy – he's cleaning the table ... OK Rick, thanks ... and Linda is cooking something. It smells nice, Linda! What are you cooking?
Linda: Soup!
Mr Osmanovic: Soup, very nice. Toby and Gemma are talking on the couch ... and David is washing up. Oh and Uma is watching TV – and laughing! Is it funny, Uma?
Uma Yes!
Adam: And what about you, Dad. What are you doing?
Mr Osmanovic: Me – I'm doing nothing – just talking to you on the phone!

Erarbeitung

b) Gemäß SB anhand der Hilfen in der grünen Box.

▸ DFF 5.1
▸ DFF 5.2
▸ DFF 5.3

Lösung

▸ KV 49: Answers to STOP! CHECK! GO! (Unit 5)

4 READING A picture

Erarbeitung

a) **SB geöffnet.** Gemäß SB. S notieren hinter jeder Satznummer (1–12) ein T für *true* oder ein F für *false*.

Erarbeitung

b) Gemäß SB.

▶ DFF 5.2

Differenzierung

Lernschwächere S beschreiben das Bild in zwölf Sätzen, indem sie die richtigen Sätze aus **a)** übernehmen und die falschen korrigieren.

Lösung

▶ KV 49: Answers to STOP! CHECK! GO! (Unit 5)

S. 106

5 WORDS Food and drinks

Erarbeitung

a) **SB geöffnet.** S schreiben alle Begriffe ab und kreisen den jeweils nicht passenden Begriff farbig ein (Begriffe werden für **b)** benötigt).

b) S vervollständigen die Sätze mit den *odd words out* aus **a)**.

Lösung

▶ KV 49: Answers to STOP! CHECK! GO! (Unit 5)

Zusatz

Zur Systematisierung und Umwälzung des Wortfelds Essen und Trinken bearbeiten die S ▶ KV 43: Mind map: I'm hungry!

6 MEDIATION I'm hungry!

Erarbeitung

SB geöffnet. S lesen abwechselnd die Fragen vor und geben dem Partner die entsprechende Antwort auf der Grundlage des Bildes.

Lösungsbeispiel

1 Es gibt Sandwich und Obstsalat, aber auch Scones und Kuchen. • *2* Es gibt Tee, Kaffee, kalte Getränke und Saft. • *3* Es gibt Scones, Kuchen und Eis. • *4* Wir könnten uns jeder ein Sandwich und ein Eis oder kaltes Getränk kaufen. • *5* Wir können das Essen auch mitnehmen.

▶ DFF 5.5

7 WRITING and SPEAKING In the Harbour Cafe

Erarbeitung

a) **SB geöffnet.** S entwickeln gemeinsam ein Gespräch zwischen Kunden und Bedienung in einem Café mit den gegebenen Hilfen. Beide S schreiben das gesamte Gespräch auf und markieren die Gesprächsanteile der beiden Personen mit unterschiedlichen Farben.

Lösungsbeispiel

A: *Hello. Can I help you?*
B: *Hello. Yes, please. A sandwich, please.*
A: *OK. Anything else?*
B: *Yes, a fruit salad, please.*
A: *Anything to drink?*
B: *Oh, yes, a small bottle of water, please. And a home-made cake.*
A: *Anything else?*
B: *No, thanks. That's all.*
A: *That's £9,75, please.*
B: *OK. Here you are.*
A: *Thanks. Next please!*

Differenzierung

Lernschwächere S erhalten das Lösungsbeispiel als *scrambled dialogue* und bringen diesen in die richtige Reihenfolge.

Erarbeitung **b)** Gemäß SB. ▸ DFF 5.6

Zusatz Szenische Darstellung der Dialoge vor der Klasse, wobei die S ihre Rollen je nach individuellen Fähigkeiten auswendig vortragen oder vorlesen. Bei Bedarf können S auch Requisiten einbeziehen.

S. 107

8 READING and WRITING On Saturday morning …

Material Zeichenpapier oder Blanko-Karteikarten

Erarbeitung **a)** **SB geöffnet.** Gemäß SB. ▸ DFF 5.7

Lösung *1* B • *2* E • *3* A • *4* F • *5* G • *6* C • *7* D

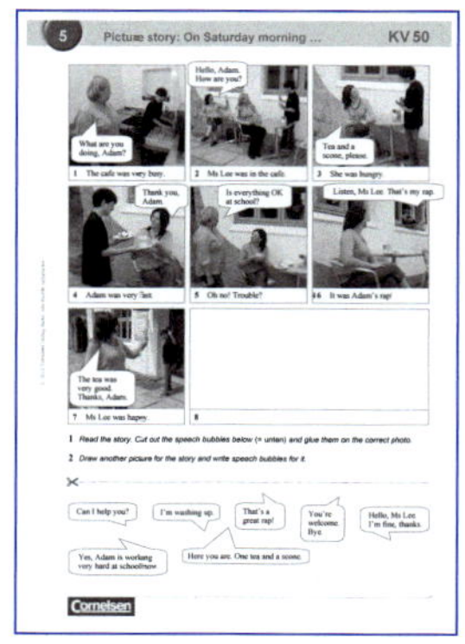

Alternative Zur Erleichterung der Zuordnung von Bildern und Sprechblasen nutzen S ▸ KV 50: Picture story: On Saturday morning … Sie schneiden die Sprechblasen aus und kleben sie in das passende Bild. Die KV bietet auch Platz für das selbst gestaltete Bild in **b)**, sodass sich eine zusammenhängende Bildergeschichte ergibt, die auch für die Auswertung (s. u.) oder eine Ausstellung genutzt werden kann.

Erarbeitung **b)** Gemäß SB. S gestalten ihre Szene auf Zeichenpapier oder Blanko-Karteikarten.

More help p. 145 S, die Hilfe benötigen, nutzen die Bild- und Sprachvorgaben.

Differenzierung Lernstärkere S fertigen zwei bis drei Szenen an.

Auswertung In Kleingruppen (drei bis vier S) betrachten S die Szenen ihrer Mit-S und einigen sich auf einen Favoriten. Sie stellen diesen Favoriten im Plenum vor und begründen ihre Auswahl: *The picture is very nice. / The speech bubbles are funny. / It's like in real life. / …* (ggf. Satzanfänge als Hilfe an der Tafel). Die Gruppenfavoriten werden im Klassenzimmer ausgehängt.

Zusatz Einige Gruppen spielen die gesamte Szene einschließlich der Erweiterungsszene im Plenum vor.

9 My learner log

Erarbeitung **SB geöffnet.** Schriftlich gemäß Muster im SB. S können ihr *learner log* mit entsprechenden Symbolen versehen. ▸ WB, pp. 75–78 ▸ INKL 5.12

Lösung Individuelle Lösungen.

School is out – for summer

Unit 6

Kommunikative Kompetenzen

Listening

- Summer sounds (p. 108, 1)*
- Four trips (p. 108, 2)
- Shopping for the picnic (p. 110, 2a/b)
- A summer song (p. 111, 5)
- You're going on a ferry trip! (p. 112, 2)
- The last scene (p. 115, 3)
- Talking about summer plans (p. 116, 1)

Viewing

- Summer holidays (p. 117, 1)
- A ferry trip to Cawsand (p. 117, 2)

Reading

- NOW YOU (p. 109, 3a)
- Planning a trip (p. 110, 1a/b)
- Things for the beach (p. 111, 3)
- Story: All aboard! (p. 113–115)

Speaking

- NOW YOU (p. 109, 3b/c)
- Shopping for the picnic (p. 110, 2c)
- Chain game (p. 111, 4)
- Before you read (p. 112, 1)
- You're going on a ferry trip! (p. 112, 2b)
- THEATRE TIME (p. 115, 4)
- What are your summer plans? (p. 116, 2)
- Summer holidays (p. 117, 1d)

School is out – for summer

Das Schuljahr geht zu Ende. Ellie, Berry, Adam und Luca freuen sich auf die bevorstehenden Sommerferien. Sie planen und erleben einen aufregenden Tagesausflug nach Cawsand. Am Ende des Tages sind alle traurig, als Berry ihnen mitteilt, dass sie gemeinsam mit ihren Eltern in die USA geht.

Methodische Kompetenzen

Lern- und Arbeitstechniken

- Wörter in einem Wörternetz sammeln (p. 110, 1a/2d; p. 111, 3c)
- Notizen anfertigen (p. 110, 2a)
- Sprachmuster für die eigene Sprachproduktion nutzen (p. 109, 3b/c; p. 116, 2)

Kooperative Lernformen

- Think-Pair-Share (p. 109, 3)
- Weitere Formen der PA und GA (p. 110, 111, 112, 115, 116, 117)

Interkulturelle Kompetenzen

- Plymouths Umgebung kennenlernen (p. 112–115; p. 117, 2)

Sprachliche Mittel

Wortfelder

- Freizeitaktivitäten (p. 109, 3)
- Essen und Getränke (für ein Picknick) (p. 110, 2)
- Strandutensilien (p. 111, 3/4)

Strukturen

- Present progressive with future meaning (p. 110)

*p. 108, 1 = SB-Seite, Übungsnummer

LEAD-IN

Inhalt

Die Lehrwerkskinder Ellie, Berry, Luca und Adam wollen an einem Ferientag gemeinsam einen Ausflug unternehmen. Anhand von vier Broschüren beratschlagen sie, welcher Ort am besten geeignet ist.

Kommunikative Kompetenzen

Listening: Kurze Hörtexte anhand von Geräuschen und Schlüsselwörtern passenden Broschüren zuordnen • eine Diskussion über Ausflugsziele verfolgen und Details zur Entscheidung erfassen

Reading: Broschüreninhalte erschließen

Speaking: Sich auf ein Ausflugsziel einigen (dialogisch)

Methodische Kompetenzen

Lern- und Arbeitstechniken: Sprachmuster für die eigene Sprachproduktion nutzen

Kooperative Lernform: *Think-Pair-Share*

S. 108

1 Summer sounds

Wortschatz

°school is out • °I'd prefer a ... • °canoe • °theme park

Einstieg

SB geschlossen. L schreibt Thema der Unit an die Tafel. S äußern erste Ideen zu ihren Ferienplänen.

L: *School is out (school is over) in ... weeks and then there are six weeks of summer holidays. What do you want to do in your summer holidays?* S: *I want to go to the beach / go swimming / to the swimming pool / meet friends / play football with friends / ride my bike / ...* L: *What can kids in and around Plymouth do in their summer holidays?*

Erarbeitung

SB geöffnet. 1. Hören und Zuordnung der *sound files* zu den Broschüren gemäß SB (Globalverstehen). Anschließend Semantisierung von *canoe* und *theme park* anhand der Broschüren. **2. Hören** zur Überprüfung.

▸ 3.02
▸ IAT 6.1

Differenzierung (○)

In lernschwächeren Lerngruppen kann nach jedem Hörabschnitt gestoppt und die Broschüre benannt werden.

Differenzierung (●)

Lernstärkere S notieren zu jedem Hörabschnitt die Signalwörter bzw. typische Geräusche, die sie erfasst haben.

Lösung

Summer sounds 1: Brochure A (Cawsand, Kingsand, smugglers, village, ferry, tickets, water, ...)
Summer sounds 2: Brochure D (zip wires, water, kids talking/laughing, ...)
Summer sounds 3: Brochure C (camping, cooking, campfire, ...)
Summer sounds 4: Brochure B (hard work, canoeing, wet, ...)

Zusatz

Zur Sicherung des Detailverstehens und Schulung der Lese- und Sprachmittlungskompetenz (Informationsentnahme und -weitergabe am Beispiel authentischer Werbebroschüren) kann L ▸ KV 51: Four brochures einsetzen. In *Task A* ordnen die S Aussagen den entsprechenden Ausflugszielen zu. In *Task B* geben sie ausgewählte Informationen auf Deutsch wieder.

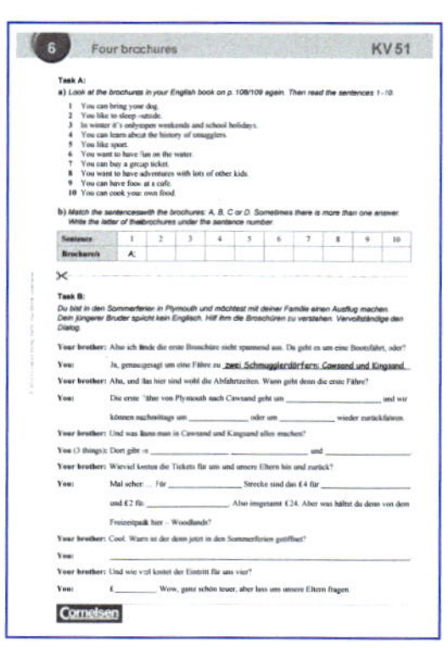
6 Four brochures KV 51

Task A:
a) Look at the brochures in your English book on p. 108/109 again. Then read the sentences 1–10.
1 You can bring your dog.
2 You like to sleep outside.
3 In winter it's only open weekends and school holidays.
4 You can learn about the history of smugglers.
5 You like sport.
6 You want to have fun on the water.
7 You can buy a group ticket.
8 You want to have adventures with lots of other kids.
9 You can have food at a cafe.
10 You can cook your own food.

b) Match the sentences with the brochures: A, B, C or D. Sometimes there is more than one answer. Write the letter of the brochures under the sentence number.

Sentence	1	2	3	4	5	6	7	8	9	10
Brochure/s	A									

Task B:
Du bist in den Sommerferien in Plymouth und möchtest mit deiner Familie einen Ausflug machen. Dein jüngerer Bruder spricht kein Englisch. Hilf ihm die Broschüren zu verstehen. Vervollständige den Dialog.

Your brother: Also ich finde die erste Broschüre sieht spannend aus. Da geht es um eine Bootsfahrt, oder?
You: Ja, genauergesagt um eine Fähre zu zwei Schmugglerdörfern: Cawsand und Kingsand.
Your brother: Aha, und das hier sind wohl die Abfahrtszeiten. Wann geht denn die erste Fähre?
You: Die erste Fähre von Plymouth nach Cawsand geht um ______ und wir können nachmittags um ______ oder um ______ wieder zurückfahren.
Your brother: Und was kann man in Cawsand und Kingsand alles machen?
You (3 things): Dort gibt es ______, ______ und ______.
Your brother: Wieviel kosten die Tickets für uns und unsere Eltern hin und zurück?
You: Mal sehen ... Für ______ Strecke sind das £4 für ______ und £2 für ______. Also insgesamt £24. Aber was hältst du denn von dem Freizeitpark hier – Woodlands?
Your brother: Cool. Wann ist der denn jetzt in den Sommerferien geöffnet?
You: ______
Your brother: Und wie viel kostet der Eintritt für uns vier?
You: £______. Wow, ganz schön teuer, aber lass uns unsere Eltern fragen.

Cornelsen

Hörtext

1

Man: Any more passengers for Cawsand and Kingsand? Please, take a seat – anywhere you like.
Woman: Two tickets to Cawsand, please.
Man: One way or return, love?
Woman: One way, please.
Man: Here you are, love. That's £8, please.
Woman: Here you are.
Man: Thanks, love. All aboard! All aboard for the smuggler villages of Cawsand and Kingsand. And watch out for those smugglers!

2

Boy: Hey, Mum! Let's go to the zip wires. They're over there.
Girl: I love zip wires! Oh, please, Mum!
Mum: Oh, OK.

3

Kid 1: Can we stop here?
Woman: No, not here. Just a little further. Are you tired?
Kid 2: Yes, but this is fun. Are we sleeping here tonight?
Woman: Yes, we are!
Kid 3: Great, I love camping!
Woman: OK, everybody. You can stop here. Let's make our camp.
Woman: Who's going to do the cooking?
Kids: Me, me, me!
Woman: OK – it's pancakes!
Kid 1: Let's make a big camp fire.

4

Kid 1: This is nice here!
Kid 2: It's so quiet.
Kid 3: But this is hard work.
Kid 1: Canoeing is fun.
Kid 4: Hey, stop, stop it! You're getting me wet.

Überleitung

L: *Now let's find out what Ellie, Berry, Luca and Adam want to do in their summer holidays.*

2 Four trips

Erarbeitung

a) SB geöffnet. 1. Hören (Globalverstehen): S folgen der Diskussion und erfassen, dass die vier Freunde nach Kingsand wollen.

► 3.03

Lösung

trip A

Zusatz

L: *Why do they pick trip A? (because Berry likes the beach)*

b) 2. Hören (Detailverstehen): S erfassen die Redemittel zum Äußern von Vorschlägen und ordnen die entsprechenden Reaktionen zu. Dabei ggf. Semantisierung von *I'd prefer … (I like a canoe trip better than a ferry trip.)*

Lösung

1 *B* • ***2*** *D* • ***3*** *A* • ***4*** *C*

Differenzierung

a/b) Lernstärkere S erfassen beim **1. Hören** das Reiseziel und ordnen direkt im Anschluss daran die Redemittel zu.
Beim **2. Hören** erfassen die S zusätzlich, wer die Sprecher sind: *Who says what?* Dazu notieren sie sich vorher die vier Namen und ordnen die Buchstaben und Ziffern der Redemittel den Personen zu.

Lösung

Adam – 1, A • Ellie – 2, B, C • Luca – 3 • Berry – 4, D

Zusatz

Die Redemittel der Diskussionsführung (Vorschläge/Reaktionen) aus den Sprechblasen im SB werden durch Chorsprechen eingeübt. Anschließend können die Redemittel in Vorbereitung auf **3b)** auch variiert werden, z.B. in Form einer ▸ Meldekette (Glossar). Muster: S1 schlägt etwas vor und ruft S2 auf. S2 reagiert und macht einen individuellen neuen Vorschlag, usw.

Hörtext

▸ DFF 6.1

Ellie: I am sooo happy that school is nearly over.
Adam: Yeah, school's out for summer, great.
Luca: Yeah, no school for 6 weeks – brilliant!
Ellie: Hi, Berry!
Berry: Hi, everybody, you all look very happy.
Adam: Yeah, we are happy. We're talking about the holidays.
Berry: Oh, yeah, the holidays! Listen, I have an idea, let's do a trip together. Just the four of us. What do you think?
Others: Great idea, Berry. / Yeah. / Brilliant Berry.
Ellie: Where do you want to go, Berry?
Berry: I don't know. There are lots of great places near Plymouth. I'd like to go somewhere for a day and have a picnic and have fun. What do you all think?
Adam: I think that's a great idea. What about a trip to Dartmoor?
Ellie: Oh no! That's boring! What can you do there? – Just walk, and walk, and walk.
Adam: No, Ellie, you can do lots of really cool stuff on Dartmoor, like camping! But OK, what's your idea, Ellie?
Ellie: Well, I'd prefer a canoe trip. You can go on the river and take a picnic and stop for lunch.
Berry: Yeah Ellie, canoes are fun, but I can't swim very well.
Ellie: Oh, yeah. Do you have an idea, Luca?
Luca: What about a theme park? I love theme parks. They're great.
Adam: Yes, but they're expensive!
Luca: You're right, Adam. But I know a theme park near Plymouth that isn't too expensive. And it's cheaper for a group. What do you think, Berry? The day trip is your idea. You say what you want to do.
Berry: Well, your ideas are great. But I really want to go to the beach. And my favourite beach is Kingsand.
Ellie: I think that's a great idea.
Others: Yeah! / Kingsand is great. / I like Kingsand too. / OK, let's go to Kingsand.
Ellie: How can we get there? By bus?
Berry: Maybe my dad can take us in the car.
Adam: I have a better idea. There's a little ferry from Plymouth to Cawsand and Kingsand. Maybe we can go on that. It isn't very expensive.
Berry: Oh, that's a great idea. That's a real adventure. Listen, can everybody ask their parents? And if they say yes, we can plan the trip.

INFO-BOX **Cawsand and Kingsand**

Cawsand und Kingsand sind zwei Dörfer, die ineinander übergehen und an der Cawsand Bay im Südosten der Grafschaft Cornwall liegen. Über Jahrhunderte waren die beiden Dörfer voneinander getrennt, Cawsand lag in Cornwall, Kingsand in Devon, bis es 1844 wieder zu Cornwall kam. Wahrzeichen der beiden Dörfer ist die Turmuhr in Kingsand direkt an der Küste, die zu Ehren der Krönung von König George V. errichtet wurde.
Im 17. und Anfang des 18. Jahrhunderts waren die beiden Dörfer Zentrum des Schmuggels. Fässer mit Schnaps, Seide und andere Schmuggelware wurden an der Küste in Empfang genommen, um dann auf vielfältige Weise weiterverteilt zu werden. Zum Beispiel trugen Frauen die Spirituosen unter ihren Röcken. Die Schmuggelwaren wurden oft nach Plymouth verschifft – ein Hauptumschlagplatz. Die Schmugglertunnel sind heute verschlossen, die aus dem 16. Jahrhundert stammenden Fischkeller jedoch sind gut erhalten. In ihnen wurden die Fische aufbewahrt und verarbeitet.
Zwischen Mitte April und Mitte September verkehrt die *Cawsand Ferry* zwischen Kingsand, Cawsand und Plymouth.

S. 109

3 NOW YOU

Einstieg

SB geöffnet. L wiederholt Ablauf der kooperativen Lernform ▶ Think-Pair-Share (Glossar).

Erarbeitung

a) Sichten und Auswahl der Unternehmung gemäß SB in EA.

Differenzierung

Lernstärkere S überlegen sich eine Begründung, die sie in **b)** und **c)** nutzen können.

Erarbeitung

b) **SB geöffnet.** Gemäß SB. S halten ihr Ergebnis mit Begründung auf einem Notizzettel fest.

c) **SB geöffnet.** Gemäß SB.

▶ DFF 6.2

Zusatz

L: *What's the most popular trip in our class?*
Ein S erfasst durch Auszählen die Ergebnisse der GA und gibt sie anschließend bekannt: *The most popular trip in our class is …*
… students want to do … / go to …

THEME A trip to the beach

Inhalt

Ellie, Berry, Adam und Luca planen ihren Ausflug nach Kingsand. Sie diskutieren, wer was für das Picknick einkauft, und verabreden, welche Strandutensilien sie sonst noch mitbringen wollen.

Kommunikative Kompetenzen

Listening: Einen Hörtext arbeitsteilig erfassen, Notizen anfertigen und vergleichen • einen Song verstehen und mitsingen

Reading: Dialoge und SMS lesen und ihnen Informationen entnehmen

Speaking: Sich mit einem Partner über Picknicksachen austauschen (dialogisch)

Methodische Kompetenzen

Lern- und Arbeitstechniken: Wörter in einem *network* sammeln • Notizen anfertigen

S. 110

1 Planning a trip

Wortschatz °swimsuit • °swimming trunks *(pl)* • °towel • °sunglasses • Box `swimming trunks / sunglasses' (SB-Seite 206) • °hat • °That's a pity.

Einstieg **SB geöffnet.** Bildbetrachtung. Mögliche Impulse:
L: *Look at the picture. Who can you see? (Adam, Luca, Berry, Ellie) Where are they? (at school) How do you know that? (They're wearing uniforms.) What are they doing? (sitting at a table, talking) What do you think they're talking about? (about their trip to the beach)*
S überfliegen den Text und überprüfen ihre Spekulationen zur Sicherung des Globalverstehens: *They're talking about things they need for the trip to Kingsand.*

Erarbeitung **a)** **SB geöffnet. 1. Lesen**/Hören: S erfassen die Ideen im Text und erstellen ein *network*. Unbekannten Wortschatz können sie nachschlagen. Die Aussprache wird anschließend gesichert. ► 3.04

More help p. 145 Lernschwächere S kopieren das *Network*-Gerüst in ihr Heft und ergänzen es mit passenden Begriffen aus dem Text.

Lösung ***beach things:*** *swimsuits, swimming trunks, towel, sunglasses, hats*
picnic: food: *sandwiches;* ***drinks:*** *water*

Erarbeitung **b)** **SB geöffnet. 2. Lesen**/Hören (Detailverstehen) gemäß SB.

Differenzierung Lernstärkere S berichtigen die falschen Sätze (vgl. blaue Lösungen in Klammern).

Zusatz ► Scenic play (Glossar)

Lösung ***1*** *false (on Monday)* • ***2*** *false (Berry's dad)* • ***3*** *true*

2 Shopping for the picnic

Wortschatz °crisps *(pl)* • °sausage • °cake • °orange • °chocolate • °biscuit

Einstieg **SB geöffnet.** Betrachtung der Abbildung. L: *The four kids from Eggy want to have a picnic at Kingsand. What can you take for a picnic at the beach?* Neuer Wortschatz kann anhand der Abbildung semantisiert und die Aussprache gesichert werden, siehe ► Semantisierungstechniken (Glossar).

Erarbeitung **a)** **SB geöffnet. 1. Hören:** Gemäß SB notieren die S arbeitsteilig die Dinge für den Einkaufszettel. ► 3.05

b) Beim **2. Hören** kontrollieren und korrigieren bzw. ergänzen die S den Einkaufszettel ihrer Partner.

Lösung

Partner A:
Adam: apples, sandwiches
Luca: crisps, chocolate

Partner B:
Ellie: a cake, orange juice
Berry: water, biscuits

Hörtext

Berry: What can we bring for our picnic on the beach?
Luca: Let's bring lots of food! I love food – er, sweets and …
Ellie: Yes, OK Luca. But let's bring good food too – not just sweets!
Adam: Yes, like fruit. I can bring some apples.
Berry: OK. I'm making a list. So Adam is bringing apples.
Luca: And I can bring crisps. Lots of crisps!
Berry: OK. Luca is bringing crisps.
Ellie: I can bring a cake. And I can bring orange juice.
Berry: Great. Ellie is bringing cake and orange juice.
Luca: Oh, we need sausages. I love sausages.
Adam: Oh no! Not sausages! I don't eat sausages.
Berry: OK. No sausages! Sorry, Luca.
Adam: But what about sandwiches? I can bring some sandwiches.
Berry: Good idea. Adam is bringing sandwiches.
Luca: And I can bring chocolate.
Berry: Oh, Luca! You love sweets and chocolate! OK, Luca is bringing chocolate.
Adam: Great! I love chocolate too.
Ellie: And what about you, Berry? What are you bringing?
Berry: Oh, yes, me! Er, water?
Ellie: Oh, yeah. We need water – lots of water.
Berry: And what about, er, biscuits?
Luca: Biscuits! Great!
Berry: OK, I'm bringing water and biscuits.

c) Gemäß SB. S diskutieren und ergänzen die Listen mit Dingen aus der Abbildung oder weiteren bekannten Wörtern aus GSE.

d) Gemäß SB. Als Hausaufgabe geeignet.

Lösungsbeispiel

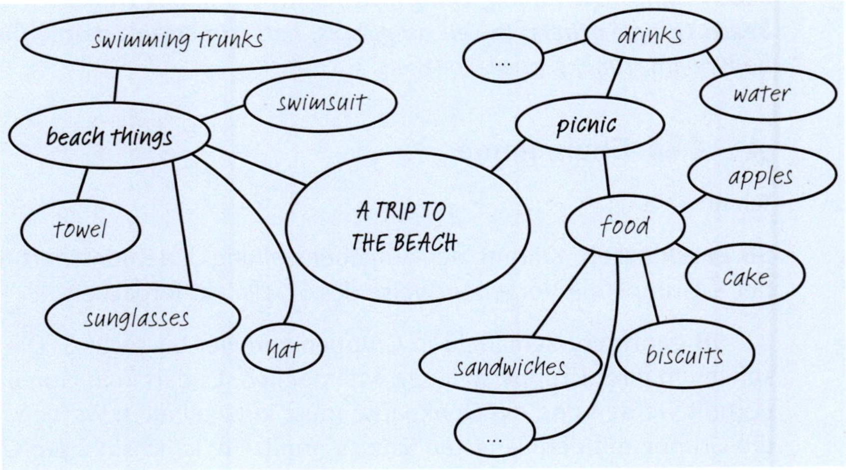

S. 111

3 Things for the beach

Wortschatz
°speaker • °tube • °umbrella • °suncream • °bodyboard • °blanket • °forget

Einstieg
SB geschlossen. S rekapitulieren nochmal – anhand ihrer *networks* oder auch ohne diese – was die vier Kinder zum Essen mitbringen.
L: *Do you remember what the kids want to bring to the beach for their picnic? Who remembers ten/… things?*

Überleitung
L: *On the day before their trip the kids write text messages about what they want to bring. They have lots of food and some clothes. What other things do they need for the beach? What do you think? (games, music, sth. for the sun).*

Erarbeitung
a) SB geöffnet. Gemäß SB. S spekulieren, L sammelt Ideen an der Tafel und sichert Aussprache der neuen Wörter.

Lösung
Individuelle Lösungen

Erarbeitung
b) **1. Lesen** der Textnachrichten gemäß SB. S vergleichen die genannten Gegenstände mit ihrer Liste und haken ab. Anschließend versprachlichen die S ihre Ergebnisse.

Lösung
They're all bringing: suncream, swimming things, shorts, towels
Luca is bringing: a bodyboard
Adam is bringing: a football
Berry is bringing: a tube
Ellie is bringing: a frisbee, speakers

Erarbeitung
c) Gemäß SB. Als Hausaufgabe geeignet.

Lösung
beach things: swimming things: *swimsuit, swimming trunks*
beach things: others: *towel, sunglasses, hats, suncream, shorts, football, bodyboard, tube, frisbee, speakers*

4 Chain game

Wortschatz
°chain

Einstieg
SB geschlossen. Klärung der Aufgabenstellung. L demonstriert mit einer S-Gruppe die Vorgehensweise des Spiels „Kofferpacken".

Erarbeitung
SB geöffnet. Gemäß SB in Gruppen von vier bis sechs S. Die S spielen in ihrer Gruppe so lange wie möglich. Es darf kein Nomen wiederholt werden und die Denkpause muss kurz gehalten werden. Um die Gruppe mit dem längsten Satz zu ermitteln, kann ein S pro Gruppe beauftragt werden, die aneinandergefügten Nomen zu zählen und die ordnungsgemäße Durchführung zu beobachten.

► Folie 32

Zusatz

Zur Sicherung des Schriftbildes kann L die ▶ KV 52A: Things for the beach – Word grid verteilen. Die Lösung sowie eine Vorlage für die in Aufgabe **b)** zu erstellende Tabelle findet sich auf ▶ KV 52B: More things for the beach.

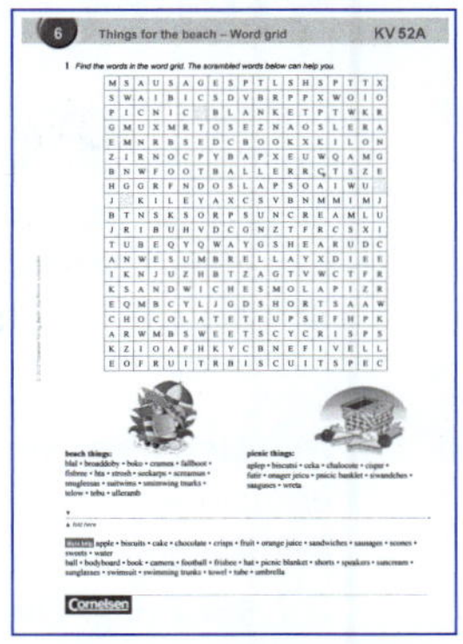
6 Things for the beach – Word grid KV 52A

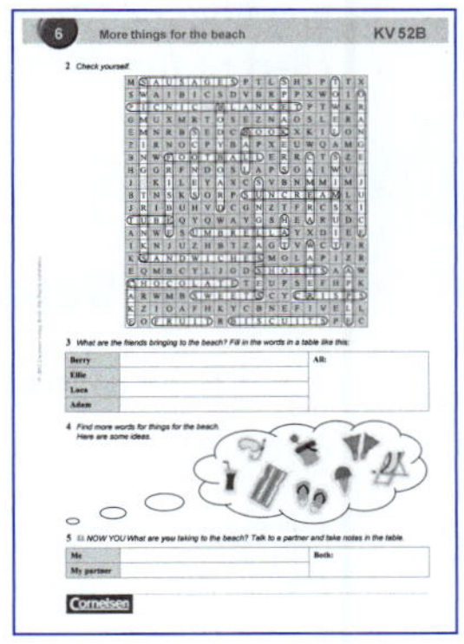
6 More things for the beach KV 52B

5 A summer song

Erarbeitung

a) **SB geöffnet.** L: *Let's listen to Adam's favourite song and find out what you think about it.* S äußern ihre Meinung mithilfe der Redemittel.

▶ 3.06

Zusatz

SB geschlossen. L gibt den Songtext mit Lücken vor (Folie, Arbeitsblatt), in die die S die fehlenden Wörter einsetzen.

Erarbeitung

b) SB geöffnet. Gemäß SB. Vor dem ersten Mitsingen wird der Songtext mehrfach gelesen. Um Abwechslung zu schaffen, können die Strophen aufgeteilt werden (z. B. nach Geschlecht oder Bankreihe).

▶ DFF 6.3

STORY All aboard!

Inhalt

Mit der Fähre fahren Ellie, Adam, Berry und Luca nach Cawsand. Dort vermissen sie Berrys Vater, der sie eigentlich dort treffen wollte. An seiner Stelle finden sie eine Flaschenpost, die den Auftakt zu einer Art Schnitzeljagd darstellt, und begegnen einer mysteriösen alten Frau. Mithilfe weiterer Mitteilungen finden die Kinder Berrys Vater, und es stellt sich heraus, dass die Frau Berrys Mutter ist. Am Ende erfahren die Kinder, dass Berry mit ihren Eltern für einige Zeit in die USA geht.

Kommunikative Kompetenzen

Listening: Eine Fantasiereise machen • einer Hörszene gezielt Informationen entnehmen

Reading: Eine szenische Geschichte verstehen

Speaking: Einem Partner Bilder beschreiben und anhand der Bilder Vermutungen über den Textinhalt anstellen • über Eindrücke von einer Fantasiereise sprechen • Szenen mit verteilten Rollen gestaltend vortragen

S. 112

1 Before you read

Erarbeitung

SB geöffnet. S beschreiben einander in PA abwechselnd die Bilder anhand der Leitfragen im SB.

Lösungsbeispiel

Picture A: *I can see Luca, Ellie, Adam, Berry and her dad. They're in Plymouth harbour.*
Picture B: *I can see Berry, Ellie, Adam and Luca. They're on the ferry from Plymouth harbour to Cawsand.*
Picture C: *I can see Luca, Ellie, Adam, Berry. The kids are on the way to the beach.*

Auswertung

Kontrolle im Plenum.

Differenzierung

Lernstärkere S sammeln über das *who* und *where* hinaus noch weitere Details aus den Bildern. Dazu eignet sich die kooperative Lernmethode ► Numbered heads together (Glossar).
Mögliche L-Fragen: *What else can you see in the pictures? What are the people in the pictures doing?*

Lösungsbeispiel

Picture A: *I can see the sea / houses / cars / the ferry / a person in black / .... There's a sign for the ferry to Cawsand. I think the kids want to take the ferry. Berry is coming with her dad.*
Picture B: *It's a nice day. There are lots of seagulls. Luca is feeding the seagulls. The person in black is on the ferry too.*
Picture C: *A man is helping Berry. Luca has Berry's wheelchair. There are lots of other people on the beach. Two boys are playing ball. Three kids are making a sandcastle. A family is having a picnic. Two people are swimming. I can see a sandcastle / a ball / the ferry / ...*

Zusatz

Sammeln weiterer Details aus den Bildern in Form eines Gedächtnisspiels. L: *Look at the pictures for two minutes and try to remember as many things as possible. Then close your books and answer the questions:*

- *Where's the ferry in picture A? (in the harbour)*
- *Who's standing next to Ellie? (Adam)*
- *Who's with Berry? (her father)*
- *What colour is Luca's pullover? (green)*
- *What's the name of the ferry? (Cawsand Ferry)*
- *What animals can you see in picture B? (seagulls)*
- *How many seagulls can you see in picture B? (six)*
- *What's Luca doing (in picture B)? (feeding the seagulls)*

- *How many orange tubes are there on the ferry? (three)*
- *How many people are there in the water? (two)*
- *What colour is the ferry? (white, grey and orange)*
- *What are the people doing on the beach (in picture C)? (playing ball / making a sandcastle / having a picnic / swimming)*

Differenzierung

Lernstärkere S können selbst Detailfragen zu den Bildern formulieren.

2 You're going on a ferry trip!

Einstieg

SB geöffnet. L: *So Ellie, Berry, Luca and Adam are going on a ferry trip. Look at the map:*

- *Can you guess where the kids are going? (to Cawsand and Kingsand)*
- *What else can you see on the map? (Plymouth harbour, the lighthouse and the ferry, the ferry's route)*
- *Where does the ferry trip start? (in Plymouth harbour)*

Überleitung

L: Do you like ferry trips? Why (not)? (Yes/No, because I (don't) like water/ ferries/harbours/beaches/seagulls/....) Let's go on a ferry trip too.

Vorab, besonders wenn es sich um die Erstbegegnung der S mit einer Fantasiereise handelt, ▸ Klären der Arbeitsanweisung (Glossar) im Plenum. Dabei kann L die S auf die anschließende Versprachlichung ihrer subjektiven Wahrnehmungen in **b)** vorbereiten. L: *Enjoy the ferry trip. What can you see, hear and feel?*

Erarbeitung

a) **SB geschlossen. 1. Hören** gemäß SB.

▸ 3.07

b) **SB geöffnet.** S tauschen sich anhand der Fragen im SB über ihre Sinneseindrücke während der imaginären Fährüberfahrt aus.

More help p. 146 Lernschwächere S verwenden zur Beschreibung ihrer Sinneseindrücke die angegebenen Redemittel und Ideen aus der grünen Auswahlbox im Anhang.

Alternative

L teilt die Klasse in zwei Gruppen. Die erste Gruppe benutzt eine der gebastelten Stabpuppen von Cyril oder Sandy. Auf ein Signal von L suchen sich diese S einen Partner ohne Stabpuppe und befragen diesen. L gibt die Frage vor: *What can you hear?* Nach der Antwort suchen sich die S einen neuen Partner. Auf ein Signal von L verharren alle und die Handpuppe wechselt den Partner. Mit vertauschten Rollen und einer neuen Frage *(What can you see?)* geht die Aktivität weiter.

Auswertung

Die S geben abwechselnd oder reihum im Plenum in Form einer ▸ Meldekette (Glossar) ihre Eindrücke wieder.

▸ DFF 6.4

Hörtext

Close your eyes and listen. Relax.
Put your head on your arms. You're going on a trip – a ferry trip. That's good, isn't it? Yes, you're going to Cawsand too. You're going with Luca, Ellie, Adam and Berry.
Are you excited? Yes? Good! So, let's go!

You're near the sea.
Can you hear the seagulls?
Can you hear the sea?
Can you smell the sea? You're in Plymouth harbour.
It's a nice morning. The sun is shining. It's warm. Can you feel the warm sun on your face? Ah, it's nice, isn't it? How are you feeling? Good? Yes, you're feeling great! It's the summer holidays and you're going on a ferry trip. Here comes the ferry. It's very small. Now go up the gangway and get on board. Enjoy the trip!

Oh, look! There are the friends – Ellie, Luca and Adam. They're talking and laughing. Can you hear them?
"Where's Berry?"
"Look – she's coming with her dad."
"Hi, guys!"
"Hi, Berry."
"Hello, Mr Donovan."
"Hello everybody."
"OK, everybody. Let's go. We're going to Cawsand and Kingsand – the famous smuggler villages."

Berry's dad has all the food and the beach things in the car. He's bringing everything to Cawsand. There are lots of people now – and a funny old woman, with funny old clothes! She looks like an old smuggler! OK, here we go. We're on the ferry. It's small, isn't it? OK, the ferry trip to Cawsand is starting.

"All aboard. Enjoy the trip and have a great day in the smuggler villages."
Let's sit here on the boat and look at Plymouth. It's very nice. You can see the city, the houses, the roads. You can hear the cars and the buses. It's summer and Plymouth is busy.

Look, the four friends are looking at Plymouth too. Let's listen to them.
"I can see the Lido swimming pool."
"Yes, and I can see my mum's cafe."
"Look at the seagulls. They're hungry."
"Do you want some breakfast, seagulls?"

The seagulls are behind us. They're following the ferry. Luca has bread for them. They like the bread. They're eating it. Oh, look. A seagull is over your head! Careful! Oh no! Are you wet? Oh! Yuck!

Oh, here's Cawsand. It's a village beside the sea. It's old. It's very nice. Can you see it? Lots of houses, pink houses, yellow houses, blue houses ... The streets are very small and old. And there are high cliffs with lots of small caves.

In the old days there were lots of smugglers here. Can you see any smugglers? OK, let's get out of the boat and have a look. Be careful on the gangway! OK, we're on the beach now.

Oh look, the four friends are getting off the ferry too! They're excited. Two men are helping Berry.
"Hello. Welcome to Cawsand!"
"Hey, this is great!"
"Yes, the beach is nice!"
"Let's go swimming!"
"But I'm hungry!"

Oh, the sand is warm. Can you feel it? Hmmmm, the warm sand is nice. Some children are making sandcastles. Do you want to help them? Some people are swimming. Do you want to go swimming too? Let's go! Oh! The water is cold! Eeh! Can you feel it? You're all wet. Shake yourself. Brr.

Now it's time to wake up. Come back to the classroom. Open your eyes again, open your eyes slowly. Sit up. You can stretch your arms and your legs. What a great trip!

S. 113

All aboard!

Wortschatz

S. 113: °aboard • °message in a bottle • °woman, women • °smuggler • °put • °better • °the sea's coming in • °minute • °hurry • °square • °map • °another • °follow

S. 114: °push • °clock • °quick • °slow • °look for sth. • °hot • °ice cream

S. 115: °wait for • °daughter • °get out • °out of • °scary • °over there

Erarbeitung

SB geöffnet. 1. Lesen/Hören aller Szenen im Zusammenhang im ▸ Mitleseverfahren. Mögliche Leseaufträge:

▸ 3.08

- *What's the problem when Ellie, Adam, Luca and Berry arrive at Cawsand? (Berry's dad isn't there.)*
- *What do they find (instead)? (a message in a bottle)*
- *Do they find Berry's dad in the end? (Yes, they do.)*
- *Who's the Kingsand smuggler? (Berry's mum)*

Alternative

SB geschlossen. Reines Hörverstehen. L spielt die Szenen im Zusammenhang von der CD vor. Nach *Scene 4* kann L die CD stoppen und die S über den Fortgang spekulieren lassen: *Do they find Berry's dad? Where? Who's the Kingsand smuggler?*

O Differenzierung

Um sicherzustellen, dass auch lernschwächere S die verschiedenen Stationen der Schnitzeljagd nachvollziehen, verteilt L vor dem **1. Lesen**/Hören die ▸ KV 53: All aboard: Where? – Who? – What? Dann wird das Stück einmal komplett vorgespielt; S lesen mit und füllen anschließend die Tabelle mit den *wh*-Fragen aus. Dazu kann ein szenenweises **2. Lesen**/Hören nötig sein: Die S beantworten die Fragen nach jeder Szene. Vergleich der Antworten im Plenum vor dem Vorspielen der nächsten Szene.

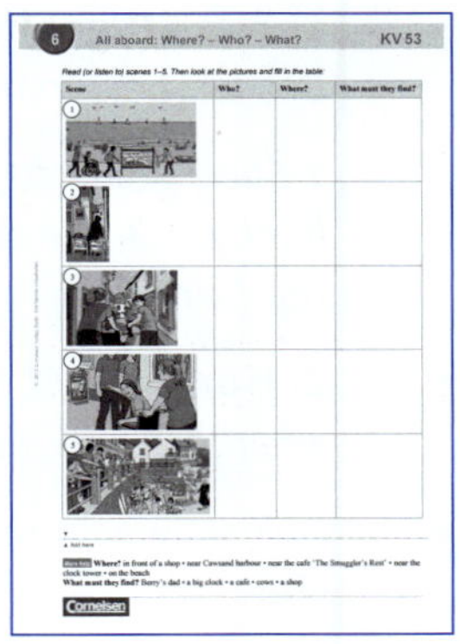

Lösungsbeispiel

Scene	Who?	Where?	What must they find?
1	Berry, Adam, Luca, Ellie, an old woman in black	near Cawsand harbour	a shop
2	Berry, Adam, Luca, Ellie, an old woman in black	in front of a shop	a cafe
3	Berry, Adam, Luca, Ellie, an old woman in black	near the cafe 'The Smuggler's Rest'	a big clock
4	Berry, Adam, Luca, Ellie	near the clock tower	cows
5	Berry, Adam, Luca, Ellie, Berry's mother, Sam	on the beach	Berry's dad

Zusatz Zur Sicherung des Detailverstehens bearbeiten die S im Anschluss an das **2. Lesen/**Hören die Aufgaben auf ▸ KV 54A: All aboard: Understanding scenes 1–5. Zu diesem Zweck kann der Text nochmals szenenweise vorgespielt werden. Die KV eignet sich besonders zur Vertiefung für lernstärkere S, aber auch lernschwächere S sollten auf Basis der ausgefüllten Tabelle von ▸ KV 53 oder im Tandem mit einem Partner in der Lage sein, die Fragen zu beantworten. Für die Auswertung eignet sich die kooperative Lernform ▸ Numbered heads together (Glossar).

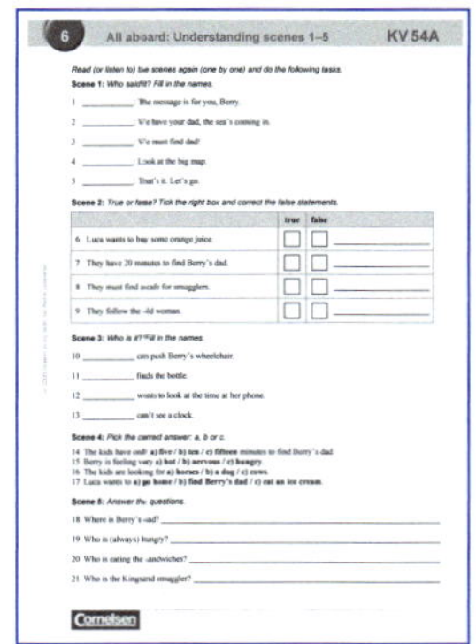

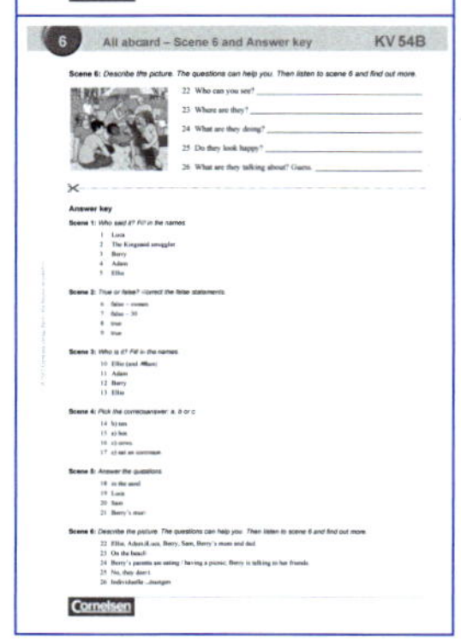

Zusatz Auf ▸ KV 54B: All aboard: Scene 6 and Answer Key erhalten die S fünf bildgesteuerte *Pre-reading*-Fragen zur letzten Szene sowie einen Lösungsschlüssel zu allen Textaufgaben der KV zur Selbstkontrolle.

3 The last scene

Erarbeitung **a)** **SB geöffnet. 1. Hören** und Sicherung des Globalverstehens anhand der Fragen im SB. ▸ 3.09

Lösung ***1*** *She's going to America with her mum and dad.* • ***2*** *No, she isn't happy.* • ***3*** *She doesn't want to leave Plymouth, her friends, Eggy and the farm.*

Zusatz **2. Hören.** L: *At the end Berry is feeling better. Why?* S: *Her friends can email her and maybe visit her in America.*

O Differenzierung Lernschwächere S wählen aus vorgegebenen Antwortmöglichkeiten (Tafel, Folie) die passenden aus:

- *Because her friends can email her. (✓)*
- *Because she gets an ice cream at the cafe.*
- *Because her friends can visit her in America. (✓)*
- *Because it's exciting to go to America.*

Hörtext

Ellie:	This is a great trip.
Luca:	Yeah, it's fantastic. And your parents are fun, Berry.
Berry:	Hmmmm.
Adam:	But you don't look very happy, Berry.
Berry:	Well …
Ellie:	Is everything OK, Berry?
Berry:	Well, no. It isn't.
Luca:	What's the problem?
Berry:	I'm going to America with mum and dad in August.
Adam:	America? That's great!
Berry:	No, it isn't great! It's terrible!
Ellie:	But a holiday in America – that's fantastic!
Berry:	But that's the problem. It isn't a holiday. Mum and dad have new jobs – in America.
Luca:	What? New jobs? You're going to America to live?
Berry:	Well, I don't know really. It isn't sure. But …
Others:	That's terrible news! Don't leave, Berry! We'll miss you!
Berry:	I don't want to leave Plymouth. I don't want to leave my friends. I don't want to leave Eggy. I don't want to leave the farm.
Adam:	And what about the animals?

Berry:	Well, they'll stay here. We're only going for a year or two. But I really don't want to go. I'll miss you.
Ellie:	We'll miss you too, Berry. But don't be unhappy.
Luca:	Hey, Berry. I think it's exciting to go to America!
Adam:	Yeah. And we can email you.
Berry:	Yes, but …
Luca:	And maybe we can visit you.
Others:	Yeah. / Great idea. / We can all go to America.
Mrs Donovan:	Hey, kids. Who wants an ice cream?
All:	Me! / Yeah! / Great! / I love ice cream.
Dad:	OK. Let's go to the Smugglers Rest and have a big ice cream!
Ellie:	Oh, Berry. Don't worry. America will be great.
Berry:	Yeah! I'm feeling better now. Thanks guys.

4 THEATRE TIME

Erarbeitung

a) SB geöffnet. Gemäß SB. Je nach Klassenstruktur bilden die S selbstständig Gruppen, in denen sie ihre Szene einüben.
Zum Training von Aussprache und Intonation hören die S ihre Szene mindestens ein weiteres Mal und konzentrieren sich dabei ausschließlich auf ihre jeweilige Rolle. Anschließend lernt jeder S seine Rolle (evtl. als Hausaufgabe) auswendig.
Tipp: Die S erhalten ihre Szene als Kopie, sodass sie ihre Rolle markieren und Ausspracheinweise eintragen können.

Alternative

L kann die Gruppenzusammensetzung steuern, siehe ▸ Gruppenbildung (Glossar). Um zu gewährleisten, dass möglichst alle Szenen ausgewählt werden, lässt L zunächst Karten mit den Zahlen 1–5 für die jeweilige Szene ziehen. S finden sich zusammen und ziehen anschließend Namenskarten ihrer Rollen. Im Sinne der Differenzierung korrigiert L ggf. die Rollenverteilung.
Die Rolle eines Souffleurs kann von S übernommen werden, die innerhalb der Gruppen nicht untergekommen sind.

Erarbeitung

b) Zur Aufführung des Stücks werden die Tische im Klassenraum an die Wand geschoben und alle S stellen sich in einem Kreis auf. Zunächst steht Gruppe 1 vor der Tafel. Nach der Aufführung jeder Szene rotiert der Kreis, bis die nächste Gruppe vor der Tafel steht.
Falls technisch möglich, kann L (oder ein interessierter S) zu jeder Szene über OH-Projektor ein passendes Bild aus dem SB an die Wand werfen, das als Bühnenbild dienen kann.

▸ WB 4, p. 82

Zusatz

Falls gewünscht, kann sich eine Feedbackrunde an das Vorspielen anschließen. Dafür kann L das Kriterienraster auf ▸ KV 12: Theatre time verteilen.

SKILLS TRAINING Listening and speaking

Inhalt
Luca, Ellie, Adam und Berry unterhalten sich über ihre Pläne für die Sommerferien. Anschließend erstellen die S einen Dialog über ihre eigenen Ferienpläne.

Kommunikative Kompetenzen
Listening: Gehörtes verstehen und Aussagen zu Ferienplänen den passenden Personen zuordnen
Speaking: Mit einem Partner über Pläne für die Ferien sprechen (dialogisch)

Methodische Kompetenzen
Lern- und Arbeitstechniken: Ein *flow chart* für die Entwicklung eines eigenen Dialoges nutzen

S. 116

1 Talking about summer plans

Wortschatz °fly

Einstieg **SB geschlossen.** L: *I'm going to England in my holidays. I'm going by car. My family is coming with me. We're staying for three weeks. What about you?*
S berichten von ihren Ferienplänen. S: *I'm staying at home. / I'm going to a movie park. / I'm going to Majorca. / …*

Erarbeitung **a)** **SB geöffnet.** Lesen des Arbeitsauftrags und der abgebildeten Tickets (still oder gemeinsam im Plenum). Beim **1. Hören** (Globalverstehen) ordnen die S den Tickets (1–4) die entsprechenden Personen zu. ▶ 3.10

Lösung ***1*** *Adam* • ***2*** *Berry* • ***3*** *Luca* • ***4*** *Ellie*

Erarbeitung **b)** **2. Hören** (Detailverstehen) gemäß SB. S schreiben zunächst die Namen in ihr Heft und ordnen die Zahlen zu.

Lösung *Luca:* ***5, 6*** • *Berry:* ***1*** • *Adam:* ***2*** • *Ellie:* ***3, 4***

Zusatz Lernstärkere S bearbeiten zusätzlich folgende Fragen:
L: *What's special about these days? You can look at the tickets for help.*
- *11th August (There's a big football game in London: England – Germany. Adam is going to it.)*
- *12th August (Berry is flying to New York.)*
- *17th August (Ellie is flying to Spain.)*

Hörtext

Adam: When are you going to America, Berry?
Berry: We're going to New York on the twelfth of August. We're flying from London.
Adam: New York! Wow! Great!
Ellie: Are you staying in New York?
Berry: No, we're going to Boston.
Berry: What are you doing this summer, Adam?
Adam: Nothing special. I'm staying at home all summer!
Berry: That's nice too, Adam.
Adam: It's OK. And I'm going to a big football game in London – England against Ghana!
Ellie: Really? That's great! When is the game?
Adam: It's on the eleventh of August. I'm really looking forward to it.
Berry: What about you, Ellie? What are your plans?
Ellie: I'm staying at home in July. I want to stay in bed late every day!
Berry: That's cool, Ellie.
Ellie: Yeah. And I'm going to Spain for a week with Dad – on the seventeenth of August.
Adam: Spain? Where in Spain?
Ellie: Malaga.

Luca: Wow! That's great. What about Alisha and Finn? Are they going?
Ellie: No. Alisha is busy. She and Finn are staying at home. It's just my dad and me.
What about you, Luca? What are your summer plans?
Luca: Oh, not much really. Mum and Dad are working.
I can go to the pool – to Tinside Lido.
Ellie: The pool – that's great.
Luca: And my granny from Ghana is visiting us.
Ellie: That's nice, Luca.
Luca: Yeah. My granny is fun!
Adam: You can bring her to the cafe.
Luca: OK. Good idea! For free chips?

2 [O] What are your summer plans?

//● p. 146 Es handelt sich um eine Parallelaufgabe auf zwei Niveaus. Lernstärkere S arbeiten nur mit *flow chart* und ohne Redemittel.

Einstieg Vor der Bearbeitung entscheiden L oder S, wer die leichtere oder schwierigere Aufgabe bearbeitet. In den nun homogeneren Gruppen bilden sich Neigungs- oder Zufallspaare, siehe ▶ Gruppenbildung (Glossar).

Erarbeitung **SB geöffnet.** Mithilfe der Angaben im SB führen die S mit dem Partner einen Dialog über ihre Ferienpläne.

Auswertung Die Partner üben ihren Dialog ein und führen ihn anschließend im Plenum vor. Die Präsentationen werden in der Gruppe reflektiert und beurteilt.

[O] Differenzierung Lernschwächere S können als Gedächtnisstütze auch ein schriftliches Dialogskript erarbeiten, das sie mithilfe der ▶ Read-and-look-up technique (Glossar) vortragen.

Lösungsbeispiel
A: *Hello, Anna. How are you?*
B: *Hi, Jack. I'm fine, thanks.*
A: *What are you doing in the summer?*
B: *I'm going to Turkey with my mum. We're flying from Cologne. In August I'm visiting my grandma in Berlin.*
A: *Wow! That's cool.*
B: *What are your summer plans?*
A: *Nothing special. I'm staying at home. My cousin from Turkey is visiting us in August. We're going to a football match, Schalke against Dortmund.*
B: *That's cool. I love football.*

▶ WB 5–6, pp. 83–84
▶ Folie 33
▶ IAT 6.2
▶ DFF 6.5

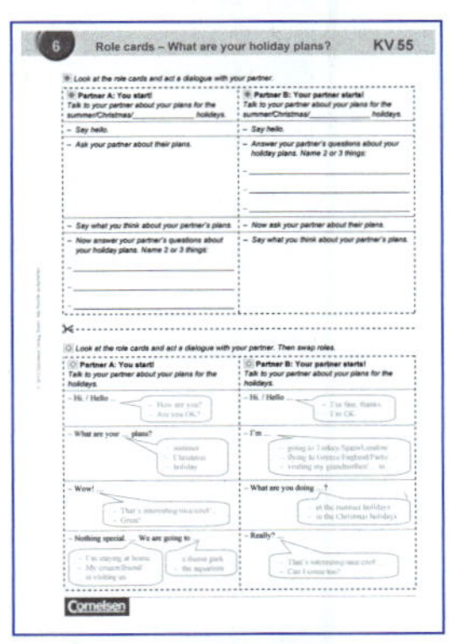
6 Role cards – What are your holiday plans? KV 55

Zusatz Nach der Lernphase kann sich eine mündliche Leistungsüberprüfung zum dialogischen Sprechen zu Urlaubsplänen anschließen. Zur Vorbereitung erhalten die S von L Rollenkarten, z. B. von ▶ KV 55: Role cards – What are your holiday plans?. Sie können sich fünf Minuten auf ihre Aufgabe vorbereiten.
In lernschwächeren Lerngruppen kann L als Alternative zu (oder in Vorbereitung auf) das Rollenspiel die S die Dialogschnipsel von ▶ KV 56: Summer holidays – Jumbled dialogue ordnen und daraus einen eigenen Dialog ableiten lassen.

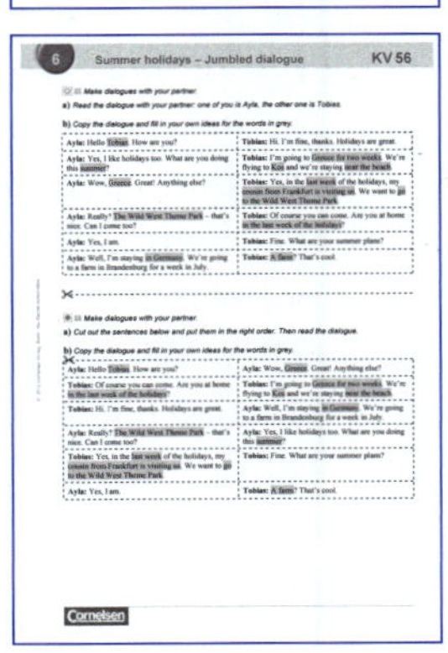
6 Summer holidays – Jumbled dialogue KV 56

SKILLS TRAINING Viewing

Inhalt

1 The kids from Harbour Road: Summer holidays

Passend zum Schuljahresende dreht sich im letzten Videoclip alles um die heiß ersehnten Sommerferien.

In **Part 1** verbringen Sarah, Paul und Anna den ersten strahlenden Ferientag am Meer und diskutieren im Hoe Park mögliche Ferienpläne. Sie beschließen, zusammen mit Sarahs Bruder zelten zu gehen.

In **Part 2** marschieren die Kinder durch die Natur. Sie finden einen geeigneten Platz zum Zelten und führen einen Wettkampf durch, wer schneller sein Zelt aufgebaut hat. Dann wird es Zeit für das (typisch englische) Abendessen: *sausages and beans*. Leider müssen die Vier jedoch feststellen, dass sie einige grundlegende Dinge – wie etwa Dosenöffner oder Streichhölzer – vergessen haben. Anna macht sich auf den Weg, die fehlenden Dinge zu organisieren. Dabei wird klar, dass das Zeltabenteuer gar nicht in der Wildnis, sondern im Garten von Annas Familie stattfindet.

2 People and places: A ferry trip to Cawsand

Das strahlende Sommerwetter lädt zu einer Bootsfahrt nach Cawsand ein. Dabei sehen die S allerlei Attraktionen entlang der Küste und besuchen das pittoreske Schmugglerdorf Cawsand.

Kommunikative Kompetenzen

Viewing: Filmszenen verstehen und Standbilder in die richtige Reihenfolge bringen

Speaking: Über die Kinder von Harbour Road sprechen (dialogisch)

S. 117

1 The kids from Harbour Road: Summer holidays

Einstieg

L: *It's the first day of the summer holidays. What do you do?* S: *I sleep / go shopping / go swimming / meet friends / …* L: *The kids from Harbour Road want to do something together in their holidays. What can they do?* S: *Go to Cawsand / on a canoe trip / camping / to a theme park / …* L: *Let's watch the film and find out.*

Erarbeitung

a) SB geöffnet. Die S spekulieren, welche der abgebildeten Objekte mitgenommen werden, und notieren die Nummern und/oder Namen der Dinge im Heft.

Beim **1. Sehen** überprüfen die S, ob sie die Gegenstände richtig zugeordnet haben. Danach tragen sie ihre Ergebnisse im Plenum vor. Um den Anreiz zu erhöhen, können die S sich für jede zutreffende Antwort einen Punkt geben.

Lösung

They take: ***2*** *(a tent)* • ***4*** *(sausages)* • ***5*** *(a can of beans)*

Differenzierung

Lernstärkere S erstellen eine Rangliste vom ihrer Meinung nach wichtigsten bis zum unwichtigsten Camping-Ausrüstungsgegenstand.

Zusatz

Die S erstellen in EA eine Packliste für ihren eigenen *camping trip*. Dabei können sie persönliche Vorkenntnisse oder Ideen aus der Unit (z. B. Einkaufsliste fürs Picknick oder Zusammenstellung der *things for the beach*) einbringen.

Mit den ausgewählten Gegenständen können die S nach dem Vorbild im SB ein Set von Bild- und Wortkarten anlegen. Für die Suche nach unbekannten Begriffen kann L das Nachschlagen im deutsch-englischen Wörterbuch anregen.

Abschließend kann L eine Diskussion über die ausgewählten Gegenstände anregen: *You're going on a camping trip and you can only take five things. Discuss your lists with a partner and agree on the five most important things.*

Erarbeitung **b) SB geöffnet.** Die S bringen die Standbilder *(stills)* aus dem Film in die richtige Reihenfolge und notieren die Buchstabenabfolge im Heft.

Lösung ***C • A • D • B***

Erarbeitung **c)** Gemäß SB. Die S notieren im Heft die Nummern (1–6) und dahinter die Angabe *true* bzw. *false.* S überprüfen ihre Lösungen beim **2. Sehen** (Detailverstehen) und korrigieren, wenn nötig.

Auswertung Abschließend lesen die S die Sätze im Plenum vor und fügen jeweils *That's true.* oder *That's false.* hinzu.

Differenzierung Lernstärkere S korrigieren die falschen Aussagen und ergänzen ggf. weitere Angaben zu den richtigen Aussagen (vgl. blaue Klammern im Lösungsbeispiel).

Lösung ***1*** *True. (They're in Hoe Park.)* • ***2*** *False. (They want to go camping / sleep in a tent.)* • ***3*** *True. (They like beans and sausages.)* • ***4*** *True. (They forgot the can opener and matches.)* • ***5*** *False. (The can is there but they can't open it.)* • ***6*** *False. (Anna's mother helps them with a can opener and matches.)*

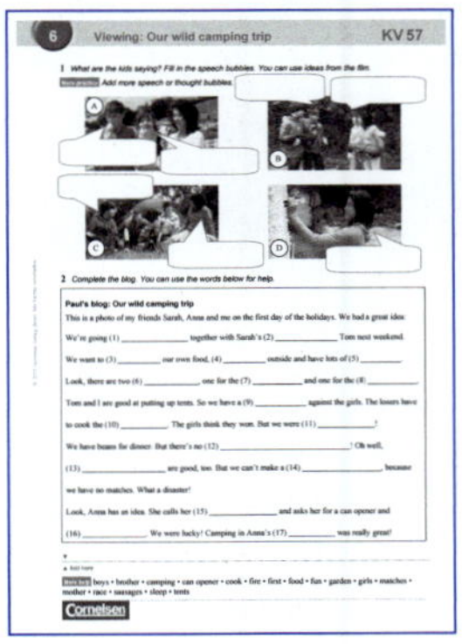

Zusatz S erhalten ► KV 57: Our wild camping trip mit den vier Standbildern aus dem SB und fügen aus dem Gedächtnis oder ihrer Fantasie Texte für einen Dialog zwischen den Hauptfiguren in die Sprechblasen ein.
Lernstärkere S formulieren mithilfe des Lückentextes einen Tagebucheintrag aus der Perspektive von Sarah, Paul oder Anna zum Campingausflug.

2 People and places: A ferry trip to Cawsand

Erarbeitung **a) SB geöffnet.** Gemäß SB stellen die S vor dem 1. Sehen in EA Vermutungen darüber an, was die Passagiere bei einem derartigen Ausflug alles sehen könnten. Dazu sammeln sie mögliche Nomen in einer Liste.

More help p. 146 Lernschwächere S übertragen die von ihnen ausgewählten Nomen aus der grünen Auswahlbox in eine Liste im Heft.

Erarbeitung **b)** Die S überprüfen beim **1. Sehen**, welche Dinge ihrer Liste tatsächlich auf dem Ausflug zu sehen sind. Dabei haken sie die korrekten Gegenstände in ihrer Liste ab. ► III

Auswertung Einzelne S tragen ihre Ergebnisse vor; diese werden an der Tafel gesammelt. ► WB 5–6, pp. 83–84 ► Folie 34

► Folie 33
► IAT 6.2
► DFF 6.5

TF 1 Puppets for your classroom

Inhalt

Dieses *Text file* ist eine Bastelanleitung für S zur Erstellung von Stabpuppen für die beiden SB-Maskottchen: Cyril, die Krabbe, und Sandy, die Möwe. Diese Stabpuppen können sowohl am Ende von *Nice to meet you!* für ein fiktives Gespräch der beiden genutzt werden als auch im weiteren Fortgang in Gesprächen, in denen die S die beiden Maskottchen imitieren. Damit werden Methoden des GSE aufgegriffen und zu Beginn der Klasse 5 weitergeführt.

Die Erstellung der Stabpuppen kann auch im Kunst- oder Werkunterricht erfolgen.

Kommunikative Kompetenzen

Reading: Mithilfe von Bildern eine Bastelanleitung verstehen

Speaking: In der Rolle von Cyril und Sandy ein Gespräch zum Kennenlernen einüben und präsentieren

Methodische Kompetenzen

Lern- und Arbeitstechniken: Eine Bastelanleitung verstehen und danach vorgehen • einen Mini-Dialog nach Vorlage mit einem Partner erarbeiten und präsentieren

S. 148/149

Material

Tonpapier oder Zeichenkarton (orange und/oder weiß), Schere, Bunt- oder Filzstifte, Strohhalme, durchsichtiges Klebeband, Gefäß (z. B. Blumenkasten) mit Sand oder Steckmasse und Sand

Einstieg

SB geschlossen. L: *Do you remember the mascots in our English book? What are their names? (Cyril and Sandy) And what animals are they? (a crab and a seagull)*

Today we want to make crab and seagull puppets. Do you know what a puppet is? L zeigt seine Muster (empfehlenswert) und S erkennen, dass es sich um Stabpuppen handelt: *Look, this is a puppet.*

Alternative

S betrachten die Stabpuppen auf SB-Seite 149 unten.

Überleitung

SB geöffnet. Anhand der Abbildungen und Bildunterschriften unter *You need ...* erfassen die S zunächst die notwendigen Bastelutensilien und legen sie am Arbeitsplatz bereit.

O Differenzierung

In lernschwächeren Lerngruppen kann L Aussprache und Bedeutung der unbekannten Begriffe im Plenum sichern und die S bei der Zusammenstellung der Bastelutensilien unterstützen.

Erarbeitung

1. Lesen der Bastelanleitung im Zusammenhang, ggf. laut im Plenum, und Klärung von Fragen. Dann schrittweises Vorgehen gemäß SB.

STEP 1: Die S zeichnen die Umrisse der Krabbe und der Möwe auf den Zeichenkarton. Zur Zeitersparnis kann jeder S auch nur ein Maskottchen herstellen.

Zeichnerisch weniger begabte S können die Figuren auch zunächst mittels Pergamentpapier aus dem SB kopieren und dann anschließend dieses Bild als Schablone zum Übertragen der Zeichnung auf Karton verwenden.

Alternative

S erhalten ▶ KV 58: Puppets: Cyril and Sandy mit Umrisszeichnungen von Cyril und Sandy zum Ausschneiden und Gestalten.

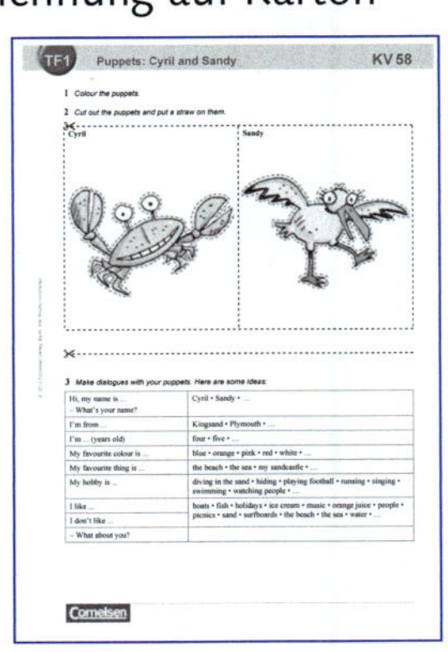

Erarbeitung

STEP 2: Die S schneiden die gezeichneten Tiere aus und gestalten sie farbig nach ihrer Fantasie. Zur Verwendung der Stabpuppen fixieren sie auf der Rückseite der Tiere mit Klebestreifen einen Strohhalm.

STEP 3: Alle entstandenen Stabpuppen werden an einem im Klassenraum vorbereiteten „Strand" zusammengebracht. S/L bringen hierzu einen mit Sand gefüllten Blumenkasten sowie verschiedene Strandutensilien zur Ausgestaltung mit Steinen, Muscheln, Sonnenschirmchen etc. mit. Der Strand kann entweder zu Hause oder in Kleingruppen im Unterricht gebastelt werden.

Zusatz

Ausstellung der entstandenen Stabpuppen/Strände in Form eines ▸ Gallery walk (Glossar) und Kürung der originellsten Produkte.

Erarbeitung

STEP 4: S, die mit dem Herstellen ihrer Stabpuppen fertig sind, erarbeiten gemeinsam ein Gespräch zum Kennenlernen. Je nach Leistungsstärke gestalten die S dieses Gespräch so ausführlich wie möglich, wobei sie verschiedene Themen und Fragemuster aus *Nice to meet you!* aufgreifen und verbinden können.

O Differenzierung

Bei Bedarf kann L den S Satzanfänge an der Tafel oder auf Folie bereitstellen (vgl. linke Tabellenspalte) sowie im Plenum Ideen zur Vervollständigung der Antworten sammeln und zuordnen (vgl. rechte Tabellenspalte).

Hi, my name is ... – What's your name?	Cyril • Sandy • ...
I'm from ...	Kingsand • Plymouth • ...
I'm ... (years old)	four • five • ...
My favourite colour is ...	blue • orange • pink • red • white • ...
My favourite thing is ...	the beach • the sea • my sandcastle • ...
My hobby is ...	diving in the sand • hiding • playing football • running • singing • swimming • watching people • ...
I like ... I don't like ...	boats • fish • holidays • ice cream • music • orange juice • people • picnics • sand • surfboards • the beach • the sea • water • ...
– What about you?	

TF 2 You stupid boy!

Inhalt

Dieses *Text file* ist ein Comic um die beiden SB-Maskottchen Cyril und Sandy, die gemeinsam ein gefährliches Abenteuer am Strand bestehen. Dabei müssen sie sich gegen die Familie des Anglers Mr Johnson durchsetzen.

Kommunikative Kompetenzen

Reading: Einen Comic verstehen
Writing: Eine Fortsetzung eines Comicdialogs schreiben

Methodische Kompetenzen

Lern- und Arbeitstechniken: Einen Comicdialog szenisch präsentieren

S. 150/151

Einstieg

SB geschlossen. Anknüpfen an Vorkenntnisse der S aus dem GSE: L schreibt *A nice day on the beach* an die Tafel und zeichnet darunter eine Strichmännchenfamilie. Die S äußern Vorschläge, was für sie einen schönen Strandtag mit der Familie ausmacht. Die S-Äußerungen werden an der Tafel festgehalten.
L: *You want to have a nice day on the beach with your family. What do you think of? (friends, holidays, ice cream, music, orange juice, a picnic, sandcastles, seagulls, swimming, playing (foot)ball, reading, sun, water, ...) And what's a nice day on the beach for Cyril and Sandy? What do they like? (boats, crabs, fish, ice cream, music, orange juice, people, picnics, sand, surfboards, water, ...)*

Überleitung

L: *Open your books on page 150 and look at pictures 1, 2 and 3. Who can you see? (1: Cyril; 2: Sandy; 3: Mr Johnson, Mrs Johnson and Toby Johnson)*

Hinweis: Da Mr Johnson erst im *Stop! Check! Go!* (SB-Seite 30) eingeführt wird, kann L ggf. vor Behandlung von *TF 2* noch das Bild von SB-Seite 30 präsentieren und erklären: *Mr Johnson isn't nice. He likes crabs because he likes fishing / he's a fisherman.*

Erarbeitung

SB geöffnet. **1. Lesen** in Stillarbeit. Damit sich die S auf die Sprechblasen und Bilder konzentrieren können, kann L ggf. die Bildunterschriften zunächst abdecken lassen. Mögliche Pre-reading-Frage: *Look at the pictures and the speech bubbles and find out: Is it a nice day on the beach for the Johnsons? (No, it isn't.) ... and for Cyril and Sandy? (Yes, it is – in the end.)*
Anschließend **2. Lesen** des kompletten Comics laut im Plenum. S lesen Sprechblasen mit verteilten Rollen; L oder ein lernstärkerer S liest die Bildunterschriften.

Zusatz

SB geöffnet. Die S lesen den Comic in Gruppen (fünf bis sechs S) szenisch.

Auswertung

Die Gruppen präsentieren die Geschichte mithilfe der ▸ Read-and-look-up technique (Glossar) als Rollenspiel im Plenum.

More practice p. 147 You stupid boy!

Erarbeitung

SB geöffnet. Zur weiteren Vertiefung und Fortsetzung der Geschichte ordnen die S die angebotenen Redemittel, sodass ein Dialog zwischen Sandy und Cyril entsteht.
L kann darauf hinweisen, dass mehrere Ideen zu einem Redebeitrag zusammengefasst und ggf. Füllwörter hinzugefügt werden können. Sie üben den Dialog ein und spielen die Szene mithilfe der Stabpuppen von Cyril und Sandy aus *TF 1* (SB-Seite 148/149) in PA.

Differenzierung

SB geöffnet. Lernstärkere S erstellen eigene Dialoge und nutzen die angebotenen Redemittel nur als Ausgangspunkt.

Auswertung

Freiwillige S-Paare spielen die Dialoge mithilfe der Stabpuppen im Plenum vor.

Lösungsbeispiel

Cyril: *Thanks, Sandy!*
Sandy: *That's OK, Cyril. We're friends.*
Cyril: *Yes, we're good friends!*
Sandy: *Are you OK now?*
Cyril: *(Yes,) I'm OK. Toby is a stupid boy.*
Sandy: *The Johnsons are stupid.*
Cyril: *Is the picnic good?*
Sandy: *(Yes,) This is good!*
Cyril: *Oh, thanks, Johnsons!*
Sandy: *Yeah, thanks, Toby!*

Zusatz

Zur Illustration der so entstandenen neuen Szene können die S weitere Bilder (mit Sprechblasen) für den Comic anfertigen (z. B. Cyril und Sandy am Strand nach Weggang der Johnsons).

TF 3 The best Christmas present

Inhalt

Die S erfahren anhand einer Geschichte über Ellies Familie, wie Weihnachten in britischen Familien gefeiert wird, und erkennen dabei auch Unterschiede zum Weihnachtsfest in deutschen Familien.

Es ist der 24. Dezember und Ellie, ihre Mutter und Conor treffen die letzten Vorbereitungen für das Weihnachtsfest. Zoe kommt erst später traurig nach Hause, weil sie sich mit ihrem Freund Alan gestritten hat.

Am Vormittag des *Christmas Day* (25. Dezember) freuen sich alle außer Zoe über die typischen Weihnachtsbräuche: *Christmas stockings, presents, lunch, Christmas crackers.*

Am Nachmittag geht Ellie mit zu ihrem Vater. Inspiriert durch die Rede der Queen im Fernsehen schreibt sie eine SMS an Alan, Zoes Freund. Später kann sie sich über Zoes Textmitteilung freuen, dass alles wieder im Lot ist.

Kommunikative Kompetenzen

Reading: Eine längere Geschichte verstehen • einer Geschichte Informationen zum Ablauf des Weihnachtsfests und typischen Weihnachtsbräuchen in britischen Familien entnehmen

Methodische Kompetenzen

Lern- und Arbeitstechniken: Mithilfe von Bildern auf den Textinhalt schließen • *Right/wrong statements* zum britischen Weihnachtsfest bearbeiten

S. 152–154

Einstieg

SB geschlossen. L schreibt das Thema *Christmas* an die Tafel und aktiviert Vorwissen zum britischen Weihnachtsfest aus dem GSE.
L: *What do you know about Christmas in Great Britain?*
L sammelt Ideen/Stichworte der S an der Tafel. Je nach Vorwissen kann L gezielt Fragen stellen, wie z. B.:

Christmas in Britain

• *When do English children get Christmas presents?* • *Who brings the presents?* • *What do English families eat for Christmas lunch?* • *Do you know any English Christmas songs?* • *What else do you know about Christmas in Britain?*	• *on Christmas Day, 25th December* • *Father Christmas* • *turkey* • *Rudolph, the red-nosed reindeer, …* • …

Alternative

SB geöffnet. Erfassen von Vorwissen und Lexikvermittlung über die Bilder im SB. L: *Look at the pictures and find (typical) English Christmas things.*
S betrachten die Bilder und tauschen sich im Plenum darüber aus. Besonders in Lerngruppen mit wenig Vorkenntnissen aus dem GSE kann L dabei bildgestützt unbekannten Wortschatz, der für das Detailverstehen und die Bearbeitung der Aufgaben **1** und **2** notwendig ist, vermitteln.

Überleitung

L: *Let's see what Ellie and her family do at Christmas.*

Zusatz

Zur intensiveren Auseinandersetzung mit den Bildern kann L an dieser Stelle die kooperative Lernform ▸ Numbered heads together (Glossar) einsetzen.
Dazu bildet L Vierergruppen und stellt folgenden Arbeitsauftrag: *Now look at the pictures and try to remember as many details as possible. You have two minutes.*
Anschließend stellt L Fragen zu den Bildern, die von ausgewählten Gruppenmitgliedern beantwortet werden sollen. Mögliche Fragen:

Part 1: 24th December: Christmas Eve
- *Where are Ellie and her mum in the first picture? (at the shops in Plymouth)*
- *What's the name of the toy shop? (Whoopee!)*
- *How many trees are there on the Christmas cake? (three)*
- *Who's in the living room, next to the Christmas tree? (Ellie and Conor)*
- *Who can you see outside the living room window? (carol singers)*
- *What can you read on the left Christmas card? (Merry Christmas and Happy New Year!)*

Part 2: 25th December: Christmas Day
- *What's on the lunch table? (a turkey, potatoes, vegetables, two candles, Christmas crackers, plates, glasses, a fork, a spoon, …)*
- *When do Zoe and Ellie get up on Christmas morning? (at 6 o'clock.)*

Part 3: Later on Christmas day
- *Who's watching TV on Christmas afternoon? (Ellie, her father and Alisha)*
- *Who are the two text messages from? (Ellie and Zoe)*

L hält die Punkte an der Tafel fest. Die Gruppe mit den meisten richtigen Antworten erhält einen kleinen Preis, z. B. einen *Christmas cracker.*

Erarbeitung

1. Lesen der gesamten Geschichte im Plenum, z. B. im ▸ Mitleseverfahren (Glossar).

▸ 3.11-3.13

Differenzierung

In lernschwächeren Lerngruppen kann L die Geschichte abschnittsweise präsentieren und den Inhalt mithilfe der Fragen von ▸ KV 59: The best Christmas present – Questions sichern.

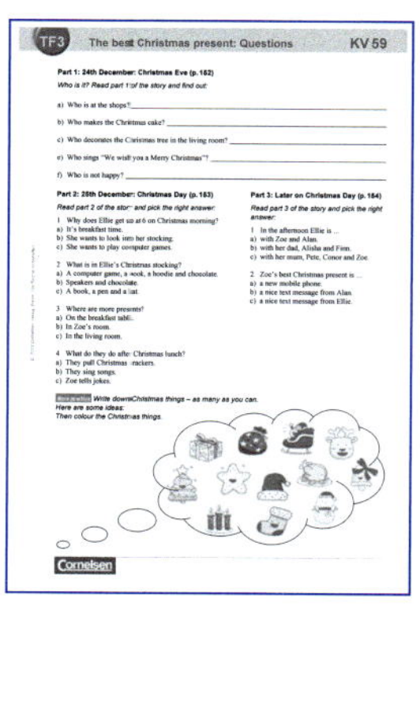

Kontrolle als ▸ Lerntempoduett (Glossar) möglich.

Lösung

Part 1: 24th December: Christmas Eve:
***a)** Ellie and her mum • **b)** Ellie and her mum • **c)** Ellie and Conor • **d)** Carol singers • **e)** Zoe*

Part 2: 25th December: Christmas Day:
1b) • 2a) • 3c) • 4a)

Part 3: Later on Christmas Day:
1b) • 2b)

More practice: present, Christmas tree, star, candles, sack of presents, sledge, reindeer, bell, turkey, snow man, Father Christmas, hat

Zusatz

Lernschnellere S verfassen einen möglichen Text für Alans SMS an Zoe.

1 Christmas in Britain

Erarbeitung

SB geöffnet. S ordnen den abgebildeten Gegenständen die passenden Begriffe zu.

Lösung

1 *a Christmas card* • ***2*** *a Christmas tree* • ***3*** *a turkey* • ***4*** *a paper hat* • ***5*** *a Christmas cracker*

2 Be a Christmas detective: Right or wrong?

Erarbeitung

SB geöffnet. 2. Lesen und Lösen der Aufgaben gemäß SB.

Differenzierung

S berichtigen die falschen Sätze (vgl. Lösungen in blauen Klammern).

Lösung

1 *Right.* • ***2*** *Wrong. (on Christmas Day / 25th December)* • ***3*** *Right.* • ***4*** *Right.* • ***5*** *Wrong. (There are presents from the family under the Christmas tree.)* • ***6*** *Wrong. (There's turkey for lunch on Christmas Day.)* • ***7*** *Right.* • ***8*** *Wrong. (on Christmas Day / 25th December)*

TF 4 What's bicycle motocross?

Inhalt Die Sportart *bicycle motocross* (BMX) wird vorgestellt mit passender Ausrüstung, Sportstätten und einem Artikel über eine bekannte englische BMX-Sportlerin.

Kommunikative Kompetenzen **Reading:** Kurze Sachtexte und einen Zeitungsartikel verstehen und ihnen Informationen entnehmen

Methodische Kompetenzen **Lern- und Arbeitstechniken:** Die Bedeutung unbekannter Wörter mithilfe von Bildern erschließen

S. 155

Bicycle motocross (BMX) is a popular bicycle sport.

Einstieg **SB geschlossen.** L knüpft an Vorkenntnisse der S zu Luca an: *What's Luca's favourite thing – do you remember?*
(his bike) Yes, and it's a special bike: a BMX bike. Do you know what BMX means?
L schreibt Langform an die Tafel und unterstreicht die relevanten Teile. Dabei kann L auch erklären, dass *bicycle* bedeutungsgleich mit der Kurzform *bike* ist.

BICYCLE MOTOCROSS
B M X

Alternative **SB geschlossen.** L spielt das Lied *Bicycle race* von Queen vor (z. B. auf http://www.youtube.com/watch?v=kpy4xNAnWzM), sichert die Aussprache von *bicycle* und verweist auf die Bedeutungsgleichheit von *bike* und *bicycle*.
Auch ein kurzes Video zu einem BMX-Wettkampf ist besonders motivationsfördernd (z. B. auf http://www.youtube.com/watch?v=VzcaWX6_kj0).
Anschließend führt L den Begriff BMX mithilfe des obenstehenden Tafelbilds ein.

Überleitung L: *Let's find out more about bicycle motocross and what you need for this sport.*

Erarbeitung **SB geöffnet.** S betrachten die beschriftete Abbildung und erschließen die deutsche Bedeutung der (Fach-)Begriffe für die BMX-Ausrüstung. Die Annotationen und ggf. ein englisch-deutsches Wörterbuch können unterstützend hinzugezogen werden.

Überleitung L: *Do you ride a BMX bike? Do you know where you can ride BMX bikes (around here)? Look at the photos for ideas.*

Where you can ride

Erarbeitung **1. Lesen** der drei Beschreibungen laut im Plenum. Zur Sicherung des Globalverstehens gibt L kurze Definitionen der drei genannten BMX-Sportstätten vor; S ordnen die passenden Begriffe zu.

Where you can ride your BMX bike
a) This place is for skateboards too – and there are lots of jumps. (= a skateboard park)
b) You can do tricks here – but watch the cars! (= the street)
c) This place is a bit like a street – but with lots of sand and small hills (= a track)

Auswertung Ergebnissicherung im Plenum; ggf. **2. Lesen** zur Kontrolle.

INFO-BOX **BMX-Radfahren – Olympische Disziplin**

BMX (Kurzform für Bicycle Motocross) gehört seit den Olympischen Sommerspielen 2008 in Peking zu den Olympischen Disziplinen. Entwickelt wurde diese Sportart Ende der 60er Jahre in den USA nach dem Vorbild des Motorrad-Crossfahrens. In den 70er und 80er Jahren verbreitete sich BMX auch in Europa, und es bildeten sich zwei Hauptdisziplinen heraus: *Freestyle* und *Race*. Beim *Freestyle* geht es mehr um Geschicklichkeit, Tricks und Kunstsprünge, die auf der Straße oder auf Hindernissen und Rampen in speziellen BMX- oder Skateboard-Parks oder Hallen vorgeführt werden. Beim *Race* – der Rennsportvariante – müssen die Fahrer eine Offroadstrecke mit Hügeln, Sprüngen und Buckelpisten schnellstmöglich bewältigen. Das erste olympische BMX-Rennen gewann bei den Frauen die Französin Anne-Carolin Chausson. Goldmedaillengewinner bei den Männern war der Lette Maris Strombergs.

The Plymouth News

Erarbeitung

1. Lesen des Artikels je nach Lernstärke der Lerngruppe entweder in Stillarbeit oder gemeinsam im Plenum. Mögliche Globalverstehensfrage: *Who (and from which country) is the BMX world champion of 2008?*

Differenzierung

Zur Sicherung des Detailverstehens fertigen lernstärkere S einen Steckbrief über Shanaze Reade an. Dazu kann L die fettgedruckten Begriffe in der linken Tabellenspalte als Vorlage (Tafel / Folie) vorgeben (Lösungen in der rechten Tabellenspalte).

A world champion

Name:	Shanaze Reade
From:	England
Father from:	Jamaica
Mother from:	Ireland
Favourite hobby/ sport:	BMX – first BMX bike with ten!
Rides for:	the British national team
World champion of:	2008

Zusatz

Vertiefende Internetrecherche über Shanaze Reade (z. B.: Geburtsdatum, aktuelle Erfolge, ...).

Erarbeitung

Abschließend fertigen die S gemäß Aufgabenstellung im SB in EA ein Poster bzw. ein beschriftetes Bild eines Fahrrads an. Als Hausaufgabe geeignet.

Auswertung

Die Ergebnisse aller S werden im Klassenraum ausgehängt und können in Form eines ▸ Gallery walk (Glossar) gewürdigt werden.

TF 5 The greatest show on earth

Inhalt

Ben ist ein neuer Schüler in der Klasse 7Y des Eggbuckland Community College. Als Berry, Ellie, Luca und Adam erfahren, dass er zu einem Wanderzirkus gehört, beschließen sie, Ben im Zirkus zu besuchen. Die Kinder erhalten die Chance, bei einer Zirkusvorstellung zu helfen und mitzuwirken. Dabei lernen sie das Zirkusleben in vielen Facetten kennen.

Kommunikative Kompetenzen

Reading: Die Handlung und ausgewählte Details eines längeren Erzähltextes erfassen

S. 156–158

Einstieg

SB geöffnet. Gespräch über die Bilder. L: *Who can you see in the pictures? (Ellie, Adam, Berry, Luca and a new boy with red hair) Where are they? (first in the classroom, then they're in the canteen, then in a show/circus)*

Überleitung

L: *Let's find out more about the new boy.*

Erarbeitung

Es empfiehlt sich, den Text abschnittsweise zu erarbeiten und am Ende jedes Abschnitts die Verständnisfragen aus dem SB zu klären. Die Tonaufnahme enthält jeweils zwei Abschnitte hintereinander, sodass L diese ggf. nach jedem Abschnitt stoppen muss.

1. Abschnitt (Zeilen 1–16): Präsentation im Mitleseverfahren. Die S erschließen sich neuen Wortschatz anhand der Annotationen; ggf. ▸ Lautschulung (Glossar) von *circus*. Danach Beantwortung der SB-Frage **1** im Plenum. ▸ 3.14

Lösung

1 *Ben feels unhappy and alone.*

Erarbeitung

2. Abschnitt (Zeilen 17–41): Präsentation im Mitleseverfahren. Die S beantworten SB-Fragen **2** und **3**.

Lösung

2 *At lunch time Ben feels happy/great because he can talk to Berry, Ellie, Luca and Adam.*
3 *There are no animals in the circus.*

Erarbeitung

3. Abschnitt (Zeilen 42–54): Präsentation im Mitleseverfahren. Die S beantworten SB-Frage **4**. ▸ 3.15

Lösung

4 *The caravan is big. It's like a normal house.*

Erarbeitung

4. Abschnitt (Zeilen 55–80): Präsentation im Mitleseverfahren. Die S beantworten SB-Frage **5**.

Lösung

5 *They meet two trapeze artists (Maria and Darek), a juggler (Raymond) and three clowns (Ben's dad and two other clowns).*

Erarbeitung

5. Abschnitt (Zeilen 81–99): Präsentation im Mitleseverfahren. Die S beantworten SB-Frage **6**. ▸ 3.16

Lösung

6 Individuelle Lösungen

Erarbeitung

6. Abschnitt (Zeilen 100–110): Vor der Präsentation des letzten Abschnitts spekulieren die S über Bens Gefühlslage zum Abschied. L hält die Ideen an der Tafel fest. Nach der Präsentation vergleichen die S ihre Ideen mit den Eindrücken des Textes (SB-Frage **7**).

Lösungsbeispiel

7 *I think Ben is happy because he has got new friends now. They can meet again next year. / Maybe Ben is a bit unhappy because it's time to go to the next town.*

Zusatz L teilt ▸ KV 60: The greatest show on earth: Questions aus. Die KV enthält zusätzliche Fragen zum Textverständnis (Global- und Detailverstehen) zu den einzelnen Textabschnitten.

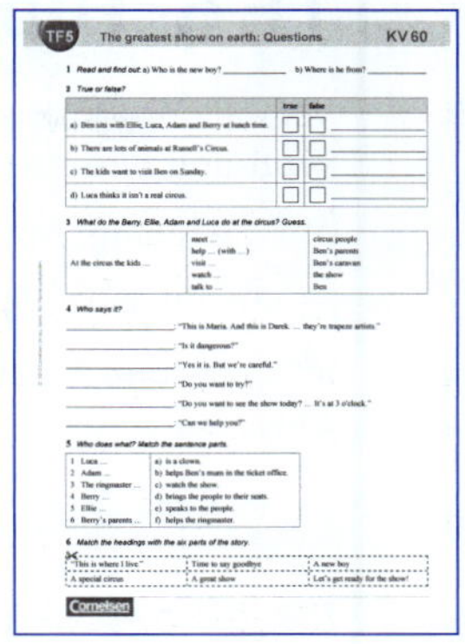
TF5 The greatest show on earth: Questions KV 60

Lösung

1 (vor Abschnitt 1): *a) Ben • b) Russel's Circus*

2 (nach Abschnitt 2): *a) True. • b) False. There are no animals. • c) False. They want to come on Saturday. • d) True.*

3 (vor Abschnitt 3): *At the circus the kids …*
- *meet circus people / Ben's parents / Ben.*
- *help with the tickets / brochures / seats / the ringmaster.*
- *visit Ben's caravan.*
- *watch the show.*
- *talk to Ben / Ben's parents / the circus people.*

4 (nach Abschnitt 4): *Ben • Luca • Darek • Raymond • Ben's mum • Berry*

5 (nach Abschnitt 5): *1d) • 2a) • 3e) • 4b) • 5f) • 6c)*

6 (nach Abschnitt 6): *1: A new boy • 2: A special circus • 3: 'This is where I live.' • 4: Let's get ready for the show! • 5: A great show • Time to say goodbye*

Zusatz Vertiefendes Unterrichtsgespräch. L: *The title of the story is 'The greatest show on earth'. What do you think: Is it the greatest show on earth?* L kann dazu folgende Redemittel bereitstellen:
I think it is / isn't the greatest show on earth because …
… the kids can help in the show / the kids look like real circus people / there are so many clowns and artists / there are no animals / …

TF 6 Hip-hop workout

Inhalt

Vorstellung der Hip-Hop-Schrittfolgen *Step-touch*, *Two step-touch* und *Grapevine* in Wort und Bild als Anleitung zum Nachtanzen.

Kommunikative Kompetenzen

Listening: Anleitungen bildgestützt verstehen und umsetzen
Reading: Anleitungen bildgestützt verstehen und umsetzen

Methodische Kompetenzen

Lern- und Arbeitstechniken: Arbeitsergebnisse präsentieren: Tanzschritte zu Musik nach Anleitung vorführen

S. 159

Einstieg

SB geschlossen. L präsentiert die ersten Takte der Musik von der CD (bis 00.21), stoppt nach der Frage der Sprecherin *Do you like that music?* und fragt die S nach ihrer Meinung zur Musik.
S: *I like / don't like hip-hop music.*
L: *We want to do some hip-hop today. Listen to the instructions first.*

► 3.17

1 Listen and look at the instructions

Erarbeitung

SB geöffnet. 1. Hören/Lesen gemäß SB. S erschließen die deutsche Bedeutung der unbekannten Begriffe mithilfe der Bilder und Annotationen beim **2. Hören**/Lesen im ► Mitleseverfahren (Glossar).

Differenzierung

Zur besseren Nachvollziehbarkeit kann L die drei Schrittfolgen beim **2. Hören** einzeln präsentieren, nach jeder Schrittfolge die CD stoppen, diese ggf. mehrfach wiederholen und Fragen zu Vokabular oder Bewegungsablauf klären.

2 Practise the workouts with your class. (...)

Erarbeitung

SB geöffnet. Einüben der Schrittfolgen und Durchführung des *hip-hop workout* im Plenum gemäß SB. Kann auch auf Klassenfesten oder Elternabenden vorgeführt werden.

Hörtext

OK, everybody. Do you want to do a hip-hop workout? Well, get out on the floor and let's go. OK, do you like that music? Good! Well, I like it too! That's hip-hop music. OK now. Are you all ready to do some hip-hop? Hey, me too. So let's go! Now this is easy – OK? It's very easy.

First it's the **step-touch**. Are you ready? Are you sure? OK. Step to the right! Left foot – touch! OK? Did you get that? Let's do it again. Now step to the right! Left foot – touch! Step to the left! Right foot – touch! You got that? Can everybody do it? Let's do it again: Step to the right. Left foot – touch. Step to the left. Right foot – touch. Again! Step to the right. Left foot – touch! Step to the left. Right foot – touch. OK?

OK. Now the **two step-touch**. Are you ready? Are you sure? OK. Step to the right! Left foot – touch! Step to the right again. And left foot – touch again. OK? Will we do it again? OK. Step to the right! Left foot – touch! Step to the right again. And left foot – touch again. And again! Step to the right! Left foot – touch! Step to the right again. And left foot – touch again. Hey, that's very good. Are you enjoying it? Are you sure? OK. Now let's go to the left. Are you ready? OK. Step to the left! Right foot – touch! Step to the left again. And right foot – touch again. Good. Now together. Step to the right! Left foot – touch! Step to the right again. And left foot – touch again. Step to the left! Right foot – touch! Step to the left again. And right foot – touch again. Very good.

Now it's the **grapevine**. Are you ready? OK. Step to the right. Left foot behind right foot. Step to the right again. Left foot – touch. And arms out! Step to the left. Right foot behind left foot. Step to the left again. Right foot – touch. And arms out! And again. Step to the right. Left foot behind right foot. Step to the right again. Left foot – touch. And arms out! Step to the left. Right foot behind left foot. Step to the left again. Right foot – touch. And arms out! Is that fun?

Now let's do all three – step-touch, two step-touch and grapevine.

Step-touch: Step to the right! Left foot – touch! Step to the left! Right foot – touch!
Two step-touch: Step to the right! Left foot – touch! Step to the right again. And left foot – touch again. Step to the left! Right foot – touch! Step to the left again. And right foot – touch again. Very good.
Grapevine: Step to the right. Left foot behind right foot. Step to the right again. Left foot – touch. And arms out! Step to the left. Right foot behind left foot. Step to the left again. Right foot – touch. And arms out!

Hey, that's very good! That's a hip-hop workout. Are you tired? ... Me too!

Didaktisch-methodisches Glossar

Akrostichon
(Acrostic)

Das Akrostichon (griechisch *akros:* Spitze, *stichos:* Vers) ist eine Versform, bei der die Zeilenanfänge hintereinander gelesen einen Sinn, z. B. einen Namen oder einen Satz, ergeben. Dies können Buchstaben bei reinen Wortfolgen oder Worte bei Versfolgen sein.
Im Unterricht wird meist folgende vereinfachte Form eingesetzt: Die Buchstaben eines Wortes werden senkrecht untereinander geschrieben. Jeder Buchstabe kommt auch in einem anderen Wort vor (häufig als Anfangsbuchstabe), diese Wörter werden waagerecht um das senkrechte Startwort angeordnet.

Antwortkärtchen

► Right/wrong cards

Appointments

► p. 57, 5
► p. 68, 6
► p. 95, 3

Die kooperative Lernform *Appointments* ist eine gesteuerte Form von wechselnder PA in vier Phasen:

1. Die S schreiben drei vorgegebene Uhrzeiten in eine Tabelle. Dann gehen sie zu drei Mit-S, bitten jeweils um ein *appointment* zu den drei notierten Zeiten *(Can we meet at 1/2/3 o'clock?)* und tragen die Namen der Mit-S bei der entsprechenden Uhrzeit in ihrer Tabelle ein.
2. Im zweiten Schritt bearbeiten die S die Aufgabenstellung zunächst für sich und halten ihre Antwort in der Tabelle fest.
3. Auf das Signal von L *(It's 1/2/3 o'clock.)* gehen die S zum jeweiligen *appointment* mit ihrem Mit-S, befragen ihn und notieren die Antwort in der Tabelle.
4. In der letzten Phase berichten die S im Plenum über ihre Umfrageergebnisse.

Thema	Me: ______	1 o'clock Name: ______	2 o'clock Name: ______	3 o'clock Name: ______
Frage 1				
Frage 2				
Frage 3				

Binnendifferenziertes Arbeiten

Heterogene Lerngruppen erfordern einen individualisierten Unterricht, in dem differenziert auf lernstarke sowie lernschwache S eingegangen wird.
Zum einen kann hier das Potential lernstärkerer S genutzt werden, indem sie aufstehen, sobald sie eine Aufgabe fertig bearbeitet haben. S, die sich mit der Aufgabe schwer tun, können sich melden und von einem der stehenden S Unterstützung holen (Schüler als Experten). Dieses Vorgehen gewährleistet einen weitestgehend ruhigen Arbeitsablauf.
Da es in vielen Situationen nicht nötig ist, allen S der Lerngruppe Differenzierungshilfen zu geben, bietet es sich zum anderen an, diese verdeckt zu geben (► Optional help). Von den Gegebenheiten im Unterrichtsraum abhängig können Hilfen z. B. hinter die Tafel oder auf ein verdecktes Flipchart geschrieben werden. Sie können auch kopiert in Briefumschläge gelegt werden, die sich die S an ihren Tisch holen und nach Gebrauch wieder zurücklegen.

Bus stop

► Lerntempoduett

Buzz reading
(Lesegemurmel)

Das *Buzz reading* dient dazu, den Redeanteil aller S zu erhöhen und Sprachhemmungen abzubauen. Alle S lesen einen bekannten Text gleichzeitig und leise murmelnd vor sich hin. Die Methode kann flexibel im Unterricht eingesetzt werden. Es empfiehlt sich, diese Phase kurz zu halten und sie z. B. zur Vorbereitung auf einen Lesevortrag einzusetzen. In Kombination mit dem ▸ Mitleseverfahren trägt diese Methode besonders zur Festigung von Aussprache und Intonation bei.

Correcting circle
(Schreibkonferenz)

Bei der Methode *Correcting circle* (auch *Peer correction*) handelt es sich um die gegenseitige Textkorrektur und Hilfe der S untereinander. Diese Form des Feedbacks ist für manche S weniger einschüchternd als die Fehlerkorrektur durch L. Die Methode eignet sich besonders für die Arbeit in Kleingruppen. Es sollte ein Kriterienkatalog für die Textkorrektur vorliegen, der vorher gemeinsam erarbeitet werden kann. Ablauf:

1. Jedem S wird ein spezielles Gebiet zugeteilt (z. B. *content*, *structure*, *spelling*, *tenses*, *word order*).
2. Die S geben ihre Texte reihum weiter und nehmen Korrekturen zu ihrem Gebiet vor, bis der Text wieder bei seinem Verfasser angekommen ist.
3. Zum Abschluss fertigt jeder S eine Reinschrift seines Textes an.

L sammelt nach dem Zufallsprinzip einige Ergebnisse zur Bewertung ein. Im Sinne des selbstständigen Lernens kann vereinbart werden, dass S eine *DOs-and-DON'Ts*-Liste anlegen, die in der Klassenarbeit verwendet werden darf. Dies hilft S bei der Selbstkorrektur und motiviert, an den eigenen Fehlern zu arbeiten.

Didaktische Folge

Für den effektiven Spracherwerb ist es bei der Einführung von neuem Wortschatz besonders in den Klassenstufen 5 und 6 wichtig, die didaktische Folge zu beachten. Dabei ist die Reihenfolge der Fertigkeiten, die im Zusammenhang mit einem neuen Lexem gefordert sind, genau festgelegt:

1. Hören: Die S hören ein neues Wort mehrfach (Sprachvorbild L oder CD).
2. Sprechen: Die S sprechen das neue Wort mehrfach nach (▸ Lautschulung).
3. Lesen: Die S sehen das Schriftbild und lesen das neue Lexem.
4. Schreiben: Erst in diesem Schritt produzieren die S das neue Wort schriftlich.

Mit zunehmendem Lernstand können S in verstärktem Maße, vor allem in der Textarbeit, auf erworbene Erschließungstechniken zurückgreifen.

Double circle
(Doppelter Stuhlkreis, Kugellager)

Die kooperative Lernform *Double circle* ist eine Form von wechselnder PA, die sich zum Üben von Diskussionsstrategien eignet. Sie ermöglicht einen hohen Sprachumsatz bei niedriger Hemmschwelle zur aktiven Teilnahme. Ablauf:

▸ p. 46, 3b
▸ p. 56, 2b

1. Die S sitzen (oder stehen) sich in einem Innen- und einem Außenkreis gegenüber. Sie diskutieren ein vorgegebenes Thema oder eine Fragestellung mit ihrem Gegenüber und machen sich ggf. Notizen.
2. Auf ein (akustisches) Signal von L hin bewegen sich entweder die S im Innen- oder im Außenkreis um einige Plätze weiter, damit neue Paarungen entstehen. L bestimmt sowohl die Länge der Gesprächszeit als auch die Anzahl der weiterzurückenden Plätze.

3. In einem zweiten Durchgang berichten sich die S über das Gehörte, wobei die Partner jeweils korrigieren und ergänzen. So sind die S zum aktiven Zuhören gezwungen.

Als Variante bietet es sich an, Innen- und Außenkreis verschiedene Themen oder Fragestellungen zu geben, die sich die S gegenseitig erklären oder beantworten.

Flashcards

Flashcards sind Bildkarten, die den S helfen, das Laut- bzw. Schriftbild eines Wortes nachhaltig mit seiner Bedeutung zu verknüpfen. Sie nutzen den auditiven und visuellen Lernkanal parallel *(Dual Code Theory)*, wenn ihnen ein Wort mit dem entsprechenden Bild präsentiert wird und damit im Gehirn verknüpft werden kann. Als Applikationen an der Tafel eignen sich *Flashcards* auch besonders zur schüleraktivierenden Wortschatzarbeit, z. B. indem in einer Reorganisationsphase die Bilder den entsprechenden Wörtern zugeordnet werden.

Gallery walk
(Galeriespaziergang)

Die kooperative Lernform *Gallery walk* bietet eine gute Möglichkeit, Arbeitsergebnisse zu präsentieren und zu diskutieren. Ablauf:

1. Die S sind in EA oder GA zu einem Arbeitsergebnis gelangt (z. B. Text, Bild, Poster), das im Raum ausgestellt wird.
2. Die S gehen einzeln oder in Gruppen im Uhrzeigersinn von Station zu Station und schauen sich die Ergebnisse der anderen an.
3. Wenn alle S alle Arbeitsergebnisse gesehen haben, präsentieren sie entweder nacheinander ihre Eindrücke oder besprechen sie gemeinsam in der Klasse.

Als Variante der GA bietet es sich an, die S neu aufzuteilen. In jeder neuen Gruppe sollte jeweils ein S aus den ursprünglichen Gruppen sein. Derjenige aus der neuen Gruppe, der an dem ausliegenden Produkt mitgewirkt hat, präsentiert es den anderen. Die Gruppen wechseln im Uhrzeigersinn solange die Tische, bis jeder S jedes Gruppenergebnis einmal erklärt bekommen hat und sein eigenes Gruppenprodukt einmal erklären musste.

Gruppenbildung

Eine Einteilung der S in Gruppen kann mithilfe folgender Methoden erfolgen:

1. Methoden mit gelenktem Zufall: L bereitet Elemente vor, die zusammen ein Ganzes ergeben. Dies können z. B. Puzzleteile sein, die ein Bild ergeben, oder Wortkarten, die einem Oberbegriff zugeordnet werden können. Die S ziehen ein solches Element und finden sich in den jeweils entsprechenden Gruppen zusammen.
2. Gruppen können durch Auszählen, Würfeln oder nach dem *Line-up*-Verfahren gebildet werden. Bei diesem stellen sich S in der aufsteigenden Reihenfolge ihrer Geburtstage oder Hausnummern auf. L zählt dann die benötigten Gruppen ab, z. B. die ersten drei S, die gemeinsam eine Gruppe bilden, usw.
3. L teilt Gruppen ein und gibt die Namen der Gruppenmitglieder bekannt. Dabei sollten Leistungsniveau, Arbeitstempo und Sozialverhalten der S berücksichtigt werden.

Info-gap activity

Bei der *Info-gap activity* handelt es sich um eine kooperative Lernform, die den aktiven Umsatz der Fremdsprache erfordert und schult. Den S fehlen Informationen zum Lösen einer Aufgabe, die ihrem Partner vorliegen und die sie durch gegenseitiges Befragen herausfinden. Es empfiehlt sich PA in einem festem Team (Partner A, Partner B).

▸ p. 33/118, 10
▸ p. 39/118, 5
▸ p. 50/119, 7
▸ p. 63, 3

Für die Durchführung müssen den S die Informationen und die zu füllenden Lücken vorliegen (Kopiervorlage, Arbeitsblatt, Tabelle im SB etc.). Es ist sinnvoll, den S eine Zeitvorgabe für die Bearbeitung zu machen. Eine Auswertung der Ergebnisse kann zunächst mit einem anderen S-Paar und anschließend im Plenum geschehen.

Klären der Arbeitsanweisung

Für das Klären von Arbeitsanweisungen gibt es unterschiedliche Möglichkeiten. Im Hinblick auf selbstständiges Arbeiten sollten S möglichst früh dazu befähigt werden, Arbeitsanweisungen ohne Hilfe von L zu erschließen. Damit S sich aktiv mit der Arbeitsanweisung auseinandersetzen, empfiehlt sich folgendes Vorgehen:

1. Stilles Lesen der Arbeitsanweisung
2. Verständnisklärung mit einem Partner
3. Erklärung der Arbeitsanweisung durch einen S im Klassenverband
4. Bestätigung oder Korrektur durch L

Andere Möglichkeiten sind:
1. L demonstriert die Vorgehensweise (ggf. mit einem S) anhand von Gesten, einem Produkt oder Beispielen.
2. Die Arbeitsanweisung wird gemeinsam im Plenum gelesen und erläutert.

Kugellager

► Double circle

Lautschulung

Für die Lautschulung bieten sich verschiedene Techniken an:

1. Chorsprechen: Es bietet besonders zurückhaltenden S eine gute Übungsmöglichkeit. Hoher Sprachumsatz, da alle S gleichzeitig sprechen. L spricht jeweils vor und gibt dann ein Zeichen (z. B. Gestik: Hand ans Ohr halten), auf das hin S nachsprechen.
2. Nachsprechen im Teilchor: L teilt Gruppen ein (z. B. Tischgruppen, Sitzreihen, Jungen/Mädchen), die auf das Signal hin nachsprechen. Diese Methode dient dazu, Fehler genauer zu lokalisieren.
3. Einzelsprechen: Dies bietet die Möglichkeit, eine individuelle Korrektur durchführen zu können.

Nachsprechen sollte generell abwechslungsreich gestaltet werden – durch Lautstärke, Geschwindigkeit, verstellte Stimme *(like a parrot, like a computer)*. Neben der Lautschulung von einzelnen Wörtern können auch ganze Sätze nachgesprochen werden, um das Intonationsmuster der Fremdsprache zu üben.

Lerntempoduett *(Bus stop)*

Die Durchführung eines Lerntempoduetts bietet sich an, um Ergebnisse verschiedener Übungen in PA vergleichen zu lassen. Ein Lerntempoduett trägt der unterschiedlichen Bearbeitungsgeschwindigkeit der S Rechnung. Ziel sollte es sein, die Aufgaben gründlich zu erledigen, und nicht, alle Aufgaben zeitlich zu schaffen.

1. Die S bearbeiten die erste Aufgabe in EA.
2. Wenn ein S fertig ist, steht er auf und wartet auf den nächsten, der aufsteht. Die beiden besprechen ihre Ergebnisse in PA.
3. Anschließend arbeiten beide in EA an der nächsten Aufgabe weiter. Sie stehen wieder auf, wenn sie fertig sind, und tun sich erneut mit dem S, der als nächstes fertig ist, zusammen.

Falls die Arbeitsgeschwindigkeiten der S sehr stark voneinander abweichen, sollten Handzeichen vereinbart werden, damit sich die S mit der richtigen Aufgabe treffen können.

Lesegemurmel ▸ Buzz reading

Lesetechniken Die Leseintention legt fest, wie tief die S in einen Text eindringen müssen, um die gewünschten Informationen zu erhalten. Die S müssen lernen, dass die Tiefe des Textverständnisses eng an die gestellten Aufgaben gebunden ist, und abhängig davon eine passende Lesetechnik auswählen und anwenden. Für L bedeutet dies sorgfältig zu prüfen, welche Intention die Aufgaben zum Leseverstehen haben und welche Leseleistungen die S zur Lösung jeweils erbringen müssen.
Die folgenden Lesetechniken eignen sich für unterschiedliche Aufgabenstellungen. Als überfliegende Lesetechniken stehen sie dem vollständigen Lesen eines Textes, dem *Reading for detail*, gegenüber:

Skimming: Das *Skimming* stellt eine erste, oberflächliche Beschäftigung mit dem Text dar. S überfliegen Überschriften, Fotos/Zeichnungen oder die Aufmachung des Textes. Dies gibt ihnen z. B. Aufschluss über das Thema oder den möglichen Inhalt und zeigt, ob der Text für sie interessant ist oder ihnen zum Lösen einer Aufgabe nützt.

Speed reading: Beim *Speed reading* geht es darum, einen Text zu überfliegen, einen groben Eindruck zu gewinnen und nach *key words* zu suchen. *Speed reading* bedeutet, mit einem Blick mehr Wörter zu erfassen als gewöhnlich, um eine höhere Lesegeschwindigkeit zu erreichen.

Scanning: Das *Scanning* ist eine suchende Lesetechnik, die auf Schlüsselwörter und -gedanken ausgerichtet ist. Dabei gehen die S von einer Frage oder Aufgabe aus und überfliegen den Text, bis sie die gesuchte Information gefunden haben. Auch hier ist es nicht das Ziel, den Inhalt des gesamten Textes oder jedes unbekannte Wort zu verstehen.

Market place activity **(Marktplatz)** Bei der kooperativen Lernform *Market place activity* sprechen die S mit verschiedenen Partnern über ein vorgegebenes Thema. Ablauf:

1. Die S bewegen sich frei im Klassenraum. L stellt eine Aufgabe, die S in einem vorgegebenen Zeitrahmen bearbeiten. Dieser kann durch ein akustisches Signal wie z. B. das Abspielen und Anhalten von Musik begrenzt werden.
2. Auf das vereinbarte Signal hin bleiben die S stehen und tun sich mit dem S zusammen, der vor ihnen steht. Die Partner tauschen sich über das Thema bzw. die Aufgabe aus. Je nach Aufgabenart machen sich die S Notizen.
3. Auf das erneute Signal durch L wechseln die S ihren Partner, sodass sie in einem begrenzten Zeitraum mit möglichst vielen S sprechen.
4. Die Ergebnisse können in einem anschließenden Unterrichtsgespräch ausgewertet werden.

Die *Market place activity* ist eine Form der ▸ Milling-around activity.

Mediation **(Sprachmittlung)** Vermittlungsstrategie zwischen Gesprächspartnern, die sich nicht direkt sprachlich verständigen können. Im Englischunterricht bedeutet dies die zusammenfassende, paraphrasierende Wiedergabe eines Hör- oder Lesetextes in der jeweils anderen Sprache. Bei der *Mediation* werden vom Sprachmittler sowohl rezeptive Kompetenzen (einen Ausgangstext zu verstehen) als auch produktive Kompetenzen (einen Ausgangstext in der anderen Sprache wiederzugeben) und häufig auch interkulturelle Kenntnisse verlangt.

L kann den S zur Unterstützung folgende Leitregeln geben:

- Keine Wort-für-Wort-Übersetzung!
- Freie Wiedergabe der wichtigsten Informationen!
- Nicht alle Details wiedergeben!

Meldekette
Die Meldekette dient der Förderung der Schüler-Interaktion. Sie ist in Plenumsphasen universell einsetzbar, z. B. zur Auswertung von Ergebnissen oder zur Besprechung von Aufgaben. Die S rufen sich gegenseitig auf, wobei jeder S einen Satz oder eine Antwort nennt. L greift nur bei Bedarf korrigierend ein.

Metakognition
Metakognition bedeutet, dass S über ihr Lernen nachdenken, Strategien und Methoden reflektieren und daraus die für sie geeigneten Lernstrategien ableiten. Bereits zu Beginn des Sprachenlernens ist es wichtig, dass S hinterfragen, warum sie in einer Lernsituation so vorgehen, wie sie es tun. Die Erkenntnis dieses Prozesses soll den S helfen, das Sprachenlernen bewusst zu erlernen.

Milling-around activity
Bei dieser Methode bewegen die S sich innerhalb einer vorgegebenen Zeitspanne frei im Klassenraum und begeben sich wieder auf ihren Platz, sobald sie die relevanten Informationen erfragt haben. Auswertung im Plenum. ► Market place activity

► p. 8, 2
► p. 10, 2a
► p. 28, 3b
► p. 35, 3b
► p. 41, 6b
► p. 73, 5c
► p. 79, 13c

Mindmap
Eine Mindmap dient den S als „Gedankenkarte“. Sie ordnen darin ihre Ideen übersichtlich an, wobei Zusammengehöriges beieinander steht, alle Ideen vernetzt werden können und Farben sowie Zeichnungen Wichtiges hervorheben. Mindmaps können individuell und in der Gruppe erstellt werden und eignen sich als Anregung für mündliche und schriftliche Äußerungen. Mögliches Vorgehen:

1. Die Ideen werden zuerst ungeordnet gesammelt (z. B. auf Kärtchen).
2. Im zweiten Schritt werden Oberbegriffe für die Ideen gefunden (z. B. auf farbigen Kärtchen).
3. Im letzten Schritt visualisieren die S diese Grundlagen systematisch in einer Mindmap.

Mitleseverfahren
Beim Mitleseverfahren hören die S während des Lesens eines neuen Textes diesen zugleich. Die Aktivierung des visuellen und des auditiven Kanals (Mehrkanallernen) ermöglicht eine enge Verknüpfung von Laut- und Schriftbild, sodass unbekannte Lexeme nachhaltiger verarbeitet werden können. Das Mitleseverfahren ist didaktisch dem Leseverstehen zugeordnet, da die primäre Sprachaufnahme über die Textvorlage erfolgt.
Das laute Lesen dient der Ausspracheschulung und nicht dem Leseverstehen, da durch die Konzentration auf die phonologische Oberfläche das Erfassen des Textinhalts erschwert wird. Als Faustregel gilt: Das laute Lesen sollte immer erst eingesetzt werden, nachdem ein Text bereits inhaltlich erarbeitet worden und unbekannter Wortschatz erschlossen worden ist.

Mnemotechniken
Unter dem Begriff Mnemotechniken werden verschiedene Methoden des Gedächtnistrainings zusammengefasst. Im Fremdsprachenunterricht eingesetzt, helfen sie S, sich Worte und Informationen über die Schritte des Rekodierens, Assoziierens und schließlich des Abrufens besser einprägen zu können. Häufig verwendete Mnemotechniken sind das ► Akrostichon, das Finden von Ersatzwörtern, das Einprägen von Merkversen, die Assoziation von Begriffen/Schriftbild und Bildkarten (► Flashcards) und das Memo-Spiel.

Note making

Das Anfertigen von Notizen ist eine Methodenkompetenz, die auch im Alltag bedeutsam ist. Das *Note making* ist für die S eine wichtige Fertigkeit zum Generieren und Organisieren von Informationen und Ideen. Die dazu notwendigen Arbeitsschritte reichen vom Sammeln, Sichten und Ordnen der Notizen bis zum Überarbeiten und Anwenden von Stichwörtern, Themen etc. Für das Ordnen von Notizen eignet sich auch eine ► Mindmap.

Note taking

Das *Note taking* ist eine Strategie des Hörverstehens. Wenn möglich, versuchen die S zunächst aus Titel oder Überschrift und ggf. aus Fotos, Bildern oder Grafiken erste Informationen über den Hörtext abzuleiten. Sie stellen sich darauf ein und bauen inhaltliche Erwartungen auf. Während des Hörens machen sie sich Notizen. Diese dienen ihnen dazu, wichtige *key words* oder Ideen aus dem Hörtext festzuhalten. Grundlegendes in Form von Stichpunkten aufzuschreiben, ermöglicht nicht nur einen besseren Zugang zu einem Text, sondern den Zugriff auf das Notierte an späterer Stelle. Insgesamt wird dadurch das Lernen effektiver.

L kann folgende Tipps geben:
- Höre auf das, was gesagt wird und wie es gesagt wird.
- Halte einen Stift bereit und schreibe mit. Nicht jedes Wort ist wichtig.
- Nutze Abkürzungen und Symbole beim Notieren (z. B. Sternchen, Ausrufezeichen, Fragezeichen).
- Achte auf Schlüsselwörter und -sätze, besonders solche, die wiederholt werden.

Numbered heads together

Diese kooperative Lernform ermöglicht eine hohe Schüleraktivierung, da die S, die das Gruppenergebnis präsentieren, per Zufallsprinzip ausgewählt werden und somit jeder S Verantwortung für das Gruppenergebnis übernehmen muss. Zunächst bildet L Gruppen (► Gruppenbildung). Innerhalb dieser Gruppen erhält nun jeder S eine Zahl (abhängig von der Gruppengröße). L (oder auch eine der Gruppen) stellt nun eine Aufgabe, die die Gruppen gemeinsam bewältigen. Das Startsignal für die Beratungsphase ist *Numbered heads together!* Nach Ablauf einer zuvor festgelegten Zeit beendet L die Beratung und wählt durch Nennung einer Zahl die Person aus, die aufsteht und für die Gruppe antwortet. Pro richtige Antwort erhält die Gruppe einen Punkt.
Die einzelnen Gruppen können unterschiedliche, aber auch gleiche Aufgaben bearbeiten. Um bei gleichen Aufgaben zu verhindern, dass die ausgewählten S mit der gleichen Zahl die Antworten der anderen Gruppe mithören, verlassen sie zunächst den Klassenraum.

Optional help

Bei der *Optional help* handelt es sich um eine Form der Differenzierung (► Binnendifferenziertes Arbeiten), bei der die S individuell bei Bedarf eine zusätzliche Lernhilfe verwenden können. Dies kann z. B. ein Hilfsblatt sein, das auf dem Pult bereit liegt und dort eingesehen oder mitgenommen werden kann. Es kann zudem eine zusätzliche Hilfe auf den Arbeitsmaterialien sein. Ideal ist es, wenn die *Optional help* zunächst nicht für S sichtbar ist (z. B. als umgeknickter Wort-/Lösungspool am unteren Blattrand) und sie nur dann darauf zurückgreifen, wenn sie Hilfe benötigen.

Partner check

Die Methode des *Partner check* eignet sich besonders für den Einsatz nach Fragestellungen durch L im Frontalunterricht. Dabei sprechen sich S in PA (z. B. mit dem Nachbarn) ab, bevor sie ihre Antwort im Plenum geben. Dieses Verfahren gibt besonders schwächeren S mehr Sicherheit, bevor sie sich melden. Durch den *Partner check* werden alle S zur Auseinandersetzung mit den Lerninhalten gezwungen. Zudem bietet die Methode Abwechslung in frontalen Unterrichtsphasen, erhöht die Aktivität im anschließenden Unterricht und ist schnell und flexibel einsetzbar.

Partner talk

Die Methode des *Partner talk* ist eine einfache Methode, die sich an vielen Stellen des Lernprozesses einsetzen lässt und die dazu dient, Schüleraktivität und Sprechzeit der Lernenden zu erhöhen. S tauschen sich dabei kurz (oft sind ein bis zwei Minuten ausreichend) mit einem Partner über einen vorgegebenen Sprechanlass (bestimmte Fragestellung, Vorerfahrungen etc.) aus. Die Fragestellungen sollten – wenn nicht im SB enthalten – an der Tafel oder auf Folie festgehalten werden, damit S darauf zurückgreifen können. In lernschwächeren Gruppen sollte L zusätzlich einige situationsbezogene Redemittel anbieten.

Peer correction

▶ Correcting circle

Phasen des Schreibprozesses

Zur nachhaltigen Schreibförderung sollten S bei der Textproduktion grundsätzlich folgende drei Phasen durchlaufen:

1. Entwerfen *(Brainstorming)*: Die S sammeln Ideen, z. B. in einer Mindmap oder bei einem stummen Schreibgespräch *(Round robin)*.
2. Schreiben: Die S verfassen auf dieser Grundlage einen ersten Entwurf. Dieser sollte entweder von L oder in höheren Klassenstufen durch Mit-S, z. B. in Form eines *Correcting circle*, korrigiert werden.
3. Überarbeiten: Auf der Grundlage der Korrekturanmerkungen fertigen die S eine Reinschrift an.

Im Sinne einer Differenzierung (▶ Binnendifferenziertes Arbeiten) ist es oftmals hilfreich oder gar notwendig, entsprechende Schreibhilfen oder Sprachmuster bereitzustellen.

Read-and-look-up technique

Diese Lesetechnik dient der Förderung des freien Sprechens und bildet für die S einen behutsamen Übergang zwischen dem Ablesen und Vortragen von Texten, Informationen und Inhalten. Der präsentierende S hält die Vorlage in den Händen und liest sich einen (Teil-)Satz still durch, bevor er die Klasse oder seinen Partner anschaut und den Satz aus dem Gedächtnis wiedergibt. Dabei ist es wichtig, dass S erst dann spricht, wenn er Blickkontakt hergestellt hat. Diese Technik bereitet den freien Vortrag bzw. die Präsentation (auch mithilfe von Stichwortzetteln) vor und hilft unsicheren S, Inhalte vor dem Plenum darzustellen. L kann die *Read-and-look-up technique* zunächst anhand eines beliebigen Textes demonstrieren. Die S üben danach mit geeigneten kurzen Texten, wobei der zuhörende Partner darauf achtet, dass nicht abgelesen, sondern vor dem Sprechen Blickkontakt hergestellt wird.

Reading circle

Beim *Reading circle* lesen alle S den gleichen Text, wobei jeder S eine andere Rolle übernimmt oder sich auf einen bestimmten Aspekt des Textes konzentriert. Die S schreiben dazu jeweils Informationen, Aussagen oder Assoziationen auf ein Blatt, das anschließend ausgelegt oder aufgehängt wird. Sie gehen herum, lesen die Beiträge der anderen S und tragen ihre Kommentare dazu ein. Die Eindrücke der S werden anschließend im Plenum diskutiert.

▶ p. 74, 2d
▶ p. 83, 3b

Right/wrong cards (Antwortkärtchen)

Der Einsatz von *Right/wrong cards* eignet sich besonders zur Überprüfung von Aussagen zum Textverständnis. Die Karten können sowohl zur Lese- als auch Hörverstehenskontrolle eingesetzt werden. Ihr Einsatz ermöglicht eine valide Erfassung des Detailverständnisses und erfordert dabei keine eigene Sprachproduktion der S.
L stellt den S Karten aus farbigem Karton zur Verfügung (alternativ auch farbige Gegenstände, z. B. Stifte). Es wird vereinbart, dass grün für *right* und rot für *wrong* sowie ggf. blau für *not in the text* steht. Nachdem L eine Aussage zum Text vorgelesen hat, halten die S auf Kommando eine Karte in die Höhe. L erhält auf diese Weise auf einen Blick eine breite Rückmeldung darüber, ob der jeweilige Textinhalt von den S verstanden wurde. Wenn sich hier größere Abweichungen zeigen, sollte L dies zum Anlass nehmen, einen erneuten Lese-/Hörauftrag zu stellen, um das gesuchte Detail zu erfassen (selektives Lese-/Hörverstehen).
Das synchrone Ausführen auf Kommando ist wichtig, damit sich unsichere S nicht an ihren Mit-S orientieren.
Wenn die Methode mehrfach eingesetzt wurde, können lernstärkere S die L-Rolle übernehmen.

Scenic play (Szenisches Spielen)

Durch die Methode des *Scenic play* werden kognitive Fähigkeiten, emotionale und körperliche Ausdruckskräfte sowie manuelle und künstlerische Fertigkeiten der S entwickelt und geschult. Das szenische Spielen von Geschichten bettet die Fremdsprache in einen Kontext ein, an dem die S selbst mit allen Sinnen beteiligt sind. L sollte vorher mit den S besprechen, was für das Nachspielen benötigt wird, und dann die Rollen verteilen. Benötigte Requisiten können oft als Zeichnungen an der Tafel dargestellt werden oder es finden Gegenstände aus dem Klassenraum Verwendung.

Schreibkonferenz

▶ Correcting circle

Schüler als Experten

▶ Binnendifferenziertes Arbeiten

Semantisierungstechniken

Um den S neuen Wortschatz zu erschließen, können unterschiedliche Techniken der Semantisierung angewendet werden. Im Sinne deiktischer Semantisierung sollte neuer Wortschatz grundsätzlich nicht isoliert, sondern immer in einem Satz- oder Sinnzusammenhang eingeführt werden.

Realgegenstände: Realia eignen sich hervorragend zur anschaulichen Vermittlung neuer Lexeme (vorrangig konkreter Begriffe). Geht es z. B. um das Wort *pencil case*, so hält L ein Federmäppchen hoch und sagt: *This is a pencil case.* Wort und Bedeutung können so nachhaltig miteinander verknüpft werden. Siehe auch ▶ Flashcards.

Mimik, Gestik und Demonstration: Durch den Einsatz von Mimik und Gestik kann den S die Bedeutung entsprechender Lexeme nachhaltig vermittelt werden.

- Beispiel Mimik: L macht ein zorniges Gesicht, um das Wort *angry* zu demonstrieren. Dies kann auch verbal unterstützt werden, z. B. *Hey! Stop that!*
- Beispiel Gestik: Wenn es um das Wort *first* geht, streckt L den Daumen nach oben und sagt: *It's the first morning in London.*
- Beispiel Demonstration: Das Wort *open* wird eindeutig demonstriert, indem L das Fenster öffnet und dabei sagt: *Let's open the window.* Noch lernwirksamer ist es, wenn dazu das Lexem *close* demonstriert und eingeführt wird: *Now let's close the window.*

Logischer Bezug: Mit einer Definition des Lexems kann L dies ebenfalls einführen, z. B. *A dog is an animal with four legs and a tail. It barks.* Weitere logische Bezüge können über Dreisätze *(A man has a mouth, a bird has a beak, ...)* oder den Rückschluss vom Ganzen aufs Einzelne *(a week = 7 days)* hergestellt werden.

Lexikalische Bezüge: Diese können mithilfe von Synonymen oder Antonymen *(shop – store; young ≠ old)*, einer Zuordnung *(Dogs, cats and rabbits are pets.)* oder einer Herleitung *(happy – happiness)* hergestellt werden.

Der Rückgriff auf die Muttersprache sollte nur sehr selten erfolgen. In einigen Ausnahmefällen kann dieser allerdings hilfreich sein:
- um auf orthographische Ähnlichkeiten aufmerksam zu machen (*theatre* – Theater)
- um phonetische Ähnlichkeiten hervorzuheben (*shoe* – Schuh).

Sprachmittlung

► Mediation

Szenisches Spielen

► Scenic play

Think-Pair-Share

Diese kooperative Lernform dient den S dazu, von einer individuellen zu einer gemeinsamen Lösung zu gelangen. Ablauf:

► p. 71, 3
► p. 109, 3

1. EA: S denken allein über die Aufgabenstellung nach und machen sich ggf. Notizen.
2. PA: Zwei S besprechen ihre Notizen und kommen zu einer gemeinsamen Lösung.
3. GA: Zwei Paare bilden eine Vierergruppe, die gemeinsam ihre Lösungen bespricht. Eine andere Möglichkeit ist, dass die Paare ihre Lösungen im Plenum vorstellen.

L sollte für jeden Arbeitsschritt ein Zeitlimit setzen.

Total Physical Response (TPR)

Das Konzept der *Total Physical Response (TPR)* beruht auf der Einbeziehung von Körpersprache und Bewegung, um das Hörverstehen der S zu fördern. *TPR* spricht in besonderem Maße S mit Sprechhemmungen oder geringem Sprachinventar an, die mithilfe der Methode die Fremdsprache handelnd umsetzen und so Erfolgserlebnisse erzielen. S reagieren auf eine Anweisung von L oder einem anderen S nonverbal, indem sie diese in Bewegung umsetzen. Die Anweisungen sollten z. B. durch Gestik oder den Einsatz von Realgegenständen verständlich gemacht werden. Durch mehrfache Wiederholung kann die Behaltensleistung gesteigert werden, indem Handlung und Sprache nachhaltig miteinander verknüpft werden.

Worterschließungstechniken

Um sich Worte in der Fremdsprache ohne die Hilfe von L zu erschließen, können sich S verschiedener Techniken, die ihnen aus der Muttersprache geläufig sind, bedienen. So können sie Worte aus dem Kontext erschließen, sich Bedeutungen aus der Wortzusammensetzung herleiten oder über eine phonologische oder grafische Ähnlichkeit des Wortes in der Muttersprache auf die Bedeutung schließen.

Wortschatzsemantisierung

► Semantisierungstechniken

Kopiervorlagen (KV)

Nice to meet you! KV 1

Part 1: Meet your class

a) *Walk around. Talk to different partners like this:*

You:	Your partner:
– Hi, I'm … What's your name?	I'm …
– I'm ten/eleven/twelve/… What about you?	I'm ten/eleven/twelve/…
– I'm from … What about you?	I'm from …

b) *Write the answers in the table:*

name?					
how old?					
from?					

c) *Look at your table again. Can you find …*

– … someone who[1] is as old as you? ______________________________

– … someone who is from the same city[2]/place[3] as you? ______________________________

____

[1] *someone who ...* – jemand der … [2] *city* – Stadt [3] *place* – Ort

✂- -

Part 2: Cyril's song

Listen to Cyril's song. Cut out the verses on the right and put them in the right order. Listen again and check. Then sing the song.

CYRIL'S SONG

I'm Cyril the crab
And I like the sea.
I love water
All around me.

Chorus:
I run and I hide,
I dive in the sand.
Don't pick me up
Or I'll pinch your hand.

Ice cream and orange juice
Picnics in the sun
Boats and surfboards
The beach is great fun.

Chorus

I'm going to Plymouth
You can come too
We can be friends
Nice to meet you!

Chorus

I love the beach
And sandcastles too
I like playing football
What about you?

Chorus

Colours

1 *Find the words for the colours and write them down.*

2 *Then colour the splashes*[1].

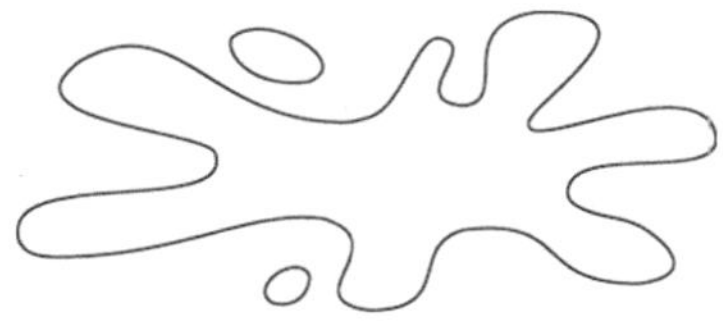

o l y e l w = _ _ _ _ _ _

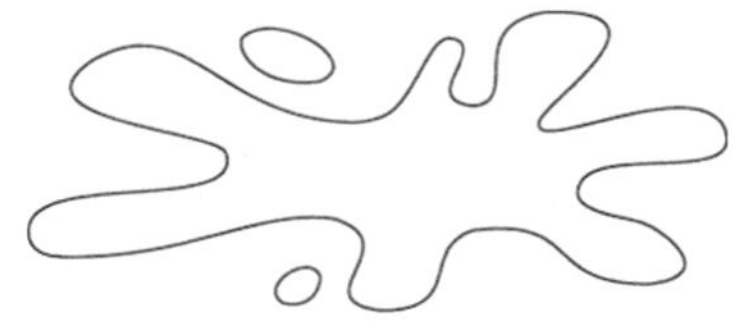

e n e r g = _ _ _ _ _

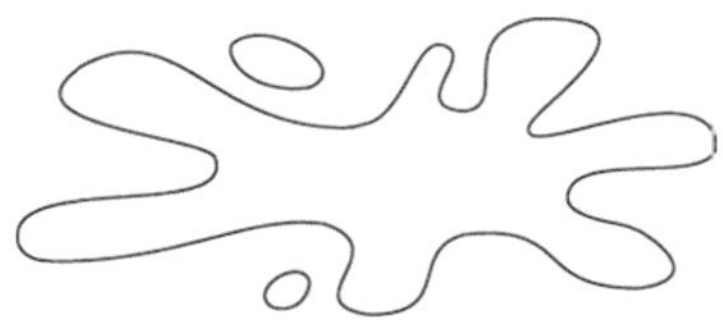

d r e = _ _ _

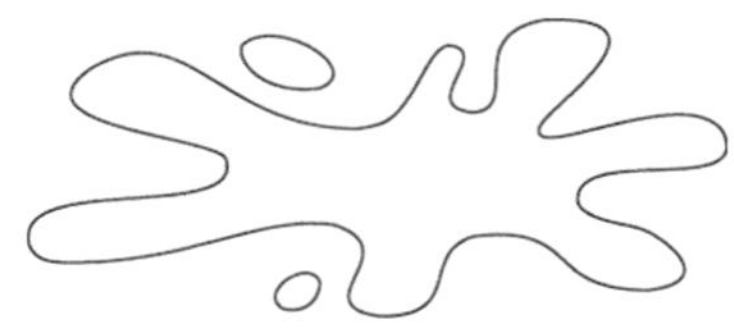

w o r n b = _ _ _ _ _

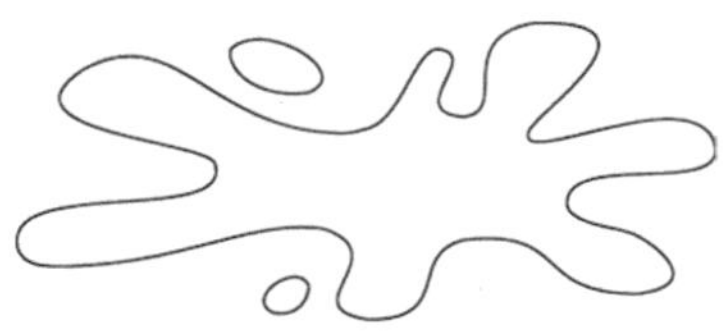

k a l b c = _ _ _ _ _

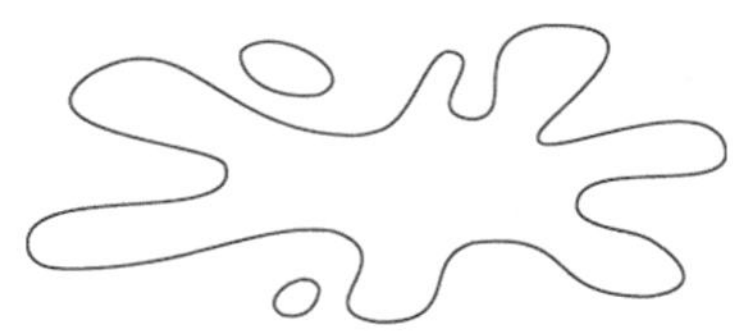

u e l b = _ _ _ _

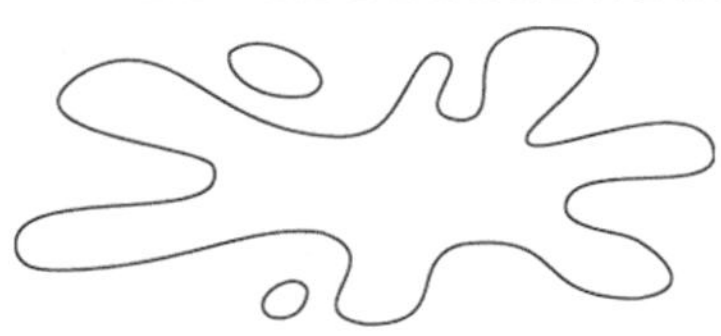

e l p r u p = _ _ _ _ _ _

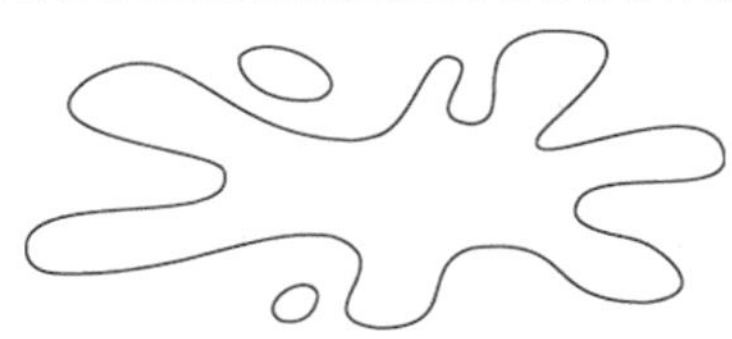

y r e g = _ _ _ _

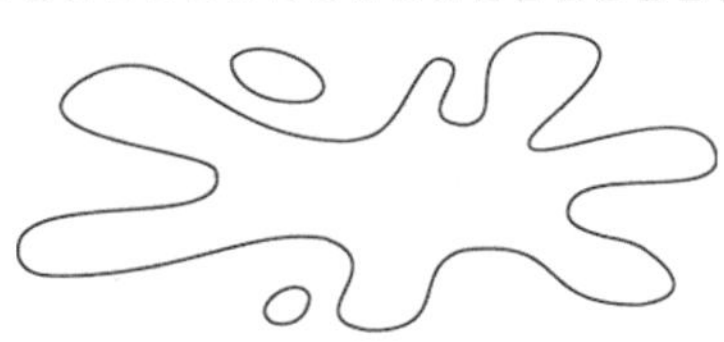

w e h t i = _ _ _ _ _

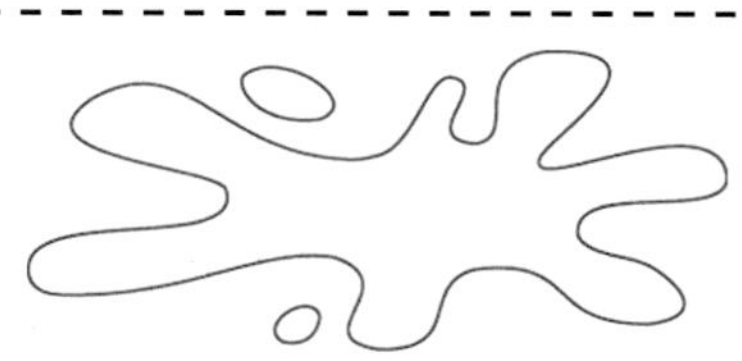

k n i p = _ _ _ _

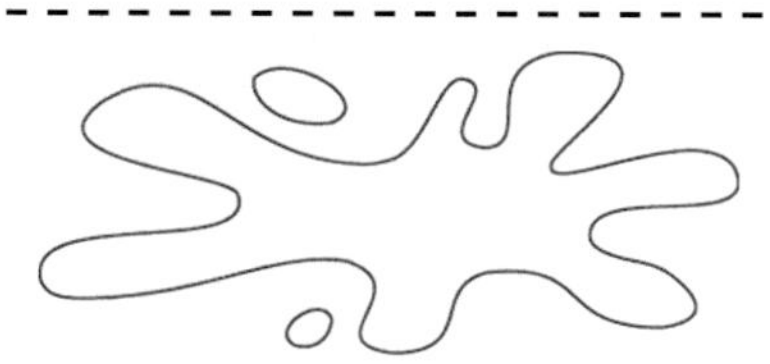

g a r o n e = _ _ _ _ _ _

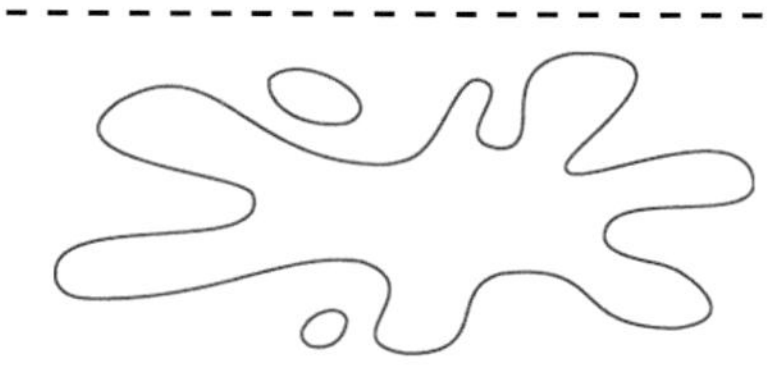

my favourite colour = ____________

Tip: You can cut out the cards and use them for exercise 1 (p. 10) in your student's book.

[1] *splashes* – Farbspritzer

Sports and hobbies – Crossword puzzle KV 3

1 *Look at the pictures. Then write the names of the eight sports and hobbies in the crossword puzzle.*

4 (down ⇩)

2 (down ⇩)

1 (down ⇩: two words)

5 (down ⇩: two words)

3 (down ⇩)

6 (down ⇩)

6 (across ⇨)

7 (across ⇨)

2 More practice *Do you know any other sports and hobbies? Write down as many as you can:*

1 *Look at the pictures. Do you know the English words for these animals?*

2 *Talk to your partner like this:*

You:
– I think number 1 / 2 /… is a crocodile /…

Your partner:
Right. / Wrong. I think number 1 / 2 /… is a …

3 *Find the animal words in the word grid – as many as you can.*

A	G	O	A	T	T	G	F	L	M	R	H	S	I	T	M
E	I	R	O	S	I	U	M	T	O	R	A	B	B	I	T
C	R	O	C	O	D	I	L	E	P	B	M	R	H	G	M
V	A	R	U	P	B	N	O	L	X	A	S	H	E	E	P
I	F	C	R	E	L	E	P	H	A	N	T	K	T	R	E
D	F	W	Q	Z	C	A	T	M	N	H	E	G	W	C	R
B	E	A	R	B	L		O	T	P	A	R	R	O	T	L
I	W	P	A	Y	B	P	I	H	S	K	N	X	L	E	J
R	A	T	C	C	T	I	F	O	V	T	Z	H	F	B	U
D	J	N	K	A	N	G	A	R	O	O	M	U	K	P	Y
I	L	M	X	M	O	A	C	S	P	R	S	C	C	O	W
G	O	O	S	E	Q	D	D	E	N	T	U	H	B	N	I
H	N	U	I	L	I	O	N	J	M	O	N	K	E	Y	N
F	I	S	H	O	D	G	F	P	M	I	T	L	C	P	D
O	K	E	J	V	X	O	P	I	S	S	N	A	K	E	L
X	V	H	E	I	B	U	D	G	I	E	Y	P	U	A	L

▼

▲ *fold here*

More help cow • guinea pig • goat • lion • goose • mouse • horse • fox • kangaroo • giraffe • tortoise • camel pig • wolf • parrot • sheep • crocodile • bear • cat • rat • monkey • bird • pony • elephant • snake • dog • fish rabbit • hamster • tiger

4 *Check yourself.*

A	G	O	A	T	T	G	F	L	M	R	H	S	I	T	M
E	I	R	O	S	I	U	M	T	O	R	A	B	B	I	T
C	R	O	C	O	D	I	L	E	P	B	M	R	H	G	M
V	A	R	U	P	B	N	O	L	X	A	S	H	E	E	P
I	F	C	R	E	L	E	P	H	A	N	T	K	T	R	E
D	F	W	Q	Z	C	A	T	M	N	H	E	G	W	C	R
B	E	A	R	B	L		O	T	P	A	R	R	O	T	L
I	W	P	A	Y	B	P	I	H	S	K	N	X	L	E	J
R	A	T	C	C	T	I	F	O	V	T	Z	H	F	B	U
D	J	N	K	A	N	G	A	R	O	O	M	U	K	P	Y
I	L	M	X	M	O	A	C	S	P	R	S	C	C	O	W
G	O	O	S	E	Q	D	D	E	N	T	U	H	B	N	I
H	N	U	I	L	I	O	N	J	M	O	N	K	E	Y	N
F	I	S	H	O	D	G	F	P	M	I	T	L	C	P	D
O	K	E	J	V	X	O	P	I	S	S	N	A	K	E	L
X	V	H	E	I	B	U	D	G	I	E	Y	P	U	A	L

5 *Do you know any other animal words?*

6 More practice *Fill in the animal words in the table below:*

pets	wild animals / zoo animals	farm animals

Animal pairs

1 *Look at the pictures and write the English words for the animals on the empty cards.*

2 *Then cut out the cards and play the Animal pairs game.*

Glue your own animal picture c this card!

pony

3 More practice *Make your own animal cards:*
Draw or glue a picture of an animal on a card. Then write the name on another card.

Picture story – Part 1 KV 6A

1 *Look at the pictures on this page. Who can you see?*

2 *Cut out the pictures. Then listen to part one of the story. Put the pictures (A–F) in the right order.*

3 *Cut out the pictures. Then listen to part two of the story. Put the pictures (A–E) in the right order.*

4 *Check with a partner and/or in class. Then glue the pictures into your exercise book.*

5 *Match the captions to the pictures.*

Cyril and Sandy are at the beach	Luca likes ice cream
Luca and his family go to the beach	A crab in the sandcastle
Ellie is with her friends and her sister	Berry likes music
Adam and mum are on a bike	Adam – a football star
Berry and dad in the car	Cyril's favourite day
Lots of children – Cyril is not happy	

1 Welcome to our school KV 7

Part 1: School sounds

Cut out the pictures. What can you hear? Put the pictures in the right order. Then write the words.

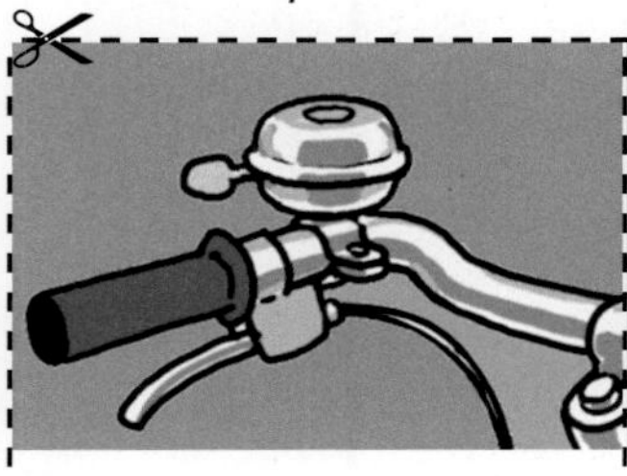

Part 2: Me and my class

a) Good morning, class 7Y

Complete the table.

Name	Age	From	Brothers	Sisters	Hobbies	Pets
Berry						
Luca						
Ellie						
Adam						

More practice *Now find out about three students in* <u>*your*</u> *class:*

Name	Age	From	Brothers	Sisters	Hobbies	Pets

b) About me

Name:	Class:	Pets:
Age:	Class teacher:	Best friends:
From:	Brothers:	Hobby / Sport:
School:	Sisters:	Favourite colour:

Look at the pictures and write down the names for the lessons 1–13.

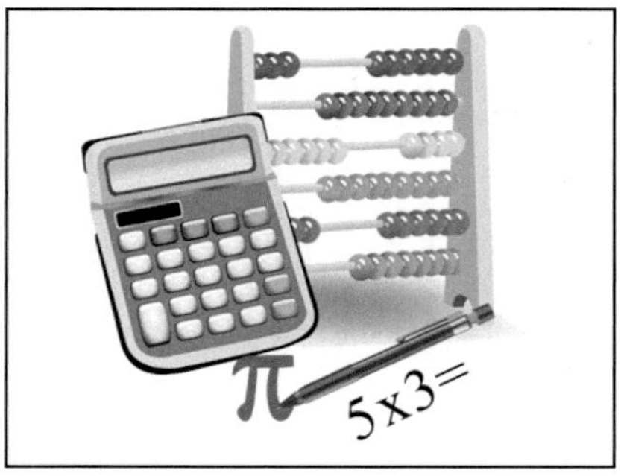

1 ____________ 2 ____________ 3 ____________

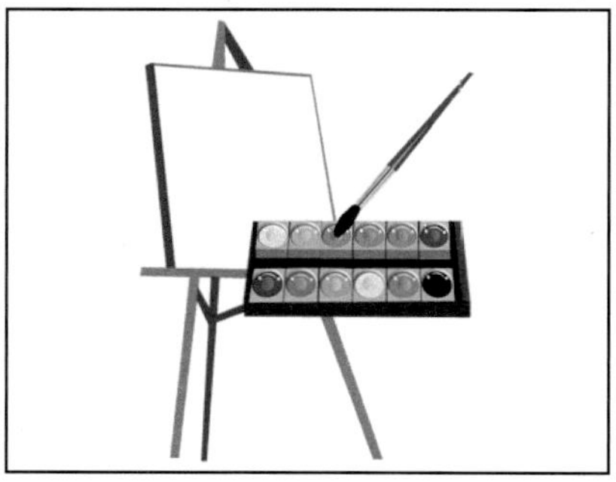

4 ____________ 5 ____________ 6 ____________

7 ____________ 8 ____________ 9 ____________

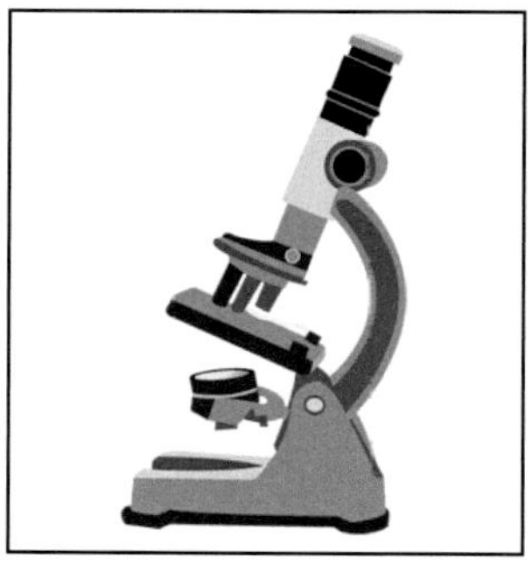

10 ____________ 11 ____________ 12 ____________ 13 ____________

▼

▲ *fold here*

More help art • drama • English • French • geography • German • history • ICT • maths • music • PE • science • technology

1 About Ellie, Luca and me (The verb *be* – short forms) KV 9

1 *Complete the rules:*

’m • ’s • ’re = Yes	’m not • isn’t • aren’t = No
I + ____________	I + ____________
he/she/it + ____________	he/she/it + ____________
we/you/they + ____________	we/you/they + ____________

2 *Complete the sentences in the speech bubbles.*

a) *Fill in: ’m (2x) • ’s (1x) • is (1x) • isn’t (1x) • ’re (2x) • aren’t (1x).*

Hi, I ________ (1) Ellie.
I ♥ my family. We ________ (2) from Plymouth.
I ________ (3) at Eggy.
My English teacher is Ms Lee. She ________ (4) nice!
And Ruby and Charlie? They ________ (5) my best friends.
But they ________ (6) in my class. ☹
My hobby ________ (7) riding. It ________ (8) tae kwon do !! ☺ !!

b) *Fill in: ’m (2x) • ’m not (1x) • ’s (2x) • isn’t (2x) • ’re (1x) • aren’t (1x).*

Hi, I ________ (9) Luca.
My family and I ________ (10) from Woolwell.
We ________ (11) from Plymouth.
I ________ (12) twelve, but I ______ (13) ten.
Grace, my sister, ________ (14) at Eggy.
She ________ (15) five years old!!
My hobby ________ (16) tae kwon do. Uuagh!!
It ________ (17) riding my BMX. ☺

c) *Fill in: ’m (2x) • ’re (2x) • aren’t (1x). For ??? fill in your own ideas.*

Hi, I ________ (18) ??? ____________________
My family is nice. We ________ (19) from Plymouth.
We ________ (20) from ???____________________
I ________ (21) at ???____________________ School.
My favourite teachers are Mrs ???____________________
and Mr ???____________________.
They’ ________ (22) nice.

1 School uniforms KV 1

1 *What can you see? Write the names on the labels.*

1.	3.	5.	7.	9.

2.	4.	6.	8.	10.

2 *Work with a partner. Colour the school uniforms.*

a) Partner A: *Colour 1–5. Write your ideas for colours in the table like this:* shirt: pink.

Partner B: *Colour 6–10. Write your ideas for colours in the table like this:* blazer: black.

Partner A: 1–5	Partner B: 6–10
1. ______________ : ____________	6. ______________ : ____________
2.	7.
3.	8.
4.	9.
5.	10.

b) *Now tell your partner about the colours:*

Partner A: Start with (1–5).	Partner B: Swap roles with A for 6–10.
Partner A: Tell partner B how to colour 1–5.	Partner B: Tell partner A how to colour 6–10.
Colour the shirt pink.	Colour the blazer black.
Partner B: Listen to partner A and colour 1–5.	Partner A: Listen to partner B and colour 6–10.

c) *Look at the table in* **a)** *again and check your partner's colours.*

d) *Write sentences about your picture:* I like / don't like the pink shirt / ...

▼

▲ *fold here*

More help blazer • pullover • shirt • shoes • skirt • socks • sweatshirt • tie • tights • trousers

1 *Cut out the pictures. Then listen to the story and put the pictures in the right order.*

☐ ______________________

☐ ______________________

☐ ______________________

☐ ______________________

☐ ______________________

☐ ______________________

2 *Number the pictures and glue them into your exercise book.*

3 ● *Write captions for the pictures.*

▼ ▲ *fold here*

More help *Match the captions with the pictures*

Luca has an idea	A very nice tie
Ellie and Berry	Ellie and the principal
No tie in assembly	No tie in the English lesson

Fill in the table for each group: ☺ = very good; 😐 = OK; ☹ = not so very good / needs more practice.

Group / Names of actors Criteria: The actors … (*Die Schauspieler …*)	1:	2:	3:	4:	5:
… act the scene well. *(… spielen die Szene gut)*					
… know the text and speak without notes / their books. *(… kennen den Text auswendig und sprechen ohne Notizen / ihre Bücher)*					
… speak loudly and clearly. *(… sprechen laut und deutlich)*					
… speak good English. *(… sprechen gutes Englisch)*					
… have nice props. (e.g.: tie, scissors, …) *(… haben schöne Requisiten)*					
→ Best group					

Add more school words to the network.

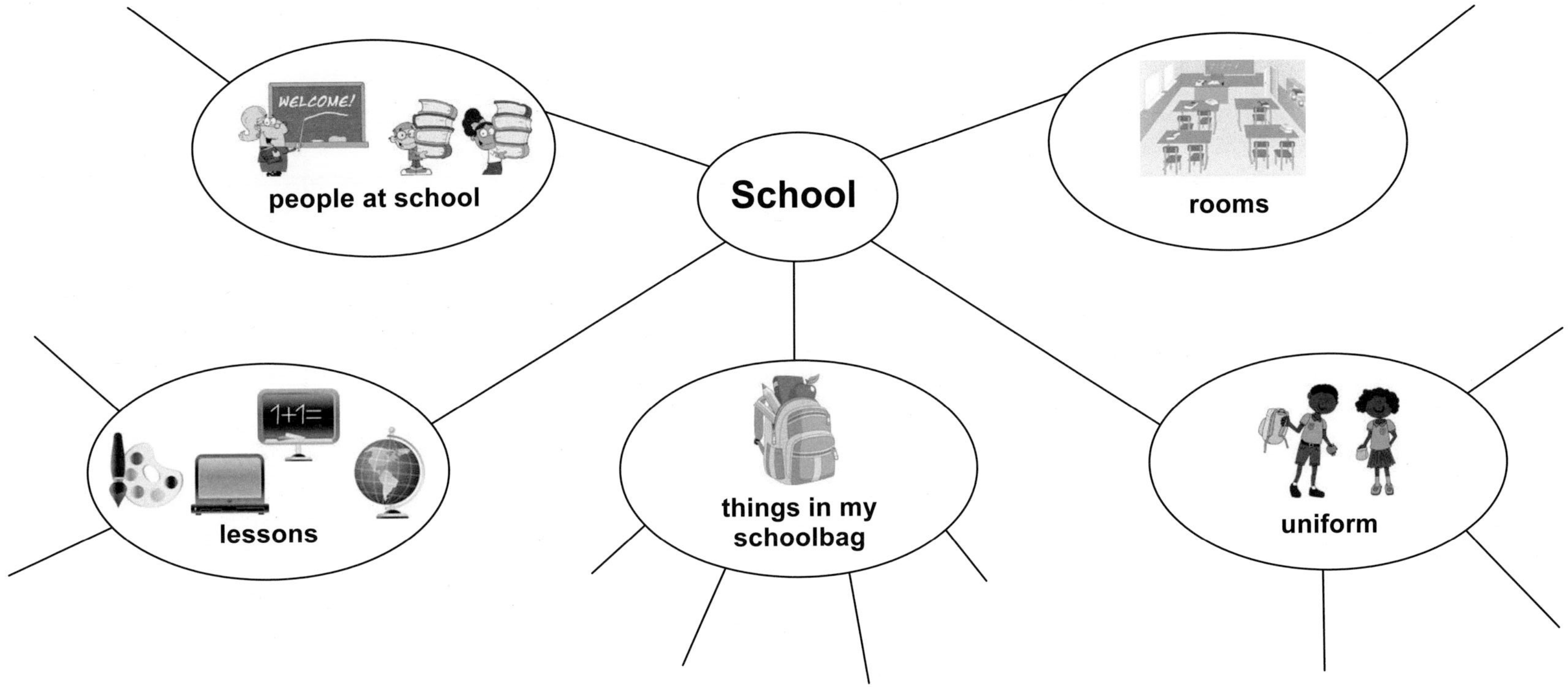

Tip: You can look at the words below this line for help.

▼

▲ *fold here*

More help art room • blazer • classroom • class teacher • computer room • diary • English • rubber • French • history • maths • PE • pencil case • ruler • skirt • sports hall • hole punch • student • sweatshirt • teacher • tie • trousers • …

a) *Answer the questions.*

	Me				
1 Who's your favourite teacher?					
2 Who's your best friend in our class?					
3 What's your favourite hobby?					
4 What's your favourite animal?					

More practice *Write and ask more questions.*

5 What's your favourite lesson?					
6 …					
7 …					
8 …					

b) *Walk around. Ask different partners. Write their names and answers in the table.*

c) *Tell the class.* My favourite … Tina's favourite … Karim's favourite …

a) *Answer the questions.*

	Me				
1 Who's your favourite teacher?					
2 Who's your best friend in our class?					
3 What's your favourite hobby?					
4 What's your favourite animal?					

More practice *Write and ask more questions.*

5 What's your favourite lesson?					
6 …					
7 …					
8 …					

b) *Walk around. Ask different partners. Write their names and answers in the table.*

c) *Tell the class.* My favourite … Tina's favourite … Karim's favourite …

Meet the kids from Harbour Road: Profiles

1 *What information do you get about Sarah, Paul and Anna? Watch "The kids from Harbour Road", Unit 1 and fill in the first part of the table.*

Unit 1	**Name:**			
	Address:			
	School:			
	School uniform: (-problems?)			
	Favourite lesson / teacher:			
	My favourite kid from Harbour Road:			

2 *Add more information after each Unit. Here are some ideas:*

More help character (bossy, funny, cool, nice, quiet, lazy, mean, messy, boring, friendly, …) • family (brothers or sisters, …) • favourite clothes/outfit • favourite food • favourite football team • hobbies / sports • likes / doesn't like (animals, places, things, …) • talents (good at …) • …

1 *Cut out the photos. Then match the place names to the photos and write them under the photos: the sports hall • assembly • a maths lesson • the canteen • Harbour Road.*

2 *Watch the film. Put the photos in the right order.*
Check with a partner.

3 *Glue the photos into the boxes below. Complete the sentences under the photos.*

1. First they're in ________ ________	2. And then they're in ________ ________	3. Then ________ ________
4. ________ ________	5. ________ ________	6. In the end, they're back[1] in ________

[1] *back* ... – zurück

More practice *What else can you see in the photos? Find as many English words as you can. Talk to a partner like this:*

I can see students / a teacher / … in photo 1 / …

Yes, and I can see a chair / … in the canteen / …

Info-gap activity: A timetable

Partner A:

Lesson	Monday	Tuesday	Wednesday	Thursday	Friday
1	English	.....	technology	geography	.....
2	.....	English	history	.....	PE
3	science	history	.....	music	.....
4	.....	.....	maths	.....	German
5	German	German	maths	science	technology

Partner B:

Lesson	Monday	Tuesday	Wednesday	Thursday	Friday
1	.....	music	technology	geography	PE
2	maths	English	history	German	.....
3	science	.....	PE	.....	English
4	art	maths	.....	science	German
5	.....	German	maths	.....	.....

Answers to STOP! CHECK! GO! (Unit 1)

1 WORDS School things ► **Unit 1, p. 30**

a **1** blazer, **2** shirt, **3** tie, **4** pullover, **5** skirt, **6** tights, **7** trousers, **8** shoes (8 points)

b **1** hole punch, **2** exercise book, **3** pencil case, **4** ruler, **5** pencil sharpener, **6** pencil, **7** pen, **8** school bag, **9** books, **10** diary, **11** rubber, **12** calculator (12 points)

☺	😐	☹
20–16	15–10	9–

2 WORDS More school things ► **Unit 1, p. 30**

a **1** shirt; **2** Monday, **3** lunch; **4** school; **5** calculator; **6** brother (6 points)

b One answer for each group is OK.

1 pencil case, ruler, stapler, felt-tip, schoolbag, exercise book, book, diary, calculator, …
2 PE, history, geography, technology, English, German, ICT, drama, art, music, …
3 basketball, hockey, swimming, riding, inline-skating, …
4 art room, English room, assembly hall, canteen, …
5 lunch
6 class teacher, PE teacher, … (6 points)

c **1** … Monday/Tuesday/Wednesday/Thursday/Friday
2 … English/German/maths/PE/…
3 … a pencil case/three books/four exercise books/a diary/ a ruler/… (3 points)

☺	😐	☹
15–12	11–8	7–

3 READING Remember Cyril? ► **Unit 1, p. 30**

a B – D – C – A (4 points)

b **1** right, **2** right, **3** wrong, **4** right, **5** wrong, **6** wrong, **7** right (7 points)

☺	😐	☹
11–10	9–6	5–

4 LANGUAGE Remember Sandy? ► **Unit 1, p. 31**

1 Hi, I**'m** Sandy.
2 This **is** Cyril.
3 He**'s** my friend.
4 Benny and Babe **are** my friends too.
5 They**'re** fun.
6 We**'re** from Kingsand.
7 Kingsand **is** near Plymouth.
8 It**'s** great. (8 points)

☺	😐	☹
8–7	6–4	3–

5 LANGUAGE Remember Ellie? ► **Unit 1, p. 31**

1 Look, this **is** my new school.
2 It**'s** very big.
3 The students in my class **are** OK.
4 The teachers **are** OK too.
5 This **is** my new friend, Berry.
6 She**'s** great.
7 My friends Ruby and Charlie **are** at my school too.
8 But they **aren't** in my class.
9 This **is** my new uniform.
10 It **isn't** very nice. (10 points)

☺	😐	☹
10–8	7–5	4–

6 LANGUAGE That's wrong, Sandy! ► **Unit 1, p. 31**

1 Plymouth isn't in Germany. – It's in **England**.
2 Eggy isn't **in London**. – It's in **Plymouth**.
3 I'm **not a seagull**. – I'm **a crab**.
4 You **aren't a crab**. – You're **a seagull**.
5 They **aren't teachers**. – They're **students**.
6 They **aren't students** – They're **teachers.**
7 We **aren't students** at Eggy. – **We're** animals. (13 points)

☺	😐	☹
13–11	10–7	6–

7 LISTENING Adam and Luca ► **Unit 1, p. 32**

a 1 – 2 – 4 – 6 – 7 – 9 – 10 (7 points)

b **1** D; **2** E; **3** A; **4** F; **5** C; **6** B (6 points)

☺	😐	☹
13–11	10–7	6–

8 WORDS Talking to friends ► **Unit 1, p. 32**

1 Hi. How are **you**? – I'm fine, thanks.
2 Welcome **to** our school. – Thanks.
3 I'm in **class** 7B. – Me too.
4 See **you** later. – OK, see you.
5 I like **your** sweatshirt. – Oh, thanks.
6 I'm Emma. – **Nice** to meet you, Emma.
7 What's the next **lesson**? – It's maths.
8 Have a **good/nice** day. – You too. (8 points)

☺	😐	☹
8–7	6–4	3–

9 WRITING A dialogue with a new student ► **Unit 1, p. 32**

Berry	**Tamara**
Hi, I'm Berry. What's your name?	Hi, I'm Tamara. I'm from London. What about you?
I'm from Woolwell. I'm in class 7Y. What about you?	I'm in class 7D.
	What's your favourite lesson?
I like science. What about you? / And you?	I like history.
See you later, Tamara.	OK, see you.

(1 point for each correct sentence or question: for Berry 8 points, for Tamara 7 points)

☺	😐	☹
15–12	11–8	7–

a) *Find the words and match them with the rooms in this house:*

netchki • gniliv moor • lahl • redboom ((2x)) • gegara • robomath • ottile • labycon

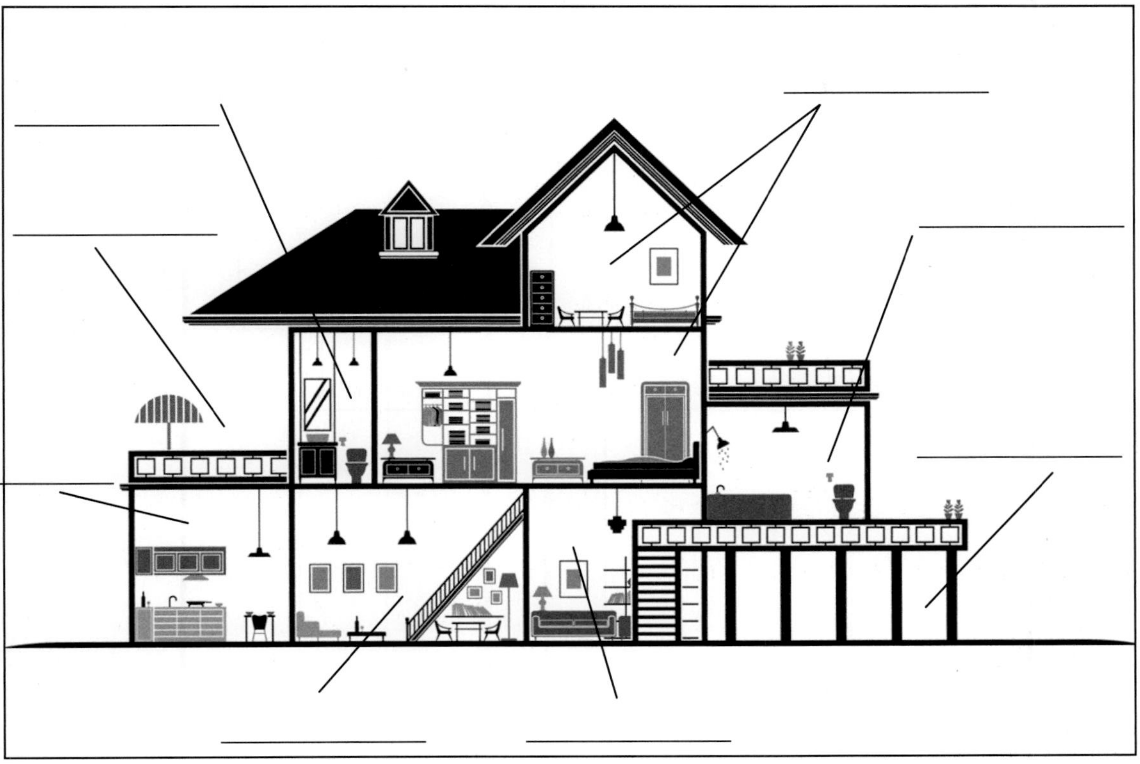

b) *Now design your dream house. Where is your bedroom/living room/…? Label the rooms.*

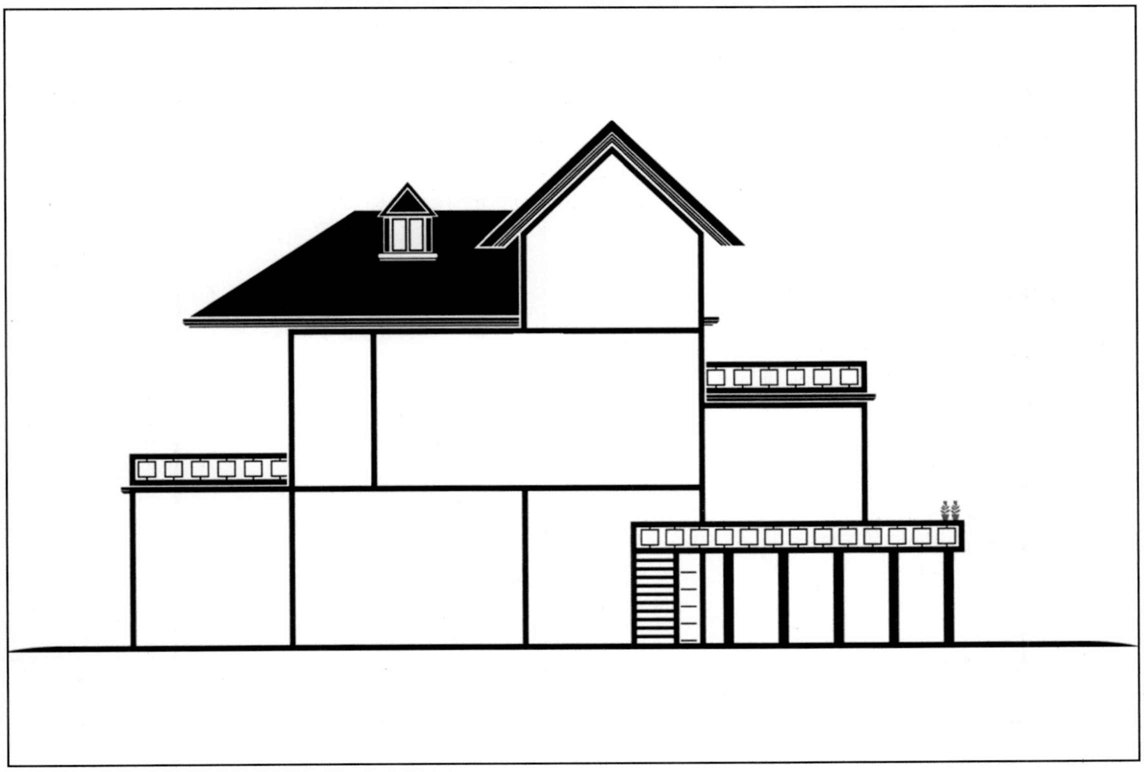

c) *Draw (or glue) things in your house/rooms.*

d) More practice *Label the things in your house. (after p. 39)*

My (dream) family tree

1 *Complete your (dream) family tree. Fill in the names and add pictures of your …*

a) *grandparents:*

b) *parents/aunts/uncles/…:*

c) *brothers/sisters/cousins/stepbrothers/…:*

Me: ____________

2 More help *Then talk about your family tree.*

3 More practice *Add boxes with names and photos of: step-parents, aunts, uncles, …*

▼

▲ *fold here*

More help *aunt • uncle • grandfather • grandmother • are/aren't together • (step)father • (step)mother • (step)brother • (step)sister • partner*

2 Things in my room – Crossword puzzle KV 21A

1 *Write the English words for the things in the crossword puzzle.*

Across (⇨):

3 

5 

7 

8 

9 

10 

Down (⇩):

1 

2 

3 

4 

6 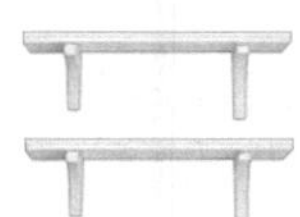

9 

▼

▲ *fold here*

More help bed • books • chair • cushions • desk • lamp • mirror • posters • rug • shelves • table • wardrobe

2 *Check yourself.*

	1 M			2 T							
	I			A							
	R			B		3 C	H	A	I	4 R	
	R			L		U				U	
5 P	O	S	T	E	R	S				G	
	R					H		6 S			
						I		H			
	7 W	A	R	D	R	O	B	E			
						N		8 L	A	M	P
		9 B	O	O	K	S		V			
		E					10 D	E	S	K	
		D						S			

3 *Now you: What's in your (dream) room? Write your ideas in the table.*

There's …	There are …

4 More practice *Find more English words for things in your house and write them down. Here are some ideas:*

Part 1: NOW YOU: Questions about you and your partner

a) *Write the answers for you in the table.*

	Me: ____________	My partner: ____________
1 Are you noisy?		
2 Are your friends fun?		
3 Is your grandmother from Germany?		
4 Is your dad strict?		
5 Is your mum bossy?		
6 Is your room messy?		

b) *Ask your partner the same questions and write the answers in the table.*

c) *Compare your answers with your partner's answers.*

– *Find two things that are different. Ex.:* I'm noisy, but my partner isn't noisy.
– *Find two things that are the same[1]. Ex.:* My friends are fun and my partner's friends are fun too.

d) More practice *Say/Write some sentences about your partner.*

Ex.: My partner is/isn't noisy. His/Her friends are fun. His/Her grandmother ...

[1] *the same* – gleich

Part 2: An Interview: What do you think?

a) *Answer the questions in the table for you.*

	Me	Partner 1	Partner 2	Partner 3	Partner 4	Partner 5
1 Is English easy?						
2 Is school fun?						
3 Is the principal strict?						
4 Are your teachers nice?						
5 Are you bossy?						

b) *Walk around. Ask as many partners as possible. Write the answers in the table.*

c) *Pick one interesting answer. Tell the class.*

d) More practice *Think of two more questions for your partners. Write the answers in the table.*

1 *Cut out the keywords A-H below and match them to the pictures.*

2 *Then talk or write about the pictures like this:*

In picture 1/2/..., Ellie is at her mum's house/dad's flat.
She's in the kitchen/... She's (not) happy.

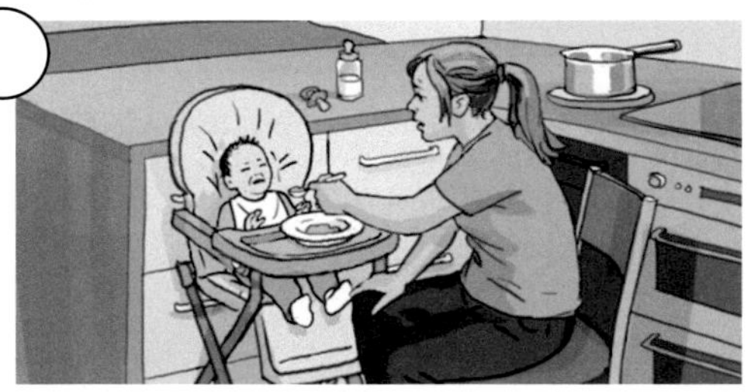

A dad's flat – her room – happy	**E** dad's flat – living room – not happy
B dad's flat – living room – happy	**F** dad's flat – kitchen – not happy
C mum's house – kitchen – happy	**G** dad's flat – her pink room – happy
D dad's flat – her room – not happy	**H** mum's house – kitchen – happy

Part 1: The banana skin game

Play the banana skin game in groups of three or four.

WAS? 1 Würfel und 3 oder 4 Spielsteine.
WIE? Landest du auf einem Nummernfeld, nenne die classroom phrase. War sie korrekt, bleibe auf dem Feld. Hast du einen Fehler gemacht, gehe zwei Felder zurück. Dann ist der / die Nächste an der Reihe.

Part 2: Classroom phrases pairs game

More practice *Write the complete English classroom phrases 1–12 down on cards. Write another 12 cards with the matching German classroom phrases. Then play the classroom phrases pairs game.*

(1) Can I go to the toilet, please?	(1) Kann ich bitte auf die Toilette gehen?		

All about homework: *Answer the questions for you. Then compare your answers with a partner.*

1 How much homework do you do every day?
a) 30 minutes b) 1–2 hours c) more than 2 hours d) I don't do any homework.

2 When do you do your homework?
a) after lunch b) in the afternoon c) in the evening d) before school starts

3 Where do you do your homework?
a) in my bedroom b) in the kitchen c) in the living room d) at school

4 Do you start with …?
a) easy homework b) difficult homework c) "fun" homework d) your favourite subject

5 Who helps you with your homework?
a) my brother/sister b) my mum/dad c) my friends d) Nobody, I do it alone.

6 I think homework is….
a) boring b) okay c) important d) ____________________

7 What do you do when you don't like your homework?
a) I talk on my mobile b) I eat or drink c) I listen to music or watch TV

d) ____

✂- -

All about homework: *Answer the questions for you. Then compare your answers with a partner.*

1 How much homework do you do every day?
a) 30 minutes b) 1–2 hours c) more than 2 hours d) I don't do any homework.

2 When do you do your homework?
a) after lunch b) in the afternoon c) in the evening d) before school starts

3 Where do you do your homework?
a) in my bedroom b) in the kitchen c) in the living room d) at school

4 Do you start with …?
a) easy homework b) difficult homework c) "fun" homework d) your favourite subject

5 Who helps you with your homework?
a) my brother/sister b) my mum/dad c) my friends d) Nobody, I do it alone.

6 I think homework is….
a) boring b) okay c) important d) ____________________

7 What do you do when you don't like your homework?
a) I talk on my mobile b) I eat or drink c) I listen to music or watch TV

d) ____

Part 1: The kids from Harbour Road: Homework time

1 *Who says what – Anna, Sarah or Paul?* Anna says D, ... / Sarah says B, ... / Paul says A, ...

2 *Watch the film again and check. Then put the sentences in the right order:* ***A – L – D – …***

More practice *Act out the dialogue between Sarah, Paul and Anna.*

A: So Anna, what's for homework today?	**B:** Let's have a cup of tea first.
E: This maths is so hard. (…) I know.	**D:** Well, we have lots of homework today.
C: Yeah. It's Liverpool and Chelsea, I think. (…) Biscuits!	**F:** We can listen to music while we do our homework.
G: OK, tea first. Then maths homework.	**H:** There's a football match on TV tonight.
I: My brother has a new computer game. Come upstairs – let's look.	**J:** Ah, chocolate biscuits – my favourite. (…) OK homework time. Maths first.
K: Come on, Sarah, homework time!	**L:** Homework … ugh!
M: Like what? History?	**N:** Good idea!
O: What?	**P:** Yep. Geography. Oh, and maths. Lots and lots.
Q: Oh no!	**R:** Wait for me!

Part 2: Make your own dialogue about homework

Look at the role cards and act a dialogue with your partner.

Partner A: You start! *You want to finish your homework fast BEFORE you do something else.*	**Partner B: Your partner starts!** *You don't want to do your homework now. You have lots of nicer ideas.*
– Hello, …	– Hello, …
– We have lots of homework today. Let's start with … (– English – maths/…)	– Homework – ugh. Let's … first. (– have a cup of tea/… – drink a glass of orange juice/…)
– OK, … first and then homework. (– tea – orange juice/…)	– What about some …? (– chocolate – biscuits/…)
– Good idea. But then let's start with our … homework. (– English/…)	– I know, let's …! (– play my new computer game – watch TV/…)
– Come on, homework time! Homework is important. We can … later. (– play … – watch …/…)	– OK, OK. Let's do our homework now.

Answers to STOP! CHECK! GO! (Unit 2)

1 WORDS Can you remember Ellie's family? ► **Unit 2, p. 48**

a) I'm Pete. I'm Ellie's **stepdad** (1).
I'm Jackie. I'm Ellie's **mum** (2).
I'm Conor. I'm Ellie's **stepbrother** (3).
I'm Zoe. I'm Ellie's **stepsister** (4).
I'm Steve. I'm Ellie's **dad** (5).
I'm Alisha. I'm Steve's **partner** (6).
This is Finn. He's Ellie's **baby brother** (7).
And this is my big **family** (8). (8 points)

b) aunt, cousin, grandfather, grandmother, grandparents, parents, uncle .. (5 points)

☺	😐	☹
13–11	10–7	6–

2 WORDS Sandy's house ► **Unit 2, p. 48**

a) A4, B2, C5, D7, E6, F3, G8, H1 (8 points)

b) Hi! Welcome to my **house**. The **bedroom** is yellow. And the **hall** is pink. This is my kitchen – it's very **big**. My **bathroom** is red – cool! Look at my living room – it's **green**. Great! Now look at my garden. It's **small**, but it's my favourite place! (6 points)

c) 1 toilet, 2 kitchen, 3 bedroom, 4 garage, 5 living room (5 points)

☺	😐	☹
19–16	15–10	9–

3 REVISION Sandy's family ► **Unit 2, p. 49**

My family **is** (1) big. This **is** (2) my father.
Dad **is** (3) very strict, but he**'s** (4) fun too.
This **is** (5) my mum. She**'s** (6) cool, but she**'s** (7) strict too.
My brothers and sisters **are** (8) OK. But they**'re** (9) very messy.
We**'re** (10) all very noisy.
I'm (11) happy because **I'm** (12) in my new house.
It's (13) great! (13 points)

☺	😐	☹
13–11	10–7	6–

4 LANGUAGE Questions for Sandy ► **Unit 2, p. 49**

1 Hey, Sandy. Are you happy? – **Yes, I am.**
2 Is your family small? – **No, it isn't.**
3 Are your parents strict? – **Yes, they are.**
4 Is your mum cool? – **Yes, she is.**
5 Are your brothers and sisters mean? – **No, they aren't.**
6 Are you and your family noisy? – **Yes, we are.**
7 Is your new house messy? – **Yes, it is.** (7 points)

☺	😐	☹
7–6	5–4	3–(

5 LISTENING Numbers and addresses ► **Unit 2, p. 49**

a) Adam: 07821 44**5** 19**4**1 Berry: 07794 19**9** **4**515 Luca: 077**8**51 819 **4**32 . (6 points)
b) 2: 9 Windsor Street, Plymouth, PL3 2ET (1 points)
c) Adam's address: 22 Hoe Lane, Plymouth, PL1 8NB (3 points)

☺	😐	☹
10–8	7–5	4–(

6 WRITING An email to a new e-pal ► **Unit 2, p. 50**

1 **Are** you from England?
2 **Is** your family small?
3 **Is** your house in a city?
4 **Is** your room nice?
5 **Is** your school big?
6 **Are** your friends cool?
7 **Are** your teachers OK? (7 points)

☺	😐	☹
7–6	5–4	3–(

(marker symbol)	What do you see? Say the English word.
STOP	Miss a turn!
(diamond symbol)	Throw again!
(wheel symbol)	Go back to number …

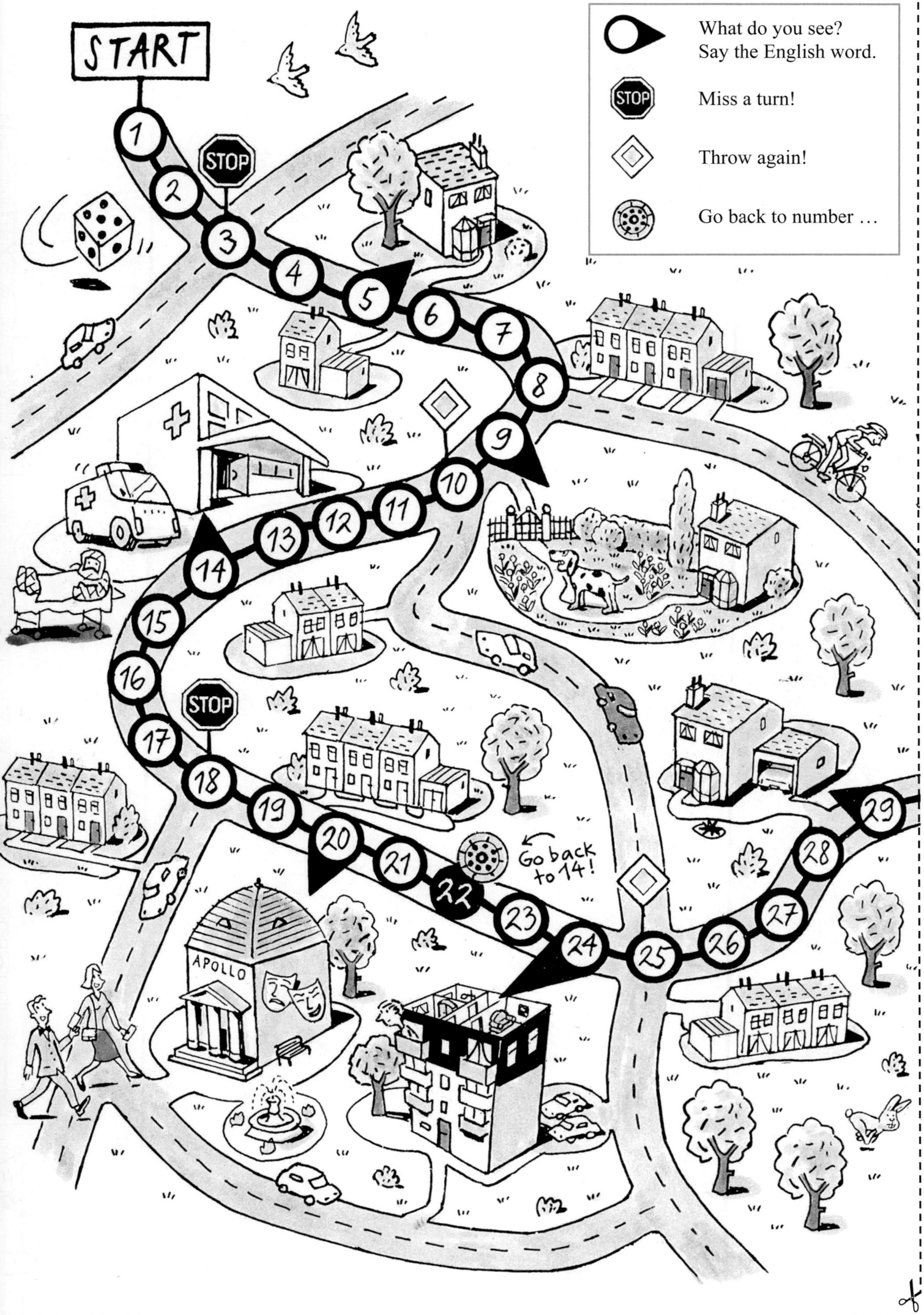

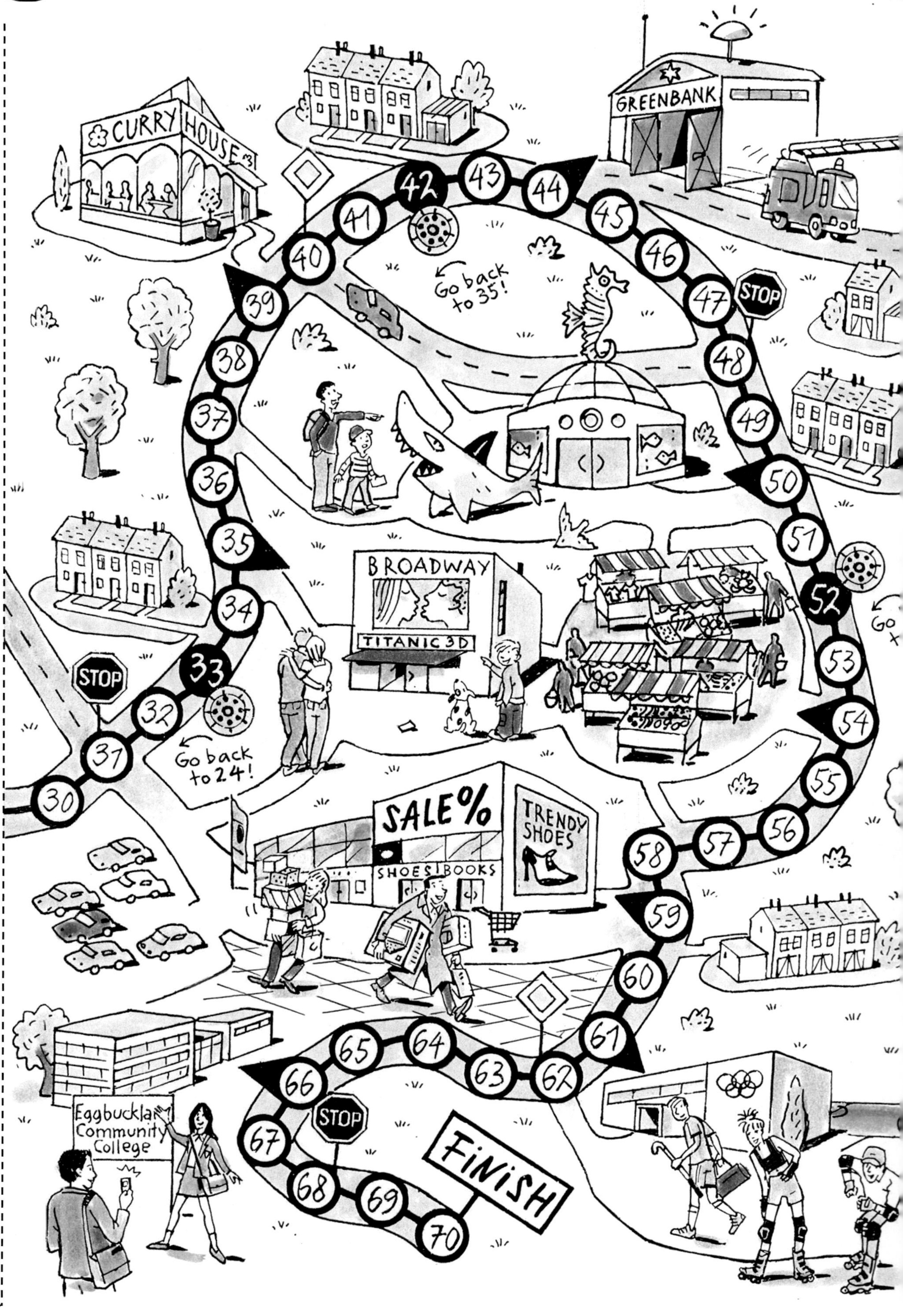
CURRY HOUSE
GREENBANK
Go back to 35!
STOP
BROADWAY
TITANIC 3D
Go back to 24!
SALE%
TRENDY SHOES
SHOES BOOKS
Eggbuckla Community College
FINISH

What do you love? What do you hate?

1 *Look at the pictures and complete the 'Me' column for you: I love = ☺ I hate = ☹.*

	Me ________	Partner 1 ________	Partner 2 ________	Partner 3 ________	Partner 4 ________	Partner 5 ________
hoodie 						
trainers 						
shoes 						
tie 						
T-shirt 						
socks 						
pullover 						
trousers 						
blazer 						
skirt 						

2 *Talk to different partners and complete the table for them.*

I love/hate the …!
What about you?

Yes, I love/hate the … too.

Really? I love/hate
the …!

3 *Tell the class about your partners:*

Everybody loves/hates the …
Lots of boys love/hate the …
Lots of girls love/hate the …

4 **More practice** *Who's like you? Tell the class:*

I love/hate the … and Alina … loves/hates the … too.

Make a calendar

1 *Schneide Teile 1–5 aus.*

2 *Teil 5: Schlitze die gestrichelten Linien mit einer Schere ein.*

3 *Ziehe Teile 1–4 durch die Schlitze.*

Teil 1

0
1
2
3

Teil 2

0
1
2
3
4
5
6
7
8
9

Teil 3

st
nd
rd
th

Teil 4

January
February
March
April
May
June
July
August
September
October
November
December

Teil 5

What date is it?

month

day

Appointments: Talking about birthdays

Questions	Me	1 o'clock 	2 o'clock 	3 o'clock 
When's your birthday?				
When's your best friend's birthday?				
When's your mum's/dad's birthday?				
When's your brother's/sister's birthday?				
When's ________________'s birthday?				

a) *Complete the 'Me' column for you. Can you think of one more question?*

b) *Make appointments for 1, 2 and 3 o'clock with three students. Write the names in the table.*

c) *Go to your appointments. Your teacher will tell you when it is 1, 2 or 3 o'clock. Ask your partners two or more questions about birthdays and write the dates on your table.*

More practice Other important dates

a) *Match these dates to the days in the table.*

Important dates	You write:	You say:
New Year's Day is on …	… 1st January	… the first of January
April Fools' Day is on …		
German Unity Day is on …		
Christmas Day is on …		
____________________ is on …		
____________________ is on …		

b) *Write down two more days that you know or like. You can use the ideas in the box. Then fill in the other columns.*

Halloween • my Name Day • Valentine's Day • May Day • Thanksgiving • …

c) *Give your table to your partner and take your partner's table. Ask your partner:* When's Christmas Day /…? *Check your partner's answer in the table. Answer your partner's questions.*

Luca's day

1 *Cut out the sentences (A-I) and match them with the pictures (1–9).*

A I get up early. I make breakfast for Grace.	**G** In the afternoon Dad stays in bed. We do our homework.	**D** Dad often works at night. He comes home in the morning.
E After dinner we watch TV. Mum sometimes watches TV with us. Dad goes to work.	**H** Jack and I go to school together. We usually go by bus. But I sometimes walk. Jack never walks. Lazy Jack!	**F** Mum often comes home late. We always have dinner together and we talk about the day.
I In the evening Dad usually makes dinner.	**B** I usually have lunch at school.	**C** Lazy Jack! He gets up late. He never has breakfast!

1 

D Dad often works at night. He comes home in the morning.

2 

3 

4 

5 

6 

7 

8 

9 

Is everything correct? Complete this sentence with the underlined letters from Luca's text:
DAD WORKS AT G _ _ _ _ _ _ _ _ _ _ FIRE STATION.

2 *Underline the verbs without 's' (ohne 's) with a blue pen and the verbs with 's' (mit 's') with a green pen. Then make two lists: verbs without 's' and verbs with 's'.*

£20
Bank of England
20
Twenty
Pounds

Twenty Pounds
£20
EH48 966173
The division of labour in pin manufacturing:
Bank of England
EH48 966173

£10
Bank of England
10
TEN
Pounds
JD38 691536

£10
BANK of ENGLAND
£10
TEN
POUNDS
1809-1882

£5
Bank of England
5
FIVE
Pounds
LD76 145313

£5
BANK of ENGLAND
£5
FIVE
POUNDS
1780-1845

TWO POUNDS
2011
ONE POUND
FIFTY PENCE
TWENTY PENCE
TEN PENCE
FIVE PENCE
TWO PENCE
ONE PENNY

1 *Watch all three parts of the film again. How does Sarah feel in the situations below? Put a cross in the box with the right word.*

2 ● *Draw a line between the crosses to make a graph. Then write sentences:*

On Saturday morning, Sarah calls Paul. She's excited. When Paul says he can't come …

Feelings / Situations	1 Sarah calls Paul. She's …	2 Paul says he can't come. (lots of homework).	3 Now Sarah calls Anna.	4 Anna says she can't come. (mum needs her)	5 Sarah's mum sees Paul and Anna.	6 Anna and Paul want to talk to Sarah.	7 Paul asks what day it is.	8 Anna and Paul show Sarah the bags.	9 Anna, Paul and Sarah go shopping together
excited	X								
happy									
surprised									
OK									
unhappy									
angry									

3 *Match the feelings with the Smileys: cool • helpless • terrible • nervous*

 ______________________  ______________________

 ______________________ 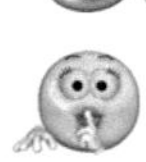 ______________________

More practice *How do Anna and Paul feel when …*

– Sarah calls and they can't tell her why they can't meet: ______________________

– they meet in front of the shopping centre: ______________________

– they are looking for the right present: ______________________

– they see Sarah and her mother in the shopping centre: ______________________

– Sarah is angry with them: ______________________

1 WORDS In a town ► **Unit 3, p. 66**

a) **1** cinema, **2** supermarket, **3** market, **4** fire station, **5** park, **6** restaurant, **7** swimming pool, **8** sports shop (8 points)

b) **1** You can watch a film in a **cinema**.
2 You can buy vegetables in a **supermarket** or a **market**.
3 You can buy trainers in a **sports shop**. (4 points)

c) **1 You can ride a bike … / You can walk … / You can meet friends … / You can play football** in a park.
2 You can have lunch/breakfast/dinner in a restaurant. / **You can meet friends** in a restaurant.
3 You can go shopping / You can meet friends … / You can buy things / … in a shopping centre.
4 You can go swimming … / You can meet friends … / You can play games in a swimming pool.
5 You can buy a mobile in a mobile phone shop.
6 You can buy a bike/helmet in a bike shop. (6 points)

☺	😐	☹
18–15	14–9	8–0

2 LISTENING In a sports shop ► **Unit 3, p. 66**

1B, 2C, 3A, 4B, 5C, 6B (6 points)

☺	😐	☹
6–5	4–3	2–0

3 WORDS Days, months and dates ► **Unit 3, p. 66**

a) **1** What month is it?
2 When's your birthday?
3 What date is it today?
4 When's your best friend's birthday?
5 What day is it today? (5 points)

b) **2** 9. 3. – **9th March**
3 12. 5. – **12th May**
4 18. 7. – **18th July**
5 20. 10. – **20th October**
6 25. 12. – **25th December** (5 points)

c) 5th February, 10th September, 1st April, 14th March, 21st May, 11th August (12 points)

☺	😐	☹
22–18	17–11	10–0

4 REVISION Stupid Cyril ► **Unit 3, p. 67**

a) **2 Are** the students at school ?
3 Is Luca on his bike ?
4 Is the town quiet?
5 Are Grace and Mr Boateng at the market?
6 Is Mrs Boateng at work? (5 points)

b) **2** No, **they aren't**.
3 Yes, **he is**.
4 Yes, **it is**.
5 No, **they aren't**.
6 No, **she isn't**. It's Sunday, Cyril! You stupid crab! (5 points)

☺	😐	☹
10–8	7–5	4–0

5 LANGUAGE Cyril's birthday ► **Unit 3, p. 67**

a) On Cyril's birthdays Cyril and Sandy usually **get up (1)** early. They **go (2)** to the beach. They **talk (3)** about the day.
Cyril It's my birthday today. I always **have (4)** a party. I **meet (5)** all my friends.
Sandy Great! I **love (6)** your parties. We always **play (7)** lots of games. (7 points)

b) Sandy always **goes (1)** to the market. She usually **comes (2)** home with lots of nice things: vegetables and pizza. Cyril always **stays (3)** at home. He **works (4)** in the kitchen. He **makes (5)** a big birthday lunch for his friends. Cyril always **plans (6)** lots of good games. Sandy **helps (7)** Cyril with the games too. (7 points)

c) **1** All Cyril's friends **come** to the party.
2 Cyril **gets** lots of presents.
3 Sandy **meets** Cyril's friends.
4 They usually **play** games.
5 They often **go** swimming in the sea.
6 Cyril **has** a great day. (6 points)

☺	😐	☹
20–16	15–10	9–0

1 *Where do you want to go? Pick two places. Tick them in the boxes.* ✓

☐ the pond

☐ the fields

☐ Pets Corner

☐ the barn

☐ the trampolines/the zip wire

☐ the shop

2 *Why do you want to go to <u>your</u> two places?*
Here are some ideas:

I want to go to the pond /fields / ... because ...

... I love donkeys / ducks / guinea pigs / ponies / ...

... pets / donkeys / zip wires / ... are fun / great / nice /

... I want to watch the ducks / ride the ponies / meet the pets / stroke the donkeys / play on the trampolines / ...

3 *Make dialogues with your partner.*

a) *Cut out the sentences below and put them in the right order. Then read the dialogue.*

b) More practice *Copy the dialogue and fill in your own ideas for the words in grey.*

A Well, the zip wire is OK, but I really want to meet the pets.	**B** Oh no. Pets are boring. But ponies are great. And you can ride them!
B I want to go to the zip wire. What about you?	**A** Yes, I like ponies too. And I have lots of pets at home.
B OK, let's go to the zip wire and to the ponies.	**A** Merryweather Farm looks great. Where do you want to go?

Part 1: Berry's day – Flashcards

What does Berry do every day? Cut out the cards and put them in the right order.

More practice *Glue the cards into your exercise book and write captions for each picture.*

More help *The words in the box can help you.*

More help come home • do homework • do sports • get ready for school • go to school • feed sb. • look after sb. • wake sb.

Part 2: Appointments – On school days

a) *Complete the table for you.*

b) *Make appointments with two partners. Then talk to your partners like this:*

> I get up at 6 o'clock. What about you?

c) *Listen to their answers and complete the table.*

d) **More practice** *Ask one more partner.*

	Me	1 o'clock ________	2 o'clock ________	More practice: ________
get up				
have breakfast				
go to school				
come home				
have lunch				
do my homework				
have dinner				
go to bed				

Part 1: When do Adam, Luca, Berry and Ellie feel great or fed up?

Partner A: *Listen and write the names: Adam, Luca, Berry or Ellie.*

☺ I feel great when …	
… I do sport.	
… I'm with my animals.	
… I'm with my friends.	
… I listen to music.	
… I don't have homework.	

✂- -

Partner B: *Listen and write the names: Adam, Luca, Berry or Ellie.*

☹ I feel fed up when …	
… my sister is bossy.	
… my mobile doesn't work.	
… my friends don't text me.	
… people don't talk to me.	
… I have lots of homework.	

✂- -

Part 2: When do you feel great or fed up?

☺ I feel great …	☹ I feel fed up …

Part 3: Complete Berry's notes

☺ I feel great …	☹ I feel fed up …

● **Version A:** *Write your questions in the table. Then walk around and talk to different people. Ask your questions. Take notes in your table.*

Do you …	Who? (Name)	Asking for more information:	What …?/ When …?/ Where …?
have an interesting pet?		What pet do you have?	
go to a nice place in the holidays?		Where do you ________?	
like an English football team?		What _____ do you _____?	

More practice Game: *Pick one person and let the class guess who it is:*
This person has an interesting pet – a snake / … Who is it?
This person gets up … / goes to … / likes …

✂- -

○ **Version B:** *Complete the questions in the table. Then walk around and talk to different people. Ask your questions. Take notes in your table.*

Do you …	Who? (Name)	Asking for more information:	What …?/ When …?/ Where …?
have an interesting pet?		What pet do you have?	
have an interesting hobby?		What _____ do you _____?	
get up early?		When do you ________?	
go to a nice place in the holidays?		Where do you ________?	
like an English football team?		What _____ do you _____?	
like homework?		What _____ do you _____?	

More practice Game: *Pick one person and let the class guess who it is:*
This person has an interesting pet – a snake / … Who is it?
This person gets up … / goes to … / likes …

1 *Cut out the pictures. Then listen to the story and put the pictures in the right order.*

More practice *Draw your own picture for scene 8. Use ideas from the story.*

Hi guys

Do you want to see our chipmunks? Do you want to come to the farm for a sleepover? What about next Saturday? There's a bus at 3 o'clock. Bring your sleeping bags.
Berry

2 *Then cut out the captions and match them to the pictures.*

Time to go home	Noises at night
Let's go to the country	A dangerous animal?
A cute chipmunk	Come to a sleepover
Time to eat	No sweets!

4 Viewing: A normal day at school KV 40

a) *Watch the film. Then talk about how Emily feels in different scenes. The words in the table can help you.*

<table>
<tr><td rowspan="12">Emily feels</td><td rowspan="12">☺
great
happy
good
OK
———
☹
fed up
bad
unhappy
angry
stupid
terrible</td><td>when she can't do things alone.</td></tr>
<tr><td>when her friends help her too much.</td></tr>
<tr><td>when people don't listen to her.</td></tr>
<tr><td>when Laura invites her.</td></tr>
<tr><td>when a boy helps her with her wheelchair in the street.</td></tr>
<tr><td>when her friends help her when she really needs it.</td></tr>
<tr><td>when people don't think.</td></tr>
<tr><td>when people are normal with her.</td></tr>
<tr><td>when people don't ask her, but ask her friends, "Does Emily …?"</td></tr>
<tr><td>when people don't talk to her but talk about her.</td></tr>
<tr><td>when she can speak for herself.</td></tr>
<tr><td>when her friends think of her.</td></tr>
</table>

More practice *What could Emily say to her friends? Write down as many sentences as you can.*

Please …

Please don't…

be normal with me. • help me when I need it. • help me too much. • invite me. • let me speak for myself. • listen to me. • talk to me. • talk about me. • think of me. • …

b) *Is it a good or bad day for Emily? Collect good and bad parts of Emily's day in two lists.*

Good parts	Bad parts

I think it's a ____________________ day for Emily, because ______________________________

▼

▲ *fold here*

More help

A boy helps her with her wheelchair in the street.	Sally tells all the students to move.
Two students say hello and are normal with her.	Chloe and a boy help Emily buy a drink.
Chloe and the boy don't listen to her but speak for her.	Laura invites her to come to town.

Budgies

Budgies are small birds (about 18 cm long). They originally come from Australia. Now budgies live all over the world. Lot of people have them as pets because they are very friendly bird Budgies are very pretty too and have brightly coloured feathers Most budgies have yellow heads and green feathers with black stripes. Some budgies have white heads and blue feathers with black stripes. Budgies eat bird seed and some kinds of vegetab and fruit. Budgies can live inside in cages and make very good pets. They usually live for about 5 to 8 years. Budgies are very clever animals. They like playing with people and can learn to say a few words. They like to sing and can do tricks too.

Elephants

Elephants live in Africa and Asia. They are the biggest animals in the world (that live on land, not in the sea). Elephants are usually about 3 to 4 m tall. They have grey skin, tusks (like two long teeth) and a trunk. African elephants have big ears. Elephants from Asia have small ears. All elephants use their trunk to pick up food, drink water and play with other elephants. They can "talk" with their trunk too – taraaa! Elephants only eat plants, like grass, leaves and fruit. They eat all day long – about 16 hours a day! It's very hot in Africa and Asia so elephants love to swim. Elephants walk a lot, but they can't run. They can get very old: 75 years. Elephants are very clever animals. But they are not good pets because they need to live outside.

Guinea pigs

Actually, Guinea pigs aren't pigs! They are small animals that originally come from South America. Now they live all over the world. Guinea pigs want to live with other guinea pigs. They ar unhappy if they live alone. It's not good for guinea pigs to live with other kinds of animals. For example, dogs sometimes eat guinea pigs. Guinea pigs make good pets because they like it when people hold and stroke them. They can live inside in cage But their cages have to be big because guinea pigs like to run around and jump a lot! Guinea pigs can have white, black, grey brown, red and orange fur. Their fur can be long or short. They are usually 20 to 25 cm long and weigh about 1 kg. They usually live for about 4 to 6 years. Guinea pigs eat grass, hay, vegetable and fruit. Their teeth never stop growing, so they eat all the time to keep their teeth short.

Tigers

Tigers are the biggest cats in the world. There are six kinds of tiger alive today. The biggest tigers can be up to 3.5 m long and weigh 300 kg! Tigers live in India, Russia, China and Southeast Asia. They have orange fur with black stripes. Their stomach is white with black stripes. Tigers usually live for 10 to 15 years. They can run very fast and swim very well too. They eat other animals, like antelopes, sheep, goats, pigs and cows. They don't eat every day, but they eat a lot when they have lots of food. Tigers like to live alone and walk a lot, so they need lots of space outside. Female tigers need about 20 km^2, and male tigers need about 60 to 100 km^2. Tigers are in trouble because they need a lot of space, and people are building roads and houses where tigers live. Some people kill tigers for their fur. There are only 3000 to 5000 tigers living in the world today.

✂- -

Polar bears

Polar bears live in the ice and snow in the Arctic. Five countries have polar bears: Denmark, Norway, Russia, the US and Canada. Polar bears have white fur. They are very big animals. Male polar bears can be up to 3 m long and weigh 680 kg. Female polar bears can be up to 2.5 m long and weigh 250 kg. They live outside, near the water. Polar bears eat other animals like seals, walruses and whales. They don't eat every day, but they eat a lot when they have lots of food. Polar bears have to walk very slowly because they are very big! They can run, but not very far. They can swim very well. They live for about 25 years. Polar bears are in trouble. People sometimes kill polar bears for their fur. And the world is getting warmer and the ice in the Arctic is melting. Polar bears can't hunt animals without ice, so lots of polar bears are hungry.

✂- -

Glue a picture of your favourite animal here.

More practice **My favourite animal:**

____

____

____

____

____

____

1 WORDS On Merryweather Farm ► **Unit 4, p. 86**

a) **1** farm, **2** village, **3** shop, **4** barn, **5** toilet, **6** field, **7** cage, **8** pond, **9** wheelchair (9 points)

b) **A:** donkey, **B:** pony, **C:** sheep, **D:** cow/cows, **E:** dog, **F:** pig/pigs, **G:** duck/ducks, **H:** chicken/chickens, **I:** chipmunk, **J:** rabbit/rabbits, **K:** rat, **L:** hamster (12 points)

☺	😐	☹
21–17	16–11	10–

2 WORDS Visitors at the farm ► **Unit 4, p. 86**

a) **2** visitor, **3** Berry, **4** visitor, **5** visitor, **6** Berry, **7** visitor, **8** Berry (7 points)

b) Listen again. Finish the sentences.
1 Excuse me, please. We want to visit **the farm.**
2 When do you feed the **animals**?
3 We feed the ducks at **10.45**.
4 Excuse me, please. Where are the **toilets**?
5 What's that **noise**?
6 It's only a donkey. Don't **worry**.
7 Look at the hamsters. They're really **cute**.
8 Come on Sam. Let's go **outside**. (8 points)

☺	😐	☹
15–12	11–8	7–

3 REVISION A day with my family ► **Unit 4, p. 87**

a) Every morning mum, dad and I **get up** at 6 o'clock.
After breakfast I **go** to school by car with my dad.
At about 9 o'clock the first visitors **come**.
Mum and dad **have** lunch at 1 o'clock. After lunch dad usually **stays** in the shop and mum **works** with the ponies.
I **come** home from school with dad before 4 o'clock.
Dad **has** something to eat with me. Then we **go** outside. Sam **comes** with me.
We **look** after all the animals. (11 points)

☺	😐	☹
11–10	9–6	5–

4 LANGUAGE An interview with Cyril and Sandy ► **Unit 4, p. 87**

a) **1 Do** you like Plymouth?
2 Do you have a best friend?
3 Do you and Sandy live on the beach?
4 Does Sandy like Plymouth too?
5 Does Sandy have a best friend? (5 points)

b) **1** – No, I **don't** like Mr Johnson. He's terrible.
2 – No, I **don't** live in a big house.
3 – No, we **don't** go to school.
4 – No, she **doesn't** have a car.
5 – No, she **doesn't** eat crabs. (5 points)

c) **1 Where** do you live? – In Kingsand.
2 When do you get up? – Very late – after 10 o'clock.
3 Where do you have breakfast? – I always have breakfast on the beach.
4 What do you do after breakfast? – I often go to Plymouth.
5 Why do you like Cyril? – Because he's friendly and he's fun! (5 points)

☺	😐	☹
15–12	11–8	7–

5 WORDS Useful phrases ► **Unit 4, p. 88**

a) **1** Help! I'm **in** trouble!
2 I want to go **to** the toilet!
3 I get up **at** 6 o'clock.
4 I go to school **by** bus.
5 I listen **to** music every evening.
6 I feel great when I'm **with** my friends.
7 Go **through** that field.
8 Go **to** sleep. Good night! (8 points)

b) **1 B; 2 G; 3 H; 4 D; 5 E; 6 A; 7 F; 8 C** (8 points)

☺	😐	☹
16–13	12–8	7–

1 *Finish this mind map with food and drink words. You can add pictures, smileys or symbols.*

2 **More practice** *Talk about you and food: What do you like to eat or drink? Where and when do you like to eat? Do you like to cook?*

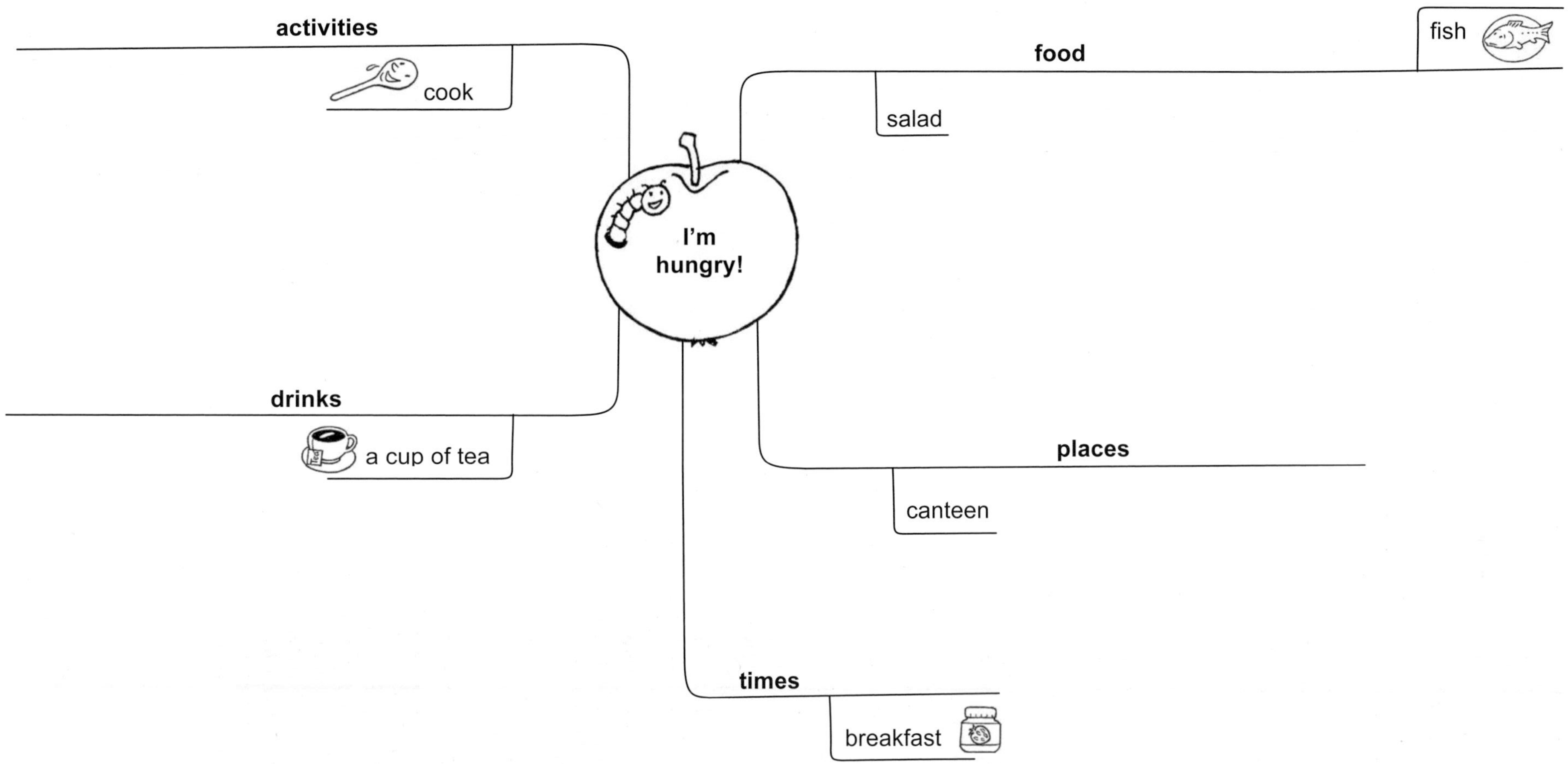

▼

▲ *fold here*

More help fruit • dinner • cream • a bottle of juice • lunch • scone • cafe • set the table • omelette • home • jam • sandwich • a bottle of water • nuts • eat • sweets • drink • a cup of coffee • chicken • restaurant • apple • vegetables • chips • soup

Questions	Me	1 o'clock 	2 o'clock 
What's your favourite band?			
Who's your favourite singer?			
What's your favourite English song?			
Can you play an instrument? What instrument?			
Can you sing? Can you rap?			
Are you in a band?			

a *Complete the 'Me' column for you.*

b *Make appointments for 1 and 2 o'clock with two partners. Write the names in the table.*

c *Go to your appointments. Ask your partner questions about music and take notes.*

More practice **Game: Who is it?**

Tell the class about your partners like this:

This girl/boy likes *Franz Ferdinand*. She/He plays the guitar in a band. Who is it?

Complete the sentences with: me • you • him • her • it • us • you • them.

1 Adam's rap is great. I love ____________!	7 These scones are yummy. Try __________!
2 You can bring your sister to my party. I really like ____________.	8 Luca loves *Francis and the Drakes*. We could buy their new CD for __________.
3 I think the PMZ guitar club is really fun, Luca. Don't you want to come with ______?	9 Adam's father works on the ferry. Adam doesn't see __________ very much.
4 The photos on your mobile are great. I want to see ____________ again!	10 That table looks bad, Adam. Can you clean ___________, please?
5 My homework is so difficult, Mum. Can you help ____________?	11 We always go to Tinside Lido on Saturdays. Come with ___________!
6 Adam, Zack, are you hungry? I have some sandwiches for _____________!	12 Dad, I'm busy. Can I phone ________ later?

Complete the sentences. Pick the right word.

1 Adam's rap is great. I love _____________! (it/them)	7 These scones are yummy. Try __________! (them/you)
2 You can bring your sister to my party. I really like ____________. (us/her)	8 Luca loves *Francis and the Drakes*. We could buy their new CD for _________ . (them/him)
3 I think the PMZ guitar club is really fun, Luca. Don't you want to come with ___________? (me/him)	9 Adam's father works on the ferry. Adam doesn't see __________ very much. (him/it)
4 The photos on your mobile are great. I want to see ___________ again! (them/him)	10 That table looks bad, Adam. Can you clean ______________, please? (him/it)
5 My homework is so difficult, Mum. Can you help _____________? (them/me)	11 We always go to Tinside Lido on Saturdays. Come with ______________! (her/us)
6 Adam, Zack, are you hungry? I have some sandwiches for ______________! (him/you)	12 Dad, I'm busy. Can I phone ____________ later? (you/me)

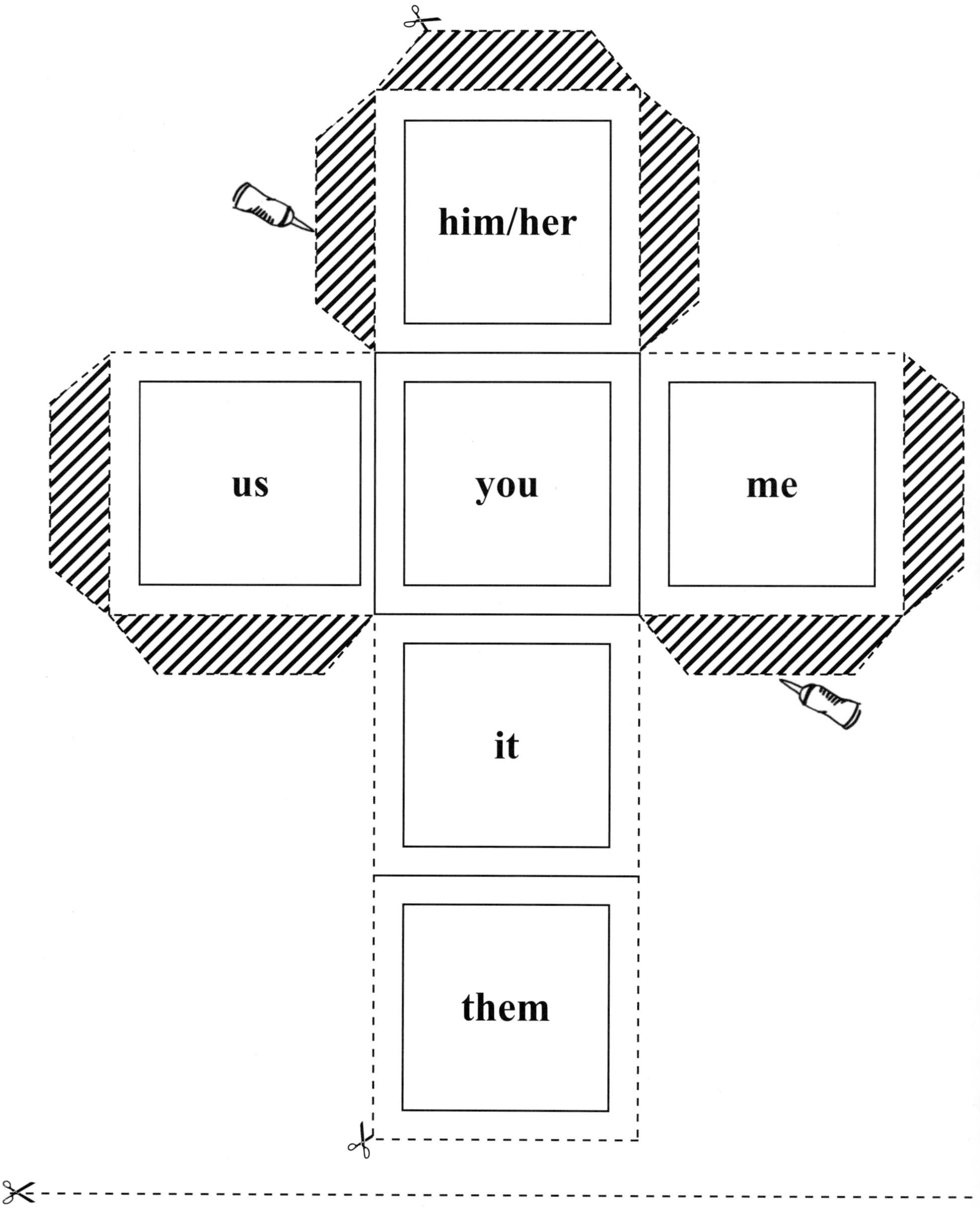

Lösung:

me: Sätze 3 und 5
you: Sätze 6 und 12
him/her: Sätze 2, 8 und 9

it: Sätze 1 und 10
us: Satz 11
them: Sätze 4 und 7

Tandem exercise: What are they doing?

Partner A	**Partner B**
You start. Ask your partner questions about his/her pictures. Check your partner's answers: *Yes, you're right.* *No, you're wrong. It's ... / They're ...*	You answer your partner's questions: *No, it isn't. / No, they aren't.* Then say what the animals are doing: *It's ... / They're ...*
Is the bear riding a bike? (No, it isn't. It's skateboarding.)	
cat – sleeping (No, it isn't. It's listening to music.)	
elephants – playing football (No, they aren't. They're playing tennis.)	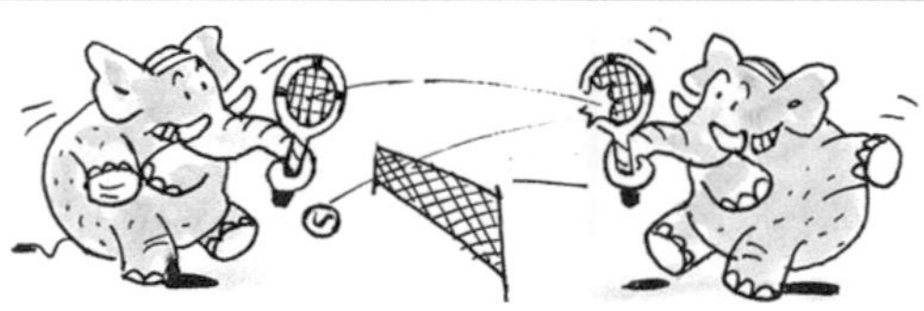
monkeys – eating nuts (No, they aren't. They're dancing.)	
Change: Now you answer your partner's questions and say what the animals are doing.	**Change:** Now you ask the questions and check your partner's answers.
	*Is the rabbit eating salad?* (No, it isn't. It's playing the guitar.)
	*ducks – having breakfast* (No, they aren't. They're swimming.)
	*bird – singing* (No, it isn't. It's cooking.)
	*dogs – watching TV* (No, they aren't. They're rapping.)

► ◄ *fold here*

Partner A: *Don't show your picture to your partner! There are eight aliens in your picture. Colour them red. Your partner has a picture with green aliens.*

1 *Tell your partner where the red aliens are. Your partner adds them to his/her picture.*

on the left • on the right • in the middle • next to • on • in • between • behind • under • outside • in front of • …

2 *Now your partner tells you where the green aliens are. Listen and add them to your picture.*

3 *Check your pictures. Are there 16 aliens in both pictures? Are they in the same places?*

✂- -

Partner B: *Don't show your picture to your partner! There are eight aliens in your picture. Colour them green. Your partner has a picture with red aliens.*

1 *Your partner tells you where the red aliens are. Listen and add them to your picture.*

2 *Now tell your partner where the green aliens are. Your partner adds them to his/her picture.*

on the left • on the right • in the middle • next to • on • in • between • behind • under • outside • in front of • …

3 *Check your pictures. Are there 16 aliens in both pictures? Are they in the same places?*

In a cafe – Dialogues

Part 1: The kids from Harbour Road: What's your talent?

1 *Cut out the sentences and put them in the right order. Then watch part 1 of the film again and check.*

More practice *Add the names of the speakers: Anna, Sarah, Paul, waitress.*

A: Waitress:	That's four pounds for you, and four pounds for you, please.
B: ______:	I'm hungry! Can I have a muffin, and … a hot chocolate, please?
C: ______:	Hi!
D: ______:	Thanks. / Thank you!
E: ______:	Chocolate or blueberry?
F: ______:	Hi, Anna!
G: ______:	I'll have a chocolate muffin, please.
H: ______:	And yourself?
I: ______:	A hot chocolate and a blueberry muffin, please.
J: ______:	We're here!

Part 2: Make your own dialogue in a cafe

Look at the role cards and act a dialogue with your partner.

More practice *Write down your dialogue in your exercise book.*

Partner A (customer): You start! *You're in a cafe in England. You're hungry. Tell the waiter what you want.*	**Partner B (waiter/waitress): Your partner starts.** *You're a waiter in a cafe in England. Help the customers. Ask them what they want.*
– Hello / Good morning!	*– Hello, how can I help you?*
– Can I have …, please? – a muffin – some scones – a sandwich – an omelette – a salad	*– Sure, would you like …?* – a chocolate or a blueberry muffin – cream and jam with your scones – a chicken or a cheese sandwich – chips with your omelette – potato salad or green salad
– I'll have … please.	*– OK. Something to drink, too?*
– Yes, I'll have …, please. – a hot chocolate – a cup of tea / coffee – a glass of orange juice /cola …	*– Here you are. Anything else?*
– No thanks, that's all.	*– That's £ …, please.*

5 Answers to STOP! CHECK! GO! (Unit 5) KV 4

1 REVISION Questions and answers ► **Unit 5, p. 104**

a) **2** Yes, they do.
3 No, they don't.
4 No, they don't.
5 Yes, he does.
6 Yes, he does.
7 Yes, he does.
8 No, he doesn't. (7 points)

b) **1** Do seagulls live near the sea?
2 Do seagulls live in towns?
3 Do seagulls eat crabs?
4 Do seagulls sing or make a noise?
5 Does Sandy live in a house?
6 Does Sandy eat crabs?
7 Does Sandy talk?
8 Does Sandy like pizza? (8 points)

c) **1** Yes, they do.
2 Yes, they do.
3 Yes, they do.
4 Yes, they do.
5 Yes, she does.
6 No, she doesn't.
7 Yes, she does.
8 Yes, she does. (8 points)

☺	😐	☹
23–19	18–12	11–

2 LANGUAGE Describing pictures ► **Unit 5, p. 104**

a) Cyril is **sitting (1)** on a chair, on the beach. He's **listening (2)** to music. He's **watching (3)** three kids. They're **playing (4)** football. His mobile is **ringing (5).** (5 points)

b) Sandy is on the beach too. She**'s (1)** watching Mr Johnson. He**'s (2)** walking on the beach. Mrs Johnson is there too. They**'re (3)** looking at Cyril. They**'re (4)** feeling hungry! Sandy has a mobile. She**'s (5)** phoning Cyril. (5 points)

c) **1 I'm sitting** on my favourite chair.
2 I'm listening to music.
3 I'm watching three kids.
4 They're playing football.
Cyril, look! The Johnsons **are** coming!
5 Help! I**'m** going! (6 points)

☺	😐	☹
16–13	12–8	7–

3 LANGUAGE People on the ferry ► **Unit 5, p. 105**

a) Anna **F**; Rick **G**; Linda **C**; Toby **A**; Gemma **B**; David **E**; Uma **H**; Adam's dad **I** (8 points)

b) Anna is playing a game. Rick is cleaning the table. Linda is cooking. Toby and Gemma are talking. David is washing up. Uma is watching TV. Adam's dad is talking on the phone. (7 points)

☺	😐	☹
15–12	11–8	7–

4 READING A picture ► **Unit 5, p. 105**

a) **1** F, **2** T, **3** F, **4** F, **5** F, **6** T, **7** F, **8** T, **9** F, **10** T, **11** F, **12** F (12 points)

b) There are lots of people on the beach. On the left I can see a boy and a girl. The boy is reading. The girl is talking on the phone.
In the middle I can see a family. They're eating lunch. There's a big white seagull in front of a yellow bag. It's looking at the sandwiches.
On the right I can see a red chair. A boy is sitting on the chair. There's a dog under the chair. I can see a big blue ball next to the chair. (12 points)

☺	😐	☹
24–20	19–12	11–

5 WORDS Food and drinks ► **Unit 5, p. 106**

a) **1** cafe, **2** soup, **3** chips, **4** coffee, **5** scones (5 points)

b) **1** You can buy food and drinks in a **cafe**.
2 I often have vegetable **soup** for lunch.
3 My favourite food is fish and **chips**.
4 Some people drink **coffee** for breakfast.
5 We often have tea and **scones** in a cafe at the weekend. (5 points)

☺	😐	☹
10–8	7–5	4–

Picture story: On Saturday morning …

1 The cafe was very busy.

2 Ms Lee was in the cafe.

3 She was hungry.

4 Adam was very fast.

5 Oh no! Trouble?

6 It was Adam's rap!

7 Ms Lee was happy.

8

1 *Read the story. Cut out the speech bubbles below* (= unten) *and glue them on the correct photo.*

2 *Draw another picture for the story and write speech bubbles for it.*

✂ -

Can I help you?

I'm washing up.

That's a great rap!

You're welcome. Bye.

Hello, Ms Lee. I'm fine, thanks.

Yes, Adam is working very hard at school now.

Here you are. One tea and a scone.

Task A:

a) *Look at the brochures in your English book on p. 108/109 again. Then read the sentences 1–10.*

1 You can bring your dog.
2 You like to sleep outside.
3 In winter it's only open weekends and school holidays.
4 You can learn about the history of smugglers.
5 You like sport.
6 You want to have fun on the water.
7 You can buy a group ticket.
8 You want to have adventures with lots of other kids.
9 You can have food at a cafe.
10 You can cook your own food.

b) *Match the sentences with the brochures: A, B, C or D. Sometimes there is more than one answer. Write the letter of the brochures under the sentence number.*

Sentence	1	2	3	4	5	6	7	8	9	10
Brochure/s	A;									

✂- -

Task B:

Du bist in den Sommerferien in Plymouth und möchtest mit deiner Familie einen Ausflug machen. Dein jüngerer Bruder spricht kein Englisch. Hilf ihm die Broschüren zu verstehen. Vervollständige den Dialog.

Your brother: Also ich finde die erste Broschüre sieht spannend aus. Da geht es um eine Bootsfahrt, oder

You: Ja, genau gesagt um eine Fähre zu zwei Schmugglerdörfern: Cawsand und Kingsand

Your brother: Aha, und das hier sind wohl die Abfahrtzeiten. Wann geht denn die erste Fähre?

You: Die erste Fähre von Plymouth nach Cawsand geht um ____________ und w

können nachmittags um ____________ oder um ____________ wieder zurückfahren

Your brother: Und was kann man in Cawsand und Kingsand alles machen?

You (3 things): Dort gibt es ____________ ____________ und ____________

Your brother: Wieviel kosten die Tickets für uns und unsere Eltern hin und zurück?

You: Mal sehen … Für ____________ Strecke sind das £4 für ____________

und £2 für ____________. Also insgesamt £24. Aber was hältst du denn von de

Freizeitpark hier – Woodlands?

Your brother: Cool. Wann ist der denn jetzt in den Sommerferien geöffnet?

You: ____________________________

Your brother: Und wie viel kostet der Eintritt für uns vier?

You: £____________. Wow, ganz schön teuer, aber lass uns unsere Eltern fragen.

1 *Find the words in the word grid. The scrambled words below can help you.*

M	S	A	U	S	A	G	E	S	P	T	L	S	H	S	P	T	T	X
S	W	A	I	B	I	C	S	D	V	B	R	P	P	X	W	O	I	O
P	I	C	N	I	C		B	L	A	N	K	E	T	P	T	W	K	R
G	M	U	X	M	R	T	O	S	E	Z	N	A	O	S	L	E	R	A
E	M	N	R	B	S	E	D	C	B	O	O	K	X	K	I	L	O	N
Z	I	R	N	O	C	P	Y	B	A	P	X	E	U	W	Q	A	M	G
B	N	W	F	O	O	T	B	A	L	L	E	R	R	C	T	S	Z	E
H	G	G	R	F	N	D	O	S	L	A	P	S	O	A	I	W	U	
J		K	I	L	E	Y	A	X	C	S	V	B	N	M	M	I	M	J
B	T	N	S	K	S	O	R	P	S	U	N	C	R	E	A	M	L	U
J	R	I	B	U	H	V	D	C	G	N	Z	T	F	R	C	S	X	I
T	U	B	E	Q	Y	Q	W	A	Y	G	S	H	E	A	R	U	D	C
A	N	W	E	S	U	M	B	R	E	L	L	A	Y	X	D	I	E	E
I	K	N	J	U	Z	H	B	T	Z	A	G	T	V	W	C	T	F	R
K	S	A	N	D	W	I	C	H	E	S	M	O	L	A	P	I	Z	R
E	Q	M	B	C	Y	L	J	G	D	S	H	O	R	T	S	A	A	W
C	H	O	C	O	L	A	T	E	T	E	U	P	S	E	F	H	P	K
A	R	W	M	B	S	W	E	E	T	S	C	Y	C	R	I	S	P	S
K	Z	I	O	A	F	H	K	Y	C	B	N	E	F	I	V	E	L	L
E	O	F	R	U	I	T	R	B	I	S	C	U	I	T	S	P	E	C

beach things:
blal • broaddoby • boko • cramea • fallboot • fisbree • hta • strosh • seekarps • screamun • snuglessas • suitwims • smimwing tnurks • telow • tebu • ulleramb

picnic things:
aplep • biscutsi • ceka • chalocote • cispsr • futir • onager jeicu • pnicic banklet • siwandches • saaguses • wreta

▼

▲ *fold here*

More help apple • biscuits • cake • chocolate • crisps • fruit • orange juice • sandwiches • sausages • scones • sweets • water
ball • bodyboard • book • camera • football • frisbee • hat • picnic blanket • shorts • speakers • suncream • sunglasses • swimsuit • swimming trunks • towel • tube • umbrella

2 *Check yourself.*

M	S	A	U	S	A	G	E	S	P	T	L	S	H	S	P	T	T	X
S	W	A	I	B	I	C	S	D	V	B	R	P	P	X	W	O	I	O
P	I	C	N	I	C		B	L	A	N	K	E	T	P	T	W	K	R
G	M	U	X	M	R	T	O	S	E	Z	N	A	O	S	L	E	R	A
E	M	N	R	B	S	E	D	C	B	O	O	K	X	K	I	L	O	N
Z	I	R	N	O	C	P	Y	B	A	P	X	E	U	W	Q	A	M	G
B	N	W	F	O	O	T	B	A	L	L	E	R	R	C	T	S	Z	E
H	G	G	R	F	N	D	O	S	L	A	P	S	O	A	I	W	U	
J		K	I	L	E	Y	A	X	C	S	V	B	N	M	M	I	M	J
B	T	N	S	K	S	O	R	P	S	U	N	C	R	E	A	M	L	U
J	R	I	B	U	H	V	D	C	G	N	Z	T	F	R	C	S	X	I
T	U	B	E	Q	Y	Q	W	A	Y	G	S	H	E	A	R	U	D	C
A	N	W	E	S	U	M	B	R	E	L	L	A	Y	X	D	I	E	E
I	K	N	J	U	Z	H	B	T	Z	A	G	T	V	W	C	T	F	R
K	S	A	N	D	W	I	C	H	E	S	M	O	L	A	P	I	Z	R
E	Q	M	B	C	Y	L	J	G	D	S	H	O	R	T	S	A	A	W
C	H	O	C	O	L	A	T	E	T	E	U	P	S	E	F	H	P	K
A	R	W	M	B	S	W	E	E	T	S	C	Y	C	R	I	S	P	S
K	Z	I	O	A	F	H	K	Y	C	B	N	E	F	I	V	E	L	L
E	O	F	R	U	I	T	R	B	I	S	C	U	I	T	S	P	E	C

3 *What are the friends bringing to the beach? Fill in the words in a table like this:*

Berry		**All:**
Ellie		
Luca		
Adam		

4 *Find more words for things for the beach.*
Here are some ideas.

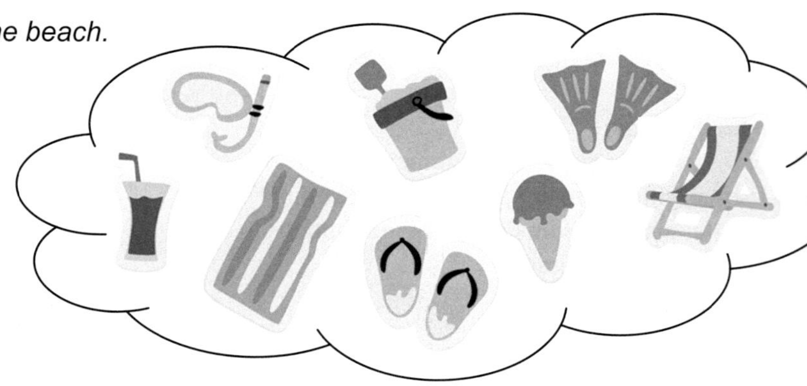

5 *NOW YOU What are **you** taking to the beach? Talk to a partner and take notes in the table.*

Me		**Both:**
My partner		

6 All aboard: Where? – Who? – What? KV 53

Read (or listen to) scenes 1–5. Then look at the pictures and fill in the table:

Scene	Who?	Where?	What must they find?
1 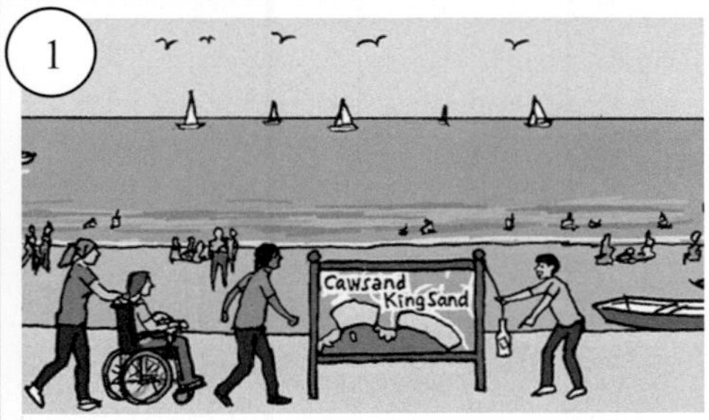			
2 			
3 			
4 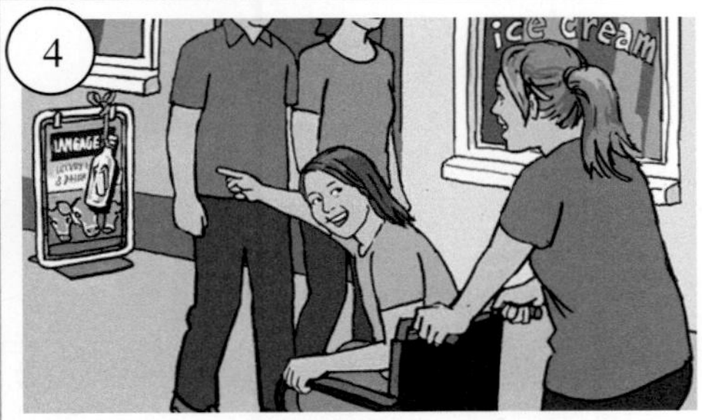			
5 			

▼

▲ *fold here*

More help **Where?** in front of a shop • near Cawsand harbour • near the cafe 'The Smuggler's Rest' • near the clock tower • on the beach

What must they find? Berry's dad • a big clock • a cafe • cows • a shop

Read (or listen to) the scenes again (one by one) and do the following tasks.

Scene 1: *Who said it? Fill in the names.*

1 ____________: The message is for you, Berry.

2 ____________: We have your dad, the sea's coming in.

3 ____________: We must find dad!

4 ____________: Look at the big map.

5 ____________: That's it. Let's go.

Scene 2: *True or false? Tick the right box and correct the false statements.*

	true	false	
6 Luca wants to buy some orange juice.	☐	☐	____________
7 They have 20 minutes to find Berry's dad.	☐	☐	____________
8 They must find a cafe for smugglers.	☐	☐	____________
9 They follow the old woman.	☐	☐	____________

Scene 3: *Who is it? Fill in the names.*

10 ____________ can push Berry's wheelchair.

11 ____________ finds the bottle.

12 ____________ wants to look at the time at her phone.

13 ____________ can't see a clock.

Scene 4: *Pick the correct answer: a, b or c.*

14 The kids have only **a) five / b) ten / c) fifteen** minutes to find Berry's dad.
15 Berry is feeling very **a) hot / b) nervous / c) hungry**.
16 The kids are looking for **a) horses / b) a dog / c) cows**.
17 Luca wants to **a) go home / b) find Berry's dad / c) eat an ice cream**.

Scene 5: *Answer the questions.*

18 Where is Berry's dad? ____________

19 Who is (always) hungry? ____________

20 Who is eating the sandwiches? ____________

21 Who is the Kingsand smuggler? ____________

Scene 6: *Describe the picture. The questions can help you. Then listen to scene 6 and find out more.*

22 Who can you see? ____________________

23 Where are they? ____________________

24 What are they doing? ____________________

25 Do they look happy? ____________________

26 What are they talking about? Guess. ____________________

Answer key

Scene 1: *Who said it? Fill in the names.*

1 Luca
2 The Kingsand smuggler
3 Berry
4 Adam
5 Ellie

Scene 2: *True or false? Correct the false statements.*

6 false – sweets
7 false – 30
8 true
9 true

Scene 3: *Who is it? Fill in the names.*

10 Ellie (and Adam)
11 Adam
12 Berry
13 Ellie

Scene 4: *Pick the correct answer: a, b or c.*

14 b) ten.
15 a) hot.
16 c) cows.
17 c) eat an ice cream.

Scene 5: *Answer the questions.*

18 in the sand
19 Luca
20 Sam
21 Berry's mum

Scene 6: *Describe the picture. The questions can help you. Then listen to scene 6 and find out more.*

22 Ellie, Adam, Luca, Berry, Sam, Berry's mum and dad.
23 On the beach.
24 Berry's parents are eating / having a picnic; Berry is talking to her friends.
25 No, they don't.
26 Individuelle Lösungen

Look at the role cards and act a dialogue with your partner.

Partner A: You start! Talk to your partner about your plans for the summer/Christmas/______________ holidays.	**Partner B: Your partner starts!** Talk to your partner about your plans for the summer/Christmas/______________ holidays.
– *Say hello.*	– *Say hello.*
– *Ask your partner about their plans.*	– *Answer your partner's questions about your holiday plans. Name 2 or 3 things:* – ______________ – ______________ – ______________
– *Say what you think about your partner's plans.*	– *Now ask your partner about their plans.*
– *Now answer your partner's questions about your holiday plans. Name 2 or 3 things:* – ______________ – ______________ – ______________	– *Say what you think about your partner's plans.*

Look at the role cards and act a dialogue with your partner. Then swap roles.

Partner A: You start! Talk to your partner about your plans for the holidays.	**Partner B: Your partner starts!** Talk to your partner about your plans for the holidays.
– Hi. / Hello … – How are you? – Are you OK?	– Hi. / Hello … – I'm fine, thanks. – I'm OK.
– What are your … plans? – summer – Christmas – holiday	– I'm … – going to Turkey/Spain/London/… – flying to Greece/England/Paris/… – visiting my grandmother/… in …
– Wow! … – That's interesting/nice/cool/… – Great!	– What are you doing …? – in the summer holidays – in the Christmas holidays
– Nothing special. … We are going to … – I'm staying at home. – My cousin/friend/… is visiting us. – a theme park – the aquarium	– Really? … – That's interesting/nice/cool/… – Can I come too?

Summer holidays – Jumbled dialogue

Make dialogues with your partner.

a) *Read the dialogue with your partner: one of you is Ayla, the other one is Tobias.*

b) *Copy the dialogue and fill in your own ideas for the words in grey.*

Ayla: Hello Tobias. How are you?	**Tobias:** Hi. I'm fine, thanks. Holidays are great.
Ayla: Yes, I like holidays too. What are you doing this summer?	**Tobias:** I'm going to Greece for two weeks. We're flying to Kos and we're staying near the beach.
Ayla: Wow, Greece. Great! Anything else?	**Tobias:** Yes, in the last week of the holidays, my cousin from Frankfurt is visiting us. We want to go to the Wild West Theme Park.
Ayla: Really? The Wild West Theme Park – that's nice. Can I come too?	**Tobias:** Of course you can come. Are you at home in the last week of the holidays?
Ayla: Yes, I am.	**Tobias:** Fine. What are your summer plans?
Ayla: Well, I'm staying in Germany. We're going to a farm in Brandenburg for a week in July.	**Tobias:** A farm? That's cool.

Make dialogues with your partner.

a) *Cut out the sentences below and put them in the right order. Then read the dialogue.*

b) *Copy the dialogue and fill in your own ideas for the words in grey.*

Ayla: Hello Tobias. How are you?	**Ayla:** Wow, Greece. Great! Anything else?
Tobias: Of course you can come. Are you at home in the last week of the holidays?	**Tobias:** I'm going to Greece for two weeks. We're flying to Kos and we're staying near the beach.
Tobias: Hi. I'm fine, thanks. Holidays are great.	**Ayla:** Well, I'm staying in Germany. We're going to a farm in Brandenburg for a week in July.
Ayla: Really? The Wild West Theme Park – that's nice. Can I come too?	**Ayla:** Yes, I like holidays too. What are you doing this summer?
Tobias: Yes, in the last week of the holidays, my cousin from Frankfurt is visiting us. We want to go to the Wild West Theme Park.	**Tobias:** Fine. What are your summer plans?
Ayla: Yes, I am.	**Tobias:** A farm? That's cool.

1 *What are the kids saying? Fill in the speech bubbles. You can use ideas from the film.*

More practice *Add more speech or thought bubbles.*

A

B

C

D

2 *Complete the blog. You can use the words below for help.*

Paul's blog: Our wild camping trip

This is a photo of my friends Sarah, Anna and me on the first day of the holidays. We had a great idea:

We're going (1) ________________ together with Sarah's (2) ________________ Tom next weekend.

We want to (3) __________ our own food, (4) __________ outside and have lots of (5) __________.

Look, there are two (6) _____________, one for the (7) ____________ and one for the (8) ____________

Tom and I are good at putting up tents. So we have a (9) ____________ against the girls. The losers have

to cook the (10) ___________. The girls think they won. But we were (11) ______________!

We have beans for dinner. But there's no (12) ________________________________! Oh well,

(13) ____________________ are good, too. But we can't make a (14) ___________________, because

we have no matches. What a disaster!

Look, Anna has an idea. She calls her (15) ________________ and asks her for a can opener and

(16) _______________. We were lucky! Camping in Anna's (17) ___________ was really great!

▼

▲ *fold here*

More help boys • brother • camping • can opener • cook • fire • first • food • fun • garden • girls • matches • mother • race • sausages • sleep • tents

Cornelsen

Puppets: Cyril and Sandy

1 *Colour the puppets.*

2 *Cut out the puppets and put a straw on them.*

Cyril

Sandy

3 *Make dialogues with your puppets. Here are some ideas:*

Hi, my name is … – What's your name?	Cyril • Sandy • …
I'm from ...	Kingsand • Plymouth • …
I'm ... (years old)	four • five • …
My favourite colour is ...	blue • orange • pink • red • white • …
My favourite thing is ...	the beach • the sea • my sandcastle • …
My hobby is ...	diving in the sand • hiding • playing football • running • singing • swimming • watching people • …
I like ...	boats • fish • holidays • ice cream • music • orange juice • people • picnics • sand • surfboards • the beach • the sea • water • …
I don't like ...	
– What about you?	

Part 1: 24th December: Christmas Eve (p. 152)

Who is it? Read part 1 of the story and find out:

a) Who is at the shops? ______

b) Who makes the Christmas cake? ______

c) Who decorates the Christmas tree in the living room? ______

e) Who sings "We wish you a Merry Christmas"? ______

f) Who is not happy? ______

Part 2: 25th December: Christmas Day (p. 153)

Read part 2 of the story and pick the right answer:

1 Why does Ellie get up at 6 on Christmas morning?
a) It's breakfast time.
b) She wants to look into her stocking.
c) She wants to play computer games.

2 What is in Ellie's Christmas stocking?
a) A computer game, a book, a hoodie and chocolate.
b) Speakers and chocolate.
c) A book, a pen and a hat.

3 Where are more presents?
a) On the breakfast table.
b) In Zoe's room.
c) In the living room.

4 What do they do after Christmas lunch?
a) They pull Christmas crackers.
b) They sing songs.
c) Zoe tells jokes.

Part 3: Later on Christmas Day (p. 15

Read part 3 of the story and pick the rig answer:

1 In the afternoon Ellie is …
a) with Zoe and Alan.
b) with her dad, Alisha and Finn.
c) with her mum, Pete, Conor and Zoe.

2 Zoe's best Christmas present is …
a) a new mobile phone.
b) a nice text message from Alan.
c) a nice text message from Ellie.

More practice *Write down Christmas things – as many as you can.*
Here are some ideas:
Then colour the Christmas things.

The greatest show on earth: Questions

1 *Read and find out*: a) Who is the new boy? ______________ b) Where is he from? ______________

2 *True or false?*

	true	false	
a) Ben sits with Ellie, Luca, Adam and Berry at lunch time.	☐	☐	______________
b) There are lots of animals at Russell's Circus.	☐	☐	______________
c) The kids want to visit Ben on Sunday.	☐	☐	______________
d) Luca thinks it isn't a real circus.	☐	☐	______________

3 *What do the Berry, Ellie, Adam and Luca do at the circus? Guess.*

At the circus the kids …	meet … help … (with …) visit … watch … talk to …	circus people Ben's parents Ben's caravan the show Ben

4 *Who says it?*

______________: "This is Maria. And this is Darek. … they're trapeze artists."

______________: "Is it dangerous?"

______________: "Yes it is. But we're careful."

______________: "Do you want to try?"

______________: "Do you want to see the show today? … It's at 3 o'clock."

______________: "Can we help you?"

5 *Who does what? Match the sentence parts.*

1 Luca …	a) is a clown.
2 Adam …	b) helps Ben's mum in the ticket office.
3 The ringmaster …	c) watch the show.
4 Berry …	d) brings the people to their seats.
5 Ellie …	e) speaks to the people.
6 Berry's parents …	f) helps the ringmaster.

6 *Match the headings with the six parts of the story.*

"This is where I live."	Time to say goodbye	A new boy
A special circus	A great show	Let's get ready for the show!

Bildquellen

Titelbild

Trevor Burrows Photography Ltd, Plymouth

Kopiervorlagen (KV)

Illustrationen

Roland Beier, Berlin (KV 27A/B; KV 30; KV 43; KV 44 (Uhren, Köpfe); KV 46; KV 47); **David Norman**, Meerbusch (KV 36 Bild 2–8; KV 39 Bild 7); **Elwood H. Smith**, Rhinebeck, NY (KV 1; KV 58); **Steffen Wolff**, Brohl-Lützing (KV 6A/B; KV 7; KV 10; KV 23; KV 24; KV 31; KV 39 Bild 1–6; KV 53; KV 54B)

Bildquellen

Alamy, Abingdon (KV 5 crocodile: moodboard (RF), fish: blickwinkel, hamster: Wildlife GmbH (RF); KV 21A judo poster: Big Cheese Photo LLC/Big Cheese Special, rug: Elizabeth Whiting & Associates/ewastock DIY; KV 35 ponies in the fields: The Photolibrary Wales/Rex Moreton); **Bank of England** (KV 32 banknotes: used by permission); **The British Royal Mint** (KV 32 coins: used by permission); **Trevor Burrows Photography Ltd**, Plymouth (Vorwort schoolbook kids; KV 5 pony; KV 9: Ellie, Luca; KV 11; KV 35 Pets Corner, trampolines, shop; KV 50); **Cornelsen Verlag**, Berlin (KV 15; KV 16; KV 57); **iStockphoto**, **Calgary** (KV 3 Bild 6: Georgiy Pashin; KV 4A Bild 6: karlkotasinc, Bild 30: Jim Snyder; KV 5 bird: Mr_Jamsey, elephant: Peter Malsbury, snake: VMJones, rabbit: Nikola Spasenoski; KV 9 crying girl: Alashi; KV 17: Cliff Parnell; KV 19 house: visualgo; KV 21A chair: Floortje, shelves (2x): paul kline, books: Oleg Prikhodko, table: David Morgan; KV 28 hoodie: Fabio Cecconello; KV 33 Emoticons: Linda Bucklin; KV 41A budgie: jeridu; KV 52A picnic basket: Stephen St-Maurice); **Okapia**, Frankfurt/Main (KV 5 rat: J-L Klein & M-L Hubert/OKAPIA); **Shutterstock**, New York (U4 sign no cycling: Joe Gough; KV 3 Bild 1 u. 6: Monkey Business Images, Bild 2: cynoclub, Bild 3: Tiplyashin Anatoly, Bild 4: Luti, Bild 5: Tomas Skopal, Bild 6: Shawn Pecor; KV 4A Bild 1–5, 8–11, 14–23, 25, 27: Virinaflora, Bild 7: albumkoretsky, Bild 12: VectorZilla, Bild 13, 26, 29: Klara Viskova, Bild 24: Lina Volchonok, Bild 28: Christos Georghiou, Bild 31: Kelly Hironaka; KV 4B Virinaflora; KV 5 cat: Irina Bondareva, bear: red-feniks, monkey: Simone van den Berg, dog: Eastimages, tiger: Tiago Jorge da Silva Estima; KV 8 Bild 1, 3, 5, 8, 10, 11, 12: arbit, Bild 2, 6, 7: mattasbestos, Bild 4: John T Takai, Bild 9: Shako, Bild 13: Tischenko Irina; KV 9 head silhouette: pio3; KV 13: people at school: HitToon.Com, rooms: mazonik, lessons: stoyanh, things in my schoolbag: Yayayoyo, uniform: Sylvie Bouchard; KV 21A desk: Margo Harrison, lamp: Viorel Sima, bed: studiots, pillows: karam Miri, mirror: italianestro, wardrobe: terekhov igor, rock music poster: Petrafler; KV 21B washing machine: ARTBOXCOM, armchair, bath tub, fridge, bin, sofa, TV, microwave, sink: Doremi, cupboard: Wire_man; KV 28 tie: KULISH VICTORIIA, socks: Alexandr Makarov, shoes: Turumtaev Ildar, trainers: Ronen, pullover, trousers, skirt, blazer: Karkas, shirt: Boleslaw Kubica; KV 30 January: Michael D. Brown, December: Kuttly, April: sgame, October: Andre Bonn; KV 35 pond: Elena Elisseeva, donkey: Graeme Dawes; KV 36 Bild 1 basketball: gladcov; KV 38 snake: Liusa; KV 40 girl in wheelchair: Nowik, balance: unkreativ; KV 41A elephant: Four Oaks, guinea pig: E. Spek; KV 41B tiger: Kitch Bain, polar bear: VikOl; KV 44 accordion: Vule, cello: imagelab, clarinet: Sergey Lavrentev, drums: Terry234, flute: Dreamy Girl, guitar: resnak, keyboard: Senol Yaman, piano, violin: Nevena, recorder: Francesco Abrignani, saxophone: LHF Graphics, trumpet: Route66; KV 52A beach bag: Klara Viskova; KV 52B beach things: resnak; KV 59 Christmas icons: Ziven)